21 世纪经济学类管理学类专业主干课程系列教材

企业战略管理

主　编　齐文浩　李　超　佟国光

副主编　杨兴龙　佟　迪　马若男　王美怡

清华大学出版社
北京交通大学出版社
·北京·

内 容 简 介

本书采用理论与实践相结合的原则，汲取中外战略管理思想和理论的精华，全面、系统地介绍了企业战略管理的基本内容。全书共十三章，主要内容包括企业战略管理导论，企业愿景、使命和战略目标，企业外部环境分析，企业内部环境分析，公司战略的选择，国际化战略，竞争战略，职能战略，企业文化管理战略、企业信息化战略、战略制定与选择、战略实施与控制、企业战略变革与创新等。本书体系完整、内容丰富、层次清晰、逻辑性强，具有基础性、科学性、先进性、实用性等特点。书中设有教学目标、引导案例、综合训练题等栏目，有利于学生实战能力的提高。

本书可作为高等院校管理类、经济类等相关专业本科生和专科生的教材，也适合用作 MBA 教学参考书，对工商企业界的经营者和管理者也具有参考价值。

图书在版编目（CIP）数据

企业战略管理 / 齐文浩，李超，佟国光主编. — 北京 ： 北京交通大学出版社 ： 清华大学出版社，2021.5（2024.7 重印）

ISBN 978-7-5121-4468-2

Ⅰ.① 企…　Ⅱ.① 齐…　② 李…　③ 佟…　Ⅲ.① 企业战略–战略管理　Ⅳ.① F272.1

中国版本图书馆 CIP 数据核字（2021）第 103148 号

企业战略管理
QIYE ZHANLÜE GUANLI

责任编辑：田秀青
出版发行：清华大学出版社　　邮编：100084　　电话：010-62776969　　http://www.tup.com.cn
　　　　　北京交通大学出版社　邮编：100044　　电话：010-51686414　　http://www.bjtup.com.cn
印 刷 者：北京时代华都印刷有限公司
经　　销：全国新华书店
开　　本：185 mm×260 mm　　印张：17.75　　字数：454 千字
版 印 次：2021 年 5 月第 1 版　　2024 年 7 月第 2 次印刷
印　　数：2 001～3 000 册　　定价：48.00 元

本书如有质量问题，请向北京交通大学出版社质监组反映。对您的意见和批评，我们表示欢迎和感谢。
投诉电话：010-51686043，51686008；传真：010-62225406；E-mail：press@bjtu.edu.cn。

PREFACE

前言

　　企业战略管理是一门新兴的管理学科，它的发展离不开市场经济的发展。随着社会主义市场经济的建立，企业已成为市场经济的主体。面对外部环境的迅猛变化和激烈的市场竞争，许多企业的领导者认识到战略的制定和实施对企业发展的重要性，并开始使用战略管理的理念、思想和方法来管理企业。对于企业来说，成功的战略制定和实施是卓越管理的保证。

　　企业战略管理作为一门高度综合性的课程，有别于其他管理课程，不只是局限于某一领域，而是跨越了企业经营和管理的整个范畴，重点研究和解决企业长远性、全局性的战略管理问题。学习企业战略管理课程的目的是使学生了解战略管理的相关理论知识，掌握战略管理的过程和战略制定的方法，学会如何制定战略以及成功地实施战略。同时，希望通过该门课程的学习，培养学生的战略性思维及分析问题、解决问题的能力。正是基于这个视角，我们组织了多年从事企业战略管理课程教学的一线教师编写了这本教材，力求将理论和实践相结合，知识性和实用性融为一体，为高校师生和管理工作者提供一本便于学习的企业战略管理教材。本书具有以下四个方面的特色：

　　（1）编写风格简洁。本书从谋篇布局到语言阐述都力求简洁、平实，力争用有限的章节来高效、准确地阐述企业战略管理的知识体系，重点突出。

　　（2）结构优化。在保持全书结构编排合理的基础上，着重对企业战略管理理论体系的可操作性和实践环节进行讲解。

　　（3）案例充分，具有针对性和时代性。全书根据不同章节的知识技能要求，设计了很多案例。开篇配有引导案例，每章后配有综合训练题和案例分析。这些案例涉及的内容都是在企业战略管理实践中实际发生的成功或失败的典型事例，有很高的研究价值和借鉴意义，是提升学生发现问题、分析问题和解决问题能力的重要支点，也是本书的亮点之一。

（4）每一章后的综合训练题更加丰富和具有针对性。全书综合训练题是对相应章节中的重要概念、知识点和理论的强化。学生可在学完每章内容之后，对照综合训练题来检验自己的理解程度，引导学生带着问题学习，更好地达成教学目标，提升学生的实践应用能力。这也是本书的另一个亮点。

本书编写大纲由佟国光和李超共同拟订，并经参编教师反复讨论修改，最后确定。各章编写分工为：第一章、第三章由佟国光编写；第五章、第七章、第八章、第十章由齐文浩编写；第九章、第十一章、第十二章由李超编写；第二章由杨兴龙编写；第六章由佟迪编写；第四章由马若男编写；第十三章由王美怡编写；最后由齐文浩、李超对全书进行统稿和定稿。

本书在编写过程中参考和引用了部分国内外学者的著作、研究成果和相关文献，限于篇幅，书中未能一一列出，在此谨向有关作者表示衷心的感谢。

尽管我们已经对本书的学术观点和教学重点的取舍进行了斟酌，但仍不可避免地存在片面性和不足之处，在此，恳请各位专家、学者和广大读者斧正。

齐文浩　李　超
2020 年 7 月于长春

CONTENTS

目录

第一章

企业战略管理导论

教学目标

1. 了解企业战略管理产生的社会背景。
2. 理解企业战略、企业战略管理的内涵。
3. 熟悉企业战略的过程、内容和作用。
4. 熟悉企业战略层次的目标及实现方法。
5. 掌握西方企业战略管理理论的发展历程、演变规律以及未来的发展趋势。
6. 掌握用战略思维探讨研究企业发展问题。

引导案例

请关注以下与企业战略有关的现象

（1）2005 年 5 月 1 日，联想集团正式宣布收购 IBM 全球 PC 业务已完成；

（2）2002 年年初，在国内知名电子通信产品商北京心力源电子有限公司组织的活动期间，任何拥有汽车的消费者个人或者单位客户都可以完全免费得到一部摩托罗拉汽车电话，2003 年"赠送"的总额达到了 1.4 亿元人民币；

（3）1999 年 3 月，eBay 与美国在线再次签约，以 eBay@AOL 的联合品牌名义作为美国在线全球用户的独家拍卖服务提供商并出售广告；

（4）1996 年 8 月，格兰仕"市场占有最大化战略"在全国掀起抢购狂潮；

（5）20 世纪 20 年代，可口可乐特许经营的装瓶商已有 1200 家，每一家装瓶商都与可口可乐签订了一份"永久合同"，合同中规定授予装瓶商独家经营权。

这样的情形可以罗列成百上千，有成功的经验也有失败的教训，其背后都包含着不同企业在其成长过程中的战略选择及其所带来的效应。

资料来源：陈英梅，尹少华. 企业战略管理. 北京：中国农业大学出版社，2009.

第一节　企业战略概述

一、战略的来源与内涵

在我国，"战略"一词自古有之。"战"与"略"一般是分别使用的，"战"是指战斗和战争，"略"是指谋略、策略和计划。

在西方，"strategy"（战略）一词源于希腊语"strategos"，意为军事将领、地方行政长官。后来演变成军事术语，指军事将领指挥军队作战的谋略和艺术。在中国，战略一词起源于兵法，是指将帅的智谋。

二、企业战略的概念与特点

（一）企业战略的概念

战略一词被引入企业管理，并引起广泛关注是在 20 世纪六七十年代，这是由当时世界政治经济环境和企业面临的市场竞争所决定的。

鉴于战略对企业管理的重要影响和借鉴作用，自 1965 年美国著名战略管理学者伊戈尔·安索夫发表《公司战略》以来，企业战略一词便被广泛地应用于社会经济生活的各个领域，成为管理科学领域中一个年轻的学科。1972 年他在论文《战略管理思想》中正式提出了"战略管理"的概念，1976 年出版《从战略计划到战略管理》，1979 年出版《战略管理论》，1984 年出版《植入战略管理》，进一步完善了他的战略管理体系，为战略管理理论提供了一系列实践方法和措施。他认为，企业战略管理是把企业的日常业务决策同长期计划决策相结合而形成的一系列经营管理业务。

我国引进企业战略的概念是在 20 世纪 90 年代初，当时清华大学、复旦大学等高校开始开设工商管理课程，但当时有意识地制定战略的企业还不多。从 1995 年开始，一部分企业开始有意识地制定企业战略，这是一个随着理论推广和企业发展而渐进的过程。企业战略经过近 70 年的发展，不同的管理学者或管理实践者由于对管理认识以及管理经验不同，在如何对企业战略进行界定上拥有各自不同的观点。

有的人认为战略应该包括企业的宗旨、企业的目标、企业的战略和企业的政策，即广义的战略。广义的企业战略更强调企业战略的计划性、全局性和整体性，所以也被称为战略的传统概念。持这种观点的学者有彼得·德鲁克、艾尔弗雷德·钱德勒、迈克尔·波特等。有的人则认为战略不应该包括目标，仅仅是指企业实现其宗旨和一系列长期目标的基本方法和具体计划，即主张狭义的战略。持这种观点的学者包括伊戈尔·安索夫、亨利·明茨伯格等。

（二）企业战略的特点

尽管学者对企业战略的内涵有不同的认识，但对于企业战略的特点却没有太大的分歧，基本上保持着比较接近的理解。

1. 企业战略具有质变性

企业战略是企业战略管理者在把握外部环境本质或根本性变化的基础上做出的方向性的决策。它不是企业对外部环境非本质变化的应急反应,也不是以各种经济指标或财务数据为基础的逻辑推理的产物,而是对企业经营活动具有质变性的决策,其目的不是维持企业现状,而是要创造企业的未来。企业战略是为了应对竞争压力,赢得生存和发展机会所采取的竞争策略,即所谓的"预应式"管理。

2. 企业战略具有方向性

企业战略规定企业未来一定时期内的基本方向。企业短期的经营活动都应在这一基本方向的指导下对战略的实施提供保证。企业战略不是对经营或外部环境做出的短期反应,也不是对日常短期经营报告,如销售量、每周产量、竞争者的价格等做出的反应。战略关心的是"船只航行的方向",而不是"眼下遇到的波涛"。

3. 企业战略具有全局性

企业战略是对企业各项经营活动的整体规划。它不是各项经营活动的简单汇总,而是在综合平衡的基础上确定优先发展项目、权衡风险大小,并实现企业整体结构和效益的优化,因而全面规划是企业战略的基本特征。

4. 企业战略是长远性与现实性的结合

这包含两层含义,一是企业战略的长远性总是以现实性为基础的。企业战略的制定离不开对企业未来发展的预测,而科学的预测必须以历史的事实和现实的状况为依据。二是长远的企业战略必须通过现实的经营活动一步一步地实施和落实。

5. 企业战略具有竞争性

这是企业战略的核心内容之一。企业最直接的目的就是生存与发展,而生存与发展是在一个竞争性环境和背景中实现和完成的。因此,企业战略是为了应付市场竞争的压力、赢得生存与发展的机会而服务的。

6. 企业战略环境的不可控性

企业战略是对未来发展的规划,然而环境总是处于不确定的变化中,企业自身通常无法对这些影响因素进行控制,因此,企业战略必须有前瞻性,积极适应外部环境变化,处理好企业与竞争者、顾客、供应商、政府、社会等关系,使企业行为适应不断变化的外部环境。

三、企业战略的构成要素

伊戈尔·安索夫认为,企业战略一般由四个要素构成,即产品与市场范围、增长向量、竞争优势和协同效应。产品与市场范围指出寻求获利能力的范围;增长向量指出这种范围扩展的方向;竞争优势指出企业最佳机会的特征;协同效应则挖掘企业总体获利能力的潜力,提高企业获得成功的能力。四种要素相辅相成,产生合力,成为企业的共同经营主线。

(一)产品与市场范围

产品与市场范围说明企业属于什么特定行业和领域、企业在所处行业中产品与市场的地位是否占有优势。产品与市场范围常常需要分行业来描述,因为大行业的定义往往过宽,其产品、使命和技术涉及很多方面,经营的内容过于广泛。分行业是指大行业内具有相同特征的产品、市场、使命和技术的小行业,如家电行业中的空调行业、饮料行业中的果汁饮料行业等。

（二）增长向量

增长向量又可称为成长方向，它说明企业从现有产品与市场相结合向未来产品与市场组合移动的方向，即企业经营运行的方向，而不涉及企业目前产品与市场的态势。增长向量指出了企业在一个行业里的方向，而且指出企业计划跨越行业界限的方向，以这种方式描述共同的经营主线是对以产品与市场范围来描述主线的一种补充。增长向量矩阵见表 1-1。

表 1-1　增长向量矩阵

使命	产品	
	现有产品	新产品
现有使命	市场渗透	产品开发
新使命	市场开发	多种经营

（1）市场渗透是在不改变产品的基础上，通过促销手段增加产品市场份额。

（2）市场开发是为企业现有的产品寻找新的消费群，使产品承担新的使命，辨认和发展新的细分市场，以此作为企业成长的方向。

（3）产品开发是通过向现有目标市场提供改进或创新产品，以逐步替代现有的产品，从而保持企业成长的态势。

（4）多种经营则独具特色，对于企业来说，它的产品与使命都是新的，也就是说，通过在当前产品、市场范围之外开办或者收购新业务，以获得自身成长，使企业步入一个新的经营领域。

在前三种选择中，其共同经营主线是明晰的、清楚的，或是看新产品的市场营销技能，或是看新产品和新技术，或是两者同时进行。但在多种经营中，共同经营主线就显得不够清楚了。

（三）竞争优势

竞争优势是指企业在所从事的经营领域中强于竞争对手的市场地位，它说明了企业所寻求的、表明企业某一产品与市场组合的特殊属性，这种属性可给企业带来强有力的竞争地位。一个企业要获得竞争优势，或者寻求兼并，谋求在新行业或原行业中获得重要地位；或者企业设置并保持防止竞争对手进入的障碍与壁垒；或者进行产品技术开发，生产具有突破性的产品以替代旧产品。

（四）协同效应

协同效应是指企业各经营领域之间联合作用而产生的整体效果大于各单独作用时的效果之和，即整体大于部分之和的效应。协同效应涉及企业与其新产品和市场项目相配合时所需要的特征。协同效应常常被描述为 1+1>2 的效果，这意味着企业各经营单位联合起来所产生的效益要大于各经营单位各自努力所创造的效益总和。当协同效应为负时，就是所谓的内耗，产生 1+1<2 的结果。

安索夫又进一步将企业的协同效应分为四类：投资协同效应、作业协同效应、销售协同效应和管理协同效应。

协同效应是衡量企业新产品与市场项目的一种变量。如果企业的经营主线是进攻型的，该项目则运用企业最重要的要素，如销售网络、技术等；如果经营主线是防御型的，该项目则要提供企业所缺少的关键要素。同时，协同效应在选择多种经营战略上也是关键的变量，它可以使各种经营变量形成一种内在的凝聚力。

四、企业战略的层次

企业的战略如同企业的目标一样，可以有不同的层次。一般来说，在大中型企业中，企业的战略可以划分为三个重要的层次：公司战略（企业总体战略）、经营战略（事业部战略）和职能战略。在不同层面的战略里，战略的四个构成要素起着不同的作用，从而使得这些战略显现出不同的特征。

企业的目标是多层次的，不仅有企业的总体目标，还有企业内各个层次以及经营项目的目标，从而形成一个完整的目标体系，保证企业使命的实现。企业战略不仅要说明企业整体的目标以及实现这些目标的方法，而且要说明企业内每一层次、每一类业务以及每一部分的目标及其实现的方法，所以必须把战略扩展到企业的各个层次。

（一）公司战略

公司战略又称企业总体战略，是企业总体的、最高层次的战略，是企业最高管理层指导和控制企业行为的最高纲领。公司战略的主要任务是决定企业活动所涉及的业务范围种类，合理安排各类业务活动在企业业务总量中的比重和作用，合理安排各类业务之间的相互关系，以及这些业务在战略期内的发展方向；提出协调各项业务的经营对策，设立必要的横向机构来促进合作；提出企业应建立何种竞争优势，以及如何发挥这些优势。公司战略通常要求有远见、有创造性和全局性。

（二）经营战略

经营战略有时也称事业部战略、竞争战略，它处于战略结构中的第二层次。企业某一领域经营战略是指企业在某一行业或某一细分行业内确立其市场地位和发展态势的战略。对于大型企业或企业集团，某一领域的经营战略表现为某一战略单位如事业部或分公司的战略。在中小企业中则表现为某一产品在某一市场的战略。简而言之，经营战略的任务是在已选定的业务范围内，经营单位应在什么样的基础上进行竞争，以获得超过竞争对手的竞争优势。经营战略与总体战略的关系是某一经营战略服从于总体战略规则，而总体战略的制定要以经营战略为依据。

（三）职能战略

职能战略是公司战略和经营战略在各专业职能方面的具体化。它使笼统的战略内容更加明确化，以指导各项具体的业务决策，为实施以上两个层次的战略服务。在职能部门中，如研究与开发、生产、市场营销、财会、人力资源等，由职能管理人员制定短期的目标和规划，其目的是实现公司和事业部门的计划。

从实施意义上讲，企业战略只有在被各专业职能充分探讨的基础上制定了职能战略后，才能真正形成。因为它涉及各职能如何利用分配的资源及其利用的效果，以保证战略的实施。所以职能战略未明确，企业战略仅仅是一个空中楼阁。而且由于职能能力的限制，有时企业不得不调整战略。

职能战略通常包括研究与开发策略、生产策略、市场营销策略、财务策略、人力资源策略等。如果说公司战略和经营战略强调"做正确的事情"（Do the right things），那么职能战略强调"正确地做事情"（Do things right）。职能战略直接处理这些问题，如人力资源及财务系统的效率、顾客服务质量及程度、争取提高特定产品或服务的市场占有份额等。

公司战略、经营战略和职能战略构成了一个企业的战略层次，它们之间相互作用、相互联系，只有将三者有机地结合起来，企业才能获得成功。

第二节　企业战略管理概述

一、企业战略管理的概念

企业战略管理是一个动态管理的过程，它是在分析企业外部环境和内部条件的基础上，确定长远性的目标与任务，以及为实现目标而选择的行动路径与方法，包括战略分析与制定、战略选择与评价、战略实施与控制。

二、企业战略管理的作用

战略管理作为一种企业管理方式或思想之所以受到人们的重视，是因为它具有以下几方面的作用。

（一）决定企业经营成败的关键因素

研究表明，采用战略管理的企业比不采用战略管理的企业更为成功。例如，据美国学者对 101 家零售、服务和制造企业历时 3 年的纵向研究表明，与那些不进行系统规划的公司相比，采用战略管理的企业更明显地增加了销售额、盈利额并提高了生产率。

战略管理提高了管理者对外部机会与威胁的认识。由于战略管理者将企业的成长和发展纳入了变化的环境之中，管理工作要以未来的环境变化作为决策的基础，这就使企业管理者更重视对经营环境的研究，从而更好地把握外部环境所提供的机会，增强企业经营对外部环境的适应性，从而达到二者的最佳结合，使企业在市场竞争中获得长久稳定的发展。

（二）编制经营计划和制定经营政策的依据

企业战略关系着整个企业发展的大政方针，涉及的是方向性的重大问题，决定着企业发展方向，是企业管理者编制具体经营计划和制定经营政策的依据，在日常生产经营活动中起着纲领性作用。

（三）提高企业各项管理工作效率的手段

由于战略管理不只停留在战略分析及战略制定上，而且将战略实施作为其管理的一部分，这就使得战略的实施又同日常的经营计划执行与控制结合在一起，把近期目标与长期目标结合起来，把总体战略目标同局部的战术目标统一起来，从而调动了各方面的积极性，有利于充分发挥利用企业的各种资源并提高协同效果。

（四）增强企业的创新意识

战略管理是一个不断制定战略、实施战略、评价战略和更新战略的过程。当企业决策者发现已有的战略不能适应公司的发展需要时，就要及时修改战略。这一过程要求企业决策者具有创新思维，能淘汰陈旧过时的东西，推出符合消费者需要的新产品或新服务，以增强自己的竞争力。

（五）强化企业塑造自我的主动性

企业战略是把不适应（或适应）当前环境的企业塑造成适应未来环境的企业，这是对企业进行的改造与对企业的重塑。强化战略管理就是强化企业从事这种塑造的能力，实际上就是使企业得到塑造企业的有效工具，就如石雕师得到好的钢凿。对于企业塑造者来说，有了这样良好的塑造工具，自然会增强其从事这种"塑造"工作的主动性，这种主动性会推动企业从小到大、从弱到强，走上持续成长的道路。

三、企业战略管理的过程

企业战略管理是对一个企业的未来发展方向制定决策和实施这些决策的动态管理过程。一个规范的、全面的战略管理过程可大体划分为三个阶段，即战略分析、战略选择及评价、战略实施及控制。在战略分析之前，首先要确定或审视企业的使命。一个完整的企业战略管理过程如图1-1所示。

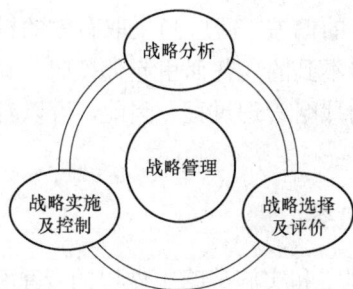

图1-1　企业战略管理过程图

（一）战略分析

战略分析是对企业的战略环境进行分析、评价，并预测这些环境未来的发展趋势，以及这些趋势可能对企业造成的影响及影响方向。一般来说，战略分析包括企业外部环境分析和企业内部环境分析两部分。企业外部环境一般包括政治因素和法律因素、经济因素、社会因素以及企业所处的行业中的竞争状况。进行企业外部环境分析的目的是适时地寻找和发现有利于企业发展的机会，以及对企业来说所存在的威胁，做到"知彼"，以便在制定战略和选择时能够利用外部条件所提供的机会来避开对企业的威胁因素。

企业内部环境是指企业自身所具备的条件，也就是企业所具备的素质，它包括生产经营活动的各个方面，如生产与技术、市场营销、财务、研究与开发、员工情况、管理能力等。进行企业内部环境分析的目的是发现企业所具备的优势和劣势，以便在制定和实施战略时能扬长避短、发挥优势，有效地利用企业自身的各种资源，发挥出企业的核心竞争力。

（二）战略选择及评价

战略选择及评价的过程实质就是战略决策过程，即对战略进行探索、制定以及选择。通常对一个跨行业经营的企业而言，其战略选择应当解决两个基本的战略问题：一是确定企业的经营范围或经营战略领域，即规定企业从事生产经营活动的行业，明确企业的性质和所从事的事业，确定企业以什么样的产品或服务来满足哪一类顾客的需求；二是企业在某一特定经营领域的竞争优势，即要确定企业提供的产品或服务，要在什么样的基础上取得超过竞争对手的优势。那么对于一个在单一领域经营的企业来说，其战略选择是什么呢？

一个企业可能会制定出达成战略目标的多种战略方案，这就需要对每种方案进行鉴别和评价，从而选择出适合企业自身的方案。目前对战略的评价已有多种战略评价方法或战略管理工具，如波士顿咨询公司创立的波士顿矩阵分析法、生命周期分析法等，这些方法已广泛地在跨行业经营的企业中得到应用。

（三）战略实施及控制

企业的战略方案确定后，必须通过具体化的实际行动才能实现战略目标。一般来说，可在如下三个方面推进一个战略的实施：其一，确定企业资源的规划和配置方式，包括公司级和战略经营单位级的资源规划与配置；其二，对企业的组织机构进行构建，以使构建的企业机构能够适应所采取的战略，为战略实施提供一个有利的环境；其三，要使领导者的素质及能力与所执行的战略相匹配，即挑选合适的企业高层管理者来贯彻既定的战略方案。

在战略的具体化和实施过程中，为了使实施中的战略达到预期目的，实现既定的战略目标，必须对战略的实施进行控制。这就是说，将经过信息反馈回来的实际成效与预定的战略目标进行比较，如果二者有显著的偏差，就应当采取有效的措施进行纠正。当由于原来分析不周、判断有误或是发生了意想不到的变化而引起偏差时，甚至可能需要重新审视环境，制订新的战略方案，进行新一轮的战略管理过程。因此，可以看出，战略管理是一个动态和循环往复的不间断过程。

四、企业战略管理的内容

企业战略管理是指企业在制定和实施战略中做出的一系列决策和进行的一系列活动。它由战略分析、战略选择和战略实施三个主要部分组成。战略分析是指战略人员利用战略分析了解组织的战略地位，战略选择涉及对行为可能过程的模拟、评价和选择，战略实施是指如何使战略发挥作用。

企业战略管理包括如下一些内容：

（1）确定企业的经营方向，明确企业的经营范围，以及企业的指导思想。

（2）鉴别和开发企业的内部实力，了解企业内部各项条件的优点和弱点、企业的素质及改善素质的潜力。

（3）分析企业的外部环境，包括直接环境和一般环境两个方面。

（4）把外部环境和内部实力结合起来进行企业发展机会的分析，并提出多种可能的方案。

（5）根据企业的经营方向，在多种方案中淘汰不符合要求的方案。

（6）在符合要求的方案中，从战略高度选取一组特定的长期经营目标和经营战略。

（7）根据长期的经营目标和经营战略提出近期的经营目标和经营策略。

（8）做出资源分配的预算，并以此为基础，对工作项目、人员、技术、组织机构及报酬制度进行协调，制订近期的经营计划并付诸实施。

（9）业绩评估，监测发展态势，实施矫正性调整措施，并以此作为又一个决策循环的输入。

从战略管理的内容可以看出，战略管理是一个过程，而不是一个事件。随着公司内外各种事件的发生，公司的管理者必须不断地考虑、研究并最终修订公司的经营思想、目标体系、经营战略和战略的实施方式。所以业绩评价和采取矫正性措施既是战略管理周期的结尾，也是战略管理周期的开始。评价和调整就意味着随着周围的环境发生变化和出现新的改变公司的观点和思维，以前与公司战略有关的决策需要改进。

因此，战略管理是一个不断循环、没有终点的过程，而不是一个既有起点又有终点的事件，一旦完成，就可以安全地搁置起来。新的发展变化是否需要公司的管理者做出反应，以及对公司的外部环境进行探测是公司管理者永远的责任。跟踪进度，寻找问题，监测市场和顾客需求变化的风吹草动，采取调整型措施，这些都是公司管理者的责任。

第三节　企业战略管理的产生与发展

一、企业管理发展的历程

20 世纪，随着企业经营环境的迅速变化，企业管理也越来越复杂。回顾企业管理的发展史，从投入产出要素的角度可以把企业管理的发展划分为生产管理阶段、经营管理阶段和战略管理阶段。

（一）生产管理阶段

生产管理阶段的突出特征是"现场管理"，即考虑如何高效率地生产。19 世纪末至 20 世纪初，由于电力和内燃机的应用推动了科学技术的发展，以美国为代表的资本主义国家的经济高速增长，其中制造业的发展尤为突出，整个市场呈现出供不应求的现象。在这样的背景下，企业管理的核心问题必然是如何提高生产效率、提高产量和降低成本。生产管理的重心在生产上，即所谓的生产管理。生产管理主要包括计划管理、质量管理、库存管理、采购管理、制造管理、设备管理、精益生产管理、效率管理和士气管理九大模块。

（二）经营管理阶段

经营管理阶段的主要特征体现在企业的管理目标、领导作用和企业组织等几个方面。当整个市场由卖方市场转变为买方市场，当生产企业面临的首要问题不再是如何扩大生产规模和提高生产效率，而是从整个企业的投入要素与产出成果去考虑企业经营问题时，管理利益的追求缺乏长远考虑。面对日趋复杂多变的环境，这种管理思想的局限性显得越来越明显。在这样的历史条件下，企业战略管理思想开始形成。

（三）战略管理阶段

与企业管理中的生产管理、财务管理等方面相比，无论是企业战略管理实践还是企业战略管理理论，产生都比较晚。从理论发展的时间顺序来看，企业战略管理萌发于 20 世纪 30 年代，形成于 20 世纪 60 年代，20 世纪 70 年代还一度产生过"战略热"，20 世纪 80 年代以后战略管理理论已向更成熟的深层次发展。企业战略管理理论的发展大体上经历了萌芽和形成阶段、成长和高潮阶段、成熟和深化阶段。战略管理的重心在未来发展、未来投入，即所谓的"预应式"管理。

二、企业战略管理发展的历程

（一）企业战略管理的萌芽和形成阶段

自以泰勒为首创立的科学管理将管理纳入科学的轨道上来，企业管理一直是以提高企业内部生产效率、提供低价标准为目的，以产品为主要内容的生产管理和成本管理。但是，在相同的历史时期和社会环境中，企业的兴衰成败却各不相同。美国经济学家切斯特·巴纳德对影响企业发展的各种因素及其相互关系进行了分析，他在 1938 年出版的《经营者的职能》一书中介绍企业生存和发展的核心因素时，首先使用了战略这一概念。

第二次世界大战以后，尤其是 20 世纪 60 年代，西方资本主义国家在经过高速发展之后，进入了一个高度竞争的阶段，其主要特点是：需求结构发生变化；科技水平不断提高；全球性竞争日趋激烈，社会、政府和顾客提高了对企业的要求和限制；资源短缺；突发事件不断等。这些特点造成企业外部环境庞大复杂、变化频繁、难以预料，以往的推断式管理难以保证企业的生存和发展，企业必须对新的环境进行深入分析，采用新式的管理模式，企业战略管理应运而生。

（二）企业战略管理的成长和高潮阶段

20 世纪 70 年代以来，企业的经营环境变得更加剧烈动荡，其标志是 1973 年中东石油战争引发的世界能源危机和日本企业的产品全面进入欧美市场。

20 世纪 60 年代末，长期以来一直注重企业发展战略和战略管理的日本，积极开发与研制体积轻巧、耗油量低、经济实惠的小型轿车系列，以其质优价廉战胜了欧美企业，一举成为世界第二号经济强国。日本重视企业发展战略和战略管理的成功经验推动了企业战略管理理论的发展，引发了世界性的研究企业战略管理的"战略热"。

西方学术界出版了大批企业战略管理的专著和教材，各大学的工商管理学院也纷纷将企业战略管理列为硕士教学计划的一部分，一些管理咨询公司也推出了企业咨询服务，如著名的波士顿咨询集团公司 1982 年营业额达到了 3.5 亿美元。20 世纪 70 年代后半期和 20 世纪 80 年代可以称为西方企业的战略管理时代。

（三）企业战略管理的成熟和深化阶段

进入 20 世纪 80 年代以后，世界经济格局进一步发生变化，不仅以西欧、日本为代表的经济发达国家在国际市场上与美国展开了激烈的争夺，而且随着新兴的发展中国家经济实力日益增强，它们也逐渐摆脱了对西方经济的依附，形成了独立的与欧美抗衡的经济力量。在这种背景下，企业战略管理的研究又出现了一些新的内容，主要表现在以下几个方面。

1. 强调战略思考和创新的极端重要性

强调企业家要做战略思考，要运用创新与企业家的精神进行企业战略管理。这方面的代表作是美国学者彼得·德鲁克的《管理——任务、责任、实践》和日本学者大前研一的《企业家的战略头脑》。

2. 系统研究方法与经济分析相结合

把系统论的研究方法运用于企业经济分析和企业战略管理中。代表著作是美国学者迈克尔·波特的《竞争战略》和《竞争优势》。波特教授提出了行业组织论观点和分析方法，把产业组织理论引入企业战略管理的分析框架中，从而形成了所谓的"波特模型"。

3. 提倡企业战略管理与企业文化相结合

企业战略管理与企业文化相结合，从而使企业战略管理的研究深入心理、文化、组织结构与组织行为等更深的层次，重视广大员工参与企业战略管理的作用。代表著作是肯尼迪与迪尔著的《公司文化》和米勒著的《美国精神》。

在企业战略管理的实践上，克莱斯勒公司是最成功的。李·亚科卡在克莱斯勒公司濒临破产的情况下极力推行战略管理，使企业起死回生，扭亏为盈。20 世纪 80 年代中期，美国一些著名的大公司，如通用电气公司、国际商用机械公司、惠普公司等通过制定战略、实施战略管理抵住了日本等国企业的强大竞争攻势，保住了其在国际市场上的优势地位。

● 综合训练题 ●

一、单项选择题

1. 企业战略关心的是"船只航行的方向"，而不是"眼下遇到的波涛"是指战略（　　）。
　　A. 具有质变性　　　B. 具有方向性　　　C. 具有全局性　　　D. 资源配置过程
2. 企业战略是实现企业整体结构和效益的优化，因而全面规划是其基本特征，不能"只见树木不见森林"，是指战略（　　）。
　　A. 具有质变性　　　B. 具有方向性　　　C. 具有全局性　　　D. 资源配置过程
3. 生产管理阶段的突出特征是"现场管理"，即考虑如何高效率地生产产品，其重心在（　　）。
　　A. 经营上　　　　　B. 生产上　　　　　C. 未来发展上　　　D. 在市场上
4. 经营管理阶段的主要特征谋划整个企业的投入要素与产出成果，其重心在（　　）。
　　A. 经营上　　　　　B. 生产上　　　　　C. 未来发展上　　　D. 在市场上
5. 战略管理阶段的特征是把近期和长远有机结合起来，其重心在（　　）。
　　A. 经营上　　　　　B. 生产上　　　　　C. 未来发展上　　　D. 在市场上

二、多项选择题

1. 一般来说，对于大中企业而言，企业战略层次可分为（　　）。
　　A. 公司战略　　　　B. 研发战略　　　　C. 生产战略　　　　D. 经营战略
　　E. 职能战略
2. 安索夫把企业的协同效应分为（　　）。
　　A. 投资协同效应　　B. 研发协同效应　　C. 作业协同效应　　D. 销售协同效应
　　E. 管理协同效应
3. 职能战略通常包括（　　）。
　　A. 研究与开发策略　B. 生产策略　　　　C. 市场营销策略　　D. 财务策略
　　E. 人力资源策略
4. 回顾企业管理的发展历史，从投入产出的视角可把企业管理的发展划分为（　　）。
　　A. 生产管理阶段　　　　　　　　　　　B. 经营管理阶段
　　C. 信息化管理阶段　　　　　　　　　　D. 战略管理阶段
　　E. 网络化管理阶段
5. 企业生产管理的主要内容主要包括（　　）。

A. 精益生产管理　　B. 计划管理　　　　C. 采购管理　　　　D. 制造管理

E. 设库存管理

6. 一个规范的、全面的战略管理过程大体可分为（　　　）。

A. 战略分析　　　　B. 战略选择及评价　C. 公司战略　　　　D. 经营战略

E. 战略实施及控制

7. 企业战略分析包括（　　　）。

A. 行业竞争性分析　　　　　　　　B. 外部环境分析

C. 政治法律分析　　　　　　　　　D. 内部环境分析

E. 经济因素分析

8. 企业外部环境分析包括的主要因素有（　　　）。

A. 行业竞争性分析　　　　　　　　B. 社会因素

C. 政治因素和法律因素　　　　　　D. 文化因素

E. 经济因素分析

9. 企业外部环境分析的目的是找出和发现（　　　）。

A. 优势　　　　　　B. 机会　　　　　C. 劣势　　　　　D. 趋势

E. 威胁

10. 企业内部环境分析包括的主要因素有（　　　）。

A. 生产与技术　　　　　　　　　　B. 研究与开发

C. 员工情况　　　　　　　　　　　D. 竞争对手策略分析

E. 市场营销

11. 企业内部环境分析的目的是找出和发现（　　　）。

A. 优势　　　　　　B. 机会　　　　　C. 劣势　　　　　D. 趋势

E. 威胁

三、名词解释

多方竞争；超越竞争；"因应式"管理；"预应试"管理；战略机遇期；竞争优势；增长向量；协同效应；企业战略管理

四、简答与论述题

1. 企业战略的特点是什么？

2. 企业战略的构成要素是什么？

3. 企业战略的层次有哪些？它们之间有何关系？

4. 企业战略管理的产生与发展大体经历了哪几个阶段？

5. 什么是企业战略管理？主要包括哪些内容？

6. 简述企业战略管理的过程。

7. 论述企业战略管理理论的演变过程。

第二章

企业愿景、企业使命和企业战略目标

1. 理解企业愿景、企业使命、企业战略目标的相关概念及它们之间的关系。
2. 了解企业愿景的要素、作用及构建方法。
3. 理解企业使命的内涵、特征、构成要素。
4. 理解企业战略目标的内涵及特征、体系、制定过程。
5. 掌握如何确立企业愿景、使命和战略目标。

引导案例

阿里巴巴使命：让天下没有难做的生意

阿里巴巴集团，创立于 1999 年，是目前全球最大的网上及移动商务公司。

1999 年，以马云为首的 18 人团队在杭州创立阿里巴巴，并最终将它发展成为一个囊括淘宝、天猫、聚划算、速卖通、阿里妈妈、阿里云、菜鸟网络等众多业务的庞大生态系统。目前，阿里巴巴早已不只是一家电商公司，而是服务全球数以千万计企业、十多亿消费者，跨越金融、物流、大数据云计算等领域的数字商业基础设施。2019 年第 11 个"双 11"，阿里巴巴再次见证历史，以 2684 亿元的交易总额和每秒 54.4 万笔的订单创建峰值，创造了新纪录，开启了新消费时代。

阿里巴巴有一个家喻户晓的使命：让天下没有难做的生意。愿景是要活 102 年。围绕这一使命，其价值观体系也逐渐提炼，从最早的"独孤九剑"，精简为"六脉神剑"——客户第一、团队协作、拥抱变化、敬业、诚信和激情。以拥抱变化为例，互联网行业信息量大、变化速度快，逼着在这个行业里的人必须快速成长和创新迭代，这也是马云逐渐从台前步向幕后的原因。

让天下没有难做的生意，这是阿里人的使命，也是马云一直追崇的一条。马云在很早之前就曾提出，阿里历史上所有重大的决定，都跟钱无关，都跟价值观有关。也正是由于这个价值观才让马云，才让阿里巴巴有了现在这么大的成就，一个企业正确的价值观在其发展历程中起到了极其重要的引导作用。

2019 年 9 月 10 日，阿里巴巴集团 20 周年年会开幕前，阿里官宣了"新六脉神剑"的价值观，即客户第一，员工第二，股东第三；因为信任，所以简单；唯一不变的是变化；今天最好的表现是明天最低的要求；此时此刻，非我莫属；认真生活，快乐工作。这也是每个阿里人的行为准则。

阿里巴巴升级的使命、愿景和价值观体现了阿里巴巴的态度、对企业的发展思考，也是未来阿里人的行为指南。对于阿里巴巴来说，"新六脉神剑"就是阿里巴巴的血脉所在。从阿里巴巴建成之初，马云就为整个阿里制定了一系列的价值观标准。虽然改变不了所有人，但至少一直在影响着千万的阿里巴巴人，正是这些对于未来充满美好愿望的希望，才让阿里巴巴越来越成熟。

资料来源：

[1] 黄云灵. 阿里巴巴：让天下没有难做的生意. 2016-03-28. 浙江在线：
https://zj.zjol.com.cn/news/304698.html.

[2] 阿里发布新六脉神剑，使命长存，让天下没有难做的生意. 2019-09-11.
https://baijiahao.baidu.com/s?id=16443606710500126522&wfr=spider&for=pc.

第一节 企业愿景

一、愿景的概念

愿景是企业根据目前所处的状况确立的未来发展目标而描述的理想蓝图。它是综合企业使命、发展规划、实现目标途径的认识结果，是一个企业的管理者用来统一企业成员思想和行动的宣言，亦是管理者回答"我们代表什么""我们希望成为什么样的组织"的承诺。

愿景通常是企业发展的阶段性目标，是企业在实践核心目的和核心价值观过程中的一种体现，是企业期望实现的发展蓝图。不过，随着时间的推移、市场的变化和企业的发展，可对愿景做相应的调整或改变，即当企业进入新的发展阶段时，就需要设计新的愿景。例如：蒙牛公司提出要成为"百年老店"和先做"中国牛"再做"世界牛"的愿景，前者是长期性愿景，百年不变，后两者是阶段性愿景，要进行阶段性的调整或升级。

二、企业愿景的内涵

企业愿景是企业战略家对企业的前景和发展方向一个高度概括的描述，这种描述在情感上能激起员工的热情。愿景是一个组织的领导用以统一组织成员的思想和行动的有力武器，指企业的长期愿望及未来状况、企业发展的蓝图，体现企业永恒的追求。制定愿景就是为了解决这样一个基本问题：我们要成为什么样的企业？德鲁克认为企业要思考如下三个问题：（1）我们的企业是什么？（2）我们的企业将是什么？（3）我们的企业应该是什么？

这三个问题集中起来体现了一个企业的愿景，即企业愿景需要回答以下三个问题：（1）我们要到哪里去？（2）我们的未来是什么样的？（3）我们的目标是什么？

企业愿景由核心理念和对未来的展望两部分组成。核心理念是企业存在的根本原因，是企业的灵魂，是企业的精神，是企业的凝聚力，是激励员工永远进取的永恒的东西。未来展望代表企业追求和努力争取的东西，它随着企业经营环境的改变而改变。

核心理念由核心价值观和核心目的构成。核心价值观是企业最根本的价值观和原则。例如，迪士尼的核心价值观是崇尚想象力和乐趣；宝洁公司的核心价值观是追求一流产品；惠普公司的核心价值观是尊重人。核心目的是企业存在的根本原因，如沃尔玛的核心目的是"给普通人提供和富人一样的购物机会"。

未来展望由未来 10～30 年的远大目标和对目标的生动描述构成。远大目标必须用生动形象的语言加以描述，才能激起员工的热情和激情，才能得到员工的认同，才能使员工完全地投入。例如，福特把他的"让汽车拥有民主化"远大目标，描述成"我要为大众造一种汽车，它的低价格将使所有挣得相当工资的人都能够买得起，都能和他的家人享受上帝赐予我们的广阔大地。牛马将从道路上消失，拥有汽车将会被认为理所当然"。

三、企业愿景的要素

（一）界定企业的当前业务

即回答我们是谁的问题。这个问题看起来简单，但从战略角度看却不那么容易回答。例如，可口可乐公司的业务是软饮料业务还是饮料业务？如果是软饮料业务，则公司的战略重点是如何与百事可乐等竞争；如果是饮料业务，则公司的战略重点就是如何同水果饮料、茶饮料、等竞争。

（二）确定企业的发展方向

即回答我们去向何处的问题。这一部分描述了企业在宏观上和长期发展中面临的机会。要使愿景中确认的机会得到普遍认可，并能指导战略分析，对机会的描述需要有针对性，可以具体一些，但不应该局限在具体的产品或具体的细分市场上。

（三）界定实现发展规划的具体步骤

即考虑我们如何到达哪里的问题。愿景的长远指导性质决定了它所描述的实现企业方向的方式不可能是具体的。由于企业面临的关键环境因素具有较高的动态性，因此，这里主要是强调技术的趋势，包括实现企业发展方向的关键技术的未来发展、技术扩散的可能、对技术利用上的不同途径所具备的机会，以及相应的市场机会。

（四）确定衡量效益的标准

即回答我们如何衡量效益的问题。企业的每一项业务都要为实现企业的目标做出自己最大的贡献。例如，人力资源部门要更好地使员工满意，加强培训；技术部门则要改进技术，提高效率。

（五）界定企业愿景的特殊性

即不同的公司对愿景有不同的表述，不具有普遍性。这样企业才能制定出具有自己特性的与众不同的战略。即使在同一行业里，企业的愿景也会是不同的。例如，迪康药业的愿景是迪康生命活力守护人类健康，贡献卓越品质的药品，为人类生命健康永远服务；而同仁堂的愿景是弘扬中华医药文化，领导"绿色医药"潮流，提高人类生命与生活质量，目标是以高科技含量、高文化附加值、高市场占有率的绿色医药名牌产品为支柱，具有强大国际竞争力的大型医药产品集团。两者虽有相似之处，但走的却是截然不同的战略发展道路。所以，提出和制定企业愿景的意义是将自己与同行业中的其他公司区别开来，独树一帜，有一个独特的业务着重点，有一条独特的发展道路。

当然，企业所面临的环境不会是一成不变的。当企业的环境发生变化时，这些变化往往会影响企业的愿景，要求企业对自己的发展方向做出重新的确定。英特尔公司的前总裁安德鲁·格罗夫把这种情况称为"战略转折点"。

四、企业愿景的特点

（1）企业愿景的制定主体是企业高层。企业最高层掌握着企业最高的权力和全面的信息，根据对内外部环境的分析，结合自身的经验、偏好和创造力，明确企业愿景的内容。

（2）企业愿景的内容是企业的追求、发展方向与道路。

（3）制定愿景的目的，是给企业指明一个奋斗的目标，指导企业长期的发展，激励员工努力工作。

（4）愿景的作用时间是长期的，是不随内外部环境改变而改变的。

五、企业愿景的作用

企业愿景可以促使大家团结一致集中于这个伟大的目标，激发所有人的力量。借助愿景，培育与鼓舞企业内部所有人，激发个人潜能，激励员工竭尽所能，增强组织运营能力，进而提升顾客满意度。企业愿景是基于企业对社会的影响以及关联群体之间的经济关系所做出的表达，企业愿景的作用主要体现在以下几个方面。

（一）指引发展方向

首先，企业愿景为组织成员勾勒出一幅企业未来发展的梦想画卷，指明企业未来发展的奋斗方向，从而促使组织成员朝着一致的企业目标努力工作；其次，企业愿景为组织成员提供了创造性学习的基点，企业可以依据企业愿景建立起具有活力、创造力的学习组织；最后，企业愿景昭示着企业未来发展的蓝图，为企业指引方向的同时在企业的发展过程中不断起鼓舞作用。

（二）激励企业员工

企业愿景是企业员工的长期共同追求，它在不同的人之间形成了一股巨大的凝聚力，从而淡化了组织成员的个人利益冲突。企业愿景能够对人们的心理产生鼓舞和感召，激励员工为实现企业愿景而不断努力工作，并不断激发他们的创新思维。现代企业社会，企业员工的需求不能仅仅通过经济利益手段来满足，他们往往追求更高层次的自我价值的实现。企业愿景是对企业组织成员个人愿景的整合，激励员工实现企业目标的同时也实现了员工的自我价值。

（三）增加企业效益

对于组织行为，企业愿景为组织中松散的资源和理念创造了一体感，从而使组织成员的工作行为目的具有高度的一致性，被认真贯彻的企业愿景将会得到很好的实现，相应的组织绩效就会得到提高，企业的价值也会得到相应的提升。如果没有企业愿景的拉动，企业将维持它牢不可破的现状。对于社会,企业愿景的陈述与企业内外部环境有着紧密的联系,企业愿景能增强企业的核心竞争力,从而使整个产业得到最优的整合,实现企业利益最大化。

六、企业愿景的构建及构建方法

(一)有效愿景的三大内核

一个企业的愿景必须回答以下三个主题,它们构成了有效愿景的内核。

1. 存在的理由

愿景必须表明一个企业存在的理由以及为什么要从事各种活动。存在的理由即是一些个体一生都在努力争取解答的关于存在主义的、组织层面的问题:我们这个企业为什么存在?我们所做的这些努力都是为了谁的利益?我们又给这个世界带来了什么影响?

2. 战略

愿景必须明确界定一项战略。这项战略并不是简简单单的业务计划或传统的战略规划,它必须能帮助建立起企业截然不同于其他企业的个性化的标识和特征。

3. 价值观

包括为了不断向"存在的理由"靠拢和支持组织战略而体现出来的,同时贯穿于日常工作过程中的主要观念、态度和信念。组织的价值观是指引及保持这种行为的基石。

(二)企业愿景的四大方面构建

1. 企业高级管理层

一个组织愿景的倡导者、支持者不是某一个人。企业高级管理层由企业的最高层经理人组成,扮演着中心领导者的角色。他们是实施愿景的责任人,时刻紧密监督组织是否与愿景保持一致,边监督边处理在成长的过程中随时出现的阵痛。他们是愿景及其所蕴含的创新需求的启蒙者。

2. 企业文化

一个企业的企业文化是独特的,它强化企业愿景,使之难以被模仿。当一个企业的文化与其声明的价值观以及企业愿景等其他要素相一致,并融入整个企业时,它对企业成长与革新的影响要远远大于任何正式的系统。

3. 企业组织结构

组织的结构既可以支持愿景,又可能侵蚀愿景。许多组织总是面对这么一个两难的抉择:在鼓励各种集体尽可能保持其独特性,以完成不同任务的同时,这些集体还被要求尽可能地整合在一起来实现不同的组合之间的合作以及贯彻组织始终的愿景。

4. 人员管理

人员管理是所有经理人的职责,而并不仅仅是某一个部门的事务性工作。通常来说,一个组织中人力资源管理部门的负责人应清楚地认识到人员管理的重要性,但是由于缺乏权力或资源,他们往往发现自己没有能力贯彻自己的信念。人员管理的最终责任在于企业的高级管理层。

(三)企业愿景的构建方法

企业愿景构建方法示意图如图2-1所示。

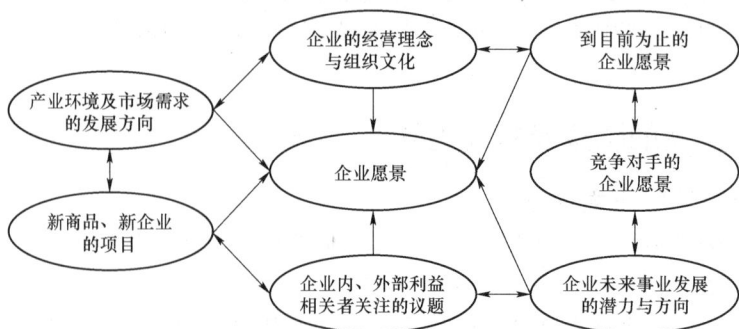

图 2-1　企业愿景构建方法示意图

1. 企业的经营理念与组织文化

企业的经营指导原则及其对创新发展的追求，足以影响企业创新商品的走向，而此方面则需征求企业高管层及其员工的意见。

2. 产业环境及市场需求的发展方向

市场、顾客与产业是朝哪个方向发展的？反复分析其方向的目的在于掌握产业与市场变化的方向，进而找到新的发展方向。此方面的研究需经由环境变化、消费者需求、产业变化指标的汇集分析，方能了解与掌握企业未来发展的方向。

3. 到目前为止的企业愿景

此方面的思考在于探究出该愿景的达成与实施情况，同时了解其对创新商品的看法，经由研究与探讨，将可使其逐渐构建未来的企业愿景。

4. 竞争对手的企业愿景

对竞争对手的发展方向与愿景进行了解，将有助于企业愿景的拟定，并构建出可以超越竞争对手的竞争策略。

5. 企业未来事业发展的潜力与方向

为了支持企业发展与创新，通过对企业发展的关键成功因素进行了解与分析，以确立新商品、新企业的发展方向。

6. 企业内、外部利益相关者关注的议题

通过对此方面的分析、了解与确认，有助于企业确认其应发展的业务方向，以达到顾客满意、员工满意与股东满意的业务开发成功的目标。

7. 新商品、新企业的项目

经由此方面的了解，将可知晓企业应该往哪个新商品的发展方向努力，而在知晓其应该发展的新商品之后，就能发掘出其开发与创新业务的创意与创新机会。

（四）五步骤开发流程

1. 建立规划小组

这个小组将着手进行一个领悟力训练过程，通过这个训练，人们能够分享并更好地理解他人心目中对组织将来形象和状态的想象与希望。

2. 形成愿景的核心要素

第一步，要求小组内每一个成员说出自己心目中组织的情形状态是什么样的，把各自的

观点看法压缩为简短的句子或者不严格的词组；第二步，要求小组的每个成员讨论他们各自的"愿景"：每个成员对自身以及对所在组织的抱负志向是什么？他们的期望是什么？本小组以及关于整个组织的具体目标、价值观和观念是什么？

3. 讨论这些核心要素

通过第二阶段的练习，我们已形成了愿景的一些可能的要素清单。这时，小组成员通过头脑风暴的方法来判断哪些因素对愿景来说是关键的。

4. 阐述经过考验的愿景说明

对愿景的考验应该根据所建立的预测，明确详细地检查组织行为和组织绩效。可以选定一个部门来测试愿景。该部门员工对这个愿景的反应积极吗？如果存在抵制情绪，那么这种抵制情绪的产生原因是什么？

5. 在组织范围内推广愿景

企业愿景的实现是依托全组织成员的共同努力，在这样的情况下，让成员正确认识本企业的愿景，激发组织成员的奋斗意志就显得尤为重要。企业应基于从上至下的推广流程，适时建立推广专人专班，广泛地树立员工意识。

第二节 企业使命

一、使命的概念

使命是人（不管是自然人还是法人）的存在与否对于其关系人和社会所产生的价值贡献。

二、企业使命的内涵

企业使命是企业的一种根本的、崇高的责任和任务，表明了企业现在所处的商业范畴和业务目标。它表达了"我们是谁，我们要干什么，我们为什么在这里"。换言之，一方面，它是企业"存在理由"的宣言；另一方面，它是企业的价值设计，反映和体现企业的宗旨、核心价值观和未来方向，企业使命是企业生存的基石。

企业使命反映企业管理者为组织的经营活动规定的价值观、信念和指导原则，描述企业力图在公众中树立的形象，揭示本企业与其他企业在目标上的差异，界定企业的主导产品、核心技术领域和服务范围，以及企业要满足的客户基本需求。

三、企业使命的基本内容

企业使命应该包含以下几方面的内容，即企业使命就是企业存在的价值或理由、企业生产经营的哲学定位和企业生产经营的形象定位。企业使命把自身与同类型的其他企业区分开来，从产品自身的角度确定自己的经营范围和状况，它不仅包括当前的任务，还基于对企业历史的认识和反思，以及对企业周围环境的深刻把握。因此，它使企业在经营中不断进步，从而形成自身的发展优势。

（一）基本使命

1. 企业经营状况

企业经营状况是指企业的产品在商品市场上进行销售、服务的发展现状，企业基本经营状况包括企业基本产品或服务、主要市场和经营技术，这是对企业经营状况的完整陈述。企业使命的表达应阐明企业的业务范围，给公众一个对企业经营情况的完整认识。例如，中国移动通信的企业使命为：创无限通信世界，做信息社会栋梁。

2. 企业经济目标

企业最原始的目标是实现企业的生存，只有生存下来才能追求企业的发展，企业的盈利能力是企业生存和发展的根本保证，企业的经济目标定当会具有一定的长远性，企业的经济目标着眼于企业的长期生存、发展和盈利。一般企业在发展之初就会对企业的经济方向做出规划，之后随着企业的不断发展及时对企业的经济目标做出调整，企业使命的描述应当宏观且笼统，这样做的优势体现于企业随着发展有一定的可调节性。企业的基本使命展现的是企业最原本、最真实、最初的状态描述。

（二）企业哲学

所谓企业哲学，是指一个企业为其经营活动确立的价值观、态度、信念和行为准则，是企业在社会活动及经营过程中起何种作用或如何起这种作用的一个抽象反映。企业哲学是以企业家文化为主导的公司核心群体对于公司如何生存和发展的哲理性思维，它是一种人本哲学，是公司解决如何在外部生存以及公司内部如何共同生活问题的哲学。因此，从某种程度上来说，企业哲学就是企业的道德规范，是指导公司经营管理的最高层次的思考模式，是处理公司矛盾的价值观及方法论。

企业哲学从企业长期的生产经营实践中高度概括出来，又回到企业经营实践活动中去，并得到实践的检验和修正，以此形成企业独特的盈利模式。基于企业哲学在实践中不断发展，随着企业发展环境的变化如所处竞争的国内外环境的变化和国家政策的变化等，企业的盈利模式要做出相应的调整，同时企业盈利模式的变化也影响着企业哲学。概括而言，一方面企业哲学作为企业使命的重要组成部分，指导和影响着企业战略的制定；另一方面，企业盈利模式的调整也会对企业战略的执行和调整造成一定的影响。

四、企业使命的特征

（一）态度宣言

企业使命陈述是对企业态度和展望的宣言，而不是对具体细节的阐述。使命陈述应该比较笼统，主要原因如下：

（1）一个好的使命陈述应有助于产生和考虑多种可行的目标和战略，应避免不适当地抑制管理部门的创造力。

（2）使命陈述需要足够的概括，以便有效地调和企业的不同利益相关者。

（二）用户导向

应阐明企业的经营目的、用户、产品或服务、市场、宗旨及采用的基本技术。维恩·麦金尼斯认为，一项使命陈述应当：

（1）对企业进行定义并表明企业的追求。

（2）内容要窄到足以排除某些风险，宽到足以使企业有创造性地增长。

（3）将本企业与其他企业相区别。

（4）可作为评价现时及将来活动的基准体系。

（5）叙述足够清楚，以便在组织内被广泛理解。

（6）理想的使命陈述还应认定本企业产品对用户的功效。

（三）社会政策宣言

社会政策与企业最高层领导的管理宗旨和思想密切相关，因而社会政策会影响企业使命陈述的制定。企业在制定使命陈述时会涉及社会责任问题。社会政策会直接影响企业的用户、产品、服务、市场、技术、赢利、自我认知及公众形象。

企业的社会政策应当贯彻到所有的战略管理活动之中。社会问题迫使战略制定者不仅要考虑企业对各类股东的责任，而且要考虑企业对用户、环境保护主义者、少数民族、社区及其他集团所负有的责任。理想的使命陈述还应认定本企业产品对用户的功效。

五、企业使命的构成要素

企业使命包括两个方面的内容，即企业哲学和企业宗旨。所谓企业哲学，是一个企业为其经营活动方式所确立的价值观、态度、信念和行为准则，是企业在社会活动及经营过程中起何种作用和如何起作用的一种反映。企业哲学的主要内容通常由处理企业经营活动中的指导思想、基本观点和行为准则构成。所谓企业宗旨，是指企业现在及将来从事什么样的事业活动，以及应该成为什么性质的企业或组织类型。

尽管每个企业的认识水平和经营环境不同，其所制定的企业使命在构成要素、形式和具体内容等方面有着较大的差异，但对其进行优劣评价，应该有判别的标准。一种观点认为，一个企业使命是否描述得好，主要看它是否体现了企业使命的作用，即明确企业核心业务与发展方向，能协调企业内外部各种分歧，能帮助企业树立用户导向思想，能表明企业的社会责任。另一种观点认为，优秀的企业使命描述，应尽可能多地包括以下基本要素。

（1）顾客——谁是企业的主要顾客？顾客是企业的消费者或服务对象，使命表述要以顾客为中心，顾客或消费者的需求决定企业的经营方向。

（2）产品或服务——企业的主要产品或服务是什么？企业生产、经销的主要产品或提供的主要服务项目是构成企业活动类型的基本要素，企业经营成败的关键在于其产品或服务在市场上的销路及收益，对企业产品的描述是引导顾客识别企业的重要因素。

（3）市场——企业主要在哪一个地区或行业展开竞争？即企业计划开辟或参与竞争的地区。

（4）技术——企业的主导技术是什么？企业技术水平的定位能够反映企业所提供产品或服务的质量，有助于明确企业的技术竞争力。

（5）对企业生存、发展和盈利的关注——企业能够实现业务增长并获得合理的财务收益吗？即企业是否能够通过某种方式实现业务增长和提高盈利水平，是表达企业盈利能力的信息。

（6）经营理念——企业的基本信念、价值观、志向和伦理道德倾向是什么？是指企业在生产经营活动中所持有的基本信念、价值观念和行为准则、精神追求等，主要通过对利益相关者的态度、企业提倡的价值观念、政策和目标以及管理风格等方面的内容体现出来，正确的经营理念是企业成功的重要保证。

（7）自我意识——企业的长处和竞争优势是什么？是指企业对自身比较优势和特别能力的判断与认识。

（8）对公众影响的关注——企业期望给公众塑造一个什么样的企业形象？

（9）对员工的关心——企业应当怎样对待自己的员工。

显然，以上关于企业使命的描述应包含要素的两种观点，其实并无本质区别，只是其考察角度和详细程度不同而已。

六、企业使命对企业发展的意义

使命足以影响一个企业的成败。彼得·德鲁克基金会主席、著名领导力大师弗朗西斯女士认为：一个强有力的组织必须要靠使命驱动。企业的使命不仅回答企业是做什么的，更重要的是为什么做，这是企业的终极意义。崇高、明确、富有感召力的使命不仅为企业指明了方向，而且使企业的每一位成员明确了工作的真正意义，激发出内心深处的动机。试想"让世界更加欢乐"的使命令多少迪士尼的员工对企业、对顾客、对社会倾注了更多的热情和心血。使命指明了企业对经济和社会应做出什么贡献；使命确定了企业的目的、方向、责任、任务。使命的重要性、必要性是毋庸置疑的。

（一）明确企业的发展方向，为企业的战略行动打下基础

有效的企业使命应当指明企业未来发展的道路，确定企业的核心业务范围。当企业发生战略性转变时，企业使命为企业活动提供发展依据，使企业获得发展的信心，为企业的发展提供支持和帮助。企业使命是企业战略规划的直接前提，是企业进行资源分配的基础。

首先，企业使命是企业制定企业战略的前提，是战略方案制定和选择的依据。企业在制定战略过程中要根据企业使命来确定自己的基本方针、战略活动的关键领域和行动顺序等。其次，企业使命是企业战略行动的基础、有效分配和使用资源的基础，为企业战略实施提供激励。

（二）有助于企业文化建设，树立良好的企业形象

企业文化的内容十分丰富，包括企业经营哲学、价值观念、企业精神和企业形象。它是为企业所有成员所认同和遵守的价值体系和行为规范，企业使命作为高层次的企业文化之一，显然不仅仅是绩效，它包括了绩效，但超越了绩效。在某种程度上说，绩效是通往最终目标的桥梁。一个具有建设性的企业使命能够充分体现企业文化，能够对相关主体权力进行约束和保障，关爱组织和个人的命运，企业文化的建设将以企业使命为核心。

企业的形象是企业使命的外在表现形式，企业形象是外在公众和社会对企业的印象和评价，这种印象通过人体的感官传递获得，企业形象被社会各界和社会舆论所接受程度取决于企业的业务领域、社会责任和客户之间形成的价值观念，从而形成自己的社会形象。比如当人们提到肯德基时，我们的第一感受就是彬彬有礼、眼明手快的服务和有优势的上餐速度。

（三）增强企业的凝聚力

德鲁克曾说过："一切工作都源于使命，并与使命密切相关。"企业使命就像黏合剂一样黏合企业内部的所有员工和各企业相关者向着共同的企业目标前进，满足各利益相关者的需求，保持并增强企业团队的向心力和凝聚力，为企业的发展注入源源不断的动力。

企业肩负着诸多社会责任，企业做得越大，占据的社会资源越多，其相应的社会责任也就越大，这是责无旁贷的。除了基本的社会责任，如促进就业、拉动经济、环保等，还有更深层次的。海尔将自己的使命归为创造企业家，即把员工变为特定意义上的创造价值的人，这与其价值观有很大的关系。相比于很多企业，海尔的理念可以说是步入了一个更高阶的层次，毕竟，"创造出有价值的人比制造出物品更有价值"。其实，当企业确立自己的使命时，无论有多"崇高"，其本质都为安身立命。至于如何做到安身立命，不被时代的洪流淹没，停留在表面追逐利益最大化显然是不明智的，一个能做到永续经营的企业，它一定是为社会所长期需要的，它对于社会这个大系统而言，已变成了至关重要的组成部分。这时候，企业的格局也将随之变大，眼界与目标也将变得更加宏远。

第三节 企业战略目标

一、目标的概念

目标是对活动预期结果的主观设想，也是活动的预期目的，为活动指明方向。企业战略目标，也有广义与狭义之分。广义的战略目标包括愿景、使命和目标，即愿景、使命和目标都属于战略目标范畴，可以统称为企业的目标或战略目标。狭义的战略目标不包括愿景和使命，但狭义的战略目标又可分为非财务目标和财务目标，非财务目标往往也称战略目标。因此"战略目标"到底指什么，要根据具体的情况来确定。

二、企业战略目标的内涵及特征

（一）企业战略目标的内涵

企业战略目标是对企业愿景进一步的具体化和明确化，是企业在一定时期内，沿其战略经营方向所预期达到的成果。在企业战略管理过程中，目标的制定及其合理与否起着十分重要的作用。彼得·德鲁克认为，企业的使命必须转化为目标。他说，并非先有工作，后有目标；相反，正是因为有了目标，才能确定每人应做的工作。企业使命是对企业总体任务的综合表述，一般没有具体的数量特征及时间限定。而战略目标则不同，它是为企业在一段时间内所需实现的各项活动的成果界定。目标可以是定性的，也可以是定量的，如企业获利能力目标、生产率目标或竞争地位目标等。战略目标必须是具体的和可衡量的，以便对目标是否最终实现进行比较客观的评价考核。

企业战略目标是企业在实现其使命过程中所取得的具体结果，它是对企业使命的进一步细化和分解，是企业生产经营活动全局的筹划和指导所要达到的目的，目标对企业战略有一种定位功能，即企业战略的核心，表明了企业战略的指向。战略目标指出了企业资源配置的优先等级，并为绩效评价提供了一定的依据，促进企业有效的协作。企业战略目标是一种长期的目标，一般实现要3～5年，它是基于对企业所处的内外部环境进行深刻的分析后制定出来的企业所要达到的目标。

（二）企业战略目标的特征

企业战略目标具有以下特征。

1. 宏观性

战略目标是一种目标。它是对企业全局的一种总体设想，其着眼点是整体而不是局部；它是从宏观角度对企业未来的一种较为理想的设定；它所提出的是企业整体发展的总任务和总要求；它所规定的是整体发展的根本方向。因此，人们所提出的企业战略目标总是高度概括性的。

2. 长期性

战略目标是着眼于未来和长远的，是关于未来的一种设想，它所设定的是企业通过自己的长期努力而达到的一种期望的结果。战略目标所规定的是一种长期的发展方向，它所提出的是一种长期任务，绝不是一蹴而就的，而是要经过企业全体员工相当长时间的努力才能够实现。

3. 相对稳定性

战略目标既然是一种长期目标，那么它在其所规定的时间内就应该是相对稳定的。战略目标既然是总方向、总任务，那么它就应该是相对不变的。这样，企业职工的行动才会有一个明确的方向，大家对目标的实现才会树立起坚定的信念。当然，强调战略目标的稳定性并不排斥根据客观需要和情况的变化对战略目标进行必要的修正。

4. 全面性

战略目标是一种整体性要求。它虽着眼于未来，但却没有抛弃现在；它虽着眼于全局，但又不排斥局部。科学的战略目标，是对现实利益与长远利益、局部利益与整体利益的综合反映。科学的战略目标虽然是概括的，但它对人们行动的要求却总是全面的，甚至是相当具体的。

5. 可分性

战略目标作为一个总目标、总任务和总要求，总是可以分解成某些具体目标、具体任务和具体要求的。这种分解既可以在空间上把总目标分解成多个方面的具体目标和具体任务，又可以在时间上把长期目标分解成多个阶段的具体目标和具体任务。人们只有把战略目标分解，才能使其具有可操作性。可以说，因为战略目标是可分的，因此才是可实现的。

6. 可接受性

企业战略的实施和评价主要是通过企业内部人员和外部公众来实现的。因此，战略目标必须被他们理解并符合他人的利益。但是，不同的利益集团有着不同的甚至是相互冲突的目标，因此，企业在制定战略时一定要注意协调。一般而言，越是能反映企业使命和功能的战略，越易为企业员工所接受。另外，企业的战略表述必须明确且有实际的含义，不至于使人产生误解，易于被企业员工理解的目标也易于被接受。

7. 可检验性

为了对企业管理活动进行准确的衡量，战略目标应该是具体的和可以检验的。目标必须明确，具体地说明在何时达到何种结果。目标的定量化是使目标具有可检验性的最有效的方法。但是，仍有许多目标难以数量化，时间跨度越长、战略层次越高的目标越具有模糊性。此时，应当用定性化的术语来表达其达到的程度，要求一方面明确目标实现的时间，另一方面须详细说明工作的特点。

8. 激励性

目标本身是一种激励力量，特别是当企业目标充分体现企业员工的共同利益，使战略目标和个人目标很好地结合在一起的时候，就会极大地激发企业员工的工作热情和奉献精神。

9. 可度量性

即企业战略目标要尽量数量化，数量化的战略目标有以下三个好处：

（1）便于分解。未来的战略目标可以按年度分解为年度目标，然后再把年度目标分解为业务单元的目标及各职能部门、各车间、各班组的目标，这样战略任务才算落实了。

（2）便于检查。数量化指标便于比较、便于检查，若没有完成，也便于查找原因。

（3）便于动员全体员工为之奋斗。全体员工都明确每年的年度目标及自己每年应当完成的任务目标，因而激发起每名员工的创造性、积极性、主动性，为实现这一目标而努力奋斗。

10. 现实性

在制定企业战略目标时，必须在全面分析企业内部条件优劣和外部环境利弊的基础上，判断企业经过努力后所能达到的程度。既不能脱离实际将目标定得过高，也不可把目标定得过低。因为过高的目标会挫伤员工的积极性、浪费企业资源；过低的目标容易被员工所忽视、错过市场机会。也就是说，战略目标必须制定得适中、可行。

三、企业战略目标的体系

（一）企业战略目标的内容

由于战略目标是企业使命和功能的具体化，一方面，有关企业生存的各个部门都需要有目标；另一方面，目标还取决于个别企业的不同战略。因此，企业的战略目标是多元化的，既包括经济目标，又包括非经济目标；既包括定性目标，又包括定量目标。尽管如此，各个企业需要制定目标的领域却是相同的，所有企业的生存都取决于同样的一些因素。

一般来说，企业战略目标的内容由以下几个方面构成：

1. 竞争地位

战略是企业期望最大限度地实现竞争优势并维持竞争优势的手段，因此，由企业对自身竞争优势和劣势进行综合评价后，所确立的竞争地位是衡量组织成功与否的一个标准。

2. 盈利能力

对于任何一个企业来说，想要获得长久运作就必须有其经营、管理和发展的稳定资金流作为支撑。盈利能力是企业获取利润的能力，是衡量企业经营业绩的重要指标。

3. 生产率

生产率是企业投入与产出的比值，其本质是对资源利用程度的一种度量，反映了企业的生产能力。生产率高的企业会提高企业的销售额，从而增加企业利润。

4. 人才经营

当今企业之间的竞争就是人才的竞争，把人才经营作为一个战略目标具有重要的现实意义。人才经营的目标主要是考虑人才培养和员工关系两个方面。人才培养是指企业对组织内部员工进行教育和培训的过程，它能够增强员工职位的胜任能力，提高员工的人文素质，从而发挥员工的创造精神和探索精神。处理好员工关系不仅能提高企业的凝聚力，实现企业的一致目标，还能满足个人尊重和成就的需要，最终实现协同效应。

5. 文化建设

文化建设对企业整体素质的提高和企业核心竞争力的培养具有重要的意义。一方面，企业文化通过对自身企业形象的完美塑造打造企业的品牌价值提高企业的竞争力；另一方面，通过对企业文化的宣传和弘扬来调动员工的积极性、主动性和创造性。

6. 技术领先

处于知识经济和信息时代的企业，要想在激烈的竞争中掌握主动权、把握市场先机，就必须根据市场的变化不断进行技术创新，占领市场的技术领先地位，从而提高企业的竞争力，赢得和扩大市场份额，获得更大的利润。

7. 相关的资质认证

拥有一套好的资质证书，不仅能够提高组织声誉、增强企业的竞争力，还有利于组织的内部管理，增强员工的自律性，激发他们的积极性。

8. 社会责任

企业作为社会的一个基本组成单元，在追求自身经济目标的同时，还必须考虑所要承担的社会责任。社会责任反映在企业对顾客、商业伙伴以及社会问题的态度上。企业要为顾客提供价格公平、质量良好的产品或服务；企业要为商业伙伴建立良好的合作关系，产生外部协同效益；企业还要提倡绿色经营，从事慈善事业，使其产品更加被公众所认可和接受，使企业获得更多利润的同时创造出更多的社会效益。

（二）企业战略目标的表达

为了使战略目标既反映企业使命的要求，又具有可操作性，必须统筹兼顾企业内外部环境动态发展和企业短期运作的不同要求，并贯彻结果导向的原则。任何一个企业的战略管理者都必须掌握确定企业战略目标的基本技能和方法。企业目标的多元性要求管理者能协调处理好各类目标之间的关系；企业目标的层次性要求管理者实现多层次、多部门目标之间的协同；而企业目标的时间性则要求管理者在界定战略目标时应指明其时间区间，并根据环境的变化及时调整与修改战略目标。因此，在具体表达企业战略目标时，管理者应根据企业使命要求，选定目标参数，体现多种目标之间的协调性，兼顾目标的可衡量性、可操作性、可分解性及其激励效果。目标表述的 SMART 原则，见表 2-1。

表 2-1　目标表述的 SMART 原则

原则	描述
具体性（specific）	具体、明确
可衡量性（measurable）	结果可考核
可实现性（attainable）	可达到性、激励性
相关性（relevant）	围绕使命、相互关联
时间性（time-bound）	有完成期限、可追踪

企业为了更好地表达战略目标，往往将其形成企业战略目标体系。战略子目标与战略总目标相互关联，企业战略目标应围绕企业使命展开，低层次的战略目标应围绕高层次的战略

目标展开。通过对企业使命与战略目标按层次或时间进行分解，可构造成一个战略目标体系，使企业的各个战略业务单元甚至每个员工都能明白自身的任务与责任。这样，既能有效避免企业内不同利益团体之间的目标冲突，使战略目标之间相互联合、相互制约，也能使战略目标进一步细化为具体的工作安排，转化为实际行动。

（三）企业战略目标体系的构成

在实际中，由于企业性质的不同、企业发展阶段的不同，战略目标体系中的重点目标也大相径庭。战略目标也不止一个，而是由若干目标项目组成的一个战略目标体系，具体见表2-2。

表2-2　企业战略目标分类

分类	目标项目	目标项目构成
业绩目标	收益性	资本利润率、销售利润率、资本周转率
	成长性	销售额增长率、市场占有率、利润增长率
	稳定性	自有资本比率、附加价值增长率、盈亏平衡点
能力目标	综合	战略决策能力、集团组织能力、企业文化、品牌商标
	研究开发能力	新产品比率、技术创新能力、专利数量
	生产制造	生产能力、质量水平、合同执行率、成本降低率
	市场营销	推销能力、市场开发能力、服务水平
	人事组织	职工安定率、职务安排合理性、直接和间接人员比率
	财务能力	资金筹集能力、资金运用效率
社会贡献目标	顾客	提高产品质量、降低产品价格、提高服务水平
	股东	分红率、股票价格、股票收益性
	职工	工资水平、职工福利、能力开发、士气
	社区	公害防治程度、利益返还率、就业机会、企业形象

从纵向上看，企业的战略目标体系可以分解成一个树形图。在企业使命和企业宗旨的基础上制定企业的总战略，为了保证总目标的实现，必须将其层层分解，规定保证性职能战略目标。也就是说，总战略目标是企业主体目标，职能性战略目标是保证性目标。

从横向上看，企业的战略目标大致可以分成两类：第一类是用来满足企业生存和发展所需要的目标项目，这些目标项目又可以分解成业绩目标和能力目标两类。业绩目标主要包括收益性指标、成长性指标和安全性指标等三类定量指标。能力目标主要包括企业综合能力指标、研究开发能力指标、生产制造能力指标、市场营销能力指标、人事组织能力指标和财务管理能力指标等一些定性和定量指标。第二类是用来满足与企业有利益关系的各个社会群体所要求的目标。与企业利益关系的社会群体主要有顾客、企业职工、股东、所在社区及其他社会群体。

四、企业战略目标的制订

（一）企业战略目标的作用

1. 战略目标是企业制订战略的基本依据和出发点

企业战略目标是制订企业战略的前提和关键。正确的战略目标对企业行为具有重大指导作用，它是企业制订战略的基本依据和出发点。战略目标指明了企业的努力方向，体现了企业的具体期望，表明了企业的行动纲领，一个企业如果没有合适的战略目标，则势必使企业日后的经营战略活动陷入盲目的境地。

2. 战略目标能够使企业使命具体化和数量化

企业使命需要被具体化和数量化，这样才可以被有效地贯彻到企业的经营活动中去。战略目标是企业使命的具体化，这是一个包括众多子目标的庞大系统，其中既有企业现实、具体和短期的目标，又有抽象、长远的目标。目标之间相互影响、相互制约，呈现一定的层次性。目标的完成与否需要用数据来衡量，因此这些目标还必须被量化，才便于企业各部门执行和监控。

3. 战略目标是企业战略控制与评价的标准

战略目标定量化，使其具有可行性，可以帮助检查和评价目标实现的程度，便于查找执行目标过程中存在的差距，以便及时地调整。战略目标一般用数量指标和质量指标来表示，明确清晰，并具有可比性。

4. 战略目标能够有效激励各级管理人员和广大员工

战略目标激励企业的全体成员朝着组织所期望的目标前进，需要组织给予动力，这种组织动力就是战略目标所要达到的。战略目标本身是具有先进性和挑战性的，需要付出一定的努力才能实现，也只有那些可行而先进的战略目标才具有激励和挑战作用，才能挖掘出人的巨大潜能。

（二）企业战略目标的制订过程

企业战略目标的制订，不仅要以企业的经营方向为依据，还要受企业内外部环境和企业高层管理者价值观等因素的制约。战略目标是选择战略方案的依据，战略方案是为实现战略目标而采取的行动，两者的时间跨度应该是一致的。为使战略目标与战略方案有机地结合起来，制订战略目标一般需要经历调查研究、拟订目标、评价论证和目标判断这四个具体步骤。

1. 调查研究

在制订企业战略目标之前，必须进行调查研究工作。但是，在进入确定战略目标的工作中，还须对已经做过的调查研究成果进行复核，进一步整理研究，将机会与威胁、长处与短处、自身与对手、企业与环境、需求与资源、现在与未来等综合加以对比，弄清它们之间的关系，为确定战略目标奠定可靠的基础。

调查研究既要全面，又要突出重点。为确定战略而进行的调查研究，不同于其他类型的调查研究，其侧重点是企业与外部环境的关系，以及对未来的研判和预测。

2. 拟订目标

拟订战略目标一般需要经历两个环节：拟订目标方向和拟订目标水平。首先，在既定的战略经营领域内，依据对外部环境、需求和资源禀赋的综合考虑，确定目标方向；其次，通过对现有能力与手段等诸种条件的全面衡量，对沿着战略方向开展的活动所要达到的水平，做出初步的规定，以形成可供决策选择的目标方案。

在拟订目标时，还要注意目标结构的合理性，列出诸多目标的优先序。在拟订目标的过程中，企业领导要充分发挥参谋智囊人员的作用。要根据实际需要与可能，尽可能多地提出一些目标方案，以便对比、甄别和选优。

3. 评价论证

战略目标拟订出来之后，就要组织多方面的专家和有关人员，对提出的目标方案进行评价和论证。

（1）评价和论证要围绕目标方向进行。着重研究拟订的战略目标是否符合企业宗旨和经营理念，是否符合企业的整体利益与发展状况，是否符合外部环境及未来发展的需要。

（2）要评价和论证战略目标的可行性。评价与论证战略目标时主要是按照目标的要求，分析企业的实际能力，找出目标与现状之间的差距。然后，分析用以克服、化解这些差距的措施。在这一过程中，尽可能用数据和资料来佐证与支撑，辅以必要的、恰当的定量分析和计算。此外，如果外部局势、技术趋势和竞争态势对企业发展非常有利，企业自身也有办法找到更多的资源，那么，就要考虑提高战略目标的水平。

（3）要对拟订目标的完善程度进行评价，着重考察以下三个方面。

第一，目标是否明确。所谓目标明确，是指每个目标应当是单义的，而非多义的、有歧义的；实现目标的责任主体必须明确；实现目标的约束条件、初始条件、边界条件，尤其是资源禀赋也要尽可能明确。

第二，目标内容是否协调、均衡。在现实决策问题中，大多是多目标决策，单目标的情况极少。多目标决策的常态是，一个目标的优化，往往是以另外一些目标的劣化为代价，诸多目标中一部分指标的实现，势必会牺牲另一部分指标。因此，必须区分主次轻重，在第二个步骤的基础上，再次确认各个目标的优先顺序。

第三，有无改善的余地。拟定目标的评价论证过程，也是目标方案的完善过程。要通过评价论证，找出目标方案的不足，并想方设法使之完善。如果通过评价论证发现拟定的目标完全不正确或根本无法实现，那就要回过头去重新拟定目标，然后再重新评价论证。

4. 目标判断

在判断所选定的目标时，要注意从以下三方面权衡各个目标方案：① 目标方向的正确程度；② 可实现的程度；③ 期望效益的大小。对这三个方面进行综合考虑，所选定的目标在三个方面的期望值都应该尽可能得高。

目标决断还必须审时度势，掌握好决断时机。在决策时间问题上，战略决策不同于战术决策。战术目标决策常常是时间比较紧迫，回旋余地很小；而战略目标决策在时间上相对比较从容。但必须注意的是：一方面，防止在机会和困难都还没有搞清楚之前，轻率决策；另一方面，又不能优柔寡断，耽误时机。

从调查研究、拟订目标、评价论证到目标判断，要确定落实战略目标的这四个步骤是紧密相连的，后一步的工作要依赖于前一步的工作。在进行后一步工作时，如果发现前面的工作不扎实、不充分，或遇到了新情况，则需要回过头去重新进行前一步或前几步的工作。

（三）企业战略目标的制订原则

企业在制订战略目标的过程中，主要遵循以下原则建议。

1. 关键性原则

企业在确定战略目标时必须突出有关企业经营成败的全局性问题和关键性问题，切不可把次要的目标作为企业的战略目标，以避免抓不住关键而浪费企业资源。

2. 平衡性原则

在制定战略目标时，需要注意以下几个方面的平衡：一是不同利益相关者之间的平衡；二是长期利益与短期利益之间的平衡；三是总体战略目标与职能战略目标之间的平衡。

3. 权变性原则

由于客观环境变化的不确定性、预测的不准确性，要求企业在制定战略目标时应考虑多种方案以供选择。权变性原则让企业做好充分的准备，增强企业的应变能力。

4. 定性定量相结合原则

企业战略目标既要有定量的指标，也要有定性的指标，只有达到两者的有机结合才能发挥出战略目标体系的作用。

第四节　企业愿景、使命、战略目标三者之间的关系

一、企业愿景、使命、战略目标的联系

企业愿景、使命和战略目标最突出的联系表现为：使命的动力来自愿景，而愿景又是因为目标而构成，目标就是使命要达到的预期效果。具体如下。

首先，企业使命的实现不是一蹴而就的，而是需要整合多个战略目标的完成效果，出于这样的考虑，可以把企业使命看作一个不可实现的目标，企业战略目标与企业使命相比，战略目标的陈述更为量化、实现时间更短。使命是愿景的一个方面，使命在愿景中具体说明经济活动和行为的概念。使命要有驱动力，而驱动力来自愿景，为了达成愿景，需要设定关联性的目标，为了完成各个阶段的目标需要拟订策略、具体行动、修正调整、逐渐达成。

其次，企业愿景和企业使命都是企业对其未来发展的构想和憧憬，具有前瞻性的特征，企业愿景是企业使命的基础。如果没有愿景，使命就失去了依托，企业就无法评价其终极目标的实现程度；如果没有使命，愿景就失去了支撑，企业的终极目标也就没法实现。愿景和使命都是基于企业共同利益的诉求，也都是对企业利益相关的责任承诺。作为企业文化最高层次的愿景和使命不仅满足了企业员工更高层次的需求，更重要的是两者都为企业的战略规划起着指引性的作用，如果说企业愿景为企业战略的制订提供了宏伟的背景框架，则企业使命为企业战略的制定提供了直接的依据。

二、企业愿景、使命、战略目标的区别

（一）在企业发展中扮演的角色不同

（1）许多企业的企业愿景回答了："我们要想成为怎样的企业？"愿景即愿意实现的未来图景，愿景是指远大的目标。企业愿景是一种由企业领导者与企业成员共同认知、认可、认同的远大目标，是企业未来的意象描绘。

（2）企业使命阐明了企业存在的原因和理由，描述企业与众不同的长久目标界定公司在

产品和市场上的经营范围。它回答的是所有战略制定者都要面对的一个基本问题："我们要经营怎样的一个企业？"企业使命围绕企业利益相关者进行战略性的梳理和排序，同时企业使命也昭示了企业承担的对自身发展和社会发展的责任。

（3）战略目标是对活动预期结果的主观设想，也是活动的预期目的，为活动指明方向。企业战略目标是企业在实现其使命过程中所取得的具体结果，它是对企业使命的进一步细化和分解，是企业生产经营活动全局的筹划和指导所要达到的目的，目标对企业战略有一种定位功能，是企业战略的核心，表明了企业战略的指向。

（二）企业愿景、使命、战略目标的作用不同

（1）明确企业愿景被视作战略规划的第一步，企业愿景是企业长期发展的目标、理想、愿望，明确指定企业在未来是什么样子及达到什么样的状态。其"样子"的描述主要从企业对社会的影响力，在市场或行业的排位，与客户、股东、员工、社会等利益相关者的关系方面来表述。企业愿景反映了企业对长远未来的追求与理想，表达了企业对于未来的梦想、憧憬和渴望，对企业发展起着重大的指引作用。

（2）清晰的使命陈述会表明企业的价值观和做事的优先顺序。使命陈述既要考虑眼下经营的内容与范围又要评价未来的市场潜力，使命陈述为企业指明宽广的发展方向，同时不断提醒员工他们为之效力的企业为何而存在。

（3）战略目标指出了企业资源配置的优先等级并为绩效评价提供了一定的依据，促进企业有效地协作。战略目标的确定需要剖析和深入考虑企业的内部和外部因素，在战略目标确定的过程中需要经历企业目标确定流程，战略目标的陈述要明确公司目标、公司范围以及公司优势。企业的战略目标可以随着企业的发展阶段、企业的生命周期来树立不同的战略目标，在指引企业发展的同时，紧跟时代发展步伐。

虽然愿景和使命都是对企业未来发展的概括和模糊性的表达，但是通常企业愿景的表达更为简短概括，而企业使命的陈述则更详细具体。愿景的表达更多的是有关企业的长远发展方向及其发展能力的描述，漂浮于企业发展之上；而使命的陈述是对企业具体活动范围和层次的定义，表明在社会经济活动中的身份或角色，更接近于现实。

（三）企业愿景、使命、战略目标的实现顺序和实现时间不一致

愿景是企业终极目标实现的状态呈现，比较持久，是企业长期才有可能实现的；企业战略目标是一种长期的目标，一般实现要3～5年，它是基于对企业所处的内外部环境进行深刻的分析后确定的企业所要达到的目标；使命则会根据不断发生变化的外部环境而改变，实现时间在愿景达成之前和企业战略目标实现之后。

三、企业愿景、使命、战略目标三者的相互作用对企业发展的影响

（一）可以引导员工价值观念、提高员工的积极性

因为员工是企业最重要的组成因素，企业愿景是员工意愿的表达，员工的愿景是企业愿景的一个缩影。

企业在经营过程中，要明确自身发展的奋斗目标，并将总体目标合理分解为相对比较具体的目标，使各个部门、每一位员工都能够清楚自身的目标。同时，如果这些具体目标太高，容易导致员工失去信心，他们就得不到满足感与成就感；如果目标过低，也就不能够达到激

励员工的目的。因此，各个部门以及每一位员工的具体目标，必须要具有合理性，才能够有效激发员工的工作积极性。

（二）塑造企业文化、凸显企业文化目标引领

愿景是战略与文化的交集，既是战略的指引，也是文化的导航；愿景是企业战略与文化共同产生的希望，是企业未来发展的灵魂。如果我们在企业战略发展中充分发挥企业愿景与企业使命的作用，将其变成全部企业成员的目标，企业就有了发展的轨道，无论是员工的个人愿景还是企业的使命都是企业的文化组成部分，散发出一种鼓舞人心的感召力量，激励着每一位员工努力工作，成就梦想。企业文化的建设是漫长的过程，在长期的生产、经营、建设、发展过程中形成企业特有的管理理念和行为规范，在大型企业之间的竞争中，企业文化越来越成为核心竞争力，文化是企业的灵魂，是企业发展的不竭动力，企业文化建设是促进公司各项工作顺利开展的重要推手。所以愿景的规划透露着对于企业文化的塑造，其中愿景的实现意味着企业的文化被市场所接受，被员工所认同，是企业面对激烈竞争时强有力的竞争优势。

（三）通过三者的引导充分发挥目标管理的作用

现代企业为了保持持续健康的运行，在运行过程中企业会通过借助短期目标、长期目标对自身发展予以指引。通过对企业目标的战略管理和规划，同时与企业愿景和企业战略目标相结合，会对企业的发展产生极其重要的作用。

1. 利于企业经营决策科学化

一个企业只有获得良好的经济效益与社会效益，才能够保持健康持续的发展。企业只有从整体出发、顾全大局的角度考虑、掌握最新的市场动态才能够制定出科学合理的目标。在此基础上，企业才能够实施有效的目标管理，进而使决策在最大程度上达到科学化。

2. 通过对战略目标的管理完善企业管理模式

企业借助战略目标实现良好的经济效益以及社会效益，是其最终目的。由于企业确定了相对比较长远的战略目标，并对相关责任进行细化，因此，能够对运行情况予以有效监督与掌控，能够更好地把握与观察全局，并对某些突发事件予以更合理的解决，进而有效地激发员工的工作积极性与主动性。

3. 能够有效强化、细化控制工作

现代企业借助目标管理，不仅能够有效发挥其导向作用，而且能够实现企业管理的全过程控制。企业管理者借助目标管理，不仅能够对其资源予以合理控制，并对资源实施予以科学优化，而且能够对资源使用效果予以科学分析。这样，企业就能够及时地采取相应措施，有效地弥补失误。

4. 科学合理地评价各个部门及员工

现代企业借助目标管理，不仅实现了对企业的全过程掌控，而且对总体目标实施了合理的分解，也就能够更好地考核各级部门及员工。这样，不仅有利于企业科学实施绩效考核，而且更利于调动员工积极性。企业借助目标管理，不仅能够使考核评价方法更趋于科学合理，而且能够使企业处理事情更加客观公正。

一个发展中的企业要尽可能满足不同方面的需求，这些需要员工管理层、股东和顾客相互联系，通过目标管理来满足各方面的需求，达到增强企业凝聚力、创造性和提高经济效益

的作用。

（四）三者相辅相成共担企业责任、共延企业"寿命"

使命领导责任，责任完成使命。企业使命是企业在社会进步和经济发展中所应担当的角色和责任，它为企业定基调、指方向、拓思路、铸和谐、树形象。当代企业必须在使命定位方面多用些心思，因为它是企业长远发展的纲领和灵魂，也是企业成功的安身立命之本。有效地管理企业使命是组织取得长久的、持续的竞争优势的利器，是组织"长寿"的关键，需要不断地探索和实践。只有加强企业使命管理，把握商战制胜法宝，才能使企业在市场竞争中立于不败之地。

• 综合训练题 •

一、单项选择题

1. 以下属于企业愿景的三大内核的是（　　　）。

　　A. 存在的理由　　　B. 战略　　　　　C. 价值观　　　　D. 人生观

2. 企业愿景的作用不包括（　　　）。

　　A. 增加企业效益　　B. 促进员工团结　　C. 指引发展方向　　D. 激励企业员工

3. 美国电话电报公司对外宣称，本公司"提供信息沟通的工具和服务，而不是生产电话"。这一表述属于（　　　）。

　　A. 企业使命　　　　B. 企业愿景　　　　C. 企业目标　　　　D. 企业价值观

4. 美国艾维斯汽车租赁公司提出"我们希望成为汽车租赁业中发展最快、利润最多的公司"，这个口号表明了该公司的（　　　）。

　　A. 经营战略　　　　B. 企业愿景　　　　C. 社会责任　　　　D. 经营哲学

5. "企业存在的价值或理由、企业生产经营的哲学定位和企业生产经营的形象定位"是对（　　　）的定义。

　　A. 企业使命　　　　B. 企业战略目标　　C. 企业宗旨　　　　D. 企业愿景

二、多项选择题

1. 企业战略目标的特征包括（　　　）。

　　A. 宏观性　　　　　B. 长期性　　　　　C. 可检验性　　　　D. 相对稳定性

　　E. 可度量性

2. 企业愿景的四大方面构建包括（　　　）。

　　A. 企业高级管理层　　　　　　　　　B. 文化

　　C. 企业战略目标　　　　　　　　　　D. 组织结构

　　E. 人员管理

3. 企业使命的两个方面的内容包括（　　　）。

　　A. 企业哲学　　　　B. 企业宗旨　　　　C. 企业愿景　　　　D. 基本使命

　　E. 企业文化

4. 企业使命的特征有（　　　）。

　　A. 企业导向　　　　　　　　　　　　B. 态度宣言

　　C. 用户导向　　　　　　　　　　　　D. 国家政策宣言

　　E. 社会政策宣言

三、名词解释

企业使命；企业愿景；企业战略目标

四、简答与论述题

1. 企业愿景的三大内核是什么？

2. 企业愿景的五步骤开发流程是什么？

3. 企业战略目标的作用是什么？

4. 企业战略目标的制订原则是什么？

5. 企业使命的基本内容是什么？

6. 企业愿景、使命与战略目标的关系是什么？

第三章

企业外部环境分析

教学目标

1. 通过本章学习，了解企业外部环境分析的主要内容。
2. 了解产业、产业结构的概念。
3. 理解波特五力模型。
4. 理解产业生命周期的概念。
5. 熟悉战略集团的概念及竞争的特点。
6. 掌握识别主要竞争对手，为战略方案的形成分析奠定基础。

引导案例

索尼公司善抓机会

众所周知，日本是靠半导体起家的。半导体技术虽然发明于美国，但发展成熟于日本。如今，半导体技术在人类的生产、生活中起着举足轻重的作用。

1946 年的日本到处是一片衰败的景象，从海军复员回来的盛田昭夫找父亲借了 500 美元创办了一个名叫"东京通讯工业株式会社"的小公司，进行把电器转变成为家庭产品的研制工作。1949 年，一个偶然的机会，他看到了一台美制磁带录音机，他马上意识到这一产品的巨大潜力，于是，他决定买下这一专利技术，并着手研制生产。1950 年，他们终于生产出第一台日本制造的磁带录音机。1952 年，美国人发明了晶体管技术，1954 年 1 月，东京通讯工业株式会社用了 2.5 万美元购买了这项导致世界经济格局发生巨变的半导体生产技术的专利。几个月后，200 万台半导体收音机进入市场，出现了供不应求的销售形势。到 1955 年，他们的销售额已达 250 万美元，正好是引进费用的 100 倍。为了进军国际市场，他们将公司改名为"SONY 公司"，中文译为"索尼公司"。1960 年，索尼公司在美国成立了名为"美国索尼"的独资公司，并建立了全美销售网络。进入 20 世纪 70 年代，索尼公司在美国的营业额达 13 亿美元。此时，索尼公司拥有 4 万多名员工，下属 12 个子公司，在 7 个国家设立了 30 多家工厂，产品行销 180 多个国家和地区，2011 年营业额为 792 亿美元，在世界 500 强排名第 73 位。

索尼公司善于抓住机会，将最新的科学技术迅速地用于民用产品，转化为生产力，为日本成为世界经济大国做出了巨大贡献。

资料来源：http://www.docin.com/p-202072725.htm

企业所处的环境是一个不断变化的动态体系，其中每一个构成要素都时时刻刻发生着变化，它们都会直接或间接地对企业产生新的、程度不同的影响。进入 20 世纪 90 年代，企业战略环境日趋复杂，经济全球化带来市场争夺的全球化和竞争的无国界，外部环境变化频率之高、强度之大，都是史无前例的。

第一节　企业外部环境概述

所谓企业外部环境，是指存在于企业系统外部的、影响企业经营活动及发展的各种客观要素与力量的总和。分析企业外部环境是为了通过了解环境的复杂性和不确定性，发现环境中存在的机会和威胁，为企业战略决策提供依据。

一、企业外部环境的分类

根据范围远近及企业战略关联程度的不同，企业的外部环境可以分为三个层面，分别为宏观环境、产业环境和经营环境。

（一）宏观环境
宏观环境包括政治与法律环境、经济环境、社会文化环境和技术环境。

（二）产业环境
产业环境包括由产业竞争中存在竞争关系的现有竞争者、潜在竞争者、供应商、顾客和替代产品等五种力量构成。

（三）经营环境
经营环境包括主要竞争者、战略集团等。

二、企业外部环境的特点

企业外部环境作为一种企业的客观制约力量，在与企业相互作用和影响中显示出其具有的以下五个特点。

（一）唯一性
虽然经营中会出现多个企业的经营活动处于相同的时间、地点，但是并不能说它们处于相同的外部环境中，这是因为相同的战略环境要素对不同的企业来讲，所代表的含义、影响是不同的。环境的唯一性是指不同的企业面临的外部环境是不同的；同一个企业在不同时间、地点面临的外部环境同样是不同的。

（二）动态性
任何企业都不会永远处于一成不变的外部环境中，企业外部环境是一个不断变化的动态体系、环境的动态性表现为要素或整体环境的变动，环境的动态性要求动态分析企业外部环境，企业的战略决策必须根据环境的变化做出适时的修正和调整。

（三）相对性

企业外部环境包含存在于企业以外的所有要素的集合，但是由于认知和资源的有限性，对企业环境的分析不可能做到对所有要素进行分析，分析也不可能完全符合事实，同时环境对不同企业及同一企业不同阶段的影响也不相同，因此对企业外部环境的认识具有相对性和局限性。

（四）复杂性

复杂性是评价组织所面临的环境影响因素的多少及彼此间的关联性，影响因素越多，彼此之间的关联性越大，就可以认为环境越复杂，反之就越简单。

（五）不确定性

环境不确定性是评价环境影响因素随时间变化趋势的明确程度与变化程度。如果主要环境影响因素不随时间而变化或者变化的幅度不足以影响企业的经营，那么可以认为环境是静态的，其不确定性较低；相反，如果环境影响因素变化的趋势不明确、幅度较大、频率较高，则可以认为环境的不确定性高，是动态的。

根据企业外部环境的复杂性和不确定性指标可以将环境划分为四类，即复杂/动态环境；复杂/静态环境；简单/动态环境和简单/静态环境，每类环境中企业的战略思想可以是不同的。

第二节　宏观环境分析

企业宏观环境是指那些给企业造成市场机会或环境威胁的主要社会力量，它们直接或间接地影响企业的战略管理，宏观环境分析如图 3-1 所示。

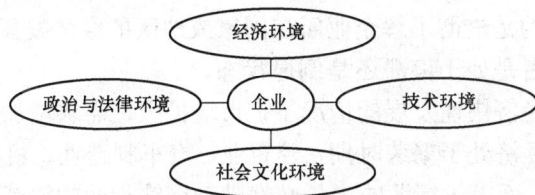

图 3-1　宏观环境分析

一、政治与法律环境

政治与法律环境是指那些制约和影响企业经营活动的具有现存的和潜在的作用与影响的政治力量，同时也包括对企业经营活动加以限制和要求的法律和法规等。这些因素常常制约、影响企业的经营行为，尤其是企业较长时期的投资行为。其特点是直接性、难以预测性和不可逆性。

（一）政治环境分析的主要内容

政治环境主要分析国内政治环境和国际政治环境。

（1）国内政治环境包括：① 政治制度；② 政党与政党制度；③ 政治性团体；④ 党

和国家的方针政策；⑤ 地方政府的方针政策。

（2）国际政治环境包括：① 国际政治局势；② 国际关系；③ 目标国家的国内政治环境。对于只在本土经营的企业，主要进行国内政治环境分析就可以了。但是对于需要进行跨国经营的企业，或是要进行海外投资的企业，就要在进入一个国家的市场之前，进行详细的政治环境调研。

（二）法律环境分析的主要内容

1. 法律规范

特别是和企业经营密切相关的经济法律法规，对企业的影响具有刚性约束的特征。如《民法典》《公司法》《环境保护法》《专利法》《商标法》《企业破产法》《知识产权保护法》《广告法》《反不正当竞争法》等。

2. 国家司法执法机关

在我国主要有法院、检察院、公安机关以及各种行政执法机关。与企业管理较为密切的行政执法机关有工商行政管理机关、税务机关、物价机关、计量管理机关、技术质量管理机关、专利机关、环境保护机关、政府审计机关等。此外，还有一些临时性的行政执法机关，如各级政府的财政、税收、物价检查组等。

3. 企业的法律意识

企业的法律意识是法律观、法律感和法律思想的总称，是企业对法律制度的认识和评价。企业的法律意识最终都会转化为一定性质的法律行为，并造成一定的法律后果，从而构成每个企业必须面对的法律环境——国际法所规定的国际法律环境和目标国家的国内法律环境。

二、经济环境

经济环境是指构成企业生存发展的社会经济状况和国家经济政策，包括社会经济结构、经济发展水平、经济体制、经济政策等要素。

经济环境分析的目的是透彻了解企业所在国家或地区的经济发展形势，是属于高速发展还是属于低速发展，或者是处于停滞还是倒退状态。

一般来说，在宏观经济快速发展的情况下，市场扩大，需求增加，购买力增强，企业发展的机会就多。如国民经济处于繁荣时期，建筑业、汽车制造业、机械制造业以及轮船制造业等都会有较大的发展。而上述行业的增长必然带动钢铁行业的繁荣，增加对各种钢材的需求量。反之，在宏观经济低速发展或停滞甚至是倒退的情况下，市场需求增长很小甚至不增长，这样企业发展的机会也就很少。

反映宏观经济总体状况的关键指标包括国民生产总值增长率、中央银行的利率水平、劳动力供给（失业率）、消费者收入水平、价格指数变化（通货膨胀率）等。

具体来说，要分析以下四个主要要素：

（一）社会经济结构

社会经济结构是指国民经济中不同经济成分、不同产业部门以及社会再生产各个方面在组成国民经济整体时相互的适应性、量的比例及排列关联的状况。社会经济结构主要包括五个方面的内容，即产业结构、分配结构、交换结构、消费结构、技术结构，其中最重要的是产业结构的影响。企业在制定战略时，必须关注社会经济结构的变化，适应宏观经济环境的变化，把握时机，勇于创新，才能制定出适合产业结构变化的战略。

（二）经济发展水平

经济发展水平是指一个国家经济发展的规模、速度和所达到的水平。反映一个国家经济发展水平的常用指标包括国内生产总值（GDP）、国民收入、人均国民收入、经济发展速度、经济增长速度等。从这些指标中可以看出一个国家经济发展的整体情况，可以通过观察宏观经济发展水平变化的趋势对企业经营环境的影响，及时妥善地调整企业的战略方向，使战略能够正确地指导企业的生产经营活动。

（三）经济体制

经济体制是指国家经济组织的形式。经济体制规定了国家与企业、企业与企业、企业与各经济部门的关系，并通过一定的管理手段和方法，调控或影响社会经济流动的范围、内容和方式等。经济体制对企业生存与发展提出了系统的基本原则和条件，企业战略应与企业行为的方式方法协调一致，这对企业发展至关重要。

（四）经济政策

经济政策是指国家、政党制定的实现一定时期国家经济发展目标的战略与策略。它包括综合性的全国经济发展战略和产业政策、国民收入分配政策、价格政策、物资流通政策、金融货币政策、劳动工资政策、对外贸易政策等。这些政策对企业战略影响非常大，它会影响企业的投资决策、定价决策以及人员录用政策等。

社会经济结构、经济发展水平、经济体制和经济政策构成了经济因素的主体，它们相互结合，通过产业环境整体地、具体地影响着企业的生存和发展。

三、社会文化环境

社会文化环境包括一个国家或地区的社会性质、人们共享的价值观、人口状况、教育程度、风俗习惯、宗教信仰等各个方面。从影响企业战略制定的角度来看，社会文化环境可分解为人口因素和文化因素两个方面。

（一）人口因素

人口因素对企业战略制定有重大影响。例如，人口总数直接影响着社会生产总规模；人口的地理分布影响着企业的厂址选择；人口的性别和年龄结构在一定程度上决定了社会需求结构，进而影响社会供给结构和企业生产；人口的教育文化水平直接影响着企业的人力资源状况；家庭户数及其结构的变化与耐用消费品的需求和变化趋势密切相关，因而也影响耐用消费品的生产规模等。

对人口因素的分析可以使用以下一些变量：离婚率、出生和死亡率、人口平均寿命、人口的年龄和地区分布、人口在民族和性别上的比例变化、人口和地区在教育水平和生活方式上的差异等。

（二）文化因素

文化因素对企业的影响是间接的、潜在的和持久的，它包括哲学、宗教、语言文字和文化艺术等，它们共同构筑成文化系统，对企业文化有重大影响。

1. 哲学

哲学是文化的核心部分，在整个文化中起着主导作用。我国的传统文化基本上由宇宙论、本体论、知识论、历史哲学以及人生论（道德哲学）五个方面构成，它们以各种微妙的方式渗透文化的各个方面，发挥着强大的作用。

2. 宗教

宗教作为文化的一个侧面，在长期发展过程中与传统文化有着密切的联系。在我国文化中，宗教所占的地位并不像西方那样显著，宗教情绪也不像西方那样强烈，但其作用仍不可忽视。

3. 语言文字和文化艺术

语言文字和文化艺术是文化的具体表现，是社会现实生活的反映，它对企业职工的心理、人生观、价值观、性格、道德及审美观点的影响及导向是不容忽视的。

企业对文化环境的分析过程是企业文化建设的一个重要步骤，企业对文化环境分的目的是要把社会文化内化为企业内部文化，使企业的一切生产经营活动都符合环境文化的价值检验。另外，企业对文化的分析与关注最终要落实到对人的关注上，从而有效地激励员工，有效地为顾客服务。

四、技术环境

企业的科技环境指的是企业所处社会环境中的科技要素及与该要素直接相关的各种社会现象的集合。它包括社会科技水平、社会科技力量、国家科技体制、国家科技政策和经济立法等诸多因素。现代科学技术有硬件和软件两种形态，硬件就是物质化的新材料、新设备和新工艺等；软件是指信息化的新思想、新方法和新方式等。

科技是最具活力的生产要素，它可以创造新的产品、新的顾客、新的市场、新的业态、新的运营方式，改变企业的竞争地位和盈利能力，降低成本，缩短生产周期，所以它是企业战略涉及的一个重要内容。技术的变革在为企业提供机遇的同时，也对它形成了威胁。技术力量从以下两个方面影响企业战略的选择。

（一）技术革新为企业创造了机遇

其具体表现为：一方面，新技术的出现使得社会和新行业增加对本行业产品的需求，从而使得企业可以开辟新的市场和新的经营范围；另一方面，技术进步可能使得企业通过利用新的生产方法、新的生产工艺过程或新材料等各种途径，生产出高质量、高性能的产品，同时也可能使得产品成本大大降低。例如，贝式转炉的出现使得炼钢生产效率大大提高，生产成本降低；连铸技术的出现，简化了钢铁加工工艺过程，提高了生产效率，也节约了大量的能源，从而降低了产品成本。

（二）新技术的出现也使企业面临挑战

技术进步会使社会对企业产品和服务的需求发生重大变化。技术进步对某一个产业形成机遇，可能会对另一个产业形成威胁。如塑料制品业的发展就在一定程度上对钢铁业形成了威胁，许多塑料制品成为钢铁产品的代用品。此外，竞争对手的技术进步可能使得本企业的产品或服务陈旧过时，也可能使得本企业的产品价格过高，从而失去竞争力。在国际贸易中，某个国家在产品生产中采用先进技术，就会导致另一个国家的同类产品成本偏高。

所以，企业要密切关注与本企业生产产品有关的科学技术的现有水平、发展趋势及发展速度，对于新的硬技术，如新材料、新工艺、新设备，企业必须随时跟踪掌握，对于新的软技术，如现代管理思想、管理方法、管理技术等，企业要特别重视。

第三节 产业环境分析

一家公司的战略主管，要想设计出行之有效的战略，必须了解公司所处的产业情况即面临的竞争情况，具体来说需要解决以下几个问题：① 产业定义是什么？其边界在哪里？② 产业结构怎么样？③ 产业处于生命周期的哪个阶段？④ 竞争对手有哪些？对这些问题的回答是制定战略的基础。

一、产业的定义

产业就是提供相似产品或服务的企业集合。所谓相似的产品是指那些消费者认为可以互相替代的产品，例如，IBM、戴尔、联想、方正等许多公司都提供个人计算机，这些公司的产品的替代程度较高，组成了一个计算机产业。

（一）确定产业界限的重要意义

找出企业所在的产业，是企业分析的起点，具有非常重要的意义，主要表现在以下几个方面。

1. 能帮助企业经理人员决定本公司在哪里参与竞争

一个计算机产业的企业与一个电子产业的企业所处的环境差异很大。计算机产业包括很多相关产品，如个人计算机、低价家用计算机和工作站。这一系列产品的共同特征是它们都使用中央处理器和芯片。而电子产业更为广阔，它包括电脑、广播、超级电脑、超导材料和一些其他产品。计算机产业和电子产业的市场容量、规模、增长率等方面的竞争特点不同，这两个产业的前景和优势也不同。

2. 能使公司集中精力关注竞争对手

使公司分清它的竞争对手和替代产品生产者，这对公司制定战略至关重要。

3. 能帮助企业主管决定关键的成功因素

要想在计算机产业中生存，那么基础技术就要与低端产业有显著不同。计算机产业中的企业需要发展尖端技术，获得广大消费者及教育界的支持。另外，在低端市场竞争的公司需要在产品模仿方面胜于高端企业，它们更要为客户的方便考虑，而且要保持运行效率，这样才能保证拥有最低的价格。对产业界限的划分使企业主管必须回答以下问题：我们拥有制胜的技能吗？如果没有，我们应该怎样做来发展我们的技能？

4. 给予企业主管另一个评估企业目标的基础

企业主管用这个定义来预测市场对公司产品和服务的需求。通过这些预测，企业主管可以确定他们的目标是否现实。

（二）确定产业界限的一些常见行为

在确定产业界限时，经理人员往往会遵循一些基本假设。这些假设使企业如被催眠一般，在这些假设上建立自己的战略，并因之受困于血腥的市场竞争。具体来说，企业容易出现以下行为：

（1）人云亦云地划分产业界限，并一心想成为其中最好的；

（2）分析产业时，受制于已为人们广为接受的战略集团的概念（比如豪华汽车、经济型汽车、家庭轿车），并努力争取在各自的战略集团中技压群雄；

（3）只关注单一的买方群体，要么是购买者（比如办公室设备）、要么是使用者（比如服装业）、要么是施加影响者（比如制药业）；

（4）以雷同的方式为产业中的产品和服务范围定界；

（5）接受产业现有的功能或情感导向；

（6）制定战略时关注同一时段，且往往是现阶段的竞争威胁。

（三）产业界限划分需要考虑的问题

产业界限划分一般需要考虑以下五个问题：

（1）产业的哪一部分与我们公司的目标一致？

（2）产业中成功的主要因素是什么？

（3）我们的公司是否具备在产业中参与竞争所必需的技能？如果没有，我们是否能发展这些技能？

（4）这些技能是否能使我们抓住出现的机会并应对未来的威胁？

（5）随着产业的成长，对产业管理的定义是否具备足够的弹性，以使我们能对公司的理念进行必要的调整？

（四）确定产业界限应遵循的基本原则

企业越是认同那些常规，它们的竞争战略就越趋同，要想从现有的市场竞争中突围，需要打破某些产业界限，跨越市场边界系统地看市场，才能获得理想的成绩。

1. 跨越他择产业

一家企业不仅仅与自身所在产业中的对手竞争，还与那些其他产业中生产他择性产品或服务的企业竞争。他择品是指功能与形式都不同而目的却相同的产品和服务。比如，电影院和酒吧。电影院在外观形式上与酒吧没有相似之处，其功能也与后者不同，它为人们提供视觉娱乐上的享受，这与酒吧所提供的聊天和餐饮方面的服务完全不同。虽然如此，人们走进酒吧与走进电影院却可以为了同样的目的：休闲娱乐。这二者不互为替代品，却互为他择品。如果能把电影院的视觉娱乐与酒吧的聊天和餐饮方面的服务相结合，就能跨越传统的电影产业和酒吧产业，开辟一片蓝海。

2. 跨越战略集团

所谓战略集团是指产业中的一组战略相似的企业。在大多数产业中，企业可以按为数不多的几个战略集团归类，这些集团体现的是战略上的差别，如汽车行业的豪华汽车和经济型汽车。多数企业注重改善它们在战略集团内部的竞争地位，而不去注意另一个战略集团在干什么，因为从供给方的角度看，它们之间并无竞争关系。跨越现有的战略集团就在于突破这种狭隘的视野，搞清楚决定顾客在不同战略集团所提供的商品之间做抉择的根本原因。如在豪华轿车市场中，丰田推出的雷克萨斯达到了高端的奔驰、宝马、捷豹轿车的质量，价格却接近较低端的凯迪拉克和林肯轿车，从而吸引了对价格比较敏感而又向往高质量的顾客，取得了不俗的市场业绩。

3. 跨越买方链

在现实中，买方是由不同的环节组成的一条链，每个环节都直接或间接地影响购买决策。购买者为产品或服务付账，但却不一定是实际的使用者，很多时候，买方链中还包括施加影响者。尽管这三个群体有可能重合，但常常是不同的，在这种情况下，他们对价值的定义常常不同。比如，企业采购员往往注重成本，而设备的使用者更关心使用的方便性。在很多产业中，竞争者对目标买方是谁的定义趋同，结果造成竞争惨烈，而如果跨越买方链，就能在战略上另辟蹊径，获得很好的效果。

4. 跨越互补性产品和服务

在多数产业中，相互竞争的企业都不约而同地局限于产业自身的产品和服务项目，而忽视了互补性产品和服务中心常常蕴藏的需求，及其对产业竞争的影响。例如，汽车与汽油是互补产品，20世纪70年代日本汽车界正是开发了节油型汽车才得以在美洲市场站稳脚跟。而要发现某产品的互补性产品和服务，一个简单的办法就是考虑顾客在使用之前、之中、之后还有哪些需要。如在航空业中，地面客运是航班抵达以后的事，但对旅客来说却是旅程的一部分。

5. 跨越卖方的功能与情感导向

一些产业主要在价格和功能上竞争，这种吸引力大致来源于计算效用，是理性的；而另一些产业化中的竞争则主要针对感觉，它们的吸引力是感性的。当企业愿意挑战产业现有的功能与情感导向时，其往往能发现新的市场空间。以情感为导向的产业可能为产品或服务添枝加叶，抬高了价格，却不能提升功能。去掉这些情感成分，就有可能创造一个更简单、成本更低、价格更便宜的商业模式，并受到顾客的欢迎；反之，以功能为导向的产业可以通过添加合适的感性成分，为产品注入新生命，并由此刺激新的需求。

6. 跨越时间

随着时间的推移，很多产业都要受到外部潮流的影响；很多企业往往是缓慢而略显消极地适应这些潮流，跟随着潮流的发展。对企业来说，显然消极地适应或预测潮流的发展并没有什么价值，关键是要从商业角度洞察这样的潮流将如何改变顾客所获得的价值，如何影响产业的商业模式。通过跨越时间看市场，经理们就能主动塑造未来，开创新的领域。

总而言之，在确定产业界限时，经理们必须仔细地分析企业顾客的基本需求，也就是说，他们必须采取顾客导向的观点而不是产品导向的观点。产业是市场中的供应方，产业中的企业都是供应商；顾客是市场中的需求方，是产业产品的购买者。市场所满足的顾客基本需求决定了产业的边界。

二、产业结构

产业结构是指产业主体的数量、规模，产业主体之间的相互作用及相互联系。产业结构在企业的市场竞争中起着重要作用。以梅森教授为首的哈佛学派的学者认为，有什么样的产业结构具有什么样的市场行为。例如，当产业集中程度较高时，企业之间的价格行为具有较强的依赖性，市场价格呈刚性，企业倾向于采取价格联合行为；而市场集中程度较低时，企业之间的价格竞争较为激烈。企业的广告策略也与市场结构有关，一定的规模可以承担较高的广告费用开支。同时，哈佛学派还认为，企业的市场绩效取决于市场行为，如果产业长期存在超额利润，表明企业采取了垄断性的价格行为；如果技术效率较高，表明企业进行了较多的研究活动。因此，市场结构、市场行为、市场绩效之间存在递进制约的因果关系，市场结构决定企业的市场行为，而企业的市场行为决定市场配置资源的绩效。这就是哈佛学派在产业组织方面著名的"结构（S）–行为（C）–绩效（P）"框架理论，简称S–C–P框架。

从哈佛学派的理论中可知，产业结构的决定性作用、产业结构的变化将影响企业的市场行为和绩效。那么，影响产业结构的因素又有哪些呢？或者说我们该怎么平衡产业结构的变化呢？答案就在于检查产业中的四个变量：① 产业集中度；② 规模经济；③ 产品差异；④ 进入壁垒。这些因素引导和制约着企业的市场行为，包括价格行为、产品行为、销售行为、投资行为等。

（一）产业集中度

产业集中度是指产业市场上大企业的数量以及它们的规模分布。在一个产业中，企业规模的大小和数量的多少，对企业间的竞争关系有直接影响。企业规模大，在市场上销售产品的数量多、市场占有率高，企业对市场价格影响作用就大。而且，集中度高的市场上企业数量少，企业之间往往比较容易达成协议，相对容易形成对市场的控制。如果企业规模小且数量多，企业之间往往很难达成协议，即使达成了协议也很难维持，企业之间的竞争较为激烈。另外，产业的集中度高对进入该产业来说是一种障碍，因为它能使这些占有大量市场份额的公司获得规模经济方面的优势，这样的企业可以降低价格，从而阻止新进入者进入该市场。例如，美国的飞机制造业就是高度集中的一个产业，其市场集中度高达67%，该产业的竞争不激烈，产业中的公司能够通过专有技术、建立战略联盟（如合资企业）等方式来阻止新公司进入。

（二）规模经济

规模经济是指企业因扩大某种产品的产能而使收益增加的现象。其原理在于当公司产量大幅度提高时，单位产品的长期平均成本将会降低，从而使收益增加。

规模经济来源于技术性和非技术性因素。技术性因素可以是更高水平的机械化和自动化，也可以是更新的厂房和设备。非技术性因素包括生产功能和流程方面更好地协调、与供应商的产期合同协议以及雇员专业化水平的提高。规模经济决定着产业中竞争的激烈程度。拥有规模经济可以制定比竞争对手更低的价格，也可以在短期和长期内降低产品价格，为准备进入这一产业的公司设置障碍。

（三）产品差异

产品差异是指在产品市场上不同企业提供的产品或服务在消费者眼里的独特性程度。产品的差异是真实并能被察觉的。苹果公司的 PC 机和 IBM 的 PC 机之间的差异是一个最好的例子，这两款产品在技术和功能上是不同的。它们的成功事实向消费者证实了其产品明显不同于其他公司的产品，营销战略使消费者认识到这些不同。例如，大量的汽车广告，每个制造商都在传达它们产品的独特形象。宝马广告使它的工程和象征价值达到顶峰并赋予成就感。另一些制造商则更关注汽车内饰的宽敞性和汽车的耐用性，这些特征是家庭轿车占据市场的重要因素。

（四）进入壁垒

进入壁垒是一家公司进入一个产业领域必须克服的障碍，这些障碍可能是有形的，也可能是无形的。有形的壁垒包括资本要求、技术知识、资源和进入这一行业的法规。无形的壁垒包括公司的信誉、消费者对商标的忠诚度和产业内部成功管理需要的管理方法。进入壁垒的高低反映了产业的集中、规模经济和产品差异水平，进入壁垒的提高使新的公司进入这一产业面临更多困难。因此，当产业中存在着较高壁垒时，则该产业的竞争会随着时间的流逝而降低。

三、产业生命周期分析

产业生命周期模型是分析产业生命周期的演变对竞争力影响的有用工具，它将产业的演变划分为四个连续的阶段，导入期、成长期、成熟期和衰退期，对应着四种不同的产业环境（如图 3-2 所示）。管理者的任务是预测随着产业环境的演变，竞争力量的强度的变化，并且制定相应的策略，把握机会，克服威胁。

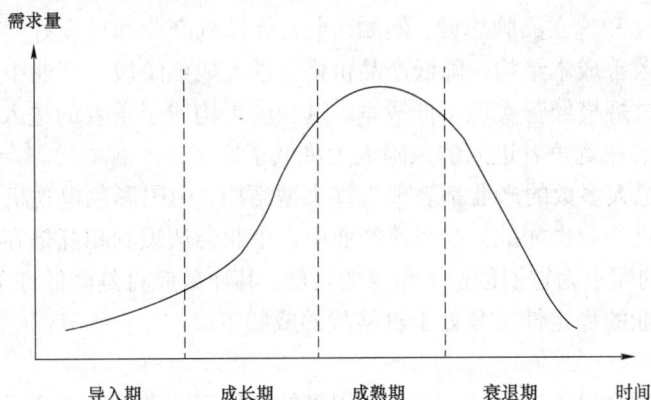

图 3-2　产业生命周期

（一）导入期

导入期是产业处于刚刚开始发展的时期，就像 20 世纪 80 年代的手机产业。这一阶段产业成长较慢，主要是消费者不熟悉产业的产品、企业无法实现规模经济而导致高价格，以及分销渠道不完善所致。在这一阶段，产业的进入壁垒来自掌握技术上的诀窍而不是规模经济所要求的成本或品牌忠诚。如果进入产业所需要的技术诀窍非常复杂、难以掌握，则进入壁垒将相当高，现有的企业也因此受到保护。在导入期，竞争主要表现在如何更有效地引导顾客，打开分销渠道，完善产品设计，而不是降低价格。这种竞争同样可能是非常激烈的，率先解决这些问题的企业将获得重要的市场地位。有时，导入期的产业可能只是一家公司的创新产物，例如，摩托罗拉的手机，施乐公司的复印机。在这种情况下，此类公司有机会利用竞争对手缺乏的机会获利，并在市场上建立其强大的地位。

（二）成长期

随着产品需求的上升，产业开始进入成长期。在这个时期，由于大量顾客涌入市场，首次消费需求增长迅速。成长期的典型特征是顾客对产品逐渐熟悉，经验曲线和规模经济的效应令价格下降，分销网络也逐步完善。在整个 20 世纪 90 年代，手机市场都处于成长期，到 2006 年，销量达到 9.9 亿多部，总需求还在以平稳的速度继续增长。

一般来说，当产业进入成长期后，技术知识作为壁垒的重要性已经消失。但由于几乎没有一家企业实现了规模经济或建立了品牌忠诚，产业进入壁垒也不是很高，在早期更是这样。因此，在这一阶段潜在竞争者的威胁最大。然而，高成长同时意味着新进入者可以很容易被产业吸收而不至于加剧产业内的竞争。因此，产业内的竞争强度不大，需求的快速增长令公司比较容易实现收入和利润的增长，而不必从竞争对手那里争夺市场份额。

（三）成熟期

产业进入成熟阶段后市场充分成熟，需求主要来自产品更新，需求增长缓慢或者没有增长。增长仅仅来自人口增加为市场带来新的顾客或更新需求的增长。

产业进入成熟期后，进入壁垒开始提高，潜在竞争者进入的威胁变小。随着需求增长的下降，企业已经不可能仅凭现有的市场份额实现过去那样的增长，而必须通过开拓新市场来实现增长。因此，争夺市场份额的竞争开始了，这会导致价格下降，结果常常是价格战。20世纪90年代的彩色电视机产业以及21世纪初的个人计算机产业就是如此。为了生存，企业专注于成本最小化和建立品牌忠诚。例如，个人计算机产业通过良好的售后服务建立品牌忠诚，同时致力于改善成本结构，降低产品价格。进入成熟阶段，产业中的企业已经建立了品牌忠诚，同时通过规模经营实现了低成本。这些因素构成了重要的进入壁垒，对于产业中已有的企业而言，潜在竞争者进入的风险大大降低了。

在成熟阶段，绝大多数的产业都表现为寡头型结构。中国彩色电视机产业的寡头结构已经形成，个人计算机产业也如此。在成熟产业中，企业会认识到相互依存的重要性，尽量避免正面竞争，稳定的需求为它们创造了串谋的可能。其净效应将是降低竞争强度和提高利润，然而，所谓成熟产业的稳定性总是处于价格战的威胁下。

（四）衰退期

绝大多数产业都会进入衰退期。在诸多因素的作用下，需求增长变成负数，原因可能是新技术的出现（如液晶技术的出现使得CRT彩电出现了衰退）、社会变革（健康意识的增强打击了烟草销售）、人口因素（出生率下降冲击了婴幼儿用品市场）和国际竞争（低成本的外国竞争者导致美国彩电业萎缩）。在衰退产业中，现有企业间的竞争会加剧，主要的原因是需求下降导致产能过剩。为了利用产能，企业开始降价，陷入价格战。而退出的障碍也是导致产能过剩的因素之一，退出障碍越大，公司越不愿意削减产能，价格竞争的威胁也越大。

四、产业竞争性分析

产业竞争性分析属于外部环境分析中的微观环境分析，它的主要内容是分析本行业中的企业竞争格局以及本行业和其他行业的关系。行业的结构及竞争性决定着行业的竞争原则和企业可能采取的战略，因此，产业竞争性分析是企业制定战略最主要的基础。

深入分析产业的竞争过程，从而挖掘竞争力的源泉和确定各个竞争力量的强大程度，这是产业及竞争分析的一个重要组成部分。一个产业的竞争激烈程度取决于产业内的经济结构，产业的经济结构状况又对竞争战略的制定实施起制约作用。虽然不同产业中的竞争压力不可能完全一致，但是竞争过程的作用方式是相似的，可以用同一分析框架来分析各个产业中竞争力量的性质和强度。哈佛大学商学院迈克尔·波特认为，一个行业的竞争远不止在生产相同产品的企业之间，其总共包括五种竞争力量（波特五力模型），即行业中现有竞争者的威胁、潜在进入者的威胁、替代产品的威胁、供应商的议价能力、购买商的议价能力（如图3-3所示）。这五种竞争力量动态、共同地决定了行业竞争特点。这五种基本竞争力量的状况及综合强度决定着行业的竞争程度，从而决定着行业中最终的获利潜力以及资本向本行业流动的程度，这一切最终决定企业保持高收益的能力。

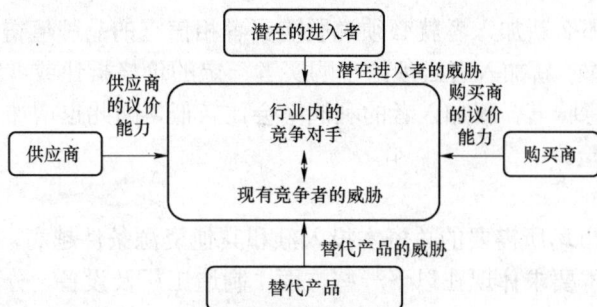

图 3-3　波特五力模型

（一）潜在进入者的威胁

一个行业的潜在进入者是指目前处于该行业的外部，但是有可能并准备进入该行业的企业。事实上，任何一种产品的生产经营，只要有利可图，都会有潜在进入者。这些潜在进入者一旦加入，既可能给行业经营注入新的活力，促进市场的竞争和发展，也可能给现有厂家造成压力。在一个行业刚刚兴起的时候，新的加入者可能会带来新的资金、产品和观念，促进整个行业的早期发展。因为潜在进入者在加入某一新领域时，会向该行业注入新的生产能力和物质资源，以获取一定的市场份额，其结果可能导致原有企业因与其竞争而出现价格下跌、成本上升、利润下降的局面。这种由于竞争力量对比的变化而对行业内原有企业产生的威胁称为进入威胁。一般来说，一个行业的进入壁垒越低，那么进入者就越多，这个行业的竞争结构就更加恶化。

行业新加入者进入特定行业的可能性大小，取决于两大因素：一是该行业对潜在进入者设置的进入壁垒大小；二是该行业内现有企业对进入者的预期反应。

进入壁垒的存在使新进入者的进入成本提高，加大企业进入某行业的难度。进入壁垒越高，对进入行业的企业来说就会越困难，这时即使该行业的收益高，也会将许多企业挡在门外，对行业内现有的企业来说，进入威胁就会小一些；反之，进入威胁就会增大，这时该行业内企业的好日子就会很快过去。所以，处于行业内的企业就会使用各种办法提高本行业的进入壁垒，以保证目前行业内企业的收益率保持在比较高的水平。

决定进入行业壁垒的因素主要有以下几点。

1. 规模经济

在一个规模经济明显的行业中，新加入者不得不面临两难选择，或者以很大的规模进入该行业，承担巨大的初始投资，更为严重的是致使市场供给大幅度增大，压低了产品价格，招致该行业现有企业的激烈报复；或者以小的生产规模进入该行业，结果是产品成本过高，在竞争中处于劣势。

2. 品牌偏好与客户忠诚

产品的购买者往往忠诚于一定的品牌。例如，日本的消费者非常忠诚于日本品牌的机动交通工具、电子产品、相机和胶卷。欧洲消费者一般忠诚于欧洲品牌的家用器具产品。品牌忠诚度高就意味着一个潜在加入者必须建立一个分销及特销网，然后愿意并有能力花足够的资金用于产品广告和产品促销来克服客户的品牌忠诚，最后建立自己的客户群。建立客户对品牌的认知和忠诚可能是一个缓慢的、代价高昂的过程。而且，如果一个客户转换品牌的难度较大或成本较大，那么新加入者就必须说服购买者相信它的品牌值得他付出这个成本。要超越客服转换成本壁垒，新加入者必须给予购买者一定的价格折让或者给予其额外的质量和服务。所有这一切都意味着，新加入者的利润率会比较低，因此也增加了新加入的企业在早期利润方面承受的风险。

3. 资源要求

成功进入某一个市场所需要的总资本投入额和其他资源条件越高，符合条件的加入者就越有限，最明显的资本要求体现在以下一些方面：制造工厂及设备、分销设施、为存货及用户信用提供资金的营运资本、为新产品建立客户群的支出（新产品推出的广告和促销费用）、为弥补业务起步时产生的亏损而设置的现金储备。其他资源壁垒还包括技术、专业技能和诀窍、劳动力要求、客户服务要求等。

4. 学习曲线和经验曲线效应

如果单位成本降低的原因部分或大部分来自产品生产的经验和经验曲线产生的效益，那么，新加入者与那些有着更多经验的厂家竞争时就会有成本劣势。

5. 与规模无关的成本劣势

现有厂家可能拥有潜在进入者不可企及的成本优势。这些优势可能是可以获取最好的、最便宜的原材料，可以获得专利和专有技术，拥有学习及经验曲线所带来的利益等。现有厂家的生产工厂和设备早在几年前就以低成本建立，选址有利，购买成本较低。

6. 分销渠道

企业在进入一个新的行业时，如果没有自己的产品分销渠道，也会面临进入障碍。原有的分销渠道一般都是为已有企业服务的，它们往往不愿意接受尚未被顾客认知的产品。新加入者必须通过让利、合作、广告津贴等方式让原有的分销渠道接受其产品。这样必然减少新加入企业的利润，并且这种情况一直要到其产品赢得分销渠道和零售商足够的接受度之后才会有所改变。

7. 政府政策

政府的政策、法规、法令等都会在某些行业中限制新加入者。例如，在许多国家中，都有一些受政府管理的行业，如有线电视、通信、电子设施、医疗设备、铁路等，市场进入常是受到政府控制的。严格的安全管理条例和环境保护标准都是进入壁垒，因为它们往往会提高进入成本。国家政府通常用关税和贸易限制条款（当地化、贸易额度以及控股比例）来提高外来厂商的进入壁垒。

（二）现有竞争者的威胁

行业内的竞争者往往是五种竞争力量中最强大的竞争力量，为了赢得市场地位和购买者的青睐，它们通常不惜付出重大的代价。通常采用的竞争手段主要有价格战、广告战、引进新产品以及增加对消费者的服务和保修等。在有些行业中，竞争的核心是价格，在某些情况下会爆发全面的价格战，致使产品的价格低于单位成本，从而导致绝大多数竞争者亏损，比如近几年家电市场间的恶性价格竞争。在有些行业中，价格竞争很弱，竞争的核心是如下一些因素：性能特色、新产品革新、质量和耐用性、售后服务、品牌形象等，比如一些高端的餐饮业和酒店行业。竞争的产生是由于一个或多个竞争者感受到了竞争的压力或看到了改善其地位的机会。如果一个企业的竞争行动对其对手有显著影响，就会招致报复或抵制；如果竞争和反击行动逐步升级，则行业中所有企业都可能遭受损失，处境艰难。无论在什么行业中，影响行业内现有企业之间竞争强度的因素主要包括以下几个方面。

1. 竞争结构

竞争结构是指一个行业中企业的数量和规模的分布状况。不同的竞争结构决定了不同竞争强度。在行业市场容量一定的情况下，行业中同一价值环节上竞争对手数量较多，而且对手的力量对比差距很小时，在共同的行业活动规律性的支配下，各企业在获取的能力、为了支配市场所能支配的资源量、可能采取的竞争方式、能够利用的行业协作体系，甚至企业对市场的影响力和影响方式等方面都是相近的，此时的行业竞争强度一定很高。特别是当行业进入成熟阶段后，市场容量扩大的可能性逐渐消失，企业数量多，竞争会更激烈。

2. 需求条件

需求条件是决定现有企业竞争强度的另一个因素。在一个迅速扩张的市场上，每个企业的利润都可以得到增长，这时企业无须从其他企业夺取市场份额，竞争趋缓；相反，需求下降的结果是企业间更加激烈的竞争。因为，当市场增长缓慢或市场需求下降时，急需扩张的企业或生产能力过剩的企业常常会降低价格，采用其他提高销售的策略，从而引发一场争夺市场份额的战争，其结果可能会将那些比较弱小和效率低下的企业淘汰出局。

3. 成本结构

当一个行业固定成本高时，企业为降低单位产品的固定成本，势必采用增加产销量的措施。企业的这种发展趋势，会使其生产能力急剧膨胀，直至产品过剩，而且还会导致产品价格竞争，从而使现有竞争者的竞争激化。这种情况在民用航空业、住宿餐饮业、造纸业等行业中都会发生。某种与高固定成本有关的情况是，产品一旦生产出来，要加以储存是十分困难的，或者要花费很大资金。在这种情况下，为了确保销售，生产商们还容易受到略减价格的引诱。在某些行业中，如捕虾业、危险化学品制造业和有些服务性行业中，这种压力会使利润保持很低的水平。

4. 产品差异和用户转变费用

若用户从购买一个企业的产需品到购买另一个企业的产品的转换费用较低时，则竞争激烈；相反，如果转变费用高，行业内不同企业的产品各具特色，各企业有各自不同的用户，则竞争不激烈。

5. 规模经济的要求

在规模经济要求大量增加企业生产能力的行业，新的生产能力不断增加，必然会打破行业的供需平衡，使行业产品供过于求，降价竞争在所难免。这类情况在我国的农用车制造业、玻璃制造业等行业都发生过。

6. 退出障碍

退出障碍是指那些迫使投资收益低，甚至亏损的企业仍然留在行业中从事生产经营活动的各种因素，主要包括以下六个方面。

（1）固定资产高度专业化。在特定的经营业务或地理位置上，企业拥有高度专业化的资产，但其清算价值低或转让费用高。

（2）退出成本过高。这类成本包括劳动合同、重新安置费、已售出产品的维修费等。

（3）战略上的相互关系。企业内的经营单位之间的协同关系是企业战略的重要因素。如果其中某一经营单位退出现有行业，就会使原有的协同关系遭到破坏。

（4）感情障碍。企业在制定经济合理的退出决策时，常常受到管理者和员工情绪上的抵制，如对多年从事实业的感情、对自己个人职业生涯的担心、对员工的忠诚心理等。

（5）政府和社会的限制。政府考虑到就业问题或对地区经济的影响，有时会出面反对或劝阻企业合理的退出决策。

（6）高度的战略性赌注。如果大量企业在某个行业内为了取得成功而下了很大的赌注，那么该行业内的抗衡会变得更加反复无常。这类企业为了自己战略目标的实现，也许不仅定下不同形式的目标，而且可能有更具扩张性或包含牺牲短期利润的愿望。

总之，要确定行业内现有企业之间的竞争激烈程度，其中的关键是准确判断公司的竞争会给盈利带来多大的压力。竞争企业的竞争行动如果降低了行业利润水平，那么就可以认为竞争是激烈的；如果绝大多数企业的利润都达到可以接受的水平，那么就可以认为竞争是一般的；如果行业中绝大多数企业都可以获得超过平均水平的回报，那么就可以认为竞争是较弱的，该行业具有相当大的吸引力。

（三）替代产品的威胁

替代产品是指可以等同于或者基本上等同于另一商品使用价值的产品，它以另一商品的相关商品形式出现，影响另一商品的需求变动。如果两种商品互为替代品，那么一种商品价格上升将导致另一种商品需求量增加。替代产品的竞争压力取决于以下三个方面。

1. 是否获得价格上有吸引力的地位和较高的盈利能力

容易获得并且价格上有吸引力的替代产品往往会产生竞争力，替代品会给行业中的企业定出一个最高限价，超过这一限价，就会冒着已有顾客转向替代品的风险，比如塑料替代钢材。

2. 是否在质量、性能和其他一些重要属性方面达到了较好的满意度

替代品的易获得性会不可避免地刺激顾客去比较彼此的质量、性能和价格，例如，人们在购买热水器时，往往对电热水器、太阳能热水器和燃气热水器进行全面的比较。

3. 购买者转向替代品的难度

来自替代品竞争强度的另一个决定因素是本行业中的客户转向替代品的难度和成本。最常见的转换成本包括可能的额外价格、可能的设备成本、测试替代品质量、可靠性的时间和成本、断绝老供应关系建立新供应关系的成本、转换时获得技术帮助的成本、职员培训成本。如果转换成本不高，那么替代品的生产商说服购买商转向它们的产品就容易得多。

因此，一般来说，替代品的价格越低，替代品的质量和性能越高，用户的转换成本越低，替代品所带来的竞争压力就越大。测评替代产品竞争优势的指标有销售额及利润的增长速度、所渗透进入的市场以及产品生产能力的扩大计划等。

（四）购买商的议价能力

对行业中的企业来说，购买商是一个不可忽视的竞争力量。购买商所采取的手段主要包括要求压低价格、要求高质量的产品和更多的优质服务。其结果是迫使行业中的企业互相竞争，从而导致行业利润下降。购买商的竞争力主要取决于以下因素。

1. 购买商的集中程度

如果购买商集中程度高，由几家大的公司控制，就会提高其重要地位，拥有较强的价格谈判能力。如果供应商行业急需补充生产能力或者供应商行业是由数量众多的小企业构成，

那么大宗购买商就更具有特别有利的竞争地位。

2. 购买商购买产品的数量

购买商购买产品的数量很大时，便可以把它们的购买力当作要挟的手段，为降低价格讨价还价。这种情况在购买商订单数占供应商订单总数比例较大时，更为突出。

3. 购买商购买的产品对其产品的重要程度

如果企业的产品对购买商的产品质量影响很大，购买商一般对价格的敏感度低。

4. 购买商从本行业购买的产品的标准化程度

如果产品标准化程度高、差别小，购买商常常确信自己能找到可供挑选的供应商，并使供应企业互相竞争，从中获利。

5. 购买商的转换费用

购买商转向购买其他行业产品的选择余地越大，则对本行业形成的压力越大。

6. 购买商的盈利能力

如果购买商的盈利能力很低，则这些用户对价格就会很敏感，这一点在购买商所购买产品占其成本的比重较大时，更为突出。

7. 购买商采取后向一体化的威胁

如果购买商已部分一体化或形成可信的一体化的威胁，那么他们会在讨价还价中处于有利的迫使对方让步的地位，增加对本行业的竞争压力。例如，大型汽车企业会在自己内部生产所需的一部分零部件，一方面使一体化的威胁更加可信，另一方面会更好地了解有关成本情况，从而使自己处于更有利的谈判地位。

8. 购买商掌握的信息情况

如果购买商掌握了有关市场需求、产品成本等方面的充分信息，就会有较强的讨价还价的能力。

（五）供应商的议价能力

企业生产经营所需要的生产要素通常需要从外部获取，提供这些生产要素的企业对企业具有两方面的影响：一是这些企业能否根据本企业要求按时、按质、按量地提供所需的生产要素，这影响着企业生产经营规模的维持和扩大；二是这些企业提供供应品时要求的价格在相当程度上决定着企业生产成本的高低，从而影响企业的获利水平。一旦供应商能够确定它所提供商品的价格、质量、性能、交货的可靠度，那么这些供应商就会成为一种强大的力量。也就是说，供应商的威胁手段一是提高供应品的价格；二是降低供应品或服务的质量，而使下游行业利润下降。供应商的竞争压力主要取决于以下几个因素：

1. 供应商的集中程度和本行业的集中程度

如果是集中的少数供应商供给本行业中分散而众多的企业，那么将对本行业构成较大的竞争压力；反之，则竞争压力就小。

2. 供应品可替代程度

如果供应品的可替代程度高，即使供应商再强大，对行业也不会构成较大的竞争压力；反之，则会形成较大的竞争压力。

3. 本行业对供应商的重要程度

如果本行业是供应商的重要客户，供应商对本行业有很大的依赖性，则来自供应商的压力会较小；反之，则会形成较大的压力。

4. 供应品对本行业的重要程度

如果供应品对本行业的产品起关键作用，则来自供应商的压力较大；反之，压力较小。

5. 供应品的差异性和转换费用

如果供应品具有特色并且转变费用很大时，供应商讨价还价能力就会增强，会对本行业施加较大压力；反之，如果供应品是标准商品，或容易得到替代品时，供应商的压力就会较小。

6. 供应商有前向一体化的可能性

如果供应商有可能向前发展，进入本行业，就会增强其对本行业的压力。例如，矿石公司想要自己用铁矿石炼铁，则对炼铁公司来说构成很大威胁。

7. 行业内企业后向一体化的可能性

如果行业内的企业与可能向后发展，自己生产所需的供应品，其对供应商的依赖程度就会降低，从而减弱了供应商对本行业的压力。

（六）五种竞争力模型的意义

五种竞争力模型深入地阐述了某一给定市场的竞争模式。

1. 最无情的竞争情形

最无情的竞争情形包括进入障碍很低，从而每一个新加入者均可以获得一个市场立足点；替代品的竞争很激烈；供应商和顾客都有相当的谈判优势；行业内竞争白热化，但退出障碍又很高。那么从利润的角度来看，行业是没有吸引力的。

2. 最理想的竞争情形

最理想的竞争情形是供应商和顾客都处于谈判劣势，没有很好的替代品，进入壁垒相对较高，现有企业之间的竞争也比较温和。那么从利润的角度来看，行业就是有吸引力的。但是，即使其中几类力量很强大，对于那些市场地位和战略可以防御竞争压力的企业来说，该行业仍旧可能是有吸引力的。

3. 企业要想成功与竞争力量展开竞争，管理者制定战略的要点

（1）尽可能地摆脱这五种竞争力的影响；

（2）影响竞争压力，使其向着有利于本企业的方向改变；

（3）建立强大的安全的优势。

很多企业进行外部环境分析，除了引入五种竞争力模型，还会越来越多地关注互补企业。所谓互补企业是指相互之间没有买卖关系，但却各自独立地向共同的客户群提供互补产品和服务，彼此增加了对方产品或服务的价值，从而做大了整个利润蛋糕，从某种意义上讲是同呼吸、共命运。比如移动通信的网络运营商和终端设备提供商（比如手机制造商）。

互补企业之间的不和谐音符可能出现在各个领域，如定价、技术、行业标准等。这种冲突在定价方面表现得淋漓尽致。理想状态是自己公司的产品定价高，而互补企业的产品定价低。

为了在互补关系中把握主动权，企业可运用的手段可以归为两类：刚力和柔力。所谓刚力，就是采取威逼利诱的方式达成所愿，或者给互补企业一定的补偿，促使它们与自己合作。在多数情况下，这种办法至少能够让本企业稳获短期收益。能够运用刚力的企业，一般都在市场份额、现金储备等传统实力指标上占优。但运用刚力最大的一个弊端是如果反复使用，不仅代价大，而且不利于企业彼此之间建立信用，可能激起互补企业的反抗。

所谓柔力，则是指间接的方式进行劝说，促使他人自发地去做你想做的事。善于运用柔

力的企业，能够利用各种无形资源来取得互补方的信任和认可。对于大企业而言，柔力常常为刚力的有效运用奠定了良好的基础。对于小企业来说，施展柔力可能是它们的唯一选择。但柔力的局限性在于在面对竞争对手毅然决然的攻击时，依靠柔力可能无济于事。

第四节　产业内部的战略集团分析

按照产业内各企业战略地位的差别，将企业划分成不同的战略集团，分析产业内各个战略集团之间的关系，从而进一步认识产业及其竞争状况。

在一个产业中，如果所有的企业都执行着基本相同上的战略，则该产业只有一个战略集团。如果每个企业都奉行与众不同的战略，则该产业有多少个企业便有多少个战略集团。当然，在正常情况下，一个产业中仅有几个战略集团，它们采用性质不同的战略。每个战略集团内的企业数量不等，但战略类同。

在同一战略集团内的企业除了广义的战略外，还在许多方面彼此非常相近。它们在类似的战略影响下，会对外部环境做出类似的反应，采取类似的竞争行动，占有大致相同的市场份额。这种特征可以用战略集团勾画出来，作为产业内部竞争分析的一种工具，如横轴可以代表纵向一体化，纵轴可以代表专业化程度。

一般来说，下列四个因素决定着一个产业中战略集团之间竞争的激烈程度。

（1）战略集团间的市场相互牵连程度。所谓市场牵连程度是指各战略集团对同一顾客进行争夺的程度，或者说是它们为争取不同细分市场中的顾客进行竞争的程度。当战略集团间的市场牵连很多时，战略集团间将产生剧烈的竞争。例如，在化肥产业中，对所有战略集团来说，顾客（农民）都是相同的。当战略集团将目标放在差别很大的细分市场上时，它们对他人的兴趣及相互影响就会小得多。当它们的销售对象区别很大时，其竞争就更像是在不同产业的集团间进行一样。

（2）战略集团数量以及它们的相对规模。一个产业中的战略集团数量越多且各个战略集团的市场份额余额越相近时，则战略集团间的竞争越激烈。战略集团数量多就意味着集团离散，某一集团采取削价或其他战术攻击其他集团的机会多，从而激发集团间的竞争。反之，如果集团的规模极不平衡，如某一集团的产业中占有很小份额，另一集团却有很大的份额，则战略的不同不大可能对战略集团之间的竞争方式造成很大的影响，因为小集团力量太弱，不大可能以其竞争战术来影响大集团。

（3）战略集团建立的产品差别化。如果各个战略集团利用不同的战略使顾客区分开来，并使他们各自偏爱某些商标，则战略集团间的竞争程度就大大低于集团所销售的产品被视为可替代产品时的情况。

（4）各集团战略的差异。所谓战略差异是指不同战略集团奉行的战略在关键战略方向上的离散程度，这些战略方向包括商标信誉、销售渠道、产品质量、技术领先程度、成本状况、服务质量、纵向一体化程度、价格、与母公司或东道主政府的关系等。如果其他条件相同，集团间的战略差异越大，集团间就越可能只发生小规模的摩擦。集团奉行不同的战略导致它们在竞争思想上有极大的差别，并使它们难以相互理解他人的行为，从而避免茫然的竞争行动和反应。

第五节　主要竞争对手分析

主要竞争对手是指对企业现有市场地位构成直接威胁或对企业目标市场地位构成主要挑战的竞争者。如果一个企业不去监测其主要竞争对手的各种行动，不去理解它们的战略，不去预测它们下一步最可能采取的行动，它就不可能战胜竞争对手。从这一点来说，力求更加深刻地理解竞争对手甚至比了解自己更重要。

一、识别主要竞争对手

现在，谁是主要竞争对手这一点通常很明显。但是，在今后一段时间内，情况可能还会有变化。有些企业可能会失去锐气，有些新的竞争者可能会加入进来，有些企业可能会快速成长。所以，要注意下列潜在的竞争对手：

（1）可以轻易克服进入壁垒的企业；

（2）进入本行业后产生明显协同效应的企业；

（3）其战略的延伸必将导致加入本行业的企业；

（4）可能通过一体化进入行业的客户或供应商；

（5）可能通过并购而快速成长的企业。

对于主要竞争对手，要进行有效的信息收集和分析活动。企业进行战略决策所需要的信息中，有95%可以从公开渠道得到。一些竞争信息的来源包括行业杂志、招聘广告、报纸、政府文件、行业资料、用户、供应商、分销商和竞争者本人。

二、主要竞争对手的分析内容

对主要竞争对手进行分析包括四个方面：主要竞争对手的目标、战略假设、现行战略和资源能力。大部分企业至少对于它们对手的现行战略、优势和劣势有一定的直观感觉，即能够大致了解竞争对手在做什么和能够做什么，而对竞争对手的未来目标和战略假设知之甚少，因为对这两个因素的观察要比对竞争对手的实际行为的观察难得多，但这却是确定竞争对手将来行动的主要因素。

（一）主要竞争对手的目标分析

了解竞争对手的目标就可以了解每位竞争对手对其目前的地位和财务状况是否满意，推断出竞争对手的战略发展方向和可能采取的行动，从而在战略管理一开始就能针对主要竞争对手可能采取的行动设计应对方法。对竞争对手目标的了解也有助于预测它对战略变化的反应，从而帮助企业避免那些会招致引发激烈战争的战略行动。竞争对手的公开战略目标可以通过各种公开资料获得，如上市公司的公告。即使是通过不公开的渠道来获得，也不太困难。因为，战略目标总是要让很多人知晓。困难的是，竞争者不愿公开的目标，以及各种目标的权重。以下信息有助于弄清竞争者的目标体系：竞争对手的价值观或信念、对待风险的态度、组织结构、控制和激励系统、领导层的构成、该业务单位在母公司中的地位、母公司的业务组合等。

（二）主要竞争对手的战略假设分析

竞争对手的目标是建立在其对环境和对自己的认识上的，这些就是竞争对手的战略假设。竞争对手的战略假设有以下两类：

第一类是竞争对手对自己的力量、市场地位、发展前景等方面的假设，称为竞争对手自我假设。

第二类是竞争对手对自己所在行业内其他企业的假设，包括竞争对手对产业构成、产业竞争强度和主要产业威胁、产业发展前景、产业潜在获利能力等方面的认识和判断。

竞争对手的战略假设主要与下列因素有关：企业的历史和文化、高层管理者的职业经历和背景，在市场上成功或失败的经验，行业中的传统思路等。对假设的分析不是一件容易的事，但是仍然可以从竞争对手的公开宣传、领导层和销售队伍的言论、价值观念、过去的战略行动和现行的战略等信息中体察到这些假设。

应分析竞争对手的战略假设是否正确，错误的或过时的假设常常会使企业找到战略契机。例如，假设竞争对手相信它的产品拥有极高的顾客忠诚度，而事实并非如此，则刺激性地降价就是抢占市场的好办法。这个竞争对手很可能拒绝相应的降价，因为它相信该行动不会影响它的市场占有率，只有在发现已经丢失一大片市场时，它才会认识到其假设是错误的。了解竞争对手的战略假设，不但可以理解竞争对手当前的战略，进而推断它可能采取的战略行动，还可以了解它的认识方式，针对其认识方式选择自己针对它的竞争方式。

（三）主要竞争对手的现行战略分析

对竞争对手现行战略进行分析的重点，在于通过竞争对手的产品和市场行为来推断它的现行战略，预计目前战略的实施效果，分析竞争对手现行战略对本企业的影响。分析该企业目前的业绩，分析它继续实施当前战略的前景，以及竞争对手改变目前战略的可能性。对当前的业绩及前景持满意态度的企业可能会继续实施现行战略，当然，它也可能做一些调整，这与它的目标和假设有关。但是，业绩很差的竞争对手一般会推出新的战略行动。

（四）主要竞争对手的资源能力分析

最后，要对竞争对手的资源和能力作实事求是的评估，把握它的优势和劣势。竞争对手的目标、假设和现行战略会影响它反击的可能性、时间、性质和强度。而它的优势和劣势将决定它发起战略行动的能力以及处理环境中突发事件的能力。

三、预测主要竞争对手的下一步行动

在对以上四方面因素进行分析的基础上，应对各个竞争对手可能发动的战略行动和防御能力作出判断。

（一）预测竞争对手的下一轮行动

1. 对现行地位和业绩的满足

将竞争对手的目标与其现行地位和业绩相比较，预测谁想要实行战略性转变。

2. 可能采取的行动

根据竞争对手的目标、假设、资源和能力，预测它最有可能做出什么样的战略变化。

3. 行动的强度和严肃性

对某个竞争对手的目标、资源和能力进行分析，能够被用来评估这类可能采取行动的预期强度。

（二）分析竞争对手的防御能力

1. 易受攻击性

竞争对手最易受到攻击的是哪些战略行动和哪些事件？什么事件具有不对称的获利后果，即对某个竞争对手的利润影响比对发动行动的企业的利润影响大还是小？哪些行动可能需要更大的代价去报复或仿效，以至于使该竞争对手无法冒险去采取这类行动？什么行动或事件将会挑起竞争对手的报复？

2. 报复的有效性

报复会不会迅速进行？报复可能以什么形式展开？采取何种行动能使竞争对手报复的有效性下降？

综合训练题

一、单项选择题

1. 一般来说，替代产品的价格越低，质量和性能越高，用户的转换成本越低，则替代产品所带来的竞争压力（　　　）。

  A. 越大   B. 越小   C. 一般   D. 趋缓

2. 测评替代产品竞争力的指标包括（　　　）。

  A. 成本及利润的增长速度   B. 销售额及利润的增长速度

  C. 资金周转及利润的增长速度   D. 产值及利润的增长速度

3. 如果购买商的盈利能力低，则对供应商提供产品的（　　　）。

  A. 价格敏感度高 B. 价格敏感度低 C. 质量敏感度高 D. 质量敏感度低

4. 在一个产业中，如果所有的企业都执行基本相同的战略，则该产业战略集团就有（　　　）。

  A. 两个   B. 三个   C. 一个   D. 没有

5. 互补企业是指企业之间没有买卖关系，但却各自独立地向（　　　）提供互补产品或服务，彼此增加了对方产品或服务的价值。

  A. 共同的股东 B. 共同的市场 C. 共同的战略集团 D. 共同的客户群

6. 购买商的转换成本低，转向购买行业内产品的选择余地大，则对本行业形成的（　　　）。

  A. 竞争压力大 B. 竞争压力小 C. 竞争压力一般 D. 竞争压力趋缓

7. 如果供应商的供应品差异明显且转换费用高，则供应商的（　　　）。

  A. 竞争力趋缓 B. 竞争力小 C. 竞争力一般 D. 竞争力强

8. 在行业市场容量一定的情况下，同一价值链上竞争对手数量较多，且竞争对手的差距很小时，此时行业的（　　　）。

  A. 竞争力趋缓 B. 竞争力小 C. 竞争力强 D. 竞争力一般

9. 产业集中度高的市场上企业规模大、数量少、一般来说（　　　）。

  A. 竞争激烈 B. 没有竞争 C. 竞争趋缓 D. 以上都不对

10. 产业集中度低的市场上企业规模大、数量少、一般来说（　　　）。

  A. 竞争激烈 B. 没有竞争 C. 竞争趋缓 D. 以上都不对

二、多项选择题

1. 宏观环境主要包括（　　）。
　　A. 政治法律环境　　　　　　　　　　B. 经济环境
　　C. 社会文化环境　　　　　　　　　　D. 技术环境
　　E. 战略集团

2. 经营环境包括（　　）。
　　A. 主要竞争者　　　　　　　　　　　B. 经济环境
　　C. 社会文化环境　　　　　　　　　　D. 技术环境
　　E. 战略集团

3. 产业环境包括（　　）。
　　A. 现有竞争者　　　　　　　　　　　B. 供应商
　　C. 潜在竞争者　　　　　　　　　　　D. 顾客
　　E. 替代产品

4. 企业外部环境的特点包括（　　）。
　　A. 唯一性　　　　B. 动态性　　　　C. 相对性　　　　D. 复杂性
　　E. 不确定性

5. 根据企业外部环境的复杂性和不确定性指标可以把环境划分为（　　）。
　　A. 复杂/动态环境　　　　　　　　　　B. 复杂/静态环境
　　C. 简单/动态环境　　　　　　　　　　D. 简单/静态环境
　　E. 不确定/动态环境

6. 国内政治环境包括（　　）。
　　A. 政治制度　　　　　　　　　　　　B. 政党与政党制度
　　C. 政治性团体　　　　　　　　　　　D. 党和国家的方针政策
　　E. 政治气氛

7. 法律环境分析的主要内容包括（　　）。
　　A. 法律规范　　　　　　　　　　　　B. 国家司法执法机关
　　C. 法律　　　　　　　　　　　　　　D. 法规
　　E. 企业的法律意识

8. 从影响企业战略制定的角度来看，可把社会文化环境分解为（　　）。
　　A. 宗教信仰　　　　B. 人口因素　　　　C. 文化因素　　　　D. 风俗习惯
　　E. 文学艺术

9. 文化因素包括（　　）。
　　A. 宗教　　　　B. 语言文学　　　　C. 哲学　　　　D. 风俗习惯
　　E. 文化艺术

10. 行业新加入者进入特定行业的可能性大小取决于（　　）。
　　A. 规模经济　　　　　　　　　　　　B. 行业进入壁垒大小
　　C. 行业内原有企业的预期反应　　　　D. 资源要求
　　E. 品牌偏好

11. 现有竞争者通常采用的竞争手段主要包括（　　）。

A. 价格战   B. 广告战

C. 引进新产品   D. 提高产品价格

E. 增加对消费者的服务和保修

12. 购买商经常采用的竞争手段包括（   ）。

     A. 要求压低价格   B. 要求提高价格

     C. 要求高质量的产品   D. 降低产品质量

     E. 要求更多的优质服务

13. 供应商经常采用的竞争手段包括（   ）。

     A. 提高供应品价格   B. 降低供应品价格

     C. 降低供应品或服务的质量   D. 提高供应品或服务的质量

     E. 提高更多的优质服务

14. 企业为了在互补关系中把握主动权，通常运用的手段包括（   ）。

     A. 刚力   B. 学习力   C. 文化力   D. 品牌力

     E. 柔力

15. 通过波特五力模型的分析，最无情的竞争情形是（   ）。

     A. 供应商和顾客都处于谈判劣势

     B. 行业进入壁垒很低，每个加入者都可以获得一个市场立足点

     C. 替代产品的竞争很激烈

     D. 供应商和顾客都有相当的谈判优势

     E. 行业内竞争很激烈，退出障碍又很高

16. 通过波特五力模型分析，最理想的竞争情形是（   ）。

     A. 供应商和顾客都处于谈判劣势   B. 没有很好的替代产品

     C. 行业进入壁垒较高   D. 现有企业之间的竞争比较温和

     E. 行业进入壁垒较低

17. 在经济环境分析中，反映宏观经济总体状况的关键指标主要包括（   ）。

     A. 国内生产总值的增长率   B. 中央银行的利率水平

     C. 劳动力供给   D. 消费者收入水平

     E. 价格指数变化

18. 在经济环境分析中，反映一个国家或地区经济发展水平的常用指标包括（   ）。

     A. 国内生产总值   B. 国民收入

     C. 人均国民收入   D. 技术结构

     E. 经济增长速度

19. 经济环境分析中的社会经济结构主要包括（   ）。

     A. 产业结构   B. 分配结构   C. 交换结构   D. 消费结构

     E. 技术结构

20. 现代科学技术中的硬件是指物质化的（   ）。

     A. 新设备   B. 新工艺   C. 新产品   D. 新市场

     E. 新材料

21. 现代科学技术中的软件是指信息化的（   ）。

A. 新思想　　　B. 新方式　　　C. 新产品　　　D. 新市场
E. 新方法

三、名词解释

企业外部环境；政治与法律环境；经济环境；企业的法律意识；企业科技环境；规模经济；竞争结构；替代产品；战略集团；产品差异；产业集中度；产业结构

四、简答与论述题

1 人口因素对企业战略制定有哪些影响？

2 决定行业进入障碍的因素有哪些？

3 影响行业现有企业之间竞争强度的因素主要有哪些？

4 来自购买商的竞争压力主要包括哪些因素？

5 来自供应商的竞争压力主要有哪些？

6 哪些潜在竞争对手应引起高度重视？

7 一般来说，哪些因素决定着一个产业中战略集团之间竞争的激烈程度？

8 分析主要竞争对手应从哪几个方面入手？

9. 论述产业生命周期理论。

10. 确定产业界限应遵循的基本原则有哪些？

11. 确定产业界限的重要意义是什么？

12. 产业界限划分需要考虑的问题有哪些？

13. 外部环境有哪些分类和特点？

14. 企业外部环境的宏观分析主要从哪几个方面进行分析？

15. 波特的五种基本竞争力量主要包括什么？

16. 决定行业进入壁垒的因素有哪些？

17. 替代产品竞争力主要来自哪几个方面？

18. 购买商的竞争力主要取决于哪几个因素？

19. 供应商的竞争力主要取决于哪几个因素？

20. 现有竞争者之间在什么情况下竞争更加激烈？

21. 什么是互补企业？为了在互补关系中取得主动权，企业常采用哪些手段？

五、案例分析题

【案例1】白酒行业生命周期

中国白酒业经由20世纪80年代的大发展及过度竞争，应该说现在处于产业成熟期的中后期，表现为市场需求趋向饱和、稳中有降，潜在顾客越来越少，竞争逐渐加剧，产品价格走低。促销费用增加，整个白酒业的销售额及行业利润率都在缓慢下降。众多的白酒品牌，其产品生命周期也不尽相同，比如茅台、五粮液、洋河等名酒品牌的生命周期较长。目前这类名酒品牌多处于快速成长期或成熟期。其他一些二流酒、地方酒品牌有极少数处于成长期、成熟期，但绝大部分处于成熟期与衰退期之间。白酒企业以每年10%的速度递减，更说明白酒品牌多处于衰退期。再从单一的白酒企业来看，其各个具体产品的生命周期千差万别。有的产品顺利走完产品生命周期的四个阶段，且各个阶段的特征明显；有的产品一进入市场就快速成长，迅速越过导入期；有的产品则可能越过成长期直接进入成熟期；有的产品进入成熟期后再进入第二个快速成长期；更有许多产品根本就没有进入市场或没走完长期就夭折了。

资料来源：http://www.chinatuopai.com.

根据案例回答以下问题：

行业生命周期包括哪几个阶段？各阶段都具有哪些特点？

【案例2】沃尔玛连锁店的购买者力量

不同的购买者具有不同的讨价还价能力，例如，大的汽车经销商和国家汽车租赁公司通常比一般买车者有更强的讨价还价能力。同样，麦当劳和"汉堡王"是软饮料生产者强有力的讨价还价的对手。

体现一个购买者讨价还价能力的典型例子是美国最大的零售商沃尔玛公司。1969年，沃尔玛公司通过开拓零售市场而发展起来。沃尔玛公司发现美国南方的城镇太小，对主要的能提供打折扣的百货公司没有吸引力，这里面反而蕴藏着巨大的市场潜力。2018年《财富》杂志公布了世界500强企业的名单，沃尔玛再次以年营业收入4858亿美元位于榜单首位。沃尔玛主要涉足零售业，是世界上雇员最多的企业，沃尔玛公司有8500家门店，分布于全球15个国家。沃尔玛在美国50个州和波多黎各运营。沃尔玛主要有沃尔玛购物广场、山姆会员店、沃尔玛商店、沃尔玛社区店等四种营业方式。沃尔玛公司的优势在于每平方英尺的销售额。当一个典型的凯玛特公司每平方英尺产生约为150美元的销售额时，沃尔玛公司可产生约为250美元的销售额。每单位面积的高销售额会使运营成本占销售额的比例下降，这又将使商店可以继续进行降价，从而会增加销售额，形成良性循环。当沃尔玛公司把顾客从竞争对手那里吸引过来时，竞争对手会发现他们单位面积上的销售额下降了，这意味着运营成本占销售额的相对比例上升，因而削减了企业的盈利。

这样的结果使得沃尔玛公司一方面有了巨大的年销售额，另一方面又使其处于与供应商谈判的优势地位。有时，沃尔玛公司购买了供应商的整年产品，几乎得到了控制对手定价和交货时期的所有权力。另外，沃尔玛公司会同供应商一起工作，通过计算机联网订货来降低配销成本。总而言之，沃尔玛公司需要一些供应商为商品的储存、发运负责，为商品库存提供一定的空间。几乎没有供应商能拒绝沃尔玛公司的要求。

资料来源：http://www.chinatuopai.com.

根据案例回答以下问题：

请简述波特五力模型的基本原理，并用该原理分析沃尔玛连锁店的竞争力量。

第四章

企业内部环境分析

教学目标

1. 了解企业内部环境所包含的企业资源、企业能力。
2. 理解企业内部资源和能力在形成有效战略中的作用。
3. 熟悉企业核心能力的判断与分析。
4. 掌握运用企业内部环境分析的有关方法和价值链等分析工具。

引导案例

伊利的"核心内力"

目前伊利已经拥有不同规模的优质牧场 800 多个。天然优良的牧场将源源不断地为伊利输送高品质的奶源，在此基础上，伊利还注重把握住关键性的稀缺资源。例如，被内蒙古"一杯奶生育关怀行动"和新疆"学生饮用奶计划"锁定为唯一专供乳制品企业等。

2009 年年初，潘刚创新渠道模式，与中国石油达成战略合作，利用中国石油便利店销售其旗下产品。覆盖率大，销售点多，使伊利前向一体化得以体现。之后，伊利相继推出了金典有机奶、营养舒化奶、谷粒多和金领冠婴幼儿配方奶粉等一系列高附加值、高科技含量的产品，打造高超的质量、卓越的性能、周到的服务、创新的设计以及独特的市场形象，并不断地加强企业社会责任体系建设。

伊利的"核心内力"具体体现在其董事长潘刚精心谋划的五大战略上，即伊利奶源战略、稀缺资源战略、渠道战略、创新战略和品牌战略。五大战略的具体落实和推进的效果，无疑是伊利梦想的逐步实现，即让消费者从"喝不上奶"到"喝上奶"，从"喝不了奶"到"喝得了奶"，从"能喝奶"到"喝好奶"。而最终伊利在潘刚的关键能力优势主导下所砥砺出的"好牛奶"本色则是其持续不断发展的最直接推动力，也是伊利越来越自信和胸有成竹的根本原因。

资料来源：刘辉，梁雁，屈新英. 企业战略管理理论与实务. 北京：北京理工大学出版社，2016.

第一节　企业资源分析与企业能力分析

一、企业资源分析

企业资源指的是企业用以为顾客提供有价值的产品与服务的生产要素。从大的方面来说，企业资源可以分为有形资源、无形资源、人力资源三大类，具体见表4-1。

表4-1　企业资源的分类与特征

分类		主要特征	主要的评估内容
有形资源	财务资源	企业的融资能力和内部资金的再生能力决定了企业的投资能力和资金使用的弹性	资产负债率、资金周转率、可支配现金总量；信用等级
	实体资源	企业装置和设备的规模、技术及灵活性；企业土地和建筑的地理位置和用途；获得原材料的能力等决定企业成本、质量、生产能力和水准	固定资产现值、设备寿命、先进程度、企业规模、固定资产的其他用途
	组织资源	企业的组织结构类型与各种规章制度决定企业的运作方式与方法	企业的组织结构以及正式的计划、控制、协调机制
无形资源	技术资源	企业专利、经营诀窍、专有技术、专有知识和技术储备、创新开发能力、科技人员等技术资源的充足程度决定企业的工艺水平、产品品质，决定企业竞争优势的强弱	专利数量和重要性、从独占性知识产权所得收益、全体职工中研究开发人才的比重创新能力
	商誉	企业商誉的高低反映了企业内部、外部对企业的整体评价水平，影响着企业的生存环境	品牌知名度、美誉度、品牌重购率、企业形象；对产品质量、耐久性、可靠性的认同度；供应商、分销商认同的有效性、支持性的双赢关系、交货方式
人力资源		员工的专业知识、接受培训程度决定其基本能力。员工的适应能力影响企业本身的灵活性。员工的忠诚度和奉献精神以及学习力决定企业维持竞争优势的能力	员工知识结构、受教育水平、平均技术等级、专业资格、培训情况、工资水平

（一）有形资源

有形资源是看得见、摸得着、可以数量化的资源。它们通常可以在账面上反映出来。但是应当注意到，在评估有形资源的战略价值时，不仅要看会计科目上的数目，而且要注意评价其产生竞争优势的潜力。譬如说偏远山村很多企业拥有巨额资产，有些设备也很先进，但由于交通不便，信息滞后，资源不能得到有效利用，因此很难适应市场需求的变化。在评估有形资源的战略价值时，必须注意以下两个关键问题。第一，是否有机会更经济地利用财务资源、库存和固定资产。即能否用较少的有形资源获得同样的产品或用同样的资源获得更大的产出。第二，怎样才能使现有的资源更有效地发挥作用。事实上，企业可以通过多种方法增加有形资产的回报率，如采用先进的技术和工艺，以增加资源的利用率；通过与其他企业的联合，尤其是与供应商和客户的联合，以充分地利用资源。如我国的数据通信行业可以通过与集成商和企业的联合，来充分地利用光缆和网络资源。当然，企业也可以把有形资产卖给可以利用这些资产获利的公司。实际上，由于不同的公司掌握的技术不同，人员构成和素质也有很大差异，因此它们对一定的有形资产的利用能力也是不同的。也就是说，同样的有形资产在不同能力的公司中表现出不同的战略价值。

（二）无形资源

无形资源主要包括专利、商标、版权等知识产权，以及网络、企业文化及与产品（服务）和公众利益相联系的企业形象等，通常并不在（或不能在）账面上反映出来。由于无形资源具有不可见性和隐蔽性，人们常常忽略其价值。但是无形资产是企业在长期经营实践中逐步积累起来的，虽然不能直接转化为货币，但是同样能给企业带来效益，因此同样具有战略价值。例如，在产品质量和服务对潜在的顾客利益影响并不明显的行业，企业信誉和知名度往往是最重要的资源。在医疗行业，北京协和医院的知名度成为企业最重要的竞争资源。在这里需要着重强调的是技术这种无形资源。技术包括其先进性、独创性和独占性，一旦公司拥有了某种专利、版权和商业秘密，它就可以凭借这些无形资产去建立自己的竞争优势。美国的英特尔、微软都是这方面的典型例子；施乐公司试图开发个人计算机但没有成功，则是错误地评估关键资源的例子。

当前，中国很多家电企业纷纷涉足计算机行业，一方面说明计算机市场潜力巨大，另一方面也令人担忧，即这些企业是否能真正认识自己的资源优势所在。计算机行业使用者的购买习惯和消费行为均与家电行业有很大的区别。企业所具有的技术能否成为重要的无形资产，除与其先进性和独创性有关之外，还与其是否易于转移有密切的关系。如果某项技术易于被模仿，或者主要由某个人所掌握，而这个人又很容易流动，那么该项技术的战略价值将大大降低。相反，如果某项技术很难被模仿，或者与其他技术方法一起使用才能发挥其应有的作用，而这些其他技术方法又掌握在很多人手中，那么，该项技术作为一种无形资产的战略价值就高得多。

（三）人力资源

人力资源，主要指组织成员向组织提供的技能、知识及推理和决策能力，通常把这些能力称为人力资本。在评价企业成员的人力资本时，不仅要根据他们的工作业绩、经验和资历来评价，还要评估他们是否具有挑战未来的信心、知识和能力，以及个人的工作时间、热情、职业习惯和态度等。与此同时，越来越多的企业重视评价员工的人际沟通技巧和合作共事的能力。近年来，许多公司，如深圳华为等都已开始对其成员做更广泛、更细致的知识、技巧、态度和行为测评。

人力资源是推动企业发展的能动性因素，企业管理的重点是要调动员工的生产经营积极性，改进工作效率，进而实现预期目标。

人力资源分析的主要内容包括以下几个方面。

1. 企业人力资源结构的分析

主要是指对企业人力资源的自然结构（如年龄、性别等）、文化结构、专业技能结构、工种结构等进行多角度、全方位的分析。

2. 企业人力资源配置状况的分析

主要是指对企业人员资源配置和要素运行进行有机考察，包括以下三个方面：①企业成员是否各就各位、各项各岗、各司其职，是否存在富余人员。②为了保证企业各项工作的配合衔接，企业人力资源配置是否存在比例失调、轻重失衡的状况。③为了适应行业发展对企业员工的要求，企业是否能够准确把握人力资源配置的变化方向，并做出人力资源战略性规划。

3. 企业战略管理者的分层分析

主要是指对企业战略高层管理者、中层管理者、基层管理者的分析。除一般性分析外，重点分析高层战略管理者的决策能力、创新能力、指挥能力及灵活应变能力。分析中层战略管理者的协调能力、沟通能力及对相关技能的熟悉程度。分析基层战略管理者的专业技能、沟通能力、组织水平及培养团队工作作风的能力。

4. 企业薪酬制度的分析

主要是针对企业工资、奖金、福利等一系列内容，分析企业员工对薪酬制度的不同看法，分析企业所设计的薪酬制度的公平性、合理性和激励效果。应当说，企业战略的实施离不开人力资源管理活动。每一项战略决策，都会对上述四个方面提出不同的要求。企业战略管理者应当注意在人力资源开发与管理上存在的问题及薄弱环节，并做出改进。一般情况下，无形资源是在企业的长期经营实践中逐步积累起来的，所花费的时间成本比较高，因此比较不容易获得。而在技术飞速发展和信息化加快的知识经济时代，人力资源在企业中发挥的作用越来越突出。因此构建企业持久竞争优势的重点应当是无形资源和人力资源的获取，而不是有形资源的获取。

二、企业能力分析

单独的一种企业资源并不能产生出实际的生产力，真正的生产力来自各种资源的组合。企业能力是指整合企业资源，使价值不断增加的技能。一般而言，资源本身并不能产生竞争能力和竞争优势，竞争能力和竞争优势源于对多种资源的特殊整合，企业的竞争优势源于企业的核心竞争力，核心竞争力又源于企业能力，而企业能力源于企业资源。

在人们识别、判定一个企业的核心竞争力之前，首先要弄清一个企业能力的基本状况，即企业对资源的利用。资源利用率很大程度上取决于企业将它们整合的能力，这种能力是指在整个价值链活动中使资源不断增值的能力。对企业能力基本状况的分析，可从企业生产经营所必需的各项功能的角度分别进行。

在评估企业的资源使用和控制能力时，经常使用的是企业的科研与开发能力、财务能力、生产管理能力和营销能力的分析。

（一）科研与开发能力分析

科研与开发能力是企业的一项十分重要的能力。企业科研与开发能力分析主要包括以下几个方面。

1. 科研与开发能力概述

科研与开发能力就是指企业是否有能力根据自己的发展需要开发和研制新产品，是否有能力改进生产设备的生产工艺。企业的科研开发能力和水平由企业科技队伍的现状和变化趋势来决定。如果没有这样的人员，并且不能在短期内找到这样的人才，企业就要考虑和高等院校或科研单位合作，以解决技术开发和技术改造的问题。

2. 科研与开发组合分析

企业的科研与开发在科学技术水平方面有四个层次，即科学发现、新产品开发、老产品改进和设备工艺技术改造。一个企业的科研与开发水平处于哪个层次或哪个层次的组合，由企业的科研与开发能力决定。企业的科研与开发能力决定着企业在科研、开发方面的长处和短处，也决定着企业开发的方向。一个好的科研或开发部门，应该能够根据企业战略的要求和自身研发实力决定选择哪一个或哪几个科研层次的有效组合。

3. 企业科研成果与开发成果分析

企业已有的科研成果与开发成果是其能力的具体体现，如技术改造、新技术、新产品、专利以及其商品化的程度、给企业带来的经济效益等。

4. 科研经费分析

企业的科研设施、科研人才和科研活动要有足够的科研经费予以支持，因而应根据企业的财务实力做出预算。决定科研预算经费的方法一般有三种：按照总销售收入的百分比制定、根据竞争对手的状况来制定、根据实际需要来确定。

（二）财务能力分析

要分析判断一个企业的经营能力，首先必须分析企业的财务状况。因为企业的财务报表和资料记录了企业经营的整个过程和取得的绩效水平。分析企业财务状况广泛使用的方法是财务比率分析。财务比率分析通常从两个方面进行：一是计算本企业有关财务比率，并与同行业中的竞争对手进行比较或与同行业的平均财务比率进行比较，借以了解本企业同竞争对手或同行业一般水平相比的财务状况和经营成果；二是将计算得到的财务比率同本企业过去的财务比率和预测未来的财务比率相比较，借以测定企业财务状况和经营成果在一个较长时间内的变动趋势。

财务比率分析评价体系主要由五大类指标构成，即收益性指标、安全性指标、流动性指标、成长性指标和生产性指标。分别计算出五类指标并画出雷达图，就能够清楚、直观、形象地揭示出企业的财务及经营状况的优势和劣势。这对于制定正确有效的企业战略具有十分重要的意义。

（三）生产管理能力分析

生产是企业的基本功能，是厂商为客户提供价值的基础。企业的生产功能包括将投入品转变为产品或服务并能够为消费者带来价值和效用的所有活动。在不同的行业，由于各自的特点不同，企业生产所涉及的投入品、物质转换过程及产出品也不相同。在绝大多数行业，企业生产经营的大部分成本发生于生产过程中，因此生产管理能力的高低决定着公司战略的成败，而生产管理的首要任务就是开发和管理一个有效的生产体系。美国管理学者罗杰·施罗德认为，生产管理主要包括生产过程、生产能力、库存、人力和质量五种功能或决策领域。

（四）营销能力分析

一个企业营销能力的强弱往往体现在其销售活动能力、产品竞争能力、新产品开发能力和市场决策能力上。因此，营销能力分析通常从这四个方面来进行。

从战略角度进行的营销能力分析，主要包括三方面的内容：一是市场定位的能力，二是营销组合的有效性，三是管理能力。市场定位的能力直接表现为企业市场定位的准确性，它又取决于企业在以下四个方面的能力：市场调查和研究的能力；把握市场细分标准的能力；

评价和确定目标市场的能力；占据和保持市场位置的能力。

企业战略管理应结合市场营销人员这些能力的状态及自身的经验来评价在这些方面的长处和短处。评价市场营销组合的有效性主要应把握两个方面：一是营销组合是否与目标市场中的顾客需求一致，二是营销组合是否与目标市场产品的寿命周期一致。

（五）企业能力的比较分析

通过与其他企业，特别是本行业领先企业的具体对比，评价自身的能力和发展。自身能力评价是战略分析的重要工具，这种方法主要经过以下四个阶段的分析：弄清楚企业需要改进的活动和功能；找到在这些活动和功能方法方面领先的企业；与这些企业接触，包括访问企业高层，与管理人员、工人等交谈，分析他们做得如此出色的原因；应用学到的知识重新修订企业的目标，重新设计工作程序，并改变对企业有关功能和活动的期望。

这种比较分析的方法在提高企业能力方面一直起着至关重要的作用，许多企业取得成功是因为它们能够清醒地认识到自己在某些方面一定能做得更加优秀，而且把那些需要改进的方面作为企业战略的一部分加以完善。相反，许多企业失败的原因在于它们不能清晰地认识到自己的不足，更不知道如何加以改进，甚至根本就未曾想过如何进行修改，从而导致企业关键能力的衰退。

三、企业资源分析与企业能力分析的重要性

企业外部环境与企业内部条件在企业战略选择与实施中哪个更重要，不同的战略理论对此有所侧重。

传统的战略管理理论（主要是以波特为代表的定位学派）认为，企业战略选择以及所选择的战略能否获得高于行业平均水平的利润率，很大程度上受制于外部环境，特别是行业及竞争环境的影响和限制；同一行业内相互竞争的大多数企业一般控制着基本相同或相似的资源，于是就有可能寻求类似的战略；实施战略所需的资源在企业间是可以流动的。传统理论得出以下结论：企业为获得高于平均水平的利润率，首先要分析外部环境形势，选择一个有吸引力的行业；其次是根据外部环境和行业特点制定和实施相应的战略，以赢得某种优势地位，如低成本、差别化优势等。至于企业是否具备成功实施战略所需要的资源条件与能力则是不重要的，因为资源是可以流动的，可以通过市场买卖得到。这种理论在市场机会多、行业竞争不激烈的时代，对指导企业获得高于平均水平的利润率是有价值的，也是有其合理性的。如20世纪80年代至20世纪90年代初期，我国曾一度出现寻找好行业热，由于改革开放初期到处充满机会，很多企业比较容易地获得了高于平均水平的收益。进入20世纪90年代中后期，形势发生变化，市场需求开始下降，竞争激烈。有些企业仍像以往那样盲目铺摊子、乱投资，结果掉入"机会陷阱"中，不能自拔。这正说明传统战略管理理论是有条件的。在20世纪80年代，该理论条件成立，故以此指导企业经营就会获得成功；在20世纪90年代中后期，该理论的假设条件不完全成立，再以此来指导企业经营就不一定能获得成功。所以需要用新的理论来指导企业的经营活动。

第二节 核心竞争力

一、核心竞争力的含义

核心竞争力的英文原意是核心能力或核心技能，是一个公司比其他公司做得特别出色的一系列活动。根据普拉哈拉德和哈默的定义，核心竞争力是"组织中的积累性知识，特别是关于如何协调不同的生产技能和有机结合多种技术流的知识"。所以，核心竞争力是某一企业内部一系列互补的技能和知识的组合，这种组合可以使企业的业务具有独特的竞争优势。说它是组合，是指它既包括科学技术，又包括管理、组织和营销方面的技能。这些技术和知识的结合方式决定着核心竞争力的强弱，决定着企业开发新产品、服务市场、挖掘新的市场机会的潜力，体现着竞争优势。核心竞争力是一个企业所具有的在本行业独树一帜的、难以被复制模仿的能力，可实现用户看重的、高于竞争对手的价值，从而是长期利润的源泉。

二、核心竞争力的特征

1. 独特性

从竞争的角度看，一项能力要成为核心竞争力必须有其一定的独特性。如果某种能力为整个行业所普遍掌握，就不能成为核心竞争力，除非这家企业的能力水平远远高出其他企业。核心竞争力的独特性还表现在不易被人轻易占有、转移或模仿。任何企业都不能靠简单模仿其他企业而建立自己的核心竞争力，应靠自身的不断学习、创造乃至在市场竞争中的磨炼，建立和强化自己独特的能力，这是建立企业核心竞争力的唯一正确途径。

2. 扩散性

企业的核心竞争力应该能够为企业带来多方面的竞争优势。企业的核心竞争力就如同一个"技能源"，通过其发散作用，将能量不断地传递到最终产品上，可以通过一定的方式向外衍生出一系列的产品或服务。例如，佳能公司利用其在光学镜片、成像技术和微处理控制技术方面的核心竞争力，成功地进入了复印机、激光打印机、照相机、成像扫描仪、传真机等 20 多个市场领域；夏普公司利用其在平面屏幕上的领先地位，成功地进入了笔记本计算机、便携式计算机、微型电视、液晶投影电视等多个市场领域。

3. 增值性

核心竞争力必须以实现用户看重的价值为最终目标。只有那些能够真正为用户提供根本性好处、帮助企业为用户创造更多价值的能力，才能成为企业的核心竞争力。用户是决定某项能力是否是核心竞争力的最终裁判。本田公司在发动机方面的技能是其核心竞争力，而其处理与经销商关系的能力就不是核心竞争力。因为本田在生产世界一流的发动机和传动系统方面的能力的确为用户提供了价值：省油、易发动、易加速、噪声小、振动小。很少有用户是因为本田经销人员的独特能力才在众多的汽车品牌中选择了本田汽车。

4. 可变性

企业的核心竞争力不是一成不变的，某个企业的核心竞争力可能最终被竞争对手所成功模仿，并随着时间的推移，逐渐成为行业内的一种基本技能。例如，在 20 世纪 80 年代，快捷优质的上门服务无疑是某个家电企业的核心竞争力。但是时至今日，各个家电企业之间售后服务水平的差距已经大大缩小了，此时售后服务已经不是这家企业的核心竞争力。这种变化在许多行业都可见到。因此，企业应该以动态的观点看待企业的核心竞争力，随时将自身的能力与外界（如竞争对手和行业水平）进行比较和评估，并不断对优势进行加强，以保持持久的核心竞争力。

三、核心竞争力、核心产品与最终产品

要正确认识核心竞争力的内涵，还必须理解核心竞争力与核心产品及最终产品的关系。核心产品是核心竞争力的载体，是联系核心竞争力与最终产品的纽带。同时核心产品又是最终产品的重要组成部分，它构筑了企业最终产品组合的平台。有学者进行了形象的比喻来说明核心竞争力、核心产品和最终产品的关系：如果把一个公司比喻成一棵大树，树干和大树枝是核心产品，小树枝是业务单位，叶、花和果实是最终产品，那么提供水分、营养和保持稳定的根系就是核心竞争力。

企业为了维持其核心竞争力领域的领导地位，就必须在核心产品的生产上维持尽可能大的制造份额。因为企业竞争的目标实际上是在某种核心竞争力领域建立垄断或尽可能接近垄断地位。但建立最终产品的垄断地位会受到法律或分销渠道的约束，而一个公司核心产品的市场份额的增长就不存在这种限制，通过借用下游合作伙伴的销售渠道和品牌，在核心产品市场份额迅速增长的过程中，企业的核心竞争力可以得到最大限度的发挥。所以，企业以原始设备或核心零部件供应商的身份向竞争对手或下游企业出售其核心产品，是迅速占领市场的一种有效途径。目前，越来越多的公司认识到出售核心产品的价值。例如，近年来 IBM 公司一改过去的销售政策，自愿把其核心产品出售给任何人，无论敌友，一视同仁。2020年第一季度和最近一年分别实现云收入 68 亿美元和 212 亿美元，分别为谷歌云同期数据的两倍多和将近三倍。

四、核心竞争力的管理

要在一个企业里牢固树立核心竞争力观念，需要全体管理人员充分理解并积极参与以下四项关键的核心竞争力管理工作。

1. 找出现有的核心竞争力

衡量一家企业核心竞争力的管理水平，首先应该看这家企业对其核心竞争力的定义是否明确，以及大家对这个定义的认同程度。因此，实施核心竞争力管理的第一步就是核心竞争力的识别。可以采取以下三个步骤：

（1）列出企业竞争能力清单。即把注意力集中在产品隐含的技术、技能、知识及其人力资本与组织载体上。具体步骤：① 辨别与某一产品或产品组，特别是拥有领先地位的产品或产品组有关的是哪些竞争能力。这里的竞争能力是指删除地理、原材料、市场垄断等非技术或非技能优势后的那些因素，同时，要考虑那些从关联企业和供应商处获得的知识与技能。② 分析企业某一部门或单位是否隐藏某些竞争能力。③ 分析企业文化，以辨别那些可能隐藏在其中的知识或观念。④ 不仅要考虑竞争能力的内容，而且要判别它以何种方式或流程体现在现有组织框架及整个价值链系统中。⑤ 进一步分析竞争能力存在于组织内的哪些具体部门和人员身上，这为开发、保护和发展该竞争能力奠定了基础。通过以上分析并将同类

因素加以适当归并，可以列出一个包含若干细目的企业竞争能力清单。

（2）结合外部环境分析，决定这些竞争能力现在和未来3～5年内的顾客价值。

（3）判别竞争能力的相对强度。竞争能力相对强度既包括竞争能力区别于对手的程度，也包括其难以被模仿和替代的程度。

2. 制订获取核心竞争力的计划

虽然一个企业的核心竞争力的建立进程要根据它的战略发展框架来决定，但绘制一份能力—产品矩阵图，可以帮助人们看清楚获取和部署能力的目标。这种矩阵图可区分现有能力与有待获取的能力，分辨现有产品市场与新发现的产品市场，如图4-1所示。

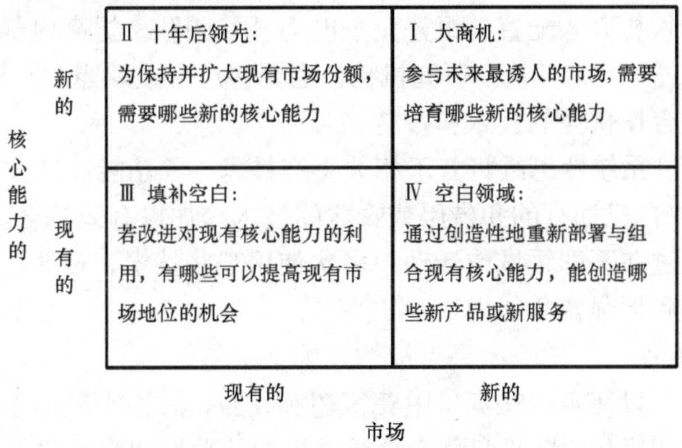

图 4-1 核心竞争力矩阵图

（1）大商机。第Ⅰ象限中的商机和企业目前在市场上的地位或现有的能力基础都没有任何关系，但如果这种商机意义重大，或者十分诱人，也可以去捕捉。这时的战略手段可以是一系列规模不大但目的明确的并购或联营，借此企业可取得并了解所需的能力，同时开始研究其潜在的用途。

（2）十年后领先。第Ⅱ象限提出了一个重要问题：现在企业应该建立什么样的核心竞争力，才能确保5年或10年后用户能将其当作首选供货厂家？这里的目标是了解需要建立何种核心竞争力，方可保持并扩大企业在现有市场上的份额。例如，IBM公司一直在努力发展业务咨询能力，因为它知道自己的用户需要的不仅是计算机和软件，还有实际业务问题的答案。假如IBM公司不建立这种竞争能力，它作为信息技术供应商的地位将被那些具有强大咨询竞争能力的竞争对手削弱。

（3）填补空白。第Ⅲ象限是企业现有核心竞争力与现有产品或服务的组合。通过标出哪些核心竞争力支持哪项产品，企业可以发现和引进企业内其他部门与这个产品相关的核心竞争力，以提高其在特定产品市场的地位。每个企业均应自问，利用现有核心竞争力以增进现有市场地位的机会在哪里？

（4）空白领域。第Ⅳ象限指那些不属于现有业务单位的产品—市场范畴。企业要做的就是寻找出这样的商机，来扩展现有的核心竞争力，将其用到新产品市场上去。例如，索尼公司依靠自己的录音机、耳机技能和微型化竞争能力，成功创造出随身听这一新产品。

3. 培养新的核心竞争力

建立领先的核心竞争力的关键在于持之以恒。要做到这一点，首先企业内部对建立与支持哪些能力应该意见一致，其次负责建立能力的管理班子应保持相对稳定。除非高层管理人员对建立哪些能力达成一致意见，否则就不可能有长期一贯的努力。如果上层没有一致的意见，而各个业务单位又只顾建立自己的能力，那么整个企业在能力建立方面就不能集中力量，甚至根本无法建立新的能力。培养新核心竞争力的方法主要有以下五种：

（1）收购法。通过收购具有相关核心技术或竞争能力的企业或组织（并确保其在收购后不流失），而快速强化目标专长或竞争能力。

（2）集中法。通过统一目标，将注意力集中在科研与产品开发等少量关键目标上，加大对核心技术的资金投入与人才配置，组建竞争能力开发团队，提高内部资源配置的效率。

（3）借用法。通过与其他厂商、研究机构、主要客户形成联盟，如合资、合营、授权等，从中获得并消化吸收合作伙伴的技术和技能。

（4）融合法。通过系统性思维将若干相关生产技术、各功能领域技术（研究与开发、生产、营销和服务等）、自己拥有的和借用或收购的技术等加以有效整合。

（5）重复法。通过在不同领域或活动中多次使用某些技术、技能、知识，并不断总结、学习与创新，以提高和增强竞争能力。

4. 保持核心竞争力

由于核心竞争力可以使企业在竞争中获得超额收益，竞争对手总是千方百计地对企业的核心竞争力进行研究和模仿。核心竞争力是通过长期的发展和强化建立起来的，核心竞争力的丧失会带来无法估量的损失。所以，企业在加强核心竞争力培育的同时，一定要重视企业核心竞争力的保护工作。为此，要研究核心竞争力丧失的主要原因，努力构筑核心竞争力的模仿障碍，尽量防止核心竞争力的丢失，延缓核心竞争力的扩散。核心竞争力丧失的原因主要有以下几点：

（1）核心竞争力携带者的流失。核心竞争力携带者是指体现和掌握核心竞争力的技术人员或管理人员，他们在企业核心竞争力的建立过程中曾起过中流砥柱的作用，一旦他们离开企业为竞争对手效力，可能会导致企业关键技术的泄密，使核心竞争力的优势大大减弱。

（2）与其他企业的合作。企业在与其他企业合作时，常常会扩散自己的核心竞争力。例如，日本一些企业通过战略联盟从西方合作伙伴处获得大量的技术能力，从而使得西方企业的核心技术能力不再独享，它们的核心竞争力也就不复存在了。

（3）放弃某些经营业务。例如，通用电气、摩托罗拉等公司从 1970 年至 1980 年先后退出彩电行业，从而失去了各自在影像技术方面的优势。

（4）核心竞争力逐渐被竞争对手所模仿，成为行业中必备的能力。保护核心竞争力的措施主要有：① 加强对核心竞争力携带者的管理和控制。核心竞争力的携带者是企业的宝贵财富，企业高层管理人员必须清楚地识别他们，制定相关政策，防止这些人的流失。例如，可以通过股权激励给他们带上"金手铐"，使他们的利益与公司的利益保持一致，培养其忠诚度等。② 自行设计和生产核心产品。核心产品是一种或几种核心竞争力的物质体现，企业通过自行生产核心产品，可以防止秘密技术和独特技能的扩散，从而将核心竞争力保持在企业内部。可口可乐公司自行配制糖浆就是一个很好的例子。③ 谨慎处理某些经营不善的业务。在那些因短期市场前景暗淡而即将被企业放弃的业务中，可能含有某些具有潜在价值的核心竞争力或其组成部分。企业在处理这些业务时必须谨慎，要充分考虑业务的放弃或转让所造成的影响，看看是否会对企业和竞争对手的核心竞争力带来影响。④ 加强对企业核心技术的保密措施与管理制度。⑤ 在现有核心技术或技能融合模式基础上，利用全面质量管理或"小决策"，不断对其进行改良与改进。

第三节 企业核心能力分析

一、企业核心能力的概念

1990 年美国密歇根大学商学院教授普拉哈拉德和伦敦商学院教授哈默在其合著中提出"核心能力是组织中的积累性学识，特别是关于如何协调不同的生产技能和有机结合多种技术流的学识"。从与产品或服务的关系角度来看，核心能力实际上是隐含在公司核心产品或服务里面的知识和技能，或者是知识和技能的集合体。

二、核心能力的判别标准

（一）有价值的

有价值的资源和能力是指那些能为企业利用环境机会、降低威胁而创值的资源和能力。那些不能利用环境机遇或者中和环境威胁的企业资源和能力，可以看成是企业的劣势。反之，则是企业的优势。因此，价值问题将企业内部优势与劣势和外部环境威胁与机遇联系起来。

企业的资源和能力在过去有价值并不意味着这些资源和能力就会一直有价值。顾客口味、行业结构，或者工艺的改变都能导致企业资源和能力价值的下降。当且仅当企业的资源和能力能够降低企业的净成本或提高企业收入的时候，企业的资源和能力才有价值。

（二）稀缺的

如果一个特定的资源和能力为大多数企业所掌握，那么资源就不太可能成为任何一家企业的竞争优势的来源。这就导致了稀缺性问题：有多少竞争企业获得了特定有价值的资源和能力？

有价值并且稀缺的资源和能力至少是暂时竞争优势的源泉。例如，为控制存货和产品订货而开发和使用的进货点数据收集技巧，给予了沃尔玛公司优于凯马特公司的竞争优势。直到后来，凯马特公司才掌握了获取及时信息的方法，即使凯马特能够获得及时信息，它也不能像沃尔玛公司那样利用这些信息。

然而凯马特公司的经理人员也知道本公司的竞争优势，并且已经着手开发类似的技巧和能力。如果凯马特公司能够成功开发出这种能力，这些资源就不再是沃尔玛公司的稀缺资源，并且这些资源也将不再是竞争优势的源泉。换言之，沃尔玛公司建立在这些能力基础之上的竞争优势是暂时的。

需要指出的是，管理者不应该把不能产生竞争优势的资源和能力看作不重要的资源和能力而不加理睬。企业有价值的但是普通的资源和能力能够帮助它确保生存——在对等竞争条件下，企业尽管没有获得竞争优势，但确实提高了生存概率。

（三）难以模仿的

有价值的稀有组织资源可能是竞争优势的一个源泉，实际上，企业能够构思和实施其他企业无法构思和实施的战略。具有这些资源的企业常常是战略创新者，因为其他企业缺乏相关的资源和能力。

面对这一企业的竞争优势，它的竞争对手至少可以用两种方法做出反应。首先，它们可以忽视这一企业的竞争优势，如往常一样经营。当然，这一行动可能使它们处于竞争劣势并赚取低于正常水平的经济利润。其次，这些企业可能试图了解企业获得成功的秘诀，然后模仿成功企业的资源并实施与成功企业相似的战略。如果这些竞争对手在获取或者开发所需的资源的过程中不存在成本劣势，那么，这一模仿性的方法将在该行业产生正常的经济效益。

然而，在模仿成功企业有价值资源的过程中，竞争企业会遇到较大的成本劣势。如果出现这样的情况，这一创新性的企业将获得可持续的竞争优势，这是一个不会因为战略性模仿而消失的竞争优势。拥有模仿成本高、稀缺的并有价值资源的企业，会把这些资源用于选择和实施可能给企业带来可持续的竞争优势和超额利润的竞争中。如果其他企业直接复制具有竞争优势企业的资源或者能力的成本高于具有竞争力的企业研制这些资源和能力的成本，那么，优势企业的这一优势可能继续维持。如果直接复制成本比原始的开发成本还要低，那么，这一竞争优势只是暂时的。

（四）不可替代的

不可替代的资源和能力是指那些不具有战略同等作用的资源和能力。如果两种资源或能力在执行相同战略的情况下，能够产生相同的价值，那么它们就被称作战略对等的资源和能力。

实施模仿的企业还能够用其他的资源对优势企业拥有的复制成本高昂的资源和能力进行替代。如果一个企业的竞争优势来源于其高层管理团队的沟通技巧，竞争企业可能试图用一个复杂的管理信息系统替代人际交流技巧。如果人际交流技巧和复杂的管理信息系统效果是一样的，那么这两种资源可以被看作能相互替代。如果实施模仿的企业在获得这种替代资源时不存在成本劣势，那么其他企业的竞争优势就只是暂时的。然而，如果不存在替代资源，或者是获得这种替代资源时成本比获得原始资源的成本高，那么竞争优势或许是可以维持的。

当然，核心竞争力是企业持续竞争优势的来源。但是若想使核心竞争力变成竞争优势，还需要组织结构和运作体系的支持。也就是说，企业应该围绕着充分利用其资源和能力进行组织。如企业的正式报告系统、管理控制系统和激励系统等都必须有利于企业核心竞争力的发挥。

三、企业核心能力分析

核心能力分析，主要是指分析支持企业主营业务和核心产品的核心技术与专长是什么；企业管理人员是否对此达成共识；这些核心技术和专长的价值性、独特性及难以模仿性和不可替代性如何；这些核心技术和专长是否得到了充分发挥，为企业带来何种竞争优势，强度如何；保护、保持和发展这些核心技术和专长的现时方案和未来计划是什么。

核心能力具有动态性，昔日的核心能力今天可能已退化为一般能力。企业为了具有长久的竞争优势，必须不断保护和发展自己的核心能力。因此对企业核心能力的分析，还应涉及更深层次的内容，即企业发展核心能力的能力分析。这主要包括对企业培育和管理核心的能力进行分析。

目前企业培育核心能力的方法主要有三种：一是外部购买，即从其他企业或组织购入与核心能力有关，并有利于其发展的技能与资源。它的实质是外部核心能力内部化。具体方式有购买技术与专有知识、并购拥有这种核心技能的企业。二是组成战略联盟实现企业间资源共享，降低研发成本，相互获得彼此的特定技术、资源和技能，以实现核心能力的快速发展。但在结盟中，企业还必须注意对自己核心技术的保护，以防培养出潜在竞争对手。三是通过企业自身力量发展核心能力。依靠外部购买或成立战略联盟的方法来发展核心能力，或多或少地都存在着产生依赖性和核心技术外泄的问题。因而三种方法中，利用自身力量培育和发展核心能力应是主要方法。而另外两种则只是辅助方法。分析企业核心能力的培育，一要分析企业所选培育方法的合理性、收益性和风险性。二要分析企业培育和发展核心能力的长期目标性和计划性。培育和发展核心能力本身是一项长期系统的工程，它涉及多个业务领域、多个职能部门、多种资源及能力的长期协同整合，必须用明确的战略目标和严密的战略规划来做保证。一些学者已经提出了制定企业核心能力战略的构想，认为应把如何保护、保持、培育和发展企业核心能力作为企业发展战略的主要内容。

对企业的核心能力进行管理，一般包括五项工作：（1）辨别现有的核心能力，（2）制定获取核心能力的计划，（3）培育核心能力，（4）部署、扩散核心能力，（5）保护并保持核心能力的领先地位。

分析企业核心能力的管理状况，也应围绕这五个方面来逐一进行。依据分析结果，发现企业在核心能力管理方面的优势和劣势。

第四节　企业内部条件分析方法

一、内部因素评价矩阵

内部因素评价矩阵（internal factor evaluation matrix，IFE 矩阵）是总结和评价企业各职能领域优势和劣势的常用分析工具。其做法是从优势和劣势两个方面找出影响企业未来发展的关键因素，根据各个因素影响程度的大小确定权重，再按企业对各关键因素的有效反应维度对各关键因素进行评分，最后算出企业的总加权分数。通过 IFE 矩阵，企业可以把自己所面临的优势与劣势进行汇总，刻画出企业的全部引力。具体操作步骤如下：

（1）列出内部分析中确定的关键因素，10～20 个，包括优势和劣势两方面。

（2）赋予每个因素权重，从 0.0 分（不重要）到 1.0 分（重要）。所有因素的权重总和必须等于 1。

（3）为各因素进行评分。1 分代表重要劣势，2 分代表次要劣势，3 分代表次要优势，4 分代表重要优势。值得注意的是，优势的评分必须为 4 分或 3 分，劣势的评分必须为 1 分或 2 分。

（4）用因素的权重乘以评分，得到各因素的加权分数。

（5）将所有因素的加权分数相加，得到总加权分数。

当因素既构成优势又构成劣势时，需要在矩阵中出现两次，分别给予权重和评分。无论

IFE 矩阵包含多少因素，总加权分数的范围都是从最低的 1.0 分到最高的 4.0 分，平均分为 2.5 分。总加权分数大大低于 2.5 分的企业，其内部状况处于弱势，而分数大大高于 2.5 分的企业，其内部状况则处于强势。

二、内部因素分析总结

内部因素分析总结（internal factors analysis summary，IFAS），这种方法有时也被称为内部因素合成。

IFAS 是指分析完重要的组织内部环境后，识别出一些可能影响公司的内部因素，对其进行进一步的分析和提炼。将内部因素分为优势与劣势两大类，并且按照这些因素的重要性为其赋予相应的权重，通过公司管理层对这些因素的响应情况进行评分。IFAS 的步骤如下：

（1）列出公司面临的 8～10 个最重要的优势与劣势。

（2）赋予每个因素权重，从 0.0 分（不重要）到 1.0 分（最重要），确定权重的依据是该因素对公司当前战略位置的可能影响。所有因素权重总和为 1。

（3）按照公司当前对该因素的应对方式为各因素进行评分，每一次评分都是判断公司当前处理一个内部因素的优劣。评分为 1～5 分，1 分代表很差，2 分代表低于平均水平，3 分代表平均水平，4 分代表超过平均水平，5 分代表很好。

（4）用因素的权重乘以评分，得到各因素的加权分数。

（5）将所有因素的加权分数求和，得到总加权分数。

最终得到的加权分数，最高为 5 分，最低为 1 分，平均值为 3 分。

三、价值链分析法

价值链分析法由波特教授提出。他认为企业的生产是一个创造价值的过程，企业的价值链就是企业所从事的各种活动——设计、生产、销售、发运以及支持性活动的集合体。一个价值链显示了对于消费者来说产品生产的整体价值，它是由价值活动和边际利润两部分组成的，如图 4-2 所示。

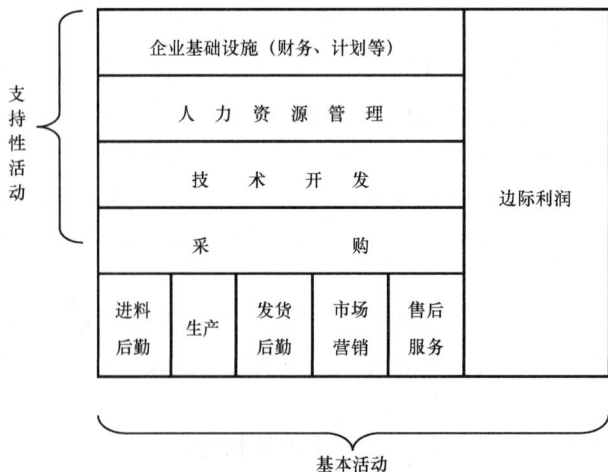

图 4-2　价值链

价值链中的价值活动可分成两大类，即基本活动和支持性活动。基本活动涉及生产实体的产品、销售产品给购买者以及提供售后服务等活动；而支持性活动是以提供生产要素投入、技术、人力资源以及公司范围内的各种职能等，来支持企业的基本活动。现将各项活动分述如下。

（一）基本活动要素

1. 进料后勤

进料后勤包括收货、储藏、原材料整理、发放材料于产品生产单位、库存控制、运输车辆的调度以及原料退货等活动。

2. 生产

生产是将生产要素投入转变成最终产品的活动，如机械加工、装配、包装、组装、机器维修、产品检验、打印和厂房设施管理等。

3. 发货后勤

发货后勤是有关集中、存储和将产品实际分销给客户的活动，它包括收集成品、入库储存、订单处理、发货车辆的调度等。

4. 市场营销

市场营销是为顾客提供购买本企业产品的途径或方式并促使其购买的各种活动，如广告促销、销售人员安排、分配定额、分销渠道的选择、与销售渠道的公共关系、定价策略等。

5. 售后服务

售后服务是提供各种服务以提高或保持产品价值的活动，如安装、修理、人员培训、零配件供应以及产品的调试等。

（二）支持性活动要素

1. 采购

在这里，采购指购买用于价值链中的生产要素投入的这种职能活动，而非指所购买的要素投入。像所有的价值活动一样，采购活动也运用一定的"技术"，如与客户打交道的手续、标准规则以及信息系统等。

2. 技术开发

技术开发包括旨在改进产品和生产过程的一系列活动，而这些活动通常由企业的工程技术部门和研究与开发部门来完成。

3. 人力资源管理

人力资源管理涉及这样一些活动：人员的选拔、录用、培训、技能发展以及制订各类人员的报酬制度等。

4. 企业基础设施

所谓企业基础设施包括总体管理、企业计划、企业财务、会计核算、法律事务、与政府间的事务以及质量控制等。

一个企业的价值链通常是由上述各种活动所组成的。对企业内部条件的审计，一方面，可以对每项价值活动进行逐项分析，以发现企业存在的优势和劣势；另一方面，也可以分析这个价值链中各项活动的内部联系，这种联系以整体活动最优化和协同这两种方式给企业带来优势。这是因为价值链所表示的不是一堆相互独立的活动，而是由一个个相互依存的活动组成的系统。因此，通过价值链分析就可以发现，企业的优势既来自构成价值链的单项活动本身，也来自各项活动之间的联系，而且从更广泛的角度讲，企业的价值链蕴藏于范围更广泛的价值系统之中。从企业与供应商和购买商的关系角度来说，供应商具有用于下游企业价值链中投入外购的价值链，而企业的产品最终又会成为买方价值链的一部分，因而企业的优势既可来源于价值活动所涉及的市场范围的调整，也可来源于企业间协调或合用价值链所带来的最优化效益。

综合训练题

一、单项选择题

1. 资源可以分为三大类，不包括下面哪一类（　　）。
   A. 有形资源　　　　B. 无形资源　　　　C. 人力资源　　　　D. 固定资源

2. 资源本身并不能产生竞争能力和竞争优势，竞争能力和竞争优势源于（　　）。
   A. 对多种资源的特殊整合　　　　　　B. 对各种资源的理解
   C. 充分利用一种资源　　　　　　　　D. 对多种资源的合理拆分

3. 在人们识别一个企业的核心竞争力之前，首先要弄清一个企业的（　　）。
   A. 财务状况　　　　B. 基本能力状况　　C. 企业文化　　　　D. 产品

4. 分析企业财务状况广泛使用的方法是（　　）。
   A. 财务趋势分析　　B. 会计报表比较　　C. 财务比率分析　　D. 因素分析法

5. 生产是厂商为客户提供价值的基础，是企业的（　　）。
   A. 基本功能　　　　B. 核心　　　　　　C. 能力状况　　　　D. 创新能力

6. 核心竞争力是某一企业内部一系列互补的技能和知识的组合，这种组合不包括（　　）。
   A. 科学技术　　　　B. 管理　　　　　　C. 组织　　　　　　D. 创新技能

7. 核心竞争力的载体是（　　）。
   A. 企业文化　　　　B. 核心产品　　　　C. 企业基本功能　　D. 财务状况

8. 能够将企业内部优势与劣势和外部环境威胁与机遇联系起来的是（　　）。
   A. 价值问题　　　　B. 生产能力　　　　C. 财务状况　　　　D. 销售能力

9. 有价值的稀有组织资源可能是竞争优势的一个（　　）。
   A. 基础　　　　　　B. 源泉　　　　　　C. 核心　　　　　　D. 根源

10. 核心能力具有（　　）。
    A. 创新性　　　　　B. 流动性　　　　　C. 稳定性　　　　　D. 动态性

11. 价值链中的价值活动可分成两大类，即基本活动和（　　）。
    A. 支持性活动　　　B. 内部活动　　　　C. 生产活动　　　　D. 营销活动

12. 将生产要素投入转变成最终产品的活动是（　　）。
    A. 创新　　　　　　B. 销售　　　　　　C. 财务　　　　　　D. 生产

13. 企业的优势既来自构成价值链的单项活动本身，也来自于（　　）。
    A. 各部门间的合作　　　　　　　　　B. 各项活动之间的联系
    C. 人才的引进　　　　　　　　　　　D. 企业研发能力

二、多项选择题

1. 无形资源主要包括（ ）。
   A. 专利　　　　　　　B. 商标　　　　　　　C. 版权　　　　　　　D. 服务
   E. 土地

2. 企业战略管理者的分层分析，重点分析高层战略管理者的（ ）。
   A. 决策能力　　　　　　　　　　B. 创新能力
   C. 指挥能力　　　　　　　　　　D. 灵活应变能力
   E. 业务能力

3. 在评估企业的资源使用和控制能力时，经常使用的分析包括（ ）分析。
   A. 企业的研发能力　　　　　　　B. 财务能力
   C. 生产管理能力　　　　　　　　D. 创新能力
   E. 营销能力

4. 构成财务比率分析评价体系的指标是（ ）。
   A. 收益性　　　　B. 安全性　　　　C. 流动性　　　　D. 成长性
   E. 生产性

5. 一个企业营销能力的强弱往往体现在其一些能力上，包括（ ）。
   A. 销售活动能力　　　　　　　　B. 产品竞争能力
   C. 新产品开发能力　　　　　　　D. 市场决策能力
   E. 创新能力

6. 核心竞争力是某一企业内部一系列互补的技能和知识的组合，这种组合包括（ ）。
   A. 科学技术　　　　　　　　　　B. 管理
   C. 组织　　　　　　　　　　　　D. 营销方面的技能
   E. 创新能力

7. 核心竞争力的特征包括（ ）。
   A. 独特性　　　　B. 扩散性　　　　C. 增值　　　　D. 可变性
   E. 创新性

8. 培养新核心竞争力的方法主要包括（ ）。
   A. 收购法　　　　B. 集中法　　　　C. 借用法　　　　D. 融合法
   E. 重复法

9. 目前企业培育核心能力的方法主要包括（ ）。
   A. 引进人才　　　　　　　　　　B. 改变经营策略
   C. 外部购买　　　　　　　　　　D. 组成战略联盟
   E. 发展核心能力

10. 企业的价值链就是企业所从事的各种活动，包括（ ）。
    A. 设计　　　　B. 生产　　　　C. 销售　　　　D. 发运
    E. 支持性活动

三、名词解释

人力资源；无形资源；企业能力；科研与开发能力

四、简答与论述题

1. 有形资源的主要特征是什么?

2. 人力资源分析的主要内容有哪几个方面?

3. 企业科研与开发能力分析主要包括哪几个方面?

4. 企业能力的评价是战略分析方法中的重要工具,这种方法主要通过几个阶段进行分析?

5. 试述企业核心竞争力的定义和特征。

6. 选择一个熟悉的企业,使用价值链分析工具对其内部活动进行分析。

7. 找一家近年来增长迅速的公司,分析该公司的核心竞争力是什么,以及其是如何形成的。

第五章

公司战略选择

1. 了解公司战略的地位、目的和意义。
2. 了解稳定型战略的类型及优缺点。
3. 掌握产品-市场战略、集中生产单一产品或服务战略、纵向一体化战略和多元化战略。
4. 掌握公司发展战略的实施方式及运用。
5. 了解紧缩战略及其适用条件。
6. 了解战略组合的运用。

TCL 并购汤姆逊业务

TCL 是我国一家大型彩电生产企业，为成为彩电行业具有全球竞争力的企业，TCL 在 2004 年并购了全球 500 强企业之一——法国汤姆逊的全球彩电业务，以实现它的全球化战略，但结果是 TCL 集团在财务和经营上均遭受了极大打击。

TCL 并购汤姆逊的理由：第一，TCL 以中国市场为主，在欧美这个全球最大市场上没有经营业务；第二，汤姆逊开发的 DLP（数据光处理技术），做的是微显背投，可以把背投做得像平板电视一样薄，通过并购有可能在未来创造技术上领先的产品；第三，汤姆逊的彩电业务一直处于亏损状态，所以并购价格不会很高。

但是在 TCL 并购汤姆逊彩电业务之后不久，彩电领域的 LCD（液晶电视）技术发展迅猛，成为市场的主流。全球占据液晶电视成本 70% 以上的液晶屏生产线掌握在夏普、三星等少数几个海外公司手中，TCL 作为后来者极为被动。

为了应对危机，TCL 集团董事长李东生亲自出任并购后改名为 TTE 的代理 CEO，并对 TTE 欧洲地区进行了大规模重组，裁员 450 人，仅保留 30 人，为此不惜耗资 9 000 万欧元，几经努力，一直到 2007 年 9 月，TCL 欧洲地区的业务终于首次扭亏为盈。

资料来源：https://www.maigoo.com/news/455175.html

　　企业要想通过战略制胜，不仅需要正确地确定企业的使命和战略目标，还必须依据使命和目标的要求，制定出多种可供选择的企业战略方案，这是战略制胜的关键。公司战略是企业战略中最高层次的战略，它要解决的问题是确定企业的经营范围和企业资源在不同经营单位之间的分配，它决定着企业总的发展方向、较长时期内的奋斗目标、资源的配置以及经营业务间的支持和协调，它也是制定企业业务层面战略和职能层面战略的依据。一般来说，公司战略可以归纳为稳定型战略、发展型战略、紧缩型战略三大基本类型。

第一节　稳定型战略

一、稳定型战略的概念

　　稳定型战略是指在企业内外部环境约束下，企业基本保持目前的资源分配和经营业绩水平的战略。按照稳定型战略的基本思路，企业目前的经营方向、核心能力、产品及市场领域、企业规模及市场地位等都大致不变或以较小的幅度增长或减少。

　　从企业经营风险的角度来讲，稳定型战略的风险是比较小的；从企业发展速度上来讲，稳定型战略发展速度是比较缓慢的，甚至还会有萎缩；从企业的战略思想上来讲，稳定型战略追求的是与企业过去大体相同的业绩，是要保持在过去经营状况基础上的稳定。

二、企业选择稳定型战略的原因

（一）企业高层管理者满足于过去的经营业绩

　　管理者认为过去的经营业绩很好，希望保持和追求与过去大体相同的业绩和目标，希望在市场占有率、产销规模、总体利润等方面保持现状或略有增加，从而稳定和巩固企业现有的竞争地位。

（二）企业高层管理者不愿承担新战略带来的风险

　　改变原来的战略就会有风险，企业经营者感到对采用新的战略准备不足，对新产品或新市场缺乏足够的认识和必要的准备，成功的把握小。尤其对于新上任的领导者来说，采用稳定型战略使他们感到更保险。

（三）企业所处的外部环境相对比较稳定

　　如果企业所处的外部环境相对稳定，无论企业资源充足或资源相对比较紧缺，都应当采用稳定型战略。例如，当企业宏观经济环境保持低速增长，或者行业发展速度较低，行业技术相对较成熟，技术进步较慢，消费者需求增长缓慢，消费者偏好较为稳定，或产品生命周期处于成熟期，市场规模变化不大时均应采用稳定型战略。当然，若企业资源充足，可以在较宽的市场领域进行经营；若企业资源相对紧缺，可在较窄的市场领域经营。

（四）企业内部实力有限

　　当企业外部环境较好时，为企业提供了进一步发展的机遇；但企业因实力不足，如资金不足、研发力量薄弱、企业素质及管理落后等原因无法采取发展型战略时，只能采用稳定型战略，使企业有限的资源集中投入到自己最有优势的环节上去。

（五）寡头垄断使行业内竞争格局已经形成

某个行业被少数几家厂商所垄断，控制了这一行业的供给，这就是寡头垄断行业。寡头垄断行业在国民经济中占有十分重要的地位，其最重要的特征就是规模经济效应十分显著，而其市场结构上的特征是几家寡头垄断企业之间相互依存性很大，即每家厂商在做出价格与产量决策时，不仅要考虑其本身的成本效益，还要考虑这一决策对行业的影响，以及其他厂商可能做出的反应。这种行业进入壁垒非常高，行业竞争格局比较稳定，竞争对手之间很难有比较大的业绩改变，因此，这种行业的企业有可能采用稳定型战略，以期保持稳定的收益。

三、稳定型战略的类型

稳定型战略一般分为不变战略、近利战略、暂停战略和谨慎战略四种类型。

（一）不变战略

不变战略是指企业不再制定新的战略，也不需要进行战略调整，而维持原有的战略。采用这种战略可能有两个原因：一是企业内外环境基本稳定，且高层领导者认为企业过去经营相当成功，没有必要对战略做出调整；二是企业经营不存在什么重大问题，外部环境又比较稳定，如果此时对战略做出重大调整反而会使企业受损，使企业效益下降进而影响员工的收入，因此，企业高层管理者不愿意对战略进行重大调整。

在当前企业竞争十分激烈的情况下，这种战略实际上十分危险，一旦企业内外环境发生较大变化，而企业仍死守阵地，则有可能完全被竞争对手所击垮。

（二）近利战略

近利战略是指企业以追求近期利益为目标，甚至不顾牺牲企业未来长远利益来维持目前利润水平，追求短期效益而忽略企业长期发展的一种战略。例如，企业为了提高企业当前短期利润水平，减少研发经费开支、停止设备维修、减少广告支出等。如果企业长期采用这种战略，将会丧失长期发展后劲，企业不可能得到持续发展。

（三）暂停战略

暂停战略是指企业在计划期内降低企业的战略目标和发展速度，使企业的发展速度、企业资源、管理力量保持一致，进行内部休整的临时战略。企业在经营中往往会出现这样的情况，经过一段时间的快速发展后，企业可能会发现其在某些方面显得力量不足或资源紧张，或管理跟不上企业外部环境的变化，这时就可采取暂停战略积蓄企业能量，为今后发展做好各方面的准备。

（四）谨慎战略

谨慎战略是指企业根据外部环境某一要素的变化而改变以往的部署，采取谨慎实施、步步为营、静观变化的一种战略。采用这种战略主要是企业外部环境中某些重要因素发生了显著变化，而企业对环境变化的未来趋势难以预测。例如，企业的原材料供应突然变得紧张，或政府颁布了对企业经营有重大影响的新法规，或宏观经济形势变得捉摸不定，此时企业必须谨慎行事，采用此战略，重新审视企业内外环境变化，使企业稳步向前发展。

四、稳定型战略的优缺点

（一）稳定型战略的优点

1. 可以提高企业内部管理水平

在原有的战略框架下不断完善、增产节约、增收节支，加强企业技术改造与革新，努力降低成本，提高产品质量，培育核心能力，提高竞争力。

2. 公司能够保持战略的连续性

公司过去成功的做法将会继续保留，不会由于战略的突然改变而引起公司在资源分配、组织机构、管理技能等方面的变动，保持公司的平稳发展。

3. 风险比较小

战略的改变意味着公司资源配置发生改变，改变带来创新和机遇，同时也带来风险和挑战，执行过去行之有效的生产战略、营销战略、人事战略等总是来得驾轻就熟，风险较小。对处于稳定增长中的行业或稳定环境中的企业来说，它是非常有效的战略选择。在公用事业、运输、银行和保险等部门的企业，许多都采取稳定发展战略。事实上，对许多企业来说，稳定型战略可能是最合逻辑、最适宜和最有效的战略。

（二）稳定型战略的缺点

1. 发展后劲不足

长期采用稳定型战略，企业发展速度慢，在竞争激烈、外部环境变化十分迅速的情况下，不求创新和改变是十分危险的。

2. 会丧失发展机会

企业只求稳定的发展，可能会丧失外部环境提供的一些可以快速发展的机会。如果竞争对手利用这些机会加速发展的话，则企业将处于非常不利的竞争地位。

3. 导致管理团队创新意识缺失

长期采用稳定型战略可能会导致管理者墨守成规，因循守旧、不求变革。

第二节　发展型战略

发展型战略亦称增长战略或扩张战略，主要包括产品—市场战略、集中生产单一产品或服务战略、纵向一体化战略、多元化战略。

采用发展型战略的企业常表现出如下共同特征：

（1）企业不一定比整个经济发展得更快，但确实要比产品销售的市场发展得要快。

（2）企业试图延缓甚至消除其行业中价格竞争的危险。

（3）企业定期地开发新产品、新市场、新工艺及老产品的新用途。

（4）企业总是获得高于行业平均水平的利润。

（5）企业不是去适应外界的变化，而是通过创新和创造新的需求，来使外界适应自己。

企业寻求发展型战略的一个重要原因是高管所持有的价值观，许多高层管理人员将企业的发展等同于他们个人的有效性和事业的成功。此外，股份有限公司中许多高层领导人通常都拥有作为其一部分报酬的股权，如果企业的发展能导致企业股价的升高，他们则会从自己的资本增值中直接受益。

但是，发展型战略也有其风险。德鲁克说，发展就是一种冒险。企业变得越来越大并非好事，发展本身是无用的，正确的道路应是不断完善，发展应是"做了正确的事情"的结果。事实上，短期内过快的发展可能导致效率下降，从长期来看这可能是非常有害的。因此，在追寻发展型战略之前，管理人员应当问一问自己以下三个问题：企业的财力资源是否充足？如果企业由于某种原因短暂地停止其战略，其竞争地位是否还能维持？政府的法规是否允许企业遵循这一战略？

一、产品–市场战略

企业产品–市场战略是最基本的发展型战略。其他发展型战略都是在此基础上演变发展而来的。产品–市场战略最早是由美国国际大学的战略管理教授安索夫提出，安索夫认为，企业的经营战略的四要素（现有产品、未来产品、现有市场、未来市场）有四种组合，即市场渗透、产品开发、市场开发和多元化经营，见表5–1。

表5–1 产品–市场战略 2×2 矩阵

市场	产品	
	现有产品	未来产品
现有市场	市场渗透战略	产品开发战略
未来市场	市场开发战略	多元化经营战略

应当指出的是，2×2 矩阵并未完全包括企业创新开拓型发展的所有类型，而这些类型都是企业发展必不可少的。为了适应企业发展的需要，战略管理研究学者们在 2×2 矩阵的基础上对产品–市场战略矩阵进行了扩展，形成了 3×3 矩阵，见表5–2。

表5–2 产品–市场战略 3×3 矩阵

市场	产品		
	原有产品	相关产品	全新产品
原有市场	市场渗透战略	产品开发战略	产品革新战略
相关市场	市场开发战略	多元化经营战略	产品发明战略
新兴市场	市场转移战略	市场创造战略	全方位创新战略

根据产品–市场战略的3×3矩阵，我们可以看到产品–市场战略的主要战略选择包括以下 9 种。

（一）市场渗透战略

市场渗透战略是指由企业原有产品和原有市场组合而产生的战略。在这两个因素的组合下，一个企业要提高销售量主要取决于其产品的使用数量和使用频率两个因素。

扩大消费者的数量的办法包括：（1）尽可能把非消费者转化为消费者；（2）努力挖掘潜在的消费者，尽快把潜在消费者转化为现实消费者；（3）把竞争对手的消费者吸引过来。

提高消费者的平均使用产品频率的办法包括：（1）增加某一产品的使用次数，例如，倡导早晚刷牙理念带动牙刷和牙膏的消费；（2）增加每次使用的数量，例如，用大包装盒包装软饮料；（3）改进产品质量、性能，增加产品的新用途。

总之，市场渗透战略希望通过对现有产品进行小的改进，使企业从现有市场赢得更多的顾客，从而促进企业的发展。这种战略风险小，如果市场处于成长期，此战略在短期是可以使企业利润有所增长的。

（二）市场开发战略

市场开发战略是指由原有产品和相关市场组合产生的战略。它是通过发展现有产品的新顾客群或新的地域市场来扩大产品销售量的战略。实行这种战略通常采用以下三种方法。

1. 开发新市场

即将本企业原有产品打入新的市场。例如，家用电器可以从区域性市场打入全国市场，再从国内市场打入国际市场等。进入 21 世纪之后，我国家电企业纷纷采取国际化战略就是如此。

2. 在市场中寻找新的潜在用户

例如，计算机一开始主要是销售给科研院所、大专院校、企业等单位，后来逐步进入一般家庭。又如，麦当劳在美国的目标消费群体主要是蓝领，进入中国市场后发现儿童接受起来更容易一些，于是其就把在中国的目标市场主要锁定为儿童群体。

3. 增加新的销售渠道

例如，从单靠中间商销售转为中间商和直销并重，许多企业开始的网络直销就是如此。

总之，市场开发战略比市场渗透战略风险大，但获得效益的机遇也是存在的。这种战略将迫使管理人员拓宽视野，重新确定营销组合。但这个战略是一个短期战略，仍然不能降低因用户减少或技术落后而导致的风险。

（三）产品开发战略

产品开发战略是企业在其现有市场上投放新产品或利用新技术增加产品的种类，以扩大市场占有率、增加销售额的企业发展战略。从某种意义上来说，这一战略是企业发展战略的核心，因为对企业来说，市场毕竟是不可控制的因素，而产品开发则是企业可以努力做到的可控因素。例如，海尔集团的产品开发战略就非常成功，海尔集团原有的产品是电冰箱，原有的市场是电冰箱市场，后来它又开发了洗衣机、空调、电视机等其他企业已经生产的产品，最终也都取得了成功。

（四）产品革新战略

产品革新战略是一种企业在原有目标市场上推出新一代产品的战略，这种战略比传统的产品开发战略向前迈进了一步。虽然企业的重点仍是原有的目标市场，但通过新技术的运用，产品的性能有了显著的提高，原来的产品或许会再生产几年，但企业已运用最新技术生产了新一代产品。例如，小天鹅公司生产的全自动洗衣机，市场占有率达到48%以上，后来该公司利用现有的市场渠道和自己的品牌技术，又成功地推出了双缸洗衣机、滚筒式洗衣机、绿色冰箱等新产品，使企业向前迈进了一大步。

（五）产品发明战略

产品发明战略要求企业发明其他企业从未生产过的新产品，并进入其他企业已经开发成熟的市场，因而它具有创新开拓精神。这种战略体现了创新开拓型战略高风险、高收益的特征。当企业向一个其他企业已经形成的市场推出自己的第一代新产品时，企业的风险主要来自两个方面：一是新产品不一定正好适合该市场顾客的需要；二是企业对新市场缺乏第一手资料和实践经验。但当企业从事这种风险投资时，它就在运用全方位创新战略上跨出了成功的第一步，很多一流企业之所以能够迅速发展起来就是由于成功地运用了产品发明战略。

（六）市场转移战略

市场转移战略是指企业将现有产品投入到其他企业尚未进入的刚刚开始形成的新市场，这种战略尤其适用于经济欠发达的国家和地区，也适用于区域市场的转移。例如，将产品由大城市转移到中小城市，再由中小城市转移到农村的乡镇、山区等。

（七）市场创造战略

市场创造战略是指企业在新兴市场上投放其他企业已经在成熟市场上经营的产品。

（八）全方位创新战略

全方位创新战略是企业向一个新兴市场推出其他企业从未生产过的全新产品，是市场创造战略和产品发明战略的组合。当市场变化非常快时，企业只有运用这一战略才能立于不败之地。我国的华为公司就是成功运用这一战略的典范。其成功的原因：一是华为把 4G 技术和 5G 技术的开发与市场未来发展方向紧密联系起来，开发市场需要的、领先的信息技术；二是华为公司拥有若干代处于市场生命周期不同阶段的新技术，因此不必急于将最新技术产品投放市场，而是等待新产品进入市场的最佳时机。

（九）多元化经营战略

多元化经营战略是指企业同时生产和提供两种以上基本用途不同的产品或服务的一种经营战略。目前，多元化经营战略已成为各国大中型企业适应新形势、开拓新市场的必然选择。据统计，美国最大的 5 000 家工业企业中有 94%是从事多元化经营的企业；全世界最大的 50 家石油公司中，有 46 家都实行多元化经营战略。多元化战略是产品–市场战略中最复杂、最难掌握、误区最多、最容易失误，但一旦成功收效也是最大的一种战略。

二、集中生产单一产品或服务战略

集中生产单一产品或服务战略是指以快于过去的增长速度来增加销售额、利润额或市场占有率的战略。

（一）采用集中生产单一产品或服务战略的原因

（1）在相关市场内缺少一条完整的生产线（产品潜力）。

（2）在相关市场内或通向相关市场的销售渠道上，缺乏实体分配系统或实体分配系统不完善（分销渠道潜力）。

（3）市场未充分地被利用（市场开发潜力）。

（4）竞争对手的销售量（竞争潜力）。

（二）采用集中生产单一产品或服务战略的主要措施

（1）充实现有生产线（如为现有生产线提供新尺寸、新花样、新颜色的产品）。

（2）在现有产品线内开发新产品。

（3）扩大实体分配及销售范围，向国内外新地域扩张。

（4）在一个地域内扩充分配及销售网点。

（5）在现有的销售网点内，扩充货架，改善产品的陈列方式。

（6）通过广告、促销和特殊的定价方法来鼓励未曾使用者使用企业的产品，鼓励使用者更经常地使用本企业的产品。

（7）通过定价策略、产品差别化和广告手段，向竞争对手的市场渗透。

（三）集中生产单一产品或服务战略的益处和风险

1. 集中生产单一产品或服务战略的益处

该战略最大益处就是可以获得规模经济带来的好处。因为会出现平均成本或单位产出成本随着生产的产品或服务数量的增加而下降的经济现象。

（1）固定成本的不可分割性和分摊。当固定成本一定时，产出越大，分摊到单位产品上的固定成本就越少。

（2）企业规模的扩大引起变动投入生产率的增加，从而提高生产率，也能够实现规模经济。

（3）储备存货也能带来规模经济。因为在存货水平相同时，大业务量企业所必需的存货比例比小业务量企业要小，从而减少了大企业的存货成本。

（4）营销的经济性。即广告费用及其他促销费用能够在更多的产品或服务中分摊。

（5）研究与开发的经济性。即单位研究开发成本随着规模或销量的增加而递减。

（6）采购的经济性。即通过大批量采购获得单位采购成本的好处。

需要注意的是，规模经济不仅存在于单点经济性，即企业在单个地点扩大规模或生产能力所获得的经济性，也存在于经营多个工厂或有多处设施的企业中，说明还存在着重要的多点经济性。也就是说，采用集中生产单一产品或服务战略的企业，既可以在原有企业基地的基础上实现规模的扩张，也可以通过区域扩张和市场的开拓实现规模经济。

2. 集中生产单一产品或服务战略的风险

采用集中生产单一产品或服务战略的企业面临着一个主要风险，即如果市场对企业产品或服务的需求下降，企业就会遇到麻烦。一些非企业所能控制的因素可能会引起对企业产品或服务需求的下降，如顾客偏好的不稳定性增加、竞争激烈程度和复杂性增强、技术变革、政府政策的改变等都对实行集中生产单一产品或服务战略的企业构成威胁。

三、纵向一体化战略

纵向一体化战略是企业在两个可能的方向上扩展现有经营业务的一种发展战略，包括前向一体化战略和后向一体化战略。前向一体化战略是企业自行对本企业产品进一步深加工，或对资源进行综合利用，或企业建立自己的销售组织来销售本企业的产品或服务战略。例如，钢铁企业自己轧制各种型材，并将型材制成各种不同的最终产品。后向一体化战略则是企业自己供应生产现有产品或服务所需要的全部或部分原材料或半成品，如钢铁公司自己拥有矿山和炼焦设施。

（一）纵向一体化战略的益处

（1）后向一体化战略可使企业对所用原料的成本、可获得性及质量有更大的控制权。

（2）如果一个企业的原材料供应商能获得较大利润时，通过后向一体化战略企业可将成本转化为利润。

（3）前向一体化战略使企业能够控制销售和分配渠道，有助于消除库存积压。

（4）当企业产品或服务的经销商具有很大毛利时，通过前向一体化战略企业可增加自己的利润。

（5）采用纵向一体化战略，企业可通过建立全国性的市场营销组织机构以及建造大型的生产厂而从规模经济中获益。因为规模经济会导致较低的总成本，从而增加利润。

（6）一些企业采用前向或后向一体化战略，来扩大它们在某一特定市场或行业中的规模和势力，从而达到某种程度的垄断控制。

（二）纵向一体化战略的风险

（1）由于纵向一体化战略使企业规模变大，要想脱离这些行业就非常困难。此外，由于规模大，要使企业的效益有明显的改善，就需要大量投资新的经营业务。

（2）由于企业纵向规模的发展不仅需要较多的投资，而且要求企业掌握多方面的技术，从而带来管理上的复杂化。

（3）由于前向、后向产品的相互关联和相互牵制，不利于新技术和新产品的开发。

（4）生产过程中可能出现各个阶段生产能力不平衡的问题。因为各生产阶段最经济的生产批量或生产能力可能大不相同，从而导致有些阶段能力不足而有些阶段能力过剩。

四、多元化战略

多元化战略也称多角化战略，是指企业同时经营两种以上基本经济用途不同的产品或服务的一种发展战略。多元化战略是相对企业专业化经营而言的，其内容包括产品多元化、市场多元化、投资区域多元化和资本多元化。这里所讲的多元化是指产品多元化，包括相关多元化战略和非相关多元化战略。

（一）相关多元化战略

1. 相关多元化战略的概念

相关多元化战略是指企业进入与现有业务在价值链上拥有战略匹配关系的新业务，即企业增加或生产与现有产品或服务相类似的新产品或服务。

战略匹配存在于价值链非常相似以至能为企业带来战略机会的不同经营业务之间，包括分享技术、对共同的供应商形成更强的讨价还价的能力、联合生产零部件和配件、分享共同的销售力量、适用同样的销售机构和同样的批发商或零售商、售后服务的联合、共同使用一个知名商标、将有竞争性的和有价值的技术秘诀或生产能力从一种业务转移到另一种业务、合并相似的价值链活动以获得更低的成本等方面。

2. 相关多元化战略的实施措施

（1）进入能够共享销售队伍、广告、品牌和销售机构的经营领域里；

（2）进入在技术或专有技术方面密切相关的领域，或将技术秘诀和专有技能从一种业务领域转移到另一种新业务中；

（3）将组织的品牌名称和在顾客中建立起的信誉转移到新的产品或服务中去；

（4）开拓有利于企业目前经营地位的新业务。

3. 相关多元化战略与范围经济

企业开展相关多元化战略，进入生产、职能活动或销售渠道能够共享的经营领域，可以实现范围经济所带来的益处而使成本降低。

所谓范围经济是指当两种或更多的经营业务在一家企业的集中管理下运营，总成本比作为独立的业务进行运营时所发生的成本更低的经济现象。在相关多样化战略中，范围经济来自以下四个方面：

（1）技术的匹配性。当存在分享共同的技术，探求与某种特殊技术相关的最大经营机遇或者可以将技术秘诀从一种业务转移到另一种业务的潜力时，在不同的业务经营间存在技术匹配。

（2）运营的匹配性。当不同的业务在获得原材料、研发活动、改善生产过程、生产元件、装配成品或实施行政支持功能等方面有合并活动或转移技术和生产能力的机会时，就存在运营匹配。

（3）与销售和顾客相关的匹配性。当不同业务经营的价值链活动高度重合交叠，以致它们的产品有着相同的顾客，通过共同的中间商和零售商，或者以相似的方式进行营销和促销时，这些业务间就存在与市场相关的匹配。

（4）管理的匹配性。当不同业务在公司级的行政管理或运营问题的类型方面具有可比性，因此可将在一种经营业务中的管理方法转移到另一种经营业务中时，就存在管理的匹配。

4．相关多元化战略的益处

相关多元化战略是一种非常有吸引力的战略，它将存在于不同经营业务价值链之间的战略匹配关系转变成公司竞争战略优势。具体体现在以下几个方面：

（1）可将专有技能、关键技能或技术由一种经营业务转移到另一种经营业务中；

（2）将不同经营业务的相关活动合并在一起运营，降低成本；

（3）在新的经营业务中可借用公司品牌的信誉；

（4）以能够创造有价值的竞争能力的协作方式实施相关的价值链活动。

采用这种发展战略，企业既可以保持经营业务在生产技术上的统一性，又能将经营风险分散到多种产品上去，许多成功的企业通常都采取相关多元化战略。彼得斯和沃特曼在其《寻求优势——美国最成功公司的经验》一书中指出，企业可以向新的经营领域扩展，但必须紧紧围绕自己的基本业务，因为这是优势所在。最成功的企业是那些以一种专长为基础和核心进行多元化经营的公司，第二等成功的企业是向那些相关行业扩展的公司。总之，围绕核心技能扩展经营的企业，经营成果总会高于其他企业。但是，值得指出的是，当公司由于采用相关多元化战略使得规模发展得越来越大时，往往无力同时兼顾许多方面。

（二）非相关多元化战略

1．非相关多元化战略的概念

非相关多元化战略是指公司增加与现有的产品或服务、技术或市场都没有直接或间接联系的大不相同的新产品或服务的战略。

2．采用非相关多元化战略的原因

在众多大型企业中，实施非相关多元化战略已成为一种发展趋势，实施该战略的根本原因可归结为外部因素和内部因素两个方面。

外部因素主要包括以下方面：

（1）企业原有的产品市场需求增长处于长期停滞甚至下降趋势时，企业就可以考虑进入新领域开展多种经营。

（2）所处产业集中程度高，企业间互相依赖性强，竞争激烈。企业想要追求较高的增长率和收益率，只有进入本产业以外的新市场，才会出现有利的局面。

（3）外部因素的多变性和不确定性迫使企业不仅要考虑收益性，更要注意长期收益的稳定性，这就要求企业采取该战略，使企业处于求变和应变状态之中。

促使采取该战略的内部原因主要是企业存在资源潜力，如具有较强的开发能力、销售能力、生产能力等，使得其有开拓新领域的实力。

3. 非相关多元化战略的益处

（1）企业可向几个不同的市场提供产品或服务，以分散经营风险，追求收益的稳定性。

（2）当多个部门（行业）单位在一家企业内经营时，可充分利用企业在管理、市场营销、生产设备、研究与开发等方面的资源，产生协同效应，从协同中获益。

（3）可对企业内的各个经营单位进行平衡。在某些经营单位处于发展或暂时困难之时，企业可从其他经营单位获得财力上的支持。

（4）企业向具有更优经济特征的行业转移，以改善企业的整体盈利能力和灵活性。

4. 非相关多元化战略的风险

非相关多元化战略最主要的弱点是带来企业规模的膨胀，以及由此带来管理上的复杂化。如果企业管理者对新扩充的管理业务一点也不熟悉的话，后果会更糟。因此，企业要谨慎选择非相关多元化战略，不要为了多样化而多样化。另外，实施非相关多元化战略需要大量的投资，要求企业具备较强的资金筹措能力。

第三节　公司发展战略的实施方式

一个企业实施任何一种发展战略都可选择下列四种方式：公司内部发展、并购、合资经营、外包。本节将对这四种方式进行详细介绍。

一、内部发展

内部发展方式就是在公司内部依靠自身人力、物力和财力来实现公司的发展。

（一）内部发展的优点

1. 风险相对较小

内部发展是公司可以做出能够适应不断变化的外部环境发展的决策，并使公司内部的学习活动成为可能。内部发展不是立刻做出重大承诺，而是推迟决策时间，使公司可以在更长时间内从容做出决策，从而降低风险。特别是在某一产业生命周期的早期阶段，内部发展不仅是最好的选择，也可能是唯一的选择。

2. 资源共享性

一般来说，将公司的无形资产移植到新的业务中并非易事，但内部发展却是实现这种转移的一种比较容易的方式。因为那些理解企业文化并拥有硬性集体知识的员工可以在新的环境中直接运用这些知识，并从头开始塑造这一业务。

3. 积累学习能力

通过内部发展，公司可以获得发展过程的外部收益，包括随着业务的发展而积累的学习能力和知识。随着时间的推移，这种隐性的技术诀窍很可能成为公司独立形成的有价值的资源，为公司进一步的扩张提供指导。

4. 鼓励内部企业家精神

管理层通过内部发展使公司成长，它们实际上也发出了将致力于公司资源的开发与充分利用的信号，这有助于培养一种弘扬内部企业家精神的企业文化。

（二）内部发展的缺点

（1）内部发展是一个缓慢的过程，在这个过程中，企业很可能错过其他机会。

（2）内部发展如果不成功，投资则很难得到补偿，不像并购活动那样可以通过出售被收购公司来挽回败局。例如，20 世纪 70 年代，美国鲍玛公司做出决策，由公司自己生产计算机芯片，但后来该公司的笔记本计算机市场一落千丈，致使公司已经建造了一半的芯片厂变得毫无价值。

二、并购

并购一般指兼并和收购。兼并又称吸收合并，指两家或者更多的独立公司合并组成一家企业，通常由一家占优势的公司吸收一家或者多家公司。收购指一家企业用现金或有价证券购买另一家企业的股票或资产，以获得对该企业的全部资产或某项资产的所有权，或对该企业的控制权。与并购意义相关的另一个概念是合并，是指两个或两个以上的企业合并为一个新的企业，合并完成后，多个法人变成一个法人。

并购活动是在一定的财产权利制度和企业制度条件下进行的，在并购过程中，某一或某一部分权利主体通过出让所拥有的对企业的控制权而获得相应的收益，另一个部分权利主体则通过付出一定代价而获取这部分控制权，是一项复杂性与技术性并存的专业投资活动。由于并购活动中涉及很多知识面，因此被称为"财力与智力的高级结合"。同时并购又是一项高收益与高风险伴生的业务，融资风险、债务风险、经营风险、反收购风险、法律风险、信息风险及违约风险等都考验着企业的决策者。

（一）并购的动因

1. 扩大生产经营规模，降低成本费用

通过并购，企业规模得到扩大，能够形成有效的规模效应。规模效应能够带来资源的充分利用和整合，降低管理、原料、生产等各个环节的成本，从而降低总成本。

2. 提高市场份额，提升行业战略地位

规模大的企业，伴随生产力的提高和销售网络的完善，市场份额将会有较大的提高，从而确立企业在行业中的领导地位。

3. 取得充足廉价的生产资料和劳动力，增强企业的竞争力

通过并购实现企业规模的扩大，使企业成为原料的主要客户，大大增强企业的谈判能力，从而为企业获得廉价的生产资料提供可能。同时，高效的管理、人力资源的充分利用和企业的知名度都有助于企业降低劳动力成本，从而提高整体竞争力。

4. 实施品牌经营战略，提高企业的知名度，以获取超额利润

品牌是价值的动力，同样的产品，甚至是同样的质量，名牌产品的价值远远高于普通产品。并购能够有效提高品牌知名度，提高企业产品的附加值，使企业获得更多的利润。

5. 取得先进的生产技术、管理经验、经营网络及专业人才等资源

并购活动收购的不仅是企业的资产，而且获得了被收购企业的人力资源、管理资源、技术资源和销售资源等，这些都有助于企业整体竞争力的根本提高，对公司发展战略的实现有

很大帮助。

6. 通过收购跨入新的行业，实施多元化战略，分散投资风险

这种情况出现在混合并购模式中，随着行业竞争的加剧，企业通过对其他行业的投资，不仅能有效地扩大企业的经营范围，获取更广泛的市场，而且能够分散本行业竞争带来的风险。

（二）并购的方式及类型

实施发展战略，尤其是多元化战略，最常采用的方式就是并购。并购主要有以下几种方式；

1. 合并

A 企业购买 B 企业的所有股票，A 企业继续经营，继承 B 企业的所有资产和负债，B 企业则不再存在。

2. 联合统一

A 企业和 B 企业联合组成第三个企业 C，A 和 B 两个企业不再存在。

3. 控股经营

A 企业购买 B 企业相当大一部分股票（但不是全部），两个企业都继续存在经营，A 企业此时成为母企业，B 企业成为子公司。

4. 收买或兼并

A 企业购买 B 企业的资产和负债，B 企业不再存在。

并购的类型主要有四种：横向并购是两个或更多的直接竞争者的组合；同心并购是产品或服务在技术、产品线、销售渠道或顾客基础方面有相似的两个或多个企业的组合；纵向并购是两个或多个公司的组合，其中有负责提供原料的，有负责制造的，有负责销售最终产品或服务的；复合并购则是产品或服务极不相同的两个或多个企业的组合。

（三）并购的风险与对策

企业并购后可以产生协同效应、合理配置资源、减少内部竞争等多方面有利于企业发展的优势，但也存在大量风险，其中财务风险最为突出。

1. 融资风险

企业并购通常需要大量资金，如果筹资不当，就会对企业的资本结构和财务杠杆产生不利影响，增加企业的财务风险。同时，只有及时足额地筹集到资金才能保证并购的顺利进行。

2. 目标企业价值评估中的资产不实风险

由于并购双方的信息不对称，企业看好的被并购方的资产，在并购完成后有可能存在严重高估，甚至一文不值的情况，从而给企业造成很大的经济损失。

3. 反收购风险

如果企业并购演化成敌意收购，被并购方就会不惜代价设置障碍，从而增加企业收购成本，甚至有可能导致收购失败。

4. 营运风险和安置被收购企业员工风险

企业在完成并购后，可能并不会产生协同效应，并购双方资源难以实现共享互补，甚至会出现规模不经济，使整个企业被拖累。而且并购方往往会被要求安置被收购企业员工或者支付相关成本，如果企业处理不当，往往会因此背上沉重的包袱，增加其管理成本和经营成本。

面对上述存在的风险，应采取如下对策。

（1）了解目标企业价值和情况。企业要合理确定目标企业的价值，降低估价风险。信息不对称是产生目标企业价值评估风险的根本原因，因此，企业应在并购前聘请相关机构对目标企业的产业环境、财务状况和经营能力等进行详尽的审查与评价。

（2）看准时机，速战速决。企业一旦确定了并购目标，就要看准时机，该进则进，该退则退。不宜拉长战线，既耗时费力又虚增并购成本，更有甚者，给目标企业钻了空隙，功亏一篑。所以要果断出击，速战速决。

（3）统一战略方向，妥善安置员工。企业要防范营运风险和员工的安置风险，要从生产、技术、资源、市场等方面彻底融合，进行总体布局，将发展目标、岗位要求、管理方法统一到一个方向上。要妥善安置员工，对被并购企业的员工一视同仁，给予相同的福利待遇和政治待遇，激发被并购企业员工的工作热情，以保障并购后的企业效益。

（四）全球企业并购的历史发展

1. 以横向并购为特征的第一次并购浪潮

19 世纪末，科技的巨大进步大大促进了社会生产力的发展，为以铁路、冶金、石化、机械等为代表的行业大规模并购创造了条件，各个行业中的许多企业通过资本集中组成了规模巨大的垄断公司。1899 年，美国的企业并购达到 1 208 起，是 1896 年的 46 倍，并购资产额达到 22.6 亿美元。1895—1904 年的并购高潮中，有 75%的企业因并购而消失。1880—1981 年的英国，并购活动也大幅增长，665 家中小型企业通过兼并组成了 74 家大型企业，垄断着主要的工业部门。后起的资本主义国家德国的工业革命完成得比较晚，但企业并购重组的发展也很快，1875 年，德国出现第一个卡特尔，通过大规模的并购活动，1911 年就增加为约600 个，控制了德国国民经济的主要部门。在这股并购浪潮中，大企业在各行各业的市场份额迅速提高，形成了比较大规模的垄断。

2. 以纵向并购为特征的第二次并购浪潮

1925—1930 年发生的第二次并购浪潮是那些在第一次并购浪潮中形成的大型企业继续进行并购，进一步增强经济实力，扩展对市场的垄断地位。这一时期并购的典型特征是以纵向并购为主，即把一个部门的各个生产环节统一在一个企业联合体内，形成纵向托拉斯组织，行业结构从自由垄断转向寡头垄断。第二次并购浪潮中有 85%的企业并购属于纵向并购，通过这些并购，主要工业国家普遍形成了主要经济部门的市场被一家或几家企业垄断的局面。

3. 以混合并购为特征的第三次并购浪潮

20 世纪 50 年代中期，各主要工业国出现了第三次并购浪潮。第二次世界大战后，各国经济经过 20 世纪 40 年代后期和 50 年代的逐步恢复，在 60 年代迎来了经济发展的黄金时期。随着第三次科技革命的兴起，一系列新的科技成就得到广泛应用，社会生产力迅猛发展。在这一时期，以混合并购为特征的第三次并购浪潮来临，其规模和速度均超过了前两次并购浪潮。

4. 以金融杠杆并购为特征的第四次并购浪潮

20 世纪 80 年代兴起的第四次并购浪潮的显著特点是以融资并购为主，规模巨大且数量繁多。1980—1988 年间企业并购总数达到 20 000 起，1985 年达到顶峰。多元化的相关产品间的"战略驱动"并购取代了"混合并购"，不再像第三次并购浪潮那样进行单纯的无相关产品的并购。此次并购，企业范围扩展到国外企业；出现了小企业并购大企业的现象；金融界也为并购提供了方便。

5. 第五次全球跨国并购浪潮

在经济全球化、一体化发展日益深入的背景下，跨国并购作为对外直接投资的方式之一逐渐替代跨国创建而成为跨国直接投资的主导方式。1987 年全球跨国并购额仅有 745 亿美元，1990 年达到了 1 510 亿美元，1995 年，美国企业并购额达到 4 500 亿美元，1996 年仅上半年这一数字就达到 2 798 亿美元，2000 年全球跨国并购额达到 11 438 亿美元。但是从 2001 年开始，受欧美等国经济增长速度停滞和下降以及"9·11"事件的影响，全球跨国并购浪潮出现了减缓的迹象。

据贝恩公司《2018 年全球并购市场年度报告》显示，2018 年全球战略并购交易金额为 3.4 万亿美元，较 2017 年的 2.9 万亿美元企稳反弹，接近历史最高点。

三、合资经营

实施公司发展战略的另一种方式是合资经营。合资经营即一个独立的企业实体为两个或两个以上的母企业联合所有。合资经营将合伙企业的特点与公司制企业的特点融为一体，达到任何一个单独企业通常不能达到的目标。合资经营可以出现在一个国家的几个企业之间，或者是私人企业和国有企业之间，也可以发生在不同国度的企业之间。

（一）合资经营的原因

一般来说，进行合资经营的主要原因有以下几点：

1. 为了应对目标国家政府的限制

许多国家对在其国内做生意的外商实行正式的或非正式的限制，为了对付这些限制，外国企业就会与本地企业成立合资企业，进行合资经营。

2. 为了获得规模效益

在许多行业中存在着与经营规模相连的优势，规模经济存在于制造、销售、研究与开发等环节，合资经营可以使企业从这些规模经济中获益。

3. 为了规避经营风险

某些项目中，由于存在巨大的风险，许多企业认为在这些情况下进行合资是合适的。

4. 为了获得资源和市场

通过合资经营可能获得一些企业得不到的资源和市场。如当一个企业具有想在国外销售的产品时，通过与国外伙伴的合资就可使企业利用当地的分销渠道系统，获得关于当地企业经营习惯、风土人情和社会结构等方面的知识。

（二）合资经营的基本战略类型

1. 蛛网战略

该战略应用于具有几个大型企业和若干较小企业的行业中。一个小企业若要和一个大企业进行合资经营，为了避免被吞并，可尽快地与一个或多个小企业联合起来与大企业合资经营，这些不同的联系可以形成抗衡的力量。

2. 结合–分离战略

该战略是指两个或多个企业在很长的一段时间内合作，然后分开。该战略适用于那些具有一定生命周期的项目，如建筑工程等。

3. 逐渐一体化战略

该战略开始于企业间很弱的合资经营关系，随着这种关系逐渐变强，最后可能导致合并。

（三）合资经营应注意的问题

1. 对合资伙伴的选择

在选择和评价一个合资经营伙伴时，要注意文化差异等问题。

2. 对合资企业的控制

对在一个企业中合资一方能够拥有多数、一半或少数主权资本的问题，所在国政府可能对来自他国的企业所拥有的控制程度有法律上的限制。合资经营双方就控制权问题的谈判通常导致项目的失败，因此，合资双方应处理好对企业的控制问题。在合资经营中就控制权的主要考虑是看多大程度的控制权会有助于合资企业的成功。

3. 对合资企业的管理

一种途径是合资企业中所有关键职位的人员都限于企业所在地的公民，另一种途径是要求母公司派出的经理人员熟悉合资伙伴的语言和文化。

四、外包

外包也称资源外包、资源外取、外源化，是企业为维持核心竞争力，摆脱组织人力不足的困境，将组织的非核心业务委托给外部的专业公司，以降低营运成本、提高品质、集中人力资源、提高顾客满意度的一种方式。

外包业是新兴起的行业，它给企业带来了新的活力，外包将组织解放出来以更专注于核心业务。外包合作伙伴为组织带来知识，增加后备管理时间，在执行者专注于其特长业务时，为其改善产品的整体质量。接受外包这种新的经营理念是一种必然趋势，外包服务势在必行。

（一）外包的分类

1. 人事外包

人事外包即企业将人力资源管理中非核心部分的工作全部或部分委托人才服务专业机构管理，但托管人员仍隶属于委托企业。这是一种全面的高层次的人事代理服务。人才服务机构与企业须签订人事外包协议以规范双方在托管期间的权利和义务，以及需要提供外包的人事服务项目。

2. IT 外包

IT 外包简单来说就是公司在内部专职计算机维护工作人员不足或没有的情况下，将公司的全部计算机、网络及外设的维护工作转交给专业从事计算机维修维护的公司来进行全方位的维护。深入地讲，还包括高技术含量、高附加值的应用系统和业务流程外包服务，以协助企业用较低的投入获得较高的信息化建设和应用水平。

3. 软件外包

软件外包是企业为了专注核心竞争力业务和降低软件项目成本，将软件项目中的全部或部分工作发包给提供外包服务的企业完成的软件需求活动。软件外包已经成为发达国家的软件公司降低成本的一种重要的手段。

4. 电子商务外包

电子商务外包，从广义上讲，就是企业以合同的方式委托专业外包服务商，根据自身拓展线上业务的需求，由电商外包服务商为其提供包含电子商务平台网站建设、技术维护、物流、经营推广、客户联络和服务、售后服务等一系列电子商务的全流程或者部分环节外包服务。

5. 物流业务外包

所谓物流业务外包，即制造企业为集中资源、节省管理费用、增强核心竞争能力，将其物流业务以合同的方式委托给专业的物流公司（第三方物流）运作。

（二）外包的特点和模式

1. 外包的特点

（1）偏向于后台业务。新经济时代，市场瞬息万变，企业生存的基本准则就是能及时获取终端信息，随"市"而变。为了把握终端市场，把准市场脉搏，许多企业对前台业务都是亲力亲为，强化服务，而将离市场较远的后台业务外包出去。

（2）偏向于机械性业务。信息社会，随着产品的生命周期缩短、品种增加、批量减小，顾客对产品的交货周期、价格和质量的要求越来越高，满足个性化需求已经成为企业的重中之重。为此，企业要将机械性、重复性的业务外包出去。

（3）偏向于非现场业务。企业的重要业务需要现场作业，必须由企业自身完成，对于那些非现场的或者以网络为平台的业务，可实施外包。企业可以通过因特网，与合作伙伴之间应用信息技术实现彼此的资料互换、信息共享。

2. 外包的主要模式

根据不同的标准，可以将业务外包划分为不同种类。

（1）根据业务活动的完整性可以将业务外包分为部分外包和整体外包。

部分外包指企业根据需要将业务各组成部分分别外包给该领域的优秀服务供应商。如企业的人力资源部分外包，企业根据需要将劳资关系、员工聘用、培训和解聘等分别外包给不同的外部供应商。一般来说，部分外包的主要是与核心业务无关的辅助性活动。当企业的业务量突然增大，现有流程和资源不能完全满足业务的快速扩张时，可以通过部分外包，利用外部资源，在获得规模经济优势、提高工作效率的同时，也可尽快解决企业业务活动的弹性需求。

整体外包是企业将业务的所有流程，从计划、安排、执行以及业务分析全部外包，由外部供应商管理整个业务流程，并根据企业的需要进行调整。在这种外包模式下，企业必须与承包商签订合同，合约内容应包括产品质量、交货期、技术变动，以及相关设备性能指标的要求。

整体外包强调企业之间的长期合作，长期合作关系将在很大程度上抑制机会主义行为的产生，因为一次性的背叛和欺诈在长期合作中将导致针锋相对的报复和惩罚。外包伙伴可能会失去相关业务，因此，这种合作关系会使因机会主义而产生的交易费用降到最低限度。

（2）根据业务职能可以将业务外包划分为生产外包、销售外包、供应外包、人力资源外包、信息技术服务外包，以及研发外包。

业务外包理论强调企业专注于自己的核心能力部分，如果某一业务职能不是市场上最有效率的，且该业务职能又不是企业的核心能力，那么就应该把它外包给外部效率更高的专业化厂商去做。根据核心能力观点，企业应集中有限资源强化其核心业务，对于其他非核心职能部门则应该实行外包。

（3）根据合作伙伴间的组织形式可以将业务外包分为无中介的外包和利用中介服务的外包。

在有中介的外包模式中，厂商和外包供应商并不直接接触，双方与中介服务组织签订契约，由中介服务机构去匹配交易信息，中介组织通过收取佣金获利。这种利用中介组织的外包模式可以大大降低厂商和外包供应商的搜索成本，提高交易的效率。

而在无中介的外包模式中，厂商和外包供应商可以借助互联网络进行外包，如美国CISCO 公司（全球领先的网络解决方案供应商）将 80%的产品生产和配送业务通过其"生产在线"网站实行外包，获得 CISCO 授权的供应商可以进入 CISCO 数据库，得到承包供货的信息。

（三）外包的益处

1. 使企业专注核心业务

企业实施业务外包，可以将非核心业务转移出去，借助外部资源的优势弥补和改善自己的弱势，从而把主要精力放在企业的核心业务上。根据自身特点，专门从事某一领域、某一专门业务，从而形成自己的核心竞争力。

2. 提高企业资源利用率

实施业务外包，企业能将资源集中到核心业务上，最大限度地发挥企业有限资源的作用，加速企业对外部环境的反应能力，强化组织的柔性和敏捷性，有效增强企业的竞争优势。如波音是世界最大的飞机制造公司，却只生产座舱和翼尖；耐克是全球最大的运动鞋制造公司，却从未生产过一双鞋。

3. 业务外包可降低企业风险

有效的外包不仅能提高企业的资源利用率和生产效率，更有助于企业节省资金，不断顺应市场需求，降低风险，营造企业高度弹性化运行的竞争优势。

（四）外包可能存在的问题

1. 可能会增加企业责任外移

由于外包经营缺乏对业务的监控，增大了企业责任外移的可能性，导致质量监控和管理难度加大。

2. 可能挫伤员工的工作热情，导致员工失去敬业精神

在业务外包中，必然会牵涉部分员工的利益，如果员工知道自己的工作被外包只是时间问题的话，其工作热情和职业道德会降低，可能会使其失去对公司的信心和工作的原动力，从而导致业绩下降。

3. 可能产生知识产权问题

对于研究与开发之类的业务外包，外包者所开发技术的专利、版权的归属问题通常是由企业与外包商双方协议达成而非法律规定，这就给错误和陷阱留下了很大空间。

4. 外包企业的忠诚度

外包企业在利益的驱动下可能从一个企业转移到另一个企业，导致企业失控。

5. 外包商选择问题

企业在业务外包时有诸多选择，挑选了错误的外包者可能导致关键技术的失败，进而失去竞争的领先地位。

第四节 紧缩型战略

紧缩型战略是指企业从目前的战略经营领域和基础水平收缩和撤退，且偏离起点战略较大的一种经营战略。与稳定型战略和增长型战略相比，紧缩型战略是一种消极的发展战略，它不寻求企业规模的扩张，而是通过调整来缩减企业的经营规模。一般企业实施紧缩型战略只是短期的，其根本目的是使企业渡过难关后转向其他的战略选择。有时，只有采取收缩和撤退的措施，才能抵御竞争对手的进攻，避开环境的威胁并迅速地实行自身资源的最优配置。

一、紧缩型战略的特征及适用性

（一）紧缩型战略的特征

1. 对企业现有的产品和市场领域实行收缩、调整和撤退战略

比如放弃某些市场和产品线，从企业的规模来看是在缩小的，同时一些效益指标，比如利润率和市场占有率等，都会有较为明显的下降。

2. 对企业资源的运用采取较为严格的控制，并尽量削减各项费用支出

紧缩型战略的实施过程往往会伴随着大量的裁员，以及一些奢侈品和大额资产的暂停购买等。

3. 紧缩型战略具有明显的短期性

与稳定和发展两种战略相比，紧缩型战略具有明显的过渡性，其根本目的并不在于长期节约开支，停止发展，而是为了今后发展积蓄力量。

（二）紧缩型战略的适用性

采用紧缩型战略的企业可能是出于不同的动机，从这些动机来看，既包括宏观经济发展因素，也包括微观因素和企业自身因素。

1. 为了有效适应外部环境

适应型紧缩战略是企业为了适应外界环境而采取的一种战略，这种外界环境包括经济衰退。产业进入衰退期，对企业的产品或服务的需求减小，在这些情况下，企业可以采取适应性紧缩战略来渡过危机，以求发展。

2. 企业由于经营失误造成企业竞争地位虚弱、经营状况恶化

失败型紧缩战略适用于企业出现重大问题，如产品滞销、财务状况恶化、投资已无法收回等，此时，只有采用紧缩型战略才能最大限度地减少损失，保存企业实力。

3. 为了谋求更好的发展机会，使有限的资源配置更有效

调整型紧缩战略的动机既不是经济衰退，也不是经营的失误，而是为了谋求更好的发展机会，将有限的资源分配到更有效的使用场合，使企业存在一个回报更高的资源配置点。

二、紧缩型战略的类型

（一）抽资转向战略

抽资转向战略是指减少公司在某一特定领域内的投资，这个特定领域可以是一个战略经营单位、产品线，或是特定的产品或牌号。采取这种战略的目的是削减费用支出和改善公司

总的现金流量，然后把通过这种战略获得的资金投入到公司更需要资金的领域。在下列情况下，公司可采取抽资转向战略：

（1）企业的某些领域正处于稳定或日益衰退的市场中。

（2）企业在某一领域的市场占有率小，且扩大市场占有率的费用又太高；或者市场占有率虽然很高，但若想维持需要花费越来越多的费用。

（3）企业的某一领域不能带来满意的利润，甚至还会带来亏损。

（4）企业如减少对某一领域的投资，销售额下降的幅度不会太大。

（5）企业如减少对某一领域的投资，能更好地利用闲散资金。

（6）企业的某一领域不是公司经营中的主要部分。

（二）调整战略

调整战略的目的是通过扭转公司财务状况欠佳的局面，提高运营效率，使公司渡过危机，当情况发生变化时再采用新的战略。在实施调整战略时，可采取以下措施：

（1）更换高层和较底层的管理人员；

（2）削减资本支出；

（3）实行决策集中化以控制成本；

（4）减少新员工的录用；

（5）减少广告和促销支出；

（6）一般性的削减支出，包括解雇一些人员；

（7）强化成本控制和预算；

（8）出卖一些资产；

（9）加强库存控制；

（10）催收应收账款。

（三）放弃战略

当抽资转向战略或调整战略失效时，通常采用放弃战略。所谓放弃战略是指卖掉公司的一个主要部门，可能是一个战略经营单位、一条生产线，或者一个事业部。实施放弃战略对任何公司的管理者来说都是一个困难的决策。

阻止公司采用这一战略的障碍来自以下三个方面。

1. 结构上的障碍

一项业务的技术以及固定资产和流动资产的特点阻止企业实施放弃战略。

2. 内部依存关系上的障碍

企业中各种经营单位之间的联系可能阻止企业放弃某一特定的经营单位。

3. 管理方面的障碍

企业决策过程的某些方面阻止放弃一个不盈利的业务。这些方面包括：放弃对管理者的荣耀是一种打击；放弃在外界看来是失败的象征；放弃威胁管理人员的前途；放弃与社会目标相冲突等；对管理人员的激励体制与放弃某一业务背道而驰。

（四）清算战略

清算战略是指当企业严重亏损、资不抵债，又无力扭亏为盈时，对企业资产和债权债务进行清算，转让整个企业，偿还债务，收回剩余资金，另行创建别的企业的战略。对管理者来说，清算战略是最无吸引力的战略，只有当其他所有的战略全部失灵后才会加以采用。但制定清算战略，企业可以有计划地逐步降低企业的市场价值，尽可能多地收回企业资产，从而减少全体股东的损失。因此，清算战略在特定的情况下，也是一种明智的选择。

第五节　战略组合与战略选择

一、战略组合

为实现不同的战略目标，企业可以选择前几节所述的某种战略单独使用，也可以将几种战略组合使用。由于企业环境的复杂性、实现企业战略目标途径的多样性以及企业内部组织结构的不同性，在实际的战略选择中，企业多侧重于运用战略组合来实现自己的战略目标。

所谓战略组合，就是将相关的战略配合起来使用，使几种战略形成一个有机的整体。一般的战略组合方式包括下列两种。

（一）顺序组合

即按照战略方案实施的先后顺序，顺次运用各种相关战略。如在一定时期内采取发展战略，然后在一定时期内实施稳定发展战略；或者先使用调整战略，待企业条件有了改善之后再采取发展战略等。另一种顺序组合的典型范例是依据产品的市场生命周期来采取不同的战略。

（二）同时组合

即在同一战略时期内同时运用几种相关战略，以实现企业整体的战略目标。在企业具有多种不同经营业务或多个事业部的情况下，通常采用同时组合的战略组合方式。如在增设其他战略经营单位、产品线或事业部的同时，放弃某个战略经营单位、产品线或事业部；在其他领域奉行发展战略的同时，紧缩某些领域等。由于同时组合是在同一时期内，同时采用几种不同的战略，因此在运用这种战略组合时，应注意以下几点。

1. 企业资源的供给

由于同时组合可能造成企业现有资源的分散使用，因此企业必须充分估计自己资源的可供给程度，以确保各种战略能同时得以实施而不会造成企业资源的枯竭。

2. 各种战略方案的组合优势

各种方案的组合是为了发挥各个方案的优势，扬长避短。因此，企业战略的同时组合必须是具有互容性的战略组合，能使企业的整体战略达到最优。

3. 明确主从战略的关系

在一定时期内，企业为实现关键性的总体战略目标而确立的战略是主体战略，而其他战略则处于相对从属的战略位置。在战略组合实施的过程中，必须明确主从战略的关系，合理有效地分配企业资源。

总之，对大多数企业来说，可采用的战略方案是多种多样的。管理者既可以采用一种战略方案，也可以同时采用多种战略方案，形成一套战略组合。但鉴别出可用的战略方案则是企业选择最适宜战略的前提条件和基础。

二、实践中的公司战略选择

在实际中，企业最经常采用什么样的战略？霍福尔曾对《幸福》杂志 1960—1972 年所刊登的一些企业的战略决策案例进行过研究，他的结论是：

（1）企业面临不同类型的挑战时会选择不同类型的战略。

（2）当企业面临巨大的外部环境机会，或其资源在充分满足现有的产品市场领域后还有富余时，它们通常会努力扩大现有的经营范围。

（3）如果出现与上述两个条件相反的情况，则企业就会缩减现有经营范围并改变其职能性战略，或者选择复合多样化战略。

（4）最常用的战略是为了现有的市场开发新产品和增加现有产品对现有市场的渗透。

（5）最不常用的战略是前向一体化和内向式发展的多样化战略。

（6）企业只有在下述情况下才改变其整体经营目标：企业状况欠佳，不得不采取这种最终手段；企业境况良好，目标改动可确保企业经营状况得到重大改善。

公司战略类型的选择也随行业类型而有所不同。发展战略在复合的行业中被采用得最多，而在工业品行业中采用率最低。组合战略的情况与发展战略类似。而稳定战略，最常用的行业是建筑、采掘业和石油业，最少采用的是复合行业、消费品行业和工业品行业。

综合训练题

一、单项选择题

1. 企业以追求近期利益为目标，甚至不顾牺牲企业未来长远利益来维持目前利润水平，追求短期效益而忽略企业长期发展所采取的战略叫作（　　　）。

    A. 近利战略　　　　B. 暂停战略　　　　C. 谨慎战略　　　　D. 不变战略

2. 企业在计划期内降低企业的战略目标和发展速度，使企业的发展速度、企业资源、管理力量保持一致，进行内部休整的临时战略叫作（　　　）。

    A. 近利战略　　　　B. 暂停战略　　　　C. 谨慎战略　　　　D. 不变战略

3. 企业根据外部环境的某一要素的变化而改变以往的部署，采取谨慎实施、步步为营、静观变化的战略叫作（　　　）。

    A. 近利战略　　　　B. 暂停战略　　　　C. 谨慎战略　　　　D. 不变战略

4. 企业根据内外环境情况，不再制定新的战略，也不需要进行战略调整，而维持原有的战略叫作（　　　）。

    A. 近利战略　　　　B. 暂停战略　　　　C. 谨慎战略　　　　D. 不变战略

5. 采用集中生产单一产品或服务战略的企业面临一个重要的风险，即如果对企业的产品或服务的（　　　），则企业会遇到麻烦。

    A. 市场需求上升　　　　　　　　B. 竞争激烈

    C. 顾客偏好不稳定性增加　　　　D. 市场需求下降

6. 一般意义上的多元化经营主要是指（　　　）。

    A. 产品多元化　　　　　　　　B. 市场多元化

    C. 投资区域多元化　　　　　　D. 资本多元化

7. 钢铁公司自己拥有矿山和炼焦设施属于（ 　　　）。

    A. 后向一体化战略 　　　　　　　　B. 前向一体化战略

    C. 产品多元化战略 　　　　　　　　D. 市场多元化战略

8. A企业购买B企业的所有股票，A企业继续经营，继承B企业的所有资产和负债，B企业则不再存在。这种组合方式通常称为（ 　　　）。

    A. 联合　　　　　B. 合资　　　　　C. 接管　　　　　D. 合并

9. 一家钢铁公司并购一家IT公司，可称之为（ 　　　）。

    A. 横向并购　　　B. 纵向并购　　　C. 外向并购　　　D. 复合并购

10. 某玉米淀粉厂，原来只是生产淀粉出售，现在把生产的淀粉自己进行深加工，生产味精。这属于（ 　　　）。

    A. 前向一体化战略 　　　　　　　　B. 后向一体化战略

    C. 横向一体化战略 　　　　　　　　D. 多元化战略

11. A企业购买B企业相当一大部分股票，两家企业都继续存在经营，A企业成为母公司，B企业为子公司，这种合并方式叫作（ 　　　）。

    A. 收买或兼并　　B. 控股经营　　　C. 联合统一　　　D. 合资经营

12. A企业购买B企业的资产和负债，B企业不再存在，这种合并方式叫作（ 　　　）。

    A. 收买或兼并　　B. 控股经营　　　C. 联合统一　　　D. 合资经营

13. A企业和B企业协商同意联合组成一个新企业，A和B两家企业不再存在，这种合并方式叫作（ 　　　）。

    A. 收买或兼并　　B. 控股经营　　　C. 联合统一　　　D. 合资经营

14. 一个独立的企业实体为两个或两个以上的母公司联合所有，这叫作（ 　　　）。

    A. 独资经营　　　B. 股份公司　　　C. 合资经营　　　D. 有限公司

15. 卖掉企业的一个主要部门，它可能是一个战略经营单位、一条生产线，或者一个事业部的战略叫作（ 　　　）。

    A. 清算战略　　　B. 抽资转向战略　　C. 调整战略　　　D. 放弃战略

16. 通过拍卖资产或停止全部经营业务来结束企业的存在叫作（ 　　　）。

    A. 清算战略　　　B. 抽资转向战略　　C. 调整战略　　　D. 放弃战略

17. 企业依据产品的市场生命周期来采取不同的战略，这种组合叫作（ 　　　）。

    A. 同时组合　　　B. 产品组合　　　C. 市场组合　　　D. 顺序组合

18. 在同一战略时期同时运用几种相关战略以实现企业整体战略目标的战略组合叫作（ 　　　）。

    A. 同时组合　　　B. 产品组合　　　C. 市场组合　　　D. 顺序组合

19. 企业企图扭转财务状况欠佳的局面，提高运营效率，使企业能渡过危机所采取的战略叫作（ 　　　）。

    A. 清算战略　　　B. 抽资转向战略　　C. 调整战略　　　D. 放弃战略

二、多项选择题

1. 对于一个大型企业来讲，有多种战略选择，一般而言，公司战略可归纳为（ 　　　）。

    A. 稳定型战略　　B. 不变战略　　　C. 发展型战略　　D. 紧缩型战略

    E. 多元化战略

2. 稳定型战略一般可包括（　　　）。

    A. 不变战略
                B. 纵向一体化战略

    C. 近利战略
                D. 暂停战略

    E. 谨慎前进战略

3. 发展型战略一般包括（　　　）。

    A. 纵向一体化战略
                B. 不变战略

    C. 集中生产单一产品或服务战略
        D. 紧缩型战略

    E. 多元化战略

4. 紧缩型战略一般包括（　　　）。

    A. 抽资转向战略
                B. 调整战略

    C. 放弃战略
                D. 清算战略

    E. 不变战略

5. 多元化战略是相对企业专业化经营而言的，其内容包括（　　　）。

    A. 产品多元化
                B. 市场多元化

    C. 投资区域多元化
           D. 服务多元化

    E. 资本多元化

6. 根据产品-市场战略的3×3矩阵，产品-市场战略的主要战略选择包括（　　　）。

    A. 市场渗透战略
                B. 产品革新战略

    C. 市场保护战略
              D. 市场创造战略

    E. 全方位创新战略

7. 公司发展战略的实施方式包括（　　　）。

    A. 产品多元化
                B. 公司内部发展

    C. 市场多元化
                D. 合资经营

    E. 并购

8. 在合资经营中，可用的基本战略包括（　　　）。

    A. 战略联盟
                B. 蛛网战略

    C. 结合-分离战略
           D. 业务外包

    E. 逐渐一体化战略

三、名词解释

稳定型战略；集中生产单一产品或服务战略；相关多元化战略；范围经济；非相关多元化战略；纵向一体化战略；前向一体化战略；后向一体化战略；抽资转向战略；放弃战略；战略组合；顺序组合；同时组合；合资经营

四、简答与论述题

1. 什么是稳定型发展战略？主要有哪些类型？

2. 稳定型发展战略有哪些优缺点？

3. 发展型战略主要有哪些类型？

4. 什么是集中生产单一产品或服务战略？采用该战略的原因以及主要措施是什么？

5. 什么是相关多元化战略？通常采用哪些战略措施？

6. 什么是纵向一体化战略？其益处和风险是什么？

7. 合资经营的基本战略有哪些？

8. 什么是并购？并购有哪些方式？

9. 什么是外包？外包有哪些基本类型？

10. 外包的益处及存在的问题有哪些？

11. 简述紧缩型战略的特征及适用性。

12. 什么是抽资转向战略？在什么情况下采用该战略？

13. 什么是调整战略？在什么情况下采用该战略？

14. 战略组合有哪几种方式？

五、案例分析题

【案例1】北京和睦家医院的发展战略

北京和睦家医院成立于 1998 年，是由美国美中互利工业公司与中国医学科学院合作建立的中外合资合作医院。仅有 20 张病床的北京和睦家医院是中国首批营利性的洋医院之一。在和睦家医院看一次病的诊疗费约 500 元人民币，顺产一个婴儿则需 5 万元人民币。医院服务的主要群体是在华的外国人和中国高收入阶层。和睦家医院从它开办之日的定位就告诉人们：这是一家专为高消费群体服务的医院。这儿除了具有与一般医院相同的为患者治疗疾病的服务功能外，还具备一般医院没有的舒适的就医环境、完备的服务设施以及能为患者提供更有效的治疗和更优质的医疗服务。成立 10 年来，从最初的门庭冷落，到现在每天门诊超过 200 人；从最开始的一个仅有两个科室的妇儿医院，发展到现在的全科医院，即将成立的和睦家医院北京顺义门诊部和即将开业的上海和睦家医院，证明了和睦家医院的医疗服务事业正处于蒸蒸日上之中，也证实了和睦家医院服务市场目标人群（服务对象）定位选择的准确性。

（资料来源：http://www.fx120.net/literature/zz9/200512191151045014.htm）

根据案例回答以下问题：

（1）北京和睦家医院选择了什么样的发展战略？

（2）阐述采用该战略的理由？

【案例2】格兰仕的战略构想

据全国工商联发布的《2019 年中国民营企业 500 强发布报告》显示，2018 年格兰仕以营业收入 212.44 亿元排在第 415 名。作为中国微波炉生产企业的代名词，格兰仕的发展史可谓是中国企业的骄傲。在国家质量检测部门历次全国质量抽查中，格兰仕的品质几乎是唯一全部合格的，与众多洋品牌频频抽检不合格被曝光形成鲜明对比。格兰仕投入上亿元技术开发费用，获得了几十项国家专利和专有技术，并将继续加大投入，使技术水平始终保持世界前列。

由于格兰仕的价格挤压，近几年微波炉的利润空间降到了最低谷，某年春节前夕，甚至出现个别韩国品牌售价低到 300 元人民币的情况，堪称世界微波炉最低价格。韩国公司在我国的微波炉生产企业，屡次在一些重要指标上被查出不合标准，并且屡遭投诉，这在注重质量管理的韩国公司是不多见的。业内人士认为，300 多元的价格水平不正常，是一种明显的抛售行为。它有两种可能：一是韩国受金融危机影响，急需扩大出口，向外转嫁经济危机；二是抛售套现，做退出前准备。

面对洋品牌可能的大退却，格兰仕不是进攻而是选择了暂时退却。目前，格兰仕总部发出指令，有秩序地减少东北地区的市场宣传，巩固和发展其他市场。这一策略直接导致了春节前后一批中小企业进军东北，争夺沈阳等市场，这些地区已经平息的微波炉大战有重新开始的趋势。

格兰仕经理曾在解释这种战略性退却时指出，其目的在于让出部分市场，培养民族品牌，使它们能够利用目前韩国个别品牌由于质量问题引起信誉危机的有利时机，在某一区域获得跟洋品牌直接对抗的实力，形成针对洋品牌的相对统一战线，赶走那些搞不正当竞争的进口品牌。

从长远来看，格兰仕保持一些竞争对手，也是对自己今后的鼓励和鞭策。在世界最高水平的德国科隆家电展中，第二次参展的格兰仕不仅获得大批订单，而且赢得了世界微波炉经销商的广泛关注。为继续扩大出口规模，格兰仕将有选择地在国内微波炉企业中展开收购工作。

资料来源：高云龙，邰启扬. 营销谋略与经典案例. 北京：社会科学文献出版社，2005.
（充实完善）

根据案例回答以下问题：

（1）当时国内微波炉市场处于什么样的状况？

（2）格兰仕在激烈的市场竞争中采取了何种战略？为什么？

第六章

国际化战略

1. 了解企业国际化经营的概念、原因、特点、目的。
2. 理解企业国际化经营所面临的复杂外部环境以及相关概念。
3. 熟悉公司层面和业务层面国际化战略。
4. 掌握企业进入国际市场的方式。
5. 掌握影响企业国际化经营的影响因素。
6. 了解企业国际化经营的一般演变规律。

引导案例

索尼公司的国际化战略

索尼公司是第二次世界大战后日本经济高速发展和走向国际化的标志之一。1946 年，索尼公司由盛田昭夫创办，经过 70 多年的发展，索尼公司成为日本的代表性企业，著名的世界 500 强之一。现在，索尼公司的产品约 70% 是面向海外的。可以说，在日本企业中，它是推进国际化经营走在最前列的企业之一。目前索尼产品是娱乐、电子和情感的融合，在电子、游戏、娱乐、金融四大领域中带进数位化、网络化。1996 年后，索尼陆续推出了数码相机、笔记本计算机、个人数码助理等产品。2018 财年该公司营业收入达到 781.4 亿美元，同比增长 1%。营业利润达到 80.6 亿美元，同比增长 22%。

（一）索尼国际化经营的基本路径

（1）20 世纪 60 年代，索尼公司正式出口半导体收音机、半导体电视机；

（2）20 世纪 70 年代，索尼公司在国外积极建立工厂，就地生产产品，就地销售；

（3）20 世纪 80 年代，索尼公司借助于其高超的技术力量，生产出高附加值的产品，具备了开拓海外市场和实现国际化的能力，向国际化企业飞跃发展。

（4）21 世纪以来采取全方位国际化战略。

（二）全球化与本土化同步

从 20 世纪 70 年代开始，索尼公司继开展销售服务之后，又很快地实现了生产和经营的当地化。20 世纪 80 年代日元升值对索尼公司将生产转向海外起到了推动作用，单是在东南亚地区，索尼就在 5 年之内建起了 9 个工厂。因此，当 20 世纪 90 年代索尼公司制定了"使海外生产比率达到 35%"的目标之时，盛田昭夫等人考虑，要在继销售和生产之后，使开发和研究、施工也能在各地进行。

与此同时，索尼公司开始积极起用外国人担任公司领导人。从 20 世纪 70 年代开始，索尼公司便陆续录用当地人作为海外基地的经理，而 1989 年起在欧美索尼基地工作的两个外国职员便双双晋升为索尼总部的领导干部，开创了日本企业将海外子公司人员聘为总公司领导干部之先河。索尼公司高层最初的想法非常简单："在建设工厂的时候，当地人与当地政府办交涉要容易得多，另外也容易融入当地社会。"

（三）研究开发国际化

索尼公司始终坚持不断追求新的时代动向，根据全球化与本土化同步发展的方针，在销售与制造之后，索尼开始进行包括技术转让在内的本地化研发工作。

进入 21 世纪 90 年代，索尼在全球建立了 20 多个海外研发基地。索尼海外研发基地根据当地市场特征，在市场附近根据需求进行开发，并将各地区特定领域的成果推广到其他地区，从而加强整个索尼公司的研发工作。

将研发搬迁到海外，索尼还有一个想法，是和国际先进企业进行合作。在 AV 设备、计算机和通信领域，美国都走在世界前列，不少国家和企业都纷纷与美国企业实行技术合作，对索尼公司而言，这样的合作自然也非常重要。

（四）服务全球化

索尼公司改变了以往由各国服务部门负责管理维修，不建供应体制的传统做法，于 1992 年和 1995 年分别在日本和东南亚（新加坡）以及欧洲（比利时）建立了全球维修部件中心，1996 年又在美国建立了相同的机构。从而在日本、美国、欧洲和东南亚构筑了全球维修零件中心的四级体制。从此以后，索尼公司便可以在各个地区相互提供维修部件和信息，另外与设立在各国的销售部门合作，在全世界建起了售后服务体制。

在走全球化道路方面，索尼公司的经验是，首先打出自己的商标，随之建立销售服务网络，就是说，要结合当地情况，建立包括生产和研发在内的商业网。

资料来源：http://www.nadianshi.com/2019/04/240153.（编者进行了整理）

自从 20 世纪 50 年代以来，世界经济发展的一个显著特点是各国企业经营活动的国际化。人们熟知的一些公司，如埃克森石油公司、大众汽车公司、丰田汽车公司、松下电器公司、帝国化学工业公司、柯达公司等，都从早期的产品出口转向国际的生产经营活动。企业活动的国际化是国际经济发展的必然趋势。

自我国经济对外开放以来，越来越多的企业进行着国际化的经营，如华为科技公司、海尔集团、长虹集团、宝钢集团、首钢集团、皓月集团等，它们在促进国家产品或服务出口和国内经济向国际经济迈进的过程中起着日益突出的作用。然而，经营活动国际化的企业面对的是一个比国内市场竞争更为激烈且更为复杂的国际市场。国际化的企业在制定战略计划和措施的过程中，不仅要认识自身的战略优势和劣势，还应充分了解国际环境的特点，只有这样才能立于不败之地。

本章首先讨论企业国际化的原因、特点以及在国际化经营中所考虑的环境因素，在此基础上探讨企业一般国际竞争战略的选择，最后讨论企业进入国际市场的模式。

第一节 企业国际化经营的原因及特点

一、企业国际化经营的概念与原因

所谓企业国际化经营是指企业跨国界从事生产经营活动，既包括简单的在国外销售产品，又包括在世界各地投资建厂，制造和销售多种产品的复杂经济活动。从现实看，随着经济环境发展的全球化和竞争的激烈化，生产技术、交通技术、网络信息技术和电子商务的快速发展，越来越多的企业开始从事跨国经营活动。

那么，为什么很多企业热衷于推进国际化经营呢？一般来说，企业进行国际化经营有两个目的：一是获利；二是求稳定。就获利来说，国际化经营可使企业获得满足国外市场对本企业产品或服务日益增长的需求的机会，扩大本企业产品的销售范围，从而获得更多的利润。此外，对企业产品或服务的新需求，可对企业的生产过程起到稳定的作用，而不至于受国内市场周期性变化的影响。下面列出企业走向国际化经营的具体原因。

（一）利用技术扩散，延长产品寿命

当一个企业开发出一种新产品后，首先它会具有明显的竞争优势。随着这种产品的逐渐传播和成长，在国内市场上它越来越失去其独特性和具有的竞争优势，这时企业通常会将这种产品向国外市场拓展。因为同一产品在不同市场上的生命周期是不一样的。在一个国家的市场上已经进入成熟期或衰退期的产品，在另一个国家的市场上可能刚刚进入成长期；而在其他国家市场上则可能处于投入期。因此，将产品向不同的市场扩散，就可保持或利用产品技术领先的地位。例如，德国大众汽车的"奥迪汽车设计和生产技术"在德国已经开始由成熟期走向衰退期，但在我国进行技术投资仍然有市场，还能给大众汽车带来可观的效益。

（二）利用品牌延伸，放大品牌价值

当一种产品的品牌在国内具有良好的声誉时，它通常诱使企业在全球范围内设立生产系统。也许是由于人们普遍存在的"崇洋"心理，或者是其优异的产品质量，洋牌子的产品通常被认为较国内产品好。这种情况在服装、汽车、家用电器中尤为明显。反过来，进行国际化的竞争，使产品活跃于几个大的主要的国际市场上，也更进一步巩固和加强了企业的声望和信誉。例如，美国的麦当劳、肯德基、可口可乐等企业，日本的丰田、本田等在我国进行跨国经营都是在进行品牌扩散经营。再比如我国的海尔在美国、格力在巴西投资建厂，从某种程度上看，也是这些企业进行品牌延伸和扩散，展开全球化竞争的开端。

（三）消化过剩产能，开发国际市场

当存在超越本国市场容量的规模经济时，企业为了降低产品成本，取得规模经济带来的效益，就不得不向新的市场渗透，将企业的储运、采购、生产和市场营销等活动转向国际化。例如，业已证明现代生产高速钢的企业，其最低的效益规模大约为国际市场需求的40%。有时，国际范围内的纵向一体化是实现规模经济的关键，因为国际纵向一体化系统的有效规模较之国内市场规模要大得多。

（四）利用低成本的资源，提升企业竞争力

当生产成本成为产品生产的关键因素时，企业会把生产转移到资源或劳动力价格相对较低的地区，在世界范围内规划生产经营的最佳配置，并向全世界销售产品。只有这样，企业才能保证降低其产品成本，增加其产品的竞争能力，保证企业经营的最佳整体效益。目前，很多企业由于本国的劳动力成本较高和原材料涨价，都在谋划如何利用发展中国家优质廉价的资源，在这些国家投资建厂或合资经营，以降低成本，获得更多的投资回报。

（五）分散商业风险，确保经营稳定

企业在不同的市场经营，其目的是要在国际市场上分散企业的商业风险。从现实来看，无论企业进行国际化经营的动机是什么，其制定实施国际竞争战略都必须要考虑所在国的环境因素和存在的风险，特别要关注国内和国外市场存在的差异，如分销渠道、购买习惯和需求、市场的成长性以及竞争压力等等。

二、企业国际化经营的特点

由于企业进行国际化经营而超越国界的异地性，使它们面临的生产经营环境与国内市场经营的企业有较大的差异，具体表现在以下几个方面。

（一）经营空间广泛

经营空间广泛指的是国际化经营的企业，在资源来源的途径、经营范围的拓展和产品开发程度等方面要比国内市场经营的企业广泛得多。国内经营的企业基本上是利用企业内外资源，在原有产品和业务构成的基础上，以国内活动空间为主体开展经营。国际化经营的企业由于在获取资源、产品生产、产品销售、研究与开发等方面的经营活动扩大到了世界范围，因此要求在制定战略时，把整体世界市场作为自己经营活动的舞台和战略发展的空间。

（二）经营环境错综复杂

经营环境复杂表现为环境因素的多样化、不可控性和不确定性。影响企业生产经营活动的环境因素远比国内复杂，这些影响因素包括政治、经济、法律、文化以及民族心理等方面的差异和变化，它们比国内环境因素具有更强的不可控性。因为，所谓国际市场实际上是由世界 233 个国家和地区的市场组成的，每个子市场又有很多细分市场，而且每个国家和地区的环境因素均有其不同的特点。企业在进入不同的国际市场时，将面临彼此各异的市场环境，这就对企业经营管理者的能力提出了更高的要求。

（三）竞争更加激烈

国际化经营的企业面向的是国际市场，面临的是更多强有力的竞争对手，所以，国际市场都是买方市场，各国商品的竞争十分激烈。特别是进入 21 世纪后，由于生产高度国际化和全球化，跨国公司已成为国际市场上的一支重要力量。它们实力雄厚，进行国际经营活动的经验丰富，在许多产品领域处于垄断地位。企业在进行国际化经营时，与跨国公司的竞争难以避免，这对于初涉经营国际化的企业来说无疑是严峻的挑战。针对此情况，企业竞争失败的危险远比在国内经营大。

（四）信息管理难度加大

由于经营空间和距离较大，国际化经营时信息的传递和交流不如国内方便。虽然现在有国际电话、传真、网络等现代信息技术手段，但在信息搜集、加工、处理、运用等方面仍然

存在着诸多的困难，必然造成企业进行国际化经营的成本增大。还有不可忽视的语言与文字的差异、商业习惯的差异、法律政策差异、消费者的差异等，都要求企业进行认真的学习和调查研究，需要企业投入更多的人力和财力，这些都给国际化经营的企业的信息管理带来了不小的难度，必然增加企业的运营成本。

（五）对运营管理的要求更高

经营空间的广泛性，经营环境的复杂性和信息管理难度大对国际化企业经营活动的计划和组织提出了更高的要求，其中包括原材料采购、生产、销售、运输、服务等方面的计划和组织。国际化经营企业的原料来源、元器件和零配件的供应可能都在国外市场，产品也销往国外，这样物流管理是个难题。国际化经营企业为了履行合同，保证及时交货，必须保证原料的及时供应，保质、保量、按时根据国外订货的合同加工出产品，并及时运送给用户。因此，对国际化经营企业来说，在原料供应、产品生产、销售、运输过程的计划和组织上要比国内经营企业投入更多的经营力量，对其管理工作要求更高。

第二节 国际化经营的环境因素分析

国际化经营的企业面临复杂多变的国际环境。企业在决定将其业务向海外扩展之前，必须充分而全面地了解国际环境的现状和发展动态，这是国际化经营战略取得成功的前提和基础。下面分述企业在走向国际化经营时所应考虑的环境因素。

一、国际贸易体制

国际化经营企业的目标是针对国际市场，因此首先应了解国际贸易的格局和体制。

（一）关税

关税是一国政府对进出该国的产品所征收的税金。各国对关税制度的分类不完全相同，一般包括单列税制和双列税制。单列税制即一个国家的关税对各国同一类商品采取一个税率，无优惠待遇；双列税制，即一个国家对同一种商品采取两种以上的不同税率，对最惠国家实行低税率关税。关税一般根据商品重量、体积或价格来规定税率。关税可以是增加国家的收入关税，也可以是保护本国企业的保护关税。在后一种情况下，国家往往对进入的货物征收倾销税。

（二）非关税壁垒

非关税壁垒是指除关税以外的限制商品进口的各种措施。非关税壁垒名目繁多，主要包括进口配额制、进口许可证制、外汇管制、最低限价和禁止进口、技术标准及检验制度、卫生建议规定、商品包装和标签的规定、繁杂的海关手续、政府的采购政策等。其中最常用的是进口配额，它是指输入国对某一产品领域同意进口，但对进口商品总量规定限额。其目的是保护国内某些产品和就业。

（三）国际贸易的支付方式

国际贸易需要将一国的货币兑换成另一国的货币。由于各国货币价值经常波动，因此汇率就会产生一定的问题。事实上，汇率的改变可能会使国际贸易所得的收益化为乌有。由于销售和交货与收回货款的时间滞后问题，汇率的变动对进口商或出口商的影响更为突出

（见表6-1）。

表6-1 汇率变动对进口商和出口商的影响

汇率变动	以进口商货币结算时的影响		以出口商货币结算时的影响	
	进口商	出口商	进口商	出口商
进口商货币升值	无影响	结算后获得更多的国内货币	支付较少的国内货币	无影响
出口商货币升值	无影响	结算后获得较少的国内货币	支付较多的国内货币	无影响

二、政治-法律环境

国家的政治-法律环境是否有利于外国商品进口和外国投资，各个国家有相当大的差别。国际化经营企业如决定在某国扩展经营业务，至少应考虑该国以下几方面的因素。

（一）对外国企业的态度

有的国家对外国企业表示积极欢迎，鼓励外国企业投资，为外国企业准备工业布局条件或基础设施等。有的国家对外国企业并不持十分友好的态度，这反映在许多方面，如禁止外国独资企业、限制外国企业的投资份额、政府控制外国企业返还母公司的利润数量及货币种类等。

（二）政治的稳定性

不仅要考虑交易对象国家政治形势的现状，还要考虑将来的稳定性。如果政局不稳，领导人频繁更换，则对外国企业有没收、征用和收归国有的危险。因此，如果政局不稳，与其对国外直接投资，不如选择出口贸易。反之，如果政局比较稳定，则可考虑直接投资。

（三）政府的官僚制度

诸如有效的报关手续、提供市场信息、外国政府所实施的制度和办事效率等。

（四）贸易或投资条约和协定

这些协定是两个和两个以上的国家为确定彼此之间的经济关系而缔结的书面协议。这些条约或协定的内容比较广泛，如关税的征收、海关手续、船舶航行、双方企业在对方国家所享受的待遇或保护、特种所有权（专利权、商标权）的处理和商品转口等。

法律环境指的是与国际化经营有关的法律，如涉及海外子公司设立的公司法、劳工立法、商标法、专利法、所得税法，与竞争有关的法规，与进口有关的法规，投资保护法规等。此外，还包括国际法律规范形式的国际公约，如《1883年保护工业产权的巴黎公约》《关税及贸易总协定》等。

三、经济环境

企业进行海外经营时还必须研究相关国家的经济状况和经济动向，主要包括以下四个方面。

（一）国家的经济发展水平

一个国家总体的经济发展水平不仅决定着出口该国商品的种类，也影响着投资类型和方向。一国经济发展水平的划分体系有六阶段法和四阶段法，下面介绍四阶段法的划分标准。

1. 自给自足的经济

在自给自足的经济结构里，几乎所有的人都从事单一农业劳动，生产的产品大部分被消费掉，以剩下的财物进行物物交换，也进行服务与财物的交换。显然，这种类型的经济给外国的贸易或投资机会是很少的。

2. 原料出口经济

在这种经济中，只有一种或少数几种丰富的自然资源，缺乏其他资源，收入几乎全部靠资源的出口。例如，智利的锡和铜、刚果的橡胶、沙特阿拉伯的石油就是如此。这类国家和地区是部分机械设备、材料加工设备、工具、器皿和运输工具以及奢侈品的良好市场。

3. 产业发展中经济

在这种经济结构里，工业占一定的重要地位，一般占国民生产总值的10%～20%。随着工业的发展，进口较多的是钢材、重型机械、通信设备、半加工纤维制品，很少进口纤维成品、纸制品和汽车。随着产业的发展，出现新的富裕阶级和为数不多的中产阶级，他们都需要新式的商品，而且都要从外国进口。

4. 产业经济

产业经济发达的国家根据工业技术或资本的输出程度建立起自己的工业基础。这种国家与其他工业国互换工业产品，与其他经济类型的国家之间用产品交换原料和半成品。由于中产阶级在大规模产业活动中占有相当重要的地位，这些国家已是一切种类商品的广阔市场，并且也有许多的投资机会。

（二）国内生产总值及其分布

国内生产总值是指以货币表示的一国在一定时期内所有的部门生产的社会产品（增加值）和纯收入的综合，包括国民收入、固定资产折旧费和非生产部门的纯收入。国内生产总值的总量反映一个国家的总体经济实力，而从国内生产总值的增长率来看，更能判明一个国家的经济运行状况及其前景。但是反映该国贫富的标准尺度以人均国民生产总值这一指标最为科学和合理。因而，不仅要考察一国的国内生产总值总量，还要分析一下国民生产总值的分布状况，即社会财富的分配模式。这种分配模式除与该国总体经济发展水平有关外，更多的是受政治制度的影响。国内生产总值的分布模式可分成五种类型，分别是：全是低收入阶层；大部分是低收入阶层；低收入阶层与高收入阶层并存；低、中、高收入阶层并存；大部分是中产阶级。国内生产总值的分布模式主要影响市场的需求结构和需求规模。

（三）国际收支

企业进行国际经营必须考虑所在国的国际收支状况。因为一方面国际收支影响该国的本位货币的币值，一个国际收支严重逆差的国家往往会贬低本国货币，扩大出口；另一方面，国际收支影响该国政府的经济政策以及对外来资本的态度。一般所在国是欢迎国外直接投资的，这有利于该国经济的发展与国际收支稳定，但国际收支逆差会影响国际企业的汇出利润与原料进口。

（四）集团贸易与区域性经济

自从20世纪80年代初以来，世界经济出现的一个重要现象是集团贸易和区域性经济集团的兴起。集团贸易与区域性经济合作的模式，包括建立共同市场（削减或取消内部关税及增设共同对外关税和完全的海关联盟）、自由贸易区、区域开发合作集团等多种形式。业已建立和将要成立的区域性经济集团有欧盟、北美自由经济贸易区（美国、加拿大和墨西哥）、东盟自由经济贸易区、亚太经济合作组织（APEC）等。世界上主要的合作集团是欧佩克，即石油输出国组织。它的目的是在成员国之间控制石油生产水平和油价。

四、地理、社会、人文环境

（一）地理环境因素

1. 气候与地形

一个国家的地形与气候条件，不仅影响着产品的生产与适应能力，也关系着市场的建立与发展。此外，海拔、温度、温差都会对产品的功能和使用条件产生影响。

2. 自然资源

资源是跨国经营必不可少的重要条件。自然资源的位置、质量及可供应量影响着投资的规模和技术选择。

（二）社会、人文环境因素

1. 人口状况

人口状况包括人口总量规模，人口增长趋势，人口密度，以及按年龄、性别、教育程度、职业、城乡和地理位置划分的人口分布状况及变化趋势。此外，还要研究家庭结构，因为家庭结构不同，对商品的需求存在明显差别。总之，人口总量及其分布和结构，加之人均国民生产总值等，都对消费需求的总水平有决定性的影响，是确定目标国家市场规模大小的重要指标。

2. 基础设施

社会基础设施包括交通运输条件、能源供应、通信设施和商业设施。商业设施包括广告、销售渠道、银行和信贷机构。基础设施越发达，国际企业就会越顺利地在目标国开展投资、生产和销售活动。否则，企业就必须用很大的经营代价，甚至在经营成本很高时不得不放弃这个市场。

3. 教育水平

人们受教育程度不同，对商品的需求、对商品的鉴别接受能力也不同，接受文字宣传能力也有区别。如果目标国家教育程度很低，国际企业就应派较多的管理和技术人员到该国发展业务，而不能过多地依赖当地人才。

4. 宗教信仰

不同的宗教信仰有不同的文化倾向与戒律，影响着人们认识事物的方式、行为准则、价值观念以及对商品的需求，包括商品的结构、外形、颜色等都有特殊的要求。

此外，社会、人文环境还包括诸如该国的生活方式、占统治地位的社会价值观念、审美观念、风俗习惯、语言文字等因素。

第三节　企业国际化战略的类型

企业国际化战略就是企业根据内外环境而制定的国际化经营目标，并为保证这一经营目标的落实和顺利实现所进行的谋划。企业通常选用一种或两种基本的国际化战略，即公司层面的国际化战略和业务层面的国际化战略。

一、公司层面的国际化战略

公司层面的国际化战略以企业生产的产品及地理多元化为重点。当企业有跨行业、跨国家或地区的业务时，就需要制定公司层面的国际化战略。需要指出的是，公司层面的国际化战略不是由业务经理或某区域经理来实施，而是由企业总部推行并实施的。在国际化战略中，最重要的是在本土反应的需求（满足特定国内市场需求）和全球整合的需求（将全球市场作为一个统一的整体市场而不加细分）之间进行的选择。根据这两项选择，公司层面的国际化战略包括国际本土化战略、全球化战略和跨国战略。

（一）国际本土化战略

国际本土化战略是指将战略和业务决策权分配到各个国家的战略业务单元，由这些单元向本地市场提供本土化产品。这一战略注重每个国家或地区之间的竞争，认为各个国家市场情况不同，于是以国家界限来划分市场区域。换句话说，每个国家的消费者的需求、行业状况、政治法律结构和社会标准各不相同。国际本土化战略以产品用户化的方式来满足本地消费者的特殊需求和爱好，并为其创造较好的条件，于是企业能够对每个市场的需求特性做出最准确的反应。由于注重本地用户的需求，因此，国际本土化战略通常是以扩大本地市场份额为主目标。

国际本土化战略的优点是对目标国家市场的需求适应能力好，市场反应速度快。其风险在于，由于企业在不同国家的子公司在不同市场上采用了不同的战略，因此，对于整个公司来说，国际本土化战略带来了协调和管理的难度，增加了经营上的不确定性；此外，国际本土化战略不利于实现规模经济效应和降低成本。

（二）全球化战略

全球化战略是指在不同国家的市场上销售标准化产品或服务，并由企业总部确定总体的竞争战略。可以看出，全球化战略与国际本土化战略截然不同，全球化战略认为不同国家市场的产品或服务更趋于标准化，战略更集中，应由企业总部集中控制不同国家市场的子公司业务，并试图把这些业务综合成一体。全球化战略注重规模经济效应，有利于公司层的资源、能力或创新成果。但全球化战略也存在忽略本地市场的发展机遇，对本地市场反应迟钝的问题。另外，由于全球化战略需要跨国界协调战略和业务决策，增加了企业总部的管理难度。由此可见，有效地实施全球化战略需要资源共享及强调跨国协调合作，而这需要企业总部的集权和控制能力。

（三）跨国战略

跨国战略是在全球激烈竞争的情况下，形成以经验为基础的成本效益和区位效益，转移企业内的特殊竞争力，同时注意当地市场的需要。具体来说，就是当一个企业在一个国家的经营中开发出特定的产品，能够满足当地需求，同时又能推广到别的国家，这时企业即以该国子公司作为该产品全球经营的供应者。母公司与子公司、子公司与子公司之间的关系是双向的，即不仅母公司向子公司提供产品与技术，子公司也可以向母公司提供产品与技术。

企业实施跨国战略，需要寻求全球化效率与本土化反应高度统一，要达到这一目标并非易事，对企业的管理提出很高的要求。特征是运用经验曲线效应，形成区位效益，能够满足当地市场的需求，达到全球学习的效果。国际战略是本土适应能力与全球协助均低，跨国战略是本土适应能力与全球协助均高。

二、业务层的国际化战略

就业务层战略而言，本国市场的成功运营是企业获得竞争优势的最主要源泉，在本国市场中获取的资源和技能，将会不断地促使企业追求海外市场的扩张。在进行业务层国际化战略时，企业同样可以立足于成本领先、差异化所形成的竞争优势以占领国际市场。

（一）产品标准化战略

产品标准化战略是指开发标准化产品，将这种标准化产品在世界范围内以同样的方式进行生产和销售。采用这种战略的理由是，充分利用在生产这种产品以及建立一个强大的世界分销网络等方面所存在的规模经济。通过产品标准化，就可以大批量地生产同一产品，降低产品的生产成本，从规模经济和经验效益中获益。此外，还可从大量采购、大量的同一化的促销手段中获得规模经济所带来的好处。最成功地采用产品标准化战略的公司是美国的可口可乐公司，它在世界各地所销售的可可饮料、柠檬水以及橘子水等都具有同一口味，且被国际消费者所接受。

（二）广泛产品线国际战略

广泛产品线国际战略是指在行业的所有产品线范围内进行国际化的竞争。在寻求这种战略时，企业可在世界市场范围内，取得产品差异化或成本领先的战略地位。显然，在寻求广泛产品线国际战略时，也可利用产品标准化战略，既在每一产品线上，产品在世界范围内都是同样的，在广泛产品线战略中，重要的是建立一个强大的世界范围内的分销系统。采取这一战略的益处在于，所有产品均可共享技术方面的投资以及分销渠道。当然，实施这一战略需要大量资源以及长远的战略眼光。

（三）国际集中化战略

国际集中化战略是企业选取行业中某一特定的细分部分，并在世界范围内对这个特定的部分进行竞争。这个战略的思路是选择行业的特定部分，在此，企业可取得产品差异化的地位或成为最低产品成本的制造商。同样，在国际集中化战略中也可采用产品标准化战略。

（四）国家集中化战略

国家集中化战略是企业为了利用不同国家市场的不同特点，将其经营活动集中于特定的国家市场。在服务于这一特定国家市场的独特需求方面，企业既可以获得产品差别化的地位，又可成为成本领先者。

（五）受保护的控位战略

受保护的控位战略是寻求那些东道国政府的政策以排除许多国际竞争者的国家市场。该国政府排除国际竞争者的方式可能有多种，如要求产品中有较高的国产化水平、高关税、配额等。为了保证该国政府的保护政策持续有效，采取这种战略的国际企业必须在政府的限制范围内来经营，而且也必须与该国政府保持紧密的合作关系。

对于任何一个国际化经营的企业来说，选择一个有效的国际战略是一项复杂且困难的决策。但是，基本上这种选择是基于国家的比较优势和特定企业的竞争优势的。当一个国家较其他国家能更经济或更便宜地生产某些商品时，可以说这个国家就有了生产这些商品的比较优势。生产要素决定了一个国家的比较优势，这包括自然资源、充足的及高质量的劳动力和资本、可应用的技术，以及这些资源的相对成本等。而所谓企业竞争优势，是指企业在专利、专有技术、产出规模、组织结构、劳动效率、品牌、产品质量、信誉、新产品开发以及管理和营销技术等方面所具有的各种有利条件。企业竞争优势是由这些有利条件构成的整体，是企业竞争力形成的基础和前提条件。这里所指的企业竞争力，是指企业设计、生产和销售产品和劳务，参与市场竞争的综合能力。这种能力主要是由企业自身所拥有的竞争优势所决定的。

国家的比较优势影响着企业在哪儿生产以及在哪儿销售产品的决策；竞争优势则影响着企业沿着附加价值链，将其资源集中于什么样的活动和什么样技术的决策。

第四节　企业进入国际市场的方式

所谓进入国际市场的方式是企业使其产品、技术、工艺、管理及其他资源进入国外市场的一种规范化部署。从经济学的角度看，企业进入国外市场仅有两条道路：第一，在目标国家以外的地区生产产品向目标国家出口；第二，向目标国家输送技术、资金、工艺及企业，直接地或采用联合方式运用当地的资源（特别是劳动力资源）生产产品并在当地销售。

从经营管理的角度看，上述两条道路可以分为商品出口、许可证贸易、合同安排、直接投资以及国际战略联盟等五种。

一、商品出口

商品出口是国际化经营企业的最终或中间产品在目标国家之外生产，然后运往目标国家，是国际经营活动的初级形式。商品出口可分为非直接出口和直接出口两种形式。

（一）非直接出口

非直接出口是指企业将产品卖给国内的中间商或国外中间商委托的国内代理机构，由它们负责企业产品的出口，这是一种开拓海外市场、增加产品销售量最简单的方式。其优点是风险小，资金、人力资源投入较少，但企业对海外市场控制程度低，不能直接掌握国际市场信息，一般适用于中小型企业，但有时大企业也采用非直接出口方式进入某些次要市场。

（二）直接出口

直接出口是企业将产品直接卖给国外顾客（中间商或最终用户），企业要独立完成出口业务，要进行海外市场调研、与国外顾客谈判、产品实体分销、出口产品定价及办理各种出口单证等。直接出口的优点是企业直接参与市场营销，可按企业自身意图实施出口战略，有利于积累国际营销经验，培养国际营销人才。

二、许可证贸易

许可证贸易又叫技术转让，是指企业（许可方）与另一国外企业（被许可方）签订许可证协议，授权国外企业使用属于本企业的专利、专有技术、设备、工艺、商标或其他知识的使用权，由国外企业进行生产或销售，企业按被授权者的销售额收取一定比例的费用和报酬。许可证贸易分为以下五种类型。

（一）独占许可

独占许可指许可方给予被许可方在规定地区规定期限内有权制造、使用和销售某项技术产品的独占权或垄断权，而技术许可方及任何第三者都不得在这个规定地区内制造、使用和销售该技术产品。

（二）排他许可

排他许可指技术许可方和被许可方在规定地区内有制造、使用和销售的权利，但许可方不得将此种权利给予第三者。

（三）普通许可

普通许可指技术许可方给予被许可方在规定地区有制造、使用和销售的权利，而许可方仍保留自己或转让给第三者在这个地区内制造、使用和销售的权利。

（四）可转让许可

可转让许可即技术的被许可方有权将其所得到的权利以自己的名义再转让给第三者。

（五）交换许可

交换许可即双方以各自拥有的专利技术或专有技术等价交换使用。

许可证贸易是进入国际市场的方便途径。从提供许可证的企业来看，可以在不需投资的情况下获得盈利；可以通过工业产权的出口，打破各种贸易壁垒；向国外输出技术，有利于建立自己的技术派系，提高产品竞争能力。但是，提供许可证的办法与自己在国外安装生产设备、组织生产相比，可能出现一些缺点。

首先，接受许可证可能不能很好地组织正常生产；其次，接受许可证者取得极大的成功，使提供许可证的企业因未自己组织生产，使本来可以得到的巨额利润被人拿走而感到惋惜。最后，倘若中途废除许可证合同，接受许可证者可能成为可怕的竞争对手。为避免这种危险，发许可证者应与接受许可证者建立双边合作，分享利益的关系。这种关系能否建立，关键是提供许可证者应保持革新的势头，使接受许可证者甘愿依靠发许可证者。

许可证贸易中应用最普遍的是特许经营。特许经营是指企业同意收取一定的费用允许其他企业使用本企业的商标、信誉、产品或服务，以及经营方式的权利。利用特许经营方式，发出特许的企业可以在特许期内获得一定的固定收入，同时也利用其他企业提高了企业的声誉，如大家熟知的麦当劳、肯德基、假日酒店等企业就是通过特许经营方式进入了许多国家。

需要说明的是，特许经营一般都发生在服务业，很少涉及专利技术，而顾客对该企业的认可也是通过对企业名称、店堂布置及产品或服务的特殊形式的确认形成的。所以，一旦特许经营关系中断，原接受的企业便不能继续使用原来的特许内容。但如果接受许可的一方不能按要求的标准提供服务，也会给提供特许的企业的声誉造成损害。

三、合同安排

合同安排也叫"非股权安排"、契约式经营，这种方式是两国合作者建立在契约基础上的各种形式合营的总称，是 20 世纪 70 年代以来广泛采用的一种国际市场进入方式。企业在目标国家的企业中没有股份投资，而是通过非股份投资控制目标国家企业的技术、管理、销售渠道等多种资源。合同安排主要包括管理合同、国际分包合同、工程承包合同等不同形式。

（一）管理合同

这是向国外企业提供管理经验、情报信息、专门技术知识的合同。它赋予国际化经营企业在目标国家管理工厂日常运行的权利，而由国外企业提供所需的资本；国际化经营企业不是输出产品，而是输出管理经验与劳务。在一般情况下，管理合同不授予国际经营企业进行新的资本投入、承担长期债务、决定红利政策、设定基础管理或政策变更，或是对所有权的安排做出改变等权利，因此所管范围只是企业的日常运营。缔结管理合同是进入国际市场风险最小的方式，合同开始生效就有收益。提供管理经验和知识的企业，如能在一定期间里取得对方企业若干股份的选择权，这种合同就更有吸引力。如果提供经营管理经验和知识的企业，能在别的方面更有效地利用这种经营能力，或者单独经营可以取得更多的利润，则缔结这种合同就不是最佳选择。

（二）国际分包合同

国际分包合同是指某个国家的总承包商向其他国家的分包商订货，通常是发达国家的总承包商向发展中国家的分包商订货，由分包商负责生产部件或者组装产品，由总承包商负责出售最终产品。这种方式类似于来料加工、来样加工、来件组装等加工贸易形式，分包商企业一般不用承担风险，而总承包商可以低于市场价格购买分承包商的部件或者组装产品。

（三）工程承包合同

工程承包合同是指企业按照合同要求在目标国家从事水利、交通、通信等设施建设，或为目标国家政府和企业提供成套设备、大型主机设备及其设计、安装、调试及管理，工程完成后由目标国家政府或企业验收接管。

工程承包合同分为单项合同和整体合同两种。单项合同是指承包商只承接工程项目的部分内容。整体合同又叫交钥匙合同，它要求承包人在将国外项目交给其所有者之前，应使其达到能够运行的程度，甚至在建筑工程全部完成后，为了使所有者进行项目的准备，承包人有责任提供诸如管理和操作培训一类的服务。这种安排有时被称为"交钥匙附加承包"。交钥匙合同对资本、技术、施工管理等方面的要求较高，承包商要具有较强实力才能获得，但这种合同利润丰厚并且有利于带动成套设备出口。例如，中国成套设备出口公司为非洲某国建立纺织厂，为中东某国建立蔗糖厂等。在签订和执行工程承包合同时，承包人应该充分落实该合同，要明确规定工程项目计划和设备、各方的义务和责任、不可抗力的含义和合同违约后的法律后果，以及解决争端的程序等事项。

四、直接投资

投资进入方式涉及国际化经营企业拥有的制造厂和其他生产单位在目标国家的所有权问题。在生产范围内，国外子公司可能是完全依靠由母公司进口半成品的简单的组装厂；也可以是那些承担全部产品制造任务的生产厂。在所有权和管理控制范围内，国外的生产分公司可分为两种，一种是母公司拥有完全的所有权和控制权的独资企业；另一种是母公司和当地企业共同拥有所有权和控股权的合资企业。现对这两种形式分述如下。

（一）独资经营

国际化经营企业单独在国外投资建立企业，独立经营，自担风险，自负盈亏。如果国外市场需求潜力很大，企业具有国际化经营的经验和能力时，企业可能考虑采用该进入方式。

独资经营与其他进入方式相比有许多益处。企业可以在国外市场获得便宜的劳动力和廉价的原料，或者受到外国政府的投资鼓励，节省运费等有利条件，因而可降低产品成本；企业可以积累更多的国际化经营经验；由于投资给东道国带来就业的机会，企业可以在该国树立良好的形象；企业可与东道国政府、顾客、当地供应商、经销商等保持密切联系，使产品更适合当地的市场环境；企业能完全控制投资的使用，使企业制定出一个一体化的长远的国际战略，使子公司的目标与母公司的目标保持一致。

独资经营的主要缺点是企业对巨额投资承担风险，这对企业财务来说是一个很大的压力；独资公司常被东道国政府以及当地社会视为外国企业，易遭排斥，面临的国家风险比较大；由于对东道国的社会政治经济环境不够熟悉，在争取东道国各方面的理解与合作、处理与东道国各方面的纠纷时常常比较困难；某些东道国对独资企业与合资企业实行差别待遇，往往对独资企业只给予较少的优惠而限制却比较多。

（二）合资经营

国际经营企业和目标国家的投资商共同投资，在当地兴办企业，双方都对企业拥有所有权和经营权，即共同投资、共同管理、共担风险和共享利益。合资企业的创立可以是国际化经营企业购买当地企业的股份，或当地企业购买国际经营企业在这个目标国家的分公司的股份，也可能是双方合资创办新的企业。

从经济角度讲，如果目标国家的投资商缺乏资金或管理能力从而无法单独投资经营，则联合投资利用当地资源就不失为合理的进入市场的方式。就政治因素而论，有些国家规定外国企业只有同本国企业合资才能进入其市场，这就迫使国际化经营企业不得不采取合资经营的方式。但合资经营也有缺点，合资双方可能在投资、生产、市场营销以及利润的再使用等方面发生争执，影响企业的正常经营；如果国际化经营公司将自己的独有技术和管理技能投入合资企业，很容易被合资伙伴所掌握，它可能发展成为自己未来的强有力的竞争对手；国际化经营企业在合资公司中进行转移定价时会受到其他合资伙伴的限制与阻碍；合资各方作为资本投入，合资公司的各项资产，特别是无形资产很难准确估价，会影响各方的利益。

五、国际战略联盟

所谓国际战略联盟是指两个或两个以上的、潜在的或实际的国际竞争企业之间，为了某以共同目标所形成的合作协议。尽管企业间的合作和联盟关系早就存在，但现代意义上的战略联盟自从 20 世纪 80 年代以来才开始大量出现，其发展方兴未艾。例如，在汽车行业中，23 个最大竞争对手所形成的国际战略联盟数量从 1978 年的 10 宗猛增到 1988 年的 52 宗。在其他的行业中也存在着类似的趋势。

（一）国际战略联盟的形式

由于产品的特点、行业的性质、竞争的程度、企业的目标和自身的优势等因素各不相同，国际企业间所形成的战略联盟形式也呈现出多样性，既可以是正式的合资经营，也可以是几方为了一个特定问题而合作形成的短期合同协议。一般来说，战略联盟的形式有如下几种：

1. 契约性协议

战略联盟的伙伴共同投入力量进行联合的研究与开发、联合生产和联合营销活动等。联合行动可包括许可证、交叉许可证和交叉营销等。例如，瑞士雀巢公司和美国通用米勒公司达成联盟协议，雀巢公司的某些产品可在米勒公司的美国工厂中生产，然后成批运回欧洲，由雀巢公司以雀巢的产品包装在法国、西班牙和葡萄牙出售。

2. 国际联合

这种形式的联盟主要是美国、西欧和日本的国际企业之间为了对付技术与开发的高额成本和巨大风险而建立的。在电子通信、飞机发动机和制药等行业中这种国际联合是非常普遍的。

3. 股权参与

即国际企业在其他企业中占有少数股权,其战略目的在于确保供应商的能力和建立非正式的工作关系。也就是说合伙人继续以独立的实体经营,但各自都能享受到对方优势所提供的好处。例如,美国福特汽车公司拥有日本马自达公司 25%的股权,其在小型汽车的设计与生产上得到马自达公司的大力支持,而后者也依靠福特公司进入国际市场。

4. 合资经营

即由两家或两家以上的国际企业共同出资、共担风险和共享利润而建立的独立企业,这种形式的联盟被普遍采用。

(二)国际战略联盟的动因

国际企业是否会建立战略联盟,首先要看战略联盟给企业带来的好处是否大于企业为此而支付的成本。虽然不同企业、不同行业中战略联盟的原因多种多样,但归纳起来,国际企业建立战略联盟的主要动因包括以下几个方面。

1. 开拓市场

这个动因是最普遍的,因为国际企业的首要目标就是向国外市场渗透,而建立战略联盟是开拓国际市场的有效方法之一。例如,美国摩托罗拉与日本东芝电器公司建立战略联盟,就是为了使自己的产品能更大规模地进入日本市场。美国通用汽车公司和日本丰田汽车公司合资在美国生产汽车的案例恐怕是最典型的了。这两家公司于 1983 年利用加州濒临废弃的旧厂址,合资成立了新汽车联合制造公司。就日本丰田汽车公司来说,其最终目的就是进一步打开美国汽车市场和扩大市场份额。丰田公司通过这项战略联盟,提前 3~5 年在美国有了一个生产基地,同时也顺利冲破了美国对日本汽车的自动限额。丰田在此联盟中仅仅投入了 1 亿美元,就获得了其在美国从事汽车制造所需要的全部支持和经验,以及与美国工会、地方政府打交道的经验。

2. 分担研究与开发的风险

先进的技术是国际竞争的关键,而任何研究与开发项目不管以后的销量和市场有多大,总要支付高额的固定成本,在计算机、电子、航空等行业这种情况尤为突出。在这些领域中,开发新一代技术和产品的费用是任何一家公司,即使是大公司也无法担负的。也就是说,科技的发展使企业从技术自给转向技术合作和相互依赖。国际企业通过建立战略联盟,共同支付技术开发费用,共同承担开发风险,最后共同享有技术开发成果。例如,波音公司与某一日本财团联盟共同制造 767 宽体商用喷气式飞机,波音公司的主要意图是寻求分担飞机开发所需要的巨大费用,这种研究与开发费用达几十亿美元。在开发费用高昂的医药行业,以分担风险为目的的战略联盟也很常见。MCI 公司是美国一家通信设备公司,它通过与其他一百多家公司合作,生产出各种通信设备提供给用户,每年可节约 3 亿~5 亿美元的研究费用。

3. 优势互补

战略联盟可使各方面的技能及资产形成互补的优势,而所形成的综合技能和资产是任何单独一方所不能够拥有或开发出来的,这种战略联盟使各方做到优势互补。以法国的辛普森公司和日本的 JVC 公司共同生产录像机所形成的战略联盟为例,JVC 公司与辛普森公司两者之间实质上是在互换技能,因为辛普森公司需要产品技术和制造技术,而 JVC 公司需要知道如何在分散的欧洲市场上销售录像机产品。由于两者的优势互补,因此联盟获得了成功。

4. 有力竞争

传统的企业竞争方式就是采取一切可能的手段，击败竞争对手，把它们逐出市场，因此企业的成功是以竞争对手的失败和消失为基础的，"有你无我，势不两立"是市场通行的竞争规则。战略联盟的出现使传统的竞争方式有了一个根本的变化，即企业为了自身的生存和成功，需要与竞争对手进行合作，即为竞争合作，靠合作来竞争。企业建立战略可使其处于有利的竞争地位，或有利于实施某种竞争策略。日本东芝公司的战略联盟就是一个很好的例证。在好多人刚刚知道"战略联盟"这个词的时候，人们发现东芝公司实施这种战略已经有几十年的历史了，它几乎与世界上所有的相关企业建立了联盟关系，而且基本上无一失败。战略联盟使东芝公司成了一个世界上独一无二的竞争者，不仅帮助它度过了日本经济严重萧条的时期，而且使之得到了世界上最重要、最有希望的先进技术。与美国摩托罗拉公司的合资，使之成为世界第一号的大规模记忆芯片的生产者，在 IBM 公司的帮助下，其成为世界第二大彩色平面显示器的供应商，此外，核动力发电设备、计算机、传真机、复印机以及其他各种高级半导体、充电电池、医疗设备和家用电器等产品都是通过战略联盟来生产的。东芝公司的联盟实践说明，面对第二次世界大战后世界经济和技术的飞速发展，以及竞争日趋激烈的外部环境，企业不得不改变以往直接对抗的竞争形式，而采取战略联盟这种间接竞争方式。也就是说，当竞争双方都无法消灭对方时，变对手为朋友，为竞争而合作，通过联盟而共同获利不失为一个上策。

（三）建立有效国际战略联盟的原则

国际企业一旦建立了战略联盟，能否达到预期目的就要看联盟是否获得了成功。据麦金西咨询公司对 49 家战略联盟追踪调查的结果显示，有 1/3 的联盟企业因未达到合伙人预期的目的而失败。失败的原因很多，其中大部分与战略联盟的协调有关。战略联盟的管理者来自不同国家的不同企业，有着不同的文化背景和企业文化，在联盟建立的初期很可能具有不同的目标和期望。在此情况下，他们对某一问题产生不同的看法和决策是必然的，因此协调就成为战略联盟成功的关键。根据战略联盟成功的经验和失败的教训，管理学者们归纳出以下使战略联盟正常运作的原则。

1. 要确定合适的联盟伙伴

合伙人是否合适关系到联盟的生存和发展，出于建立战略联盟的目的，合伙人必须具有某种专长才能成为联盟的成员。合伙人的长处或优势还要能经得起时间的考验，仅仅具有相对的长处或优势的企业有时都不能算是好的联盟伙伴。建立战略联盟的目的是通过不同企业的优势互补和整合而达到"二加二等于五"的效果。如果联盟各方面不具备优势或优势不明显，甚至具有明显的弱点，又都想借助于对方发展自己，那么这样的联盟很难逃脱失败的命运。

2. 明确联盟伙伴之间的关系

多数战略联盟不是依靠股权等法律机制来维系的，而是出于合作各方共同的目标而自愿结合在一起。从联盟建立的一开始，各方的责任、义务、权利等都应当明确地加以界定。经过仔细审慎精心雕琢的联盟协议可以大大减少所具有的潜在冲突的发生。联盟实践证明，要减少联盟各方之间的矛盾，必须建立一种和谐、融洽、平等的关系。伙伴之间的平等关系不能机械地理解为不管什么事情都要绝对地 50% 对 50%，但应时刻牢记双方都必须能从联盟中得到好处。如果有一方感到不利或受到损害，那么联盟就会有失败的可能。同时，平等关系也并非意味着一定要双方共同决策。当然，不管出于什么目的，合伙人总是想共同决策和管理，但事实上结果并不理想。麦金西咨询公司提出两种办法：一种方法是让一方管理，并给予它完全的自主权，条件是看谁具有更高超的管理能力；另一种方法是另建一家完全自主经营的企业，它只对自己的董事负责。

3. 联盟各方要保持必要的弹性

这里的弹性是指参与战略联盟的各方都必须随时能对市场和合伙各方的变化做出反应，特别是在联盟建立的初期。麦金西咨询公司的研究表明，最成功的战略联盟在最初的几年内变化频繁而且变化幅度很大。原因很简单：市场变化，合作的双方也要变化；对方变化，自身也必须变化。IBM 公司与微软公司曾有过长期联盟的经历，但仍失败了。微软公司从几乎一无所有到拥有几百亿美元市值的发展，在很大程度上得益于与 IBM 公司的联盟关系。它最初是向 IBM 公司提供一种 IBM 个人微软使用的基本软件，在差不多十年的时间里，与 IBM 公司的联盟关系是微软公司的生命线。然而，就在开发新一代软件的问题上双方出现了分歧，结果使联盟破裂。双方都承认在联盟中要改变经营方向是相当困难的。

4. 坚持竞争中的合作

企业不应忘记，建立战略联盟不过是一种手段，最终目的是通过合作或联盟关系来增强自己的竞争能力，实现自己的经营目标。因此，联盟各方彼此平等相互信任是必要的，但绝不是无原则地迁就对方或向对方提供一切。在商业关系中，有时经济价值和利益会有助于创造相互信任和友谊。微软公司与苹果电脑公司建有战略联盟，前者向后者提供应用软件，而后者借助前者的应用软件使苹果电脑获得了市场的认可。尽管两家公司之间有战略联盟存在，但丝毫没有影响两家公司在其他领域内的竞争，苹果公司甚至诉诸法律，控告微软公司的某种商业软件是对苹果电脑知识产权的偷窃。在联盟中不应忽略合作中的因素，过于草率地把核心技术和独特技能让给伙伴，其结果是使自己的竞争能力下降。因此，战略联盟应该是竞争性合作。

5. 在战略联盟中向联盟伙伴学习

许多研究表明，一个企业在战略联盟中获益的决定因素之一是其向联盟伙伴学习的能力。在战略联盟中，不应只是付出，而应当学习联盟伙伴的长处，并将这种长处结合到自己的企业当中去。以日本企业与欧洲及美国许多企业所形成的战略联盟为例，人们发现，日本公司在每次联盟之后变得越来越具有竞争力，其原因是日本企业都很努力地去学习联盟伙伴的长处，它们将联盟看成了解竞争秘诀的绝好机会。因此，在战略联盟中要善于学习联盟伙伴的优势，以增强企业的竞争能力。

第五节　影响企业进入国际市场方式的因素

选择一个或几个正确的国际市场进入方式对于一个企业来说是个复杂而困难的决策。它需要考虑各种影响因素，对所有可供选择的进入方案进行大量的分析比较。根据美国宾西法尼亚大学沃顿商学院鲁特教授的研究结论，选择正确的进入方式应充分考虑企业外部因素和企业内部因素，如图 6-1 所示，外部因素包括目标国家市场因素、目标国家环境因素、目标国家生产因素和本国因素；内部因素包括企业产品因素和企业资源投入因素。下面详细论述每个因素所包括的具体内容。

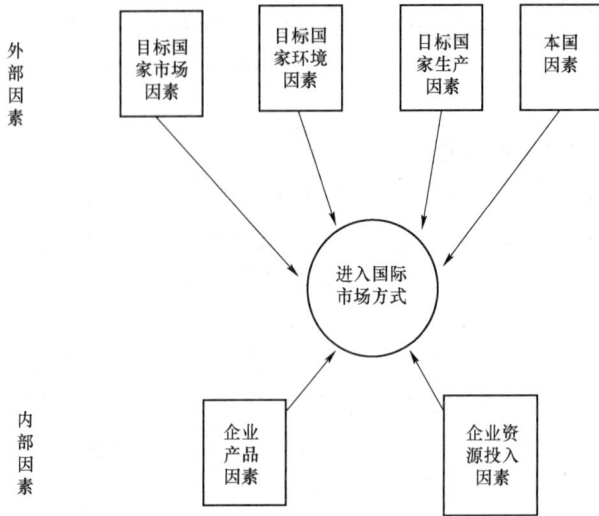

图 6-1　影响企业进入国际市场方式的因素

一、影响企业进入国际市场方式的外部因素

（一）目标国家市场因素

1. 目标国家市场规模的大小

较小的市场规模可选择出口进入方式或合同进入方式。反之，销售潜力很大的市场应选择分支机构或子公司出口，或者投资进入方式。

2. 目标国家市场的竞争结构

竞争类型总是在分散型（由许多不占主要地位的竞争者）到卖主垄断型（有少数占主要地位的竞争者）及寡头垄断型（具有单一公司）之间变化。对分散型竞争的市场，一般选择出口进入方式，对卖主垄断型或寡头垄断型市场，则常常选择投资进入方式。如果断定向目标国家出口或投资的竞争太激烈，企业也可转而采用许可证贸易或其他合同进入方式。

（二）目标国家生产因素

目标国家的生产要素投入（原料、劳动力、能源等）以及市场基础设施（交通、通信、港口设施等）的质量和成本对进入方式的决策有较大的影响。对生产成本低的国家，应选择投资进入方式；反之，生产成本高会抑制在当地的投资。

（三）目标国家环境因素

1. 目标国家政府对外国企业有关的政策和法规

限制进口的政策（如提高关税、紧缩配额和其他贸易壁垒）使得人们放弃出口进入方式而转向其他方式。同样，限制外国投资的政策往往会使人们对投资信心不足而选择其他初级的进入方式，以及放弃独资转向合资。另外，目标国家也可能采取优惠政策（免税）来鼓励投资。

2. 地理位置

当距离目标国家很远时，由于运输成本高，出口产品竞争不过当地的产品，只有放弃出口进入方式而转向其他方式。在降低运费、大幅度减少运输成本的情况下，出口企业有可能在目标国家建立综合运行系统,逐步实现向投资进入方式的转变。

3. 经济状态

经济状态以国家生产总值和个人收入的增长率,以及就业情况的变化等来表示。对处于经济快速增长的目标国家,应选择投资进入方式;反之,对于经济处于缓慢增长的目标国家,则应采取其他进入方式。

4. 外部经济关系

国外经济关系包括目标国家的支付能力、债务负担、汇率态势等。目标国家如果支付能力下降,则会导致政府的进口限制、支付能力限制以及外汇比价贬值等。进口限制抑制了出口进入方式;控制汇率限制了利润和资本的返回,从而也限制了投资进入方式;货币贬值对出口进入方式不利,同时鼓励了投资进入方式。

5. 本国与目标国家在社会、文化等方面的差异

当目标国家与本国的价值观、语言、社会结构、生活方式的区别十分明显时,国际经营者就会由于心中没底而对在目标国家进行生产经营感到胆怯,从而选择出口进入或合同进入方式。文化差异还会影响选择目标国家的先后顺序,国际经营企业总是首先选择文化与自己相近的国家。

6. 政治风险

当国际经营者感到目标国家有较大的政治风险,如政局不稳定、私产受到征用的威胁等时,它们将减少资本投入;反之,政治风险小则有利于向目标国家投资。

(四)本国因素

1. 国内市场规模

一般来说,一个广大的国内市场是大企业在走向国际化经营时,比小企业更倾向于采用投资进入方式(还有一种影响是大的国内市场使企业趋于国内市场导向型,减弱了走向国际化经营的兴趣);反之,国内市场小的企业热衷于通过出口以达到最佳的经济规模。

2. 本国的竞争态势

卖方垄断行业企业倾向于效仿那些要增强竞争力量的国内对手。进一步讲,当一个企业向海外经营时,其竞争对手也随之而至,因为垄断者不愿看到对手在出口或许可证贸易方面对自己构成威胁,它们的反应就是向海外投资。反之,分散型的竞争格局促使企业更倾向于采用出口或许可证贸易进入国际市场。

3. 本国的生产成本

如果本国的生产成本高于目标国家,则应当采取在当地进行生产的进入方式。如果本国生产本低于目标国家,则应选择出口进入方式。

4. 本国政府对出口和向海外投资的政策

当本国政府采取税收及其他鼓励出口的政策、保持中立或者限制海外投资时,企业倾向于采取出口或合同进入方式。

二、影响企业进入国际市场方式的内部因素

(一)企业产品因素

1. 产品的独特性

与相竞争的产品相比,明显占上风的优势(独特性)产品能承受高运输成本、高关税而

仍能保持在国外目标市场的竞争能力，因此，这些优势产品选择出口进入方式。反之，微弱优势的产品必须在目标国家价格的基础上竞争，也许只能选择在当地进行生产的方式。

2. 产品所要求的服务

要求一系列售前和售后的产品，对于与目标市场有一定距离的企业来说是一个难题。因此，服务密集型制成品倾向于采用分支机构或子公司出口以及在当地生产的进入方式。如果企业的产品本身既是服务，如工程、广告、计算机服务、管理咨询、建筑工程等，则企业必须找到在国外目标国家进行这些服务的途径，因为服务不可能在一个国家生产出来再出口到外国去。

3. 产品的生产技术密集度

生产技术密集度高的产品使企业优先采用技术许可证贸易方式进入目标国家，如许多生产资本品的企业多采用许可证贸易。

4. 产品适应性

对适应性差的产品只能选择出口进入方式。而对在国外市场上推销适应性好的产品，可选择使企业与国外市场最为接近的进入方式（许可证贸易、分支机构或当地投资生产）。

（二）企业的资源投入要素

1. 资源丰裕度

企业在管理、资金、技术、工艺和营销等方面的资源越充裕，企业在进入方式的选择余地就越大。反之，资源有限的企业只能采用出口进入或许可证贸易进入方式。

2. 投入愿望

虽然资源是影响进入方式的因素，但还不足以确定企业进入方式的选择，因为资源必须和把它们投入国外市场的发展愿望联系在一起。高投入愿望意味着经营者在选择进入目标国家方式时，与低投入愿望的经营者相比有更为广泛的考虑余地。前者更倾向于采用投入进入方式。

三、企业国际化经营演变的阶段

企业一旦决定走向国际化经营，它首先选择风险最小的市场进入方式。随着国际化经营规模的进一步扩大和国际经营经验的积累，企业将逐渐选择能更好地控制国外市场运行的进入方式。但是为了获得更大的控制权，企业不得不投入更多的资源和承担更大的市场及政治风险。对国际竞争能力信心的增长将使企业在控制和风险这对选择之间产生一种雄心勃勃的转变，更倾向于去控制。其结果是，国际化经营企业更热衷于以投资者的身份进入国外目标市场。

根据许多国际化企业的实践经验，一个制造企业在走向国际化经营的过程中，一般按照下述的四个阶段逐渐演化。

第一阶段：非直接出口或特殊项目出口。

企业在刚开始进行国际化经营时，选择非直接出口或临时性的服务项目。往往是顾客提出出口请求（包括顾客对许可证的要求），然后企业向目标国家市场做少量投入。在这一阶段，企业对待国际化经营的态度是被动和反应型的。

第二阶段：积极出口或许可证贸易。

企业在经过第一阶段的成功之后，会积极努力地向经营国际化迈进。它们通常通过代理或经销商，或者建立自己在海外的分支机构或子公司向国外市场渗透。这一阶段也包括积极主动地通过许可证贸易而进行国际化经营。同时，在企业管理者的头脑中，已把国际贸易与国内贸易区别开来。在企业的组织机构中，会设立国际销售部门（出口部）来具体负责海外经营业务。

第三阶段：积极出口、许可证贸易和在国外投资经营。

这一阶段是在第二阶段的基础上，更加努力地向国外市场渗透。企业在一些投资经营进入制造业，在另一些国家混合采用出口和许可证贸易。在企业的组织机构中，一个有独立权威的、覆盖各种国际经营活动的国际部代替了原有的出口部。但是，在企业的整体战略部署上，跨国家或地区的国际经营活动不是一体的，国际经营战略与国内战略也不是一体的。

第四阶段：全方位的跨国生产或销售。

在这一阶段，企业在全球范围内部署创造价值活动、跨国的资源服务与跨国市场，企业的各种活动在世界范围内完全一体化，国际经营战略与国内经营战略完全一体化，构成统一的跨国经营战略。本国只是作为国际市场的一个组成部分，企业只不过是由此"发端"并具有协调能力的总部。在企业的组织机构设立中，一些以地区或产品为建立基础的全球性机构组成的子公司取代了以前的国际部。

以上阐述一个企业从开始出口到跨国经营所走的四个阶段。可以看出，处在第一阶段的经营者仅仅限于一两种进入方式；处在第四阶段的企业则是对所有可能的进入方式进行评估，从中选择最合适的进入方式。内部因素的变化，特别是企业对国外市场投入愿望增强，是促使其向国际型演变的主要力量。然而，一个已经建立起来的跨国公司并非必须经过所有四个阶段，跳跃性地演化更能快速地使一个企业向跨国经营型转变。

综合训练题

一、单项选择题

1. 两个或两个以上的、潜在的或实际的国际竞争企业之间，为了某一共同目标所形成的合作叫作（　　）。

    A. 国际战略联盟　　B. 企业联合　　　　C. 合资经营　　　　D. 企业兼并

2. 在国家贸易中，把除关税以外的限制商品进口的各种措施叫作（　　）。

    A. 关税壁垒　　　　B. 非关税壁垒　　　C. 绿色壁垒　　　　D. 环保壁垒

3. 国际集中化战略的核心是瞄准某个（　　）。

    A. 特定的行业　　　B. 特定的用户群体　C. 特定的企业　　　D. 特定的竞争对手

4. 企业开发标准化产品，并将这种标准化产品在世界范围内以同样的方式进行生产和销售，这种战略是（　　）。

    A. 国际集中化战略　　　　　　　　　　B. 国家集中化战略

    C. 广泛产品线国际战略　　　　　　　　D. 产品标准化国际战略

5. 寻求目标国家政府的政策可以排除许多国际竞争者的国家市场的战略叫作（　　）。

    A. 国家集中化战略　　　　　　　　　　B. 国际集中化战略

    C. 受保护的控位战略　　　　　　　　　D. 国际战略联盟

6. 在许可证贸易中，技术许可方和被许可方在规定地区、规定期限内有制造、使用和销售的权利，但许可方不得将此种权利给予第三者。这种形式叫作（　　）。

  A. 独占许可   B. 普通许可   C. 排他许可   D. 交换许可

7. 企业并不直接参与国外市场的营销活动，主要通过中间商出口产品，这种国际市场进入方式叫作（　　）。

  A. 直接出口   B. 非直接出口   C. 特许经营   D. 国际战略联盟

8. 通常本国的生产成本高于目标国时，企业进入目标国市场的方式会更倾向于选择（　　）。

  A. 直接出口   B. 间接出口   C. 特许经营   D. 海外投资

9. 合同进入国际市场方式和出口进入国际市场方式的区别是前者输出的是（　　）。

  A. 技术和工艺 B. 商品   C. 成套设备   D. 资本

10. 一个国际收支严重逆差的国家往往采取（　　）措施。

  A. 贬低本国货币，扩大出口   B. 提升本国货币，扩大进口

  C. 贬低本国货币，扩大进口   D. 提升本国货币，扩大出口

二、多项选择题

1. 一般来说，企业进行国际化经营的目的是（　　）。

  A. 获利   B. 创品牌

  C. 获取廉价资源   D. 谋求技术领先

  E. 求稳定

2. 各国对关税制度的分类不完全相同，一般包括（　　）。

  A. 三列税制 B. 单列税制 C. 无最惠税制 D. 双列税制

  E. 最惠税制

3. 下列措施中属于非关税壁垒的是（　　）。

  A. 进口配额制 B. 进口许可证制 C. 外汇管制 D. 最低限价

  E. 禁止进口

4. 有的国家对外国企业并不持友好态度，通常采取的限制措施包括（　　）。

  A. 禁止外国独资企业   B. 限制外国企业的投资份额

  C. 禁止投资   D. 控制外国企业返还母公司利润数量

  E. 控制外国企业返还母公司利润的货币种类

5. 对目标国家社会、人文环境分析主要包括（　　）。

  A. 人口状况 B. 基础设施 C. 教育水平 D. 宗教信仰

  E. 交通运输

6. 社会基础设施主要包括（　　）。

  A. 交通运输 B. 能源供应 C. 通信设施 D. 商业设施

  E. 银行和信贷机构

7. 商品出口进入国际市场的方式主要包括（　　）。

  A. 非直接出口   B. 许可证贸易

  C. 直接代理商或经销商   D. 特许经营

  E. 直接分支机构

8. 从经营管理的角度看，企业进入国际市场的方式主要包括（　　）。

    A. 商品出口   B. 非直接出口

    C. 合同安排   D. 设置分支机构

    E. 直接投资

9. 投资进入国际市场的方式包括（　　　）。

    A. 独资经营   B. 特许经营   C. 直接出口   D. 许可证贸易

    E. 合作经营

10. 根据转让方授权程度的大小，可把许可证贸易分为（　　　）。

    A. 独占许可   B. 排他许可   C. 普通许可   D. 可转让许可

    E. 交换许可

11. 影响企业进入国际市场方式的外部因素包括（　　　）。

    A. 市场因素   B. 环境因素   C. 生产因素   D. 本国因素

    E. 企业产品因素

12. 与国内市场相比，企业国际化经营的特点是（　　　）。

    A. 经营空间广泛   B. 经营环境复杂

    C. 竞争激烈   D. 信息管理难度大

    E. 计划组织要周密

13. 企业进入国际市场的方式包括（　　　）。

    A. 商品出口   B. 许可证贸易   C. 合同安排   D. 直接投资

    E. 国控战略联盟

14. 公司层国际化战略主要包括（　　　）。

    A. 多国战略   B. 跨国战略

    C. 产品标准化战略   D. 全球战略

    E. 国家集中化战略

15. 业务层国际化战略主要包括（　　　）。

    A. 广泛产品线国际战略   B. 国际集中化战略

    C. 产品标准化战略   D. 受保护的空位战略

    E. 国家集中化战略

16. 直接投资进入国际市场的方式包括（　　　）。

    A. 商品出口   B. 技术转让   C. 合同安排   D. 合资经营

    E. 独资经营

三、名词解释

关税；非关税壁垒；产品标准化战略；广泛产品线国际战略；国际集中化战略；国家集中化战略；受保护的控位战略；特许经营；许可证贸易；国际战略联盟；国际分包合同；工程承包合同；管理合同；直接出口；非直接出口；国际本土化战略；跨国战略；全球化战略

四、简答与论述题

1. 企业国际化经营的原因有哪些？

2. 与国内市场相比，国际化经营有哪些特点？

3. 用四阶段法可把一国经济发展水平划分为那几个阶段？

4. 影响企业进入国际市场的外部因素有哪些？

5. 国际战略联盟的形式有哪些？

6. 影响企业进入国际市场方式的内部因素有哪些？

7. 许可证贸易主要有哪几种方式？

8. 国际战略联盟的动因是什么？

9. 一般来说，企业国际化经营演变分为哪几个阶段？

五、案例分析题

【案例1】小米的"西游记"

2015 年 4 月 23 日下午 4 点，小米公司在新德里举行新品发布会，推出了首款针对海外消费者的手机 4i。这是小米的首次境外发布会，1600 张门票得到超过 1 万名印度人的申请。威丹塔·曼查达（Vedanta Manchanda）在当天下午两点赶到现场，虽然提前了两个小时，但他前面已经排起长队，他说："我原以为自己来得够早了，等到了这儿一看，前面已经排起长长的队伍。"大队的印度"米粉"不顾正午时分的炎热，只为一睹小米 4i 手机的真容。

在随后举行的发布会上，《华尔街日报》记者记录下了现场粉丝的尖叫——"苹果这次要完蛋了！""我死也要买小米！"而这款旗舰手机 12 999 卢比（约合 200 美元，或 1 272 元人民币）的定价也让粉丝惊呼不可思议，"（这价格）我不知道他们怎么能挣到钱！"《纽约时报》则冷静地指出，200 美元的定价虽然远低于三星、HTC、摩托罗拉和苹果的旗舰产品，但还有更便宜的，印度本土公司 Micromax 的旗舰手机的价格是小米手机的一半。

一、世界这么大，小米为何去印度

2014 年见证了中国国产手机的崛起，联想、华为、小米跻身全球五大智能手机之列，其中，小米手机的销量总数为 6 211 万部，位居全球第五。2015 年，小米更是雄心勃勃，雷军将销售目标定为 1 亿部。不过，随着中国智能手机市场的逐渐饱和，2015 年国内的手机销量出现下降，市场竞争更加激烈。小米已经占据了国内智能手机市场上的最高份额，要想再取得更大突破困难非常大。要想实现 1 亿部手机销量的目标，加码国际市场成为必然选择。

小米在 2014 年早些时候进军新加坡，开始全球化进程，首次进军印度市场是 2014 年夏天。2014 年 7 月，小米开始在印度销售低端手机，凭借高性价比大受欢迎，不到 5 个月时间里就在印度卖出了 100 多万部。当时，虽然小米已经在中国开卖米 4，米 3 仍然在印度市场销售火热。据观察者网 2014 年 8 月报道，小米 3 首轮开卖，用了 38 分钟 50 秒宣告售罄；7 月 29 日第二轮，5 秒钟宣布告罄，第三轮开卖，备货 15 000 部，仅用 2 秒钟就宣告售罄。进军印度后，小米最初与印度最大电商 Flipkart 独家合作，完成销售环节。之后协议终止，小米同亚马逊和印度电商 Snapdeal 签署协议，在其平台上出售小米手机。小米印度负责人马努·贾因（Manu Jain）介绍说，每周小米手机的印度销售量介于 5 万～10 万部。最初，公司依靠大量不同航班运送货品，如今则依靠公司的包机。

根据 IDC 的一项市场调研报告，小米在 2014 年第四季度获得印度智能手机市场 4% 的市场份额，成为印度市场上第五大智能手机厂商，而印度成为小米最大的海外市场。印度是世界上第二大发展中国家，人口仅次于中国。由于经济改革开始较晚等原因，印度过去 20 年来的经济增长率不像它北面的邻居——中国一样耀眼，但是也远远超过世界平均水平。进

入21世纪的第二个10年，印度的移动互联网市场开始进入了高速发展期。据美国《时代周刊》报道，印度将很快成为全球第二大智能手机市场。目前，印度的智能手机普及率只有10%左右，未来的发展潜力巨大。在全球几大主要智能手机市场相继饱和、进入成熟期之时，印度就像是一块尚未充分开发的肥沃辽阔土地，令人垂涎欲滴。

"印度有点像多年前的中国。"《纽约时报》猜测小米公司进军印度市场的原因。据知名调研公司IDC预测，印度2015年将消费1.11亿部智能手机，2016年将消费1.49亿部，其消费量未来预计将超越美国。除小米以外，联想、OPPO等中国品牌也在开拓印度市场。在此之前，印度市场上一度笑傲市场的是三星，不过三星的智能手机市场份额随后被印度本土智能手机厂商Micromax超越。Micromax智能手机的市场份额在2014年第二季度由刚开始不到1%一跃升至40%，反超三星。印度市场的风云突变可见一斑。相比于三星，Micromax提供的智能机主要是低端机，售价多不超过200美元。而Micromax的智能机基本是由深圳的代工厂生产的，这让中国手机厂商看到了机遇。外国媒体分析认为，印度对小米来说是理想的市场，因为和中国有很多相似之处。两国人均收入都比较低，是价格不足200美元廉价手机的理想市场。两国人口都超过10亿，市场潜力巨大，两国刚建立的高速4G网络也非常适合智能手机。

二、小米如何"深耕"印度市场

雷军表示，考虑到在印度高端机型市场占比很低，小米在印度将继续主推两个系列的产品：一是面向中端市场的产品，采用国际化的产业链，总体设计相对均衡；二是面向低端市场的红米系列产品，优先采用中国本土的产业链，带动中国产业发展。小米目前在印度的用户主要是发烧友和精英阶层，小米将争取让工薪阶层开始接受小米产品。小米将复制在中国的成功经验，在3~5年内做到印度市场份额第一。为此，小米设定了未来5~10年的本地化长期战略，小米印度团队全部是印度员工。小米还将在印度铺开体验店，设立研发团队，组织产业链和生产，建立生态系统与品牌影响力。

小米公司宣布，2015年将在印度开设100家体验店，帮助印度消费者"体验"小米产品，但不会在这些店里销售产品。这些"服务体验店"的面积为500~1000平方英尺。

与此同时，小米正在班加罗尔设立一个印度研发基地，这是它在海外的首个此类设施，工程师将对其基于安卓的操作系统做出本地化定制。雨果·巴拉说："我们想要在这一市场进一步投资。我们想在这里搞很多研发项目，不光是为了印度，也为了世界其他地区。"

目前，小米还在印度多个地点考察设厂条件，并与当地合作伙伴和政府洽谈，但这绝非易事。最不利的地方在于供应链不在印度。一部手机至少有127~147个部件，就算少了其中的一个螺丝钉，整个生产线都会被迫中止。目前，印度大多数智能手机生产均为组装中心，在那里工人将国外生产的零部件进行组装。印度工厂使用未加工原料生产智能手机零部件的能力十分有限（缺乏零部件供应商）。面对这一情形，在印度市场投资开设工厂成为小米一项复杂的决策。雨果·巴拉说，整个过程至少需要一年时间。好在印度总理纳伦德拉·莫迪最近提出了"印度制造"的口号，政府通过激励性的政策吸引企业投资办厂。如果此举得以吸引众多零部件供应商投资印度，则小米实现在印度生产手机的设想就会容易得多。

（资料来源：肖智润. 企业战略管理：方法、案例与实践. 2版. 北京：机械工业出版社，2017.）

根据案例回答以下问题：

（1）小米手机进入印度市场是出于哪些方面的动机？

（2）这种选择符合小米的战略目标吗？

（3）小米手机进入印度市场采用了何种进入模式？这种进入模式有哪些优缺点？小米未来的进入模式会发生变化吗？

（4）如果小米要在印度投资设厂，应当组建合资公司还是全资子公司？如果是设立全资子公司，那么应当采用绿地投资的形式还是收购的形式？

竞 争 战 略

1. 了解竞争战略内涵及对企业的重要意义。
2. 理解竞争战略在企业管理实践中的运用情况。
3. 熟悉用竞争战略思维探讨研究企业管理问题。
4. 掌握成本领先战略、差异化战略和集中化战略的概念、类型和实施条件。

引导案例

吉利集团的战略转型

资产总额为 1045 亿元的浙江吉利控股集团有限公司成立于 1997 年。2010 年 7 月 6 日，欧盟委员会批准了吉利对瑞典沃尔沃轿车公司 100%股权的收购。这是迄今为止中国企业对外国汽车企业最大规模的收购项目，收购资金约为 18 亿美元。这一成功的收购是源于吉利集团竞争战略转型成功。

2007 年 5 月，吉利开始实施由"价格取胜"转向"技术领先"的战略转型，即从"成本领先"向"品牌创新"转变；从"低价取胜"向"技术领先、品质领先、客户满意、全面领先"转变；从造"老百姓买得起的好车"转型为"造最安全、最环保、最节能的好车"。将自主技术更多地应用到新产品上，自由舰、金刚和远景组成的吉利"新三样"目前占到其销售总量的 95%，取代了"老三样"——美日、豪情和优利欧，优质的产品质量保证了企业的可持续发展。

资料来源：https://baike.so.com/doc/7812857-8086952.html.

竞争战略是由美国哈佛商学院著名的战略管理学家迈克尔·波特提出的。竞争战略有三种：成本领先战略、差异化战略、集中化战略。企业必须从这三种战略中选择一种，作为其主导战略。要么把成本控制到比竞争者更低的程度；要么在企业产品和服务中形成与众不同的特色，让顾客感觉到你提供了比其他竞争者更多的价值；要么企业致力于服务于某一特定的市场细分、某一特定的产品种类或某一特定的地理范围。这三种战略架构差异很大，成功地实施它们需要不同的资源和技能。

第一节　成本领先战略

成本领先战略又称低成本战略，即使企业的全部成本低于竞争对手的成本，甚至是在同行业中最低成本。实现成本领先战略需要一整套具体政策：配备高效率的设备、积极降低经验成本、紧缩成本开支和控制间接费用以及降低研究与开发、服务、销售、广告等方面的成本。要达到这些目的，必须在成本控制上进行大量的管理工作。为了与竞争对手相抗衡，企业在质量、服务及其他方面的管理也不容忽视，但降低产品成本则是贯穿整个战略的主题。

一、成本领先战略的类型

根据企业获取成本优势的方法不同，成本领先战略的主要类型包括：简化产品型成本领先战略、改进设计型成本领先战略、材料节约型成本领先战略、人工费用降低型成本领先战略、生产创新及自动化型成本领先战略。

二、成本领先战略的实施条件

成本领先战略的理论基石是规模效益理论（单位产品成本随生产规模增大而下降）和经验效益理论（单位产品成本随累计产量增加而下降），它要求企业的产品必须具有较高的市场占有率。如果产品的市场占有率很低，则大量生产毫无意义；而少量生产也就不能使产品成本降低。

（一）成本领先战略实施的外部条件

（1）现有竞争企业之间的价格竞争非常激烈；

（2）企业所处产业的产品基本上是标准化或者同质化的；

（3）实现产品差异化的途径很少；

（4）多数顾客使用产品的方式相同；

（5）消费者的转换成本很低；

（6）消费者具有较大的降价谈判能力。

（二）成本领先战略实施的内部条件

企业实施成本领先战略，除具备上述外部条件之外，企业本身还必须具备如下技能和资源：

（1）在现代化设备方面进行大量的领先投资，采取低价位的进攻性低价策略。这些措施短期内可能造成初期投产亏损，但长远目标是提高市场占有率，获取更高的利润。

（2）企业具有先进的生产加工工艺技能，能降低制造成本。

（3）建立严格的、以数量目标为基础的成本控制系统，控制报告和报表要做到详细和经常化。

（4）设计一系列便于制造和维修的相关产品，彼此分摊成本，同时，要使该产品能为所有主要用户集团服务，增加产品数量。

（5）低成本的分销系统。

三、成本领先战略的优势与风险

从全球范围来看，20世纪70年代，随着经验效益被人们所认识，成本领先战略逐渐成为多数企业采用的战略。

（一）成本领先战略的优势

1. 在价格竞争中处于优势

企业处于低成本地位，可以抵挡住现有竞争对手的对抗。即在竞争对手于竞争中不能获得利润、只能保本的情况下，企业仍能获利。

2. 与购买商竞争中具有主动权

面对强有力的购买商要求降低产品价格的压力，处于低成本地位的企业在进行交易时握有更大的主动权，可以抵御购买商讨价还价的能力。

3. 与供应商竞争中有更多的选项

当强有力的供应商抬高企业所需要的价格时，处于低成本地位的企业可以有更多的灵活性来解决困难。

4. 与行业新加入者竞争中形成进入壁垒

企业已经建立起的巨大的生产规模和成本优势，使欲加入该行业的新进入者望而却步，形成进入壁垒。

（二）成本领先战略的风险

1. 可能丧失经验效益

生产技术的变化或新技术的出现可能使过去的设备投资或产品学习经验变得无效，变成无效用的资源。

2. 可能丧失成本领先地位

行业中新加入者通过模仿、总结前人经验或购买更先进的生产设备，使其成本更低，以更低的成本起点参与竞争，后来居上。

3. 可能丧失预见市场变化的能力

由于采用成本领先战略的企业其力量集中于降低产品成本，从而使其丧失了预见产品市场变化的能力。企业可能发现其所生产的产品即使价格低廉，却仍不为顾客所欣赏和需要。这是成本领先战略的最危险之处。

4. 可能失去产品成本–价格优势

受通货膨胀的影响，生产投入成本升高，降低了产品成本–价格优势，从而不能与采用其他竞争战略的企业相竞争。

成本领先战略带来风险的一个典型例子是20世纪20年代的福特汽车公司。福特汽车公司曾经通过限制车型及种类、采用高度自动化的设备、积极实行后向一体化，以及通过严格推行低成本化措施等取得过所向无敌的成本领先地位。然而，当许多收入高、同时已购置了一辆车的买主考虑再买第二辆车时，更偏爱具有风格的、车型有变化的、舒适的和封闭性的汽车而非敞篷型的T型车。通用汽车公司看到了这种趋势，因而对开发一套完整的车型进行资本投资有所准备。福特汽车公司为把生产成本降至最低而付出了巨额投资,这些投资成了一种顽固障碍,使福特汽车公司的战略调整面临极大挑战。

因此,经营单位在选择成本领先的竞争战略时,必须正确地估计市场需求状况及特征,努力使成本领先战略的风险降低到最低限度。

第二节　差异化战略

差异化战略,也称特色优势战略,是指企业力求在顾客广泛重视的某些方面,在该行业内独树一帜。它选择许多用户重视的一种或多种特质,并赋予其独特的地位以满足顾客的要求。它既可以是先发制人的战略,也可以是后发制人的战略。这种战略的核心是取得某种对顾客有价值的独特性。

一、差异化战略的类型与实施途径

(一)差异化战略的类型

企业要突出自己产品与竞争对手之间的差异性,主要有以下五种基本途径:

1. 产品质量差异化

产品质量差异化是指企业向市场提供竞争对手不具有的高质量产品,通过高质高价获得比竞争对手更多的利润。如海尔集团的电冰箱,以开箱合格率100%的高质量形象进入市场,从而建立起了独特的质量形象。

2. 产品可靠性差异化

产品可靠性差异化是指要保证企业产品的绝对可靠性,甚至在出现意外故障时,也不完全丧失其使用价值。如以高质量、高可靠性闻名世界的奔驰汽车公司,每年用30辆新车以最高速度进行碰撞试验,测试车中模拟人的伤亡情况,进而不断改进设计制造,尽管奔驰车售价比一般轿车贵1倍以上,但长盛不衰的销售给企业带来了高收益。

3. 产品创新差异化

对于一些拥有雄厚研究开发实力的高科技企业,实行以产品创新为主的差异化战略,不仅可以保持企业在科技上的领先地位,而且可以增强企业的竞争优势和获利能力。1999年,海尔创建了美国公司,在调研中发现许多美国学生需要体积小且能够当成桌子使用的冰箱,于是开发了一种带活动台面的小冰箱,深受大学生喜爱,三年的时间,海尔小冰箱占据了美国小冰箱市场25%的份额。

4. 产品品牌差异化

产品品牌差异化就是通过创名牌产品、保名牌产品,使企业经营活动持续稳定发展的战略。其核心就是建立和保护产品的品牌,所以也叫名牌战略。所谓"名牌"产品就是具有较高知名度和市场占有率的产品,"名牌"不仅是社会对某一产品的评价,而且是对企业整体的评价,"名牌"是企业实力和地位的象征。

5. 产品销售服务差异化

通过转变销售方式或者加强售后服务,监理服务等方式,可以有效体现产品销售服务差异化。以服务取胜是许多成功企业采用的共同战略。服务的差异化主要包括送货、安装、顾客培训、咨询服务等因素。例如，上海通用于 2004 年 11 月 15 日在全国推出全新"菜单式保养"系列套餐项目，通过优化维修保养流程，让别克车主和用户真切体验到专业和超值的快速服务。如果你是任何一款别克车车型的车主，当选定了"别克关怀"的"菜单式保养"套餐 A 后，到任何一家别克特约售后服务中心做 5000 公里保养，除了更换原厂机滤和机油，还可以享受七大项免费检测。

（二）差异化战略的实施途径

（1）使用具有独特性能的原材料和其他投入要素。

（2）开展技术开发活动。

（3）严格的生产作业活动。

（4）特别的营销活动。

（5）扩大经营范围。

二、差异化战略的实施条件

（一）差异化战略实施的外部条件

（1）可以有很多途径创造企业与竞争对手产品之间的差异，并且这种差异被顾客认为是有价值的；

（2）顾客对产品的需求和使用要求是多种多样的，即顾客需求是有差异的；

（3）采用类似差异化途径的竞争对手很少，即真正能够保证企业是"差异化"的；

（4）技术变革很快，市场上的竞争主要集中在不断地推出新的产品。

（二）差异化战略实施的内部条件

除上述外部条件之外，企业实施差异化战略还必须具备如下内部条件：

（1）具有很强的研究开发能力，研究人员要有创造性的眼光；

（2）企业具有以其产品质量或技术领先的声望；

（3）企业在这一行业有悠久的历史或吸取其他企业的技能并自成一体；

（4）企业具有很强的市场营销能力；

（5）产品研发以及市场营销等职能部门之间要具有很强的协调性；

（6）企业要具备能吸引高级研究人员、创造性人才和高技能职员的物质设施；

三、差异化战略的优势与风险

（一）实施差异化战略的优势

（1）建立了顾客对企业的忠诚。

（2）形成了强有力的产业进入壁垒。

（3）增强了企业对供应商讨价还价的能力。这主要是由于差异化战略提高了企业的边际收益。

（4）削弱了购买商讨价还价的能力。企业通过差异化战略，使得购买商缺乏与之可比较的产品选择，降低了购买商对价格的敏感度。另外，通过产品差异化使购买商具有较高的转换成本，使其依赖于企业。

（5）由于差异化战略使企业现有用户忠诚度提升，所以替代品无法在性能上与之竞争。

（二）差异化战略实施的风险

（1）可能丧失部分客户。如果采用成本领先战略的竞争对手压低产品价格，使其与实行差异化战略厂家的产品的价格差距拉得很大，在这种情况下，用户为了大量节省费用，会放弃取得差异的厂家所拥有的产品特征、服务或形象，转而选择物美价廉的产品。

（2）用户所需的产品差异的期望下降。当用户变得越来越老练，对产品的特征和差别体会不明显时，就可能发生忽略差异的情况。

（3）大量的模仿缩小了用户感觉得到的产品差异。特别是当产品发展到成熟期时，拥有技术实力的厂家很容易通过逼真的模仿，减少产品之间的差异。

（4）可能会出现过度差异化。

第三节　集中化战略

一、集中化战略的内涵与类型

集中化战略也称为聚焦战略，是指企业或事业部的经营活动集中于某一特定的购买集团、产品线的某一部分或某一地域市场的一种战略。这种战略的核心是瞄准某个特定的用户群体，某种细分的产品线或某个细分市场。具体来说，集中化战略可以分为产品线集中化战略、用户集中化战略、地区集中化战略、低占有率集中化战略。

二、集中化战略的适用条件、优势与风险

（一）集中化战略的适用条件

（1）具有完全不同的用户群，这些用户或有不同的需求，或以不同的方式使用产品；

（2）在相同的目标细分市场中，其他竞争对手不打算实行重点集中战略；

（3）企业的资源不允许其追求广泛的细分市场；

（4）行业中各细分部门在规模、成长率、获利能力方面存在很大差异，致使某些细分部门比其他部门更有吸引力。

（二）集中化战略的优势

（1）集中化战略便于集中使用整个企业的力量和资源，更好地服务于某一特定的目标；

（2）将目标集中于特定的部分市场，企业可以更好地调查研究与产品有关的技术、市场、用户以及竞争对手等各方面的情况，做到"知彼"；

（3）战略目标集中明确，经济效果易于评价，战略管理过程也容易控制，从而带来管理上的简便。

（三）集中化战略的风险

（1）由于企业将全部力量和资源都投入了一种产品、服务或一个特定的市场，当用户偏好发生变化、技术出现创新或有新的替代品出现时，就会发现这部分市场对产品或服务的需

求下降，企业就会受到很大的冲击。

（2）竞争对手打入了企业选定的目标市场，并且采取了优于企业的更集中化的战略。

（3）产品销量可能变小，产品要求不断更新，造成生产费用的增加，使得采取集中化战略的企业成本优势被削弱。

三、三种竞争战略的关系及战略选择

（一）三种竞争战略的关系

成本领先战略、差异化战略和集中化战略的关系如图 7-1 所示，差异化战略和成本领先战略是竞争战略的基础；集中化战略是将差异化战略和成本领先战略分别运用到某一特定目标市场的结果。

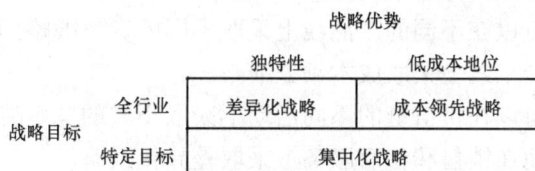

图 7-1 三种竞争战略的关系

（二）竞争战略的选择

1. 行业生命周期不同阶段的竞争战略选择

（1）投入期阶段：该阶段产品性能是关键，价格不是焦点和竞争因素，企业不具备规模经济以降低成本，所以，低成本战略收益低，差异化战略收益高。

（2）成长期阶段：该阶段需求上升，规模经济明显，成本下降，竞争不完全激烈，产品性能、规格继续完善，消费还没有更多地转向价格和成本，所以，差异化战略的收益仍大于低成本战略。

（3）成熟期阶段：该阶段竞争激烈，产品性能、结构都已标准化，价格和成本成为消费焦点，所以，此时采用低成本战略的收益高于差异化战略。

（4）衰退期阶段：当行业进入衰退期阶段时，产品逐渐被新产品取代，竞争加剧使一些企业退出，产品市场价格与成本相近，企业生存的主要手段是削减成本，所以，最适宜选择低成本战略。

2. 从三种竞争战略中择一

在讨论集中化战略时已经指出，它是在市场的某一部分使自己的产品在成本或产品（服务）差异上建立优势地位。也就是说，集中化战略是成本领先战略或差异化战略在市场某一部分上的运用。因此，在这里只讨论成本领先战略和差异化战略的选择。

对于如何选择一种竞争战略的问题，霍尔在 1980 年 10 月发表的《关于在逆境中争取生存的战略》一文中给人们提出了一些重要的结论。霍尔从美国的八个产业中选择了 64 个大型企业，研究分析了它们的竞争战略和各自在产业中竞争地位的变化。这八个产业分别是钢铁、橡胶、重型卡车、建筑机械、汽车、大型家用电器、啤酒酿造、烟草。这些产业在 20 世纪 70 年代曾一度陷入困境，出现很大亏损，有些企业濒临倒闭。但是，其中有少数企业取得了可与其他产业中经营优良的企业相媲美的佳绩。霍尔在深入研究了这些继续保持繁荣的企业战略之后，得出如下结论：这些成功的企业有一个共同的特点，那就是在成本领先（价格）与差异化（质量）二者之中取得了某一方面的竞争优势地位。也就是说，它们在成本领先与差异化二者中选择一个方面，全力以赴，直到取得全面胜利，避免同时追赶两个目标，造成资源分散。企业这时或致力于降低成本，利用价格优势，增加销售额，扩大市场占有率以获得较高利润；或者大力推进差异化，在本行业中提供技术水平最高、质量最好的产品或服务。例如，在钢铁行业中，茵兰德公司采取成本领先战略，而国际公司采取差异化战略；在重型卡车行业中，福特公司靠的是成本领先，而帕卡公司依赖的是差异化；在家用电器行业，采用成本领先战略的瓦尔普尔公司和采用差异化战略的美塔公司都取得了成功。

在具体选择时，企业可以考虑下面的集中组合：

（1）一个经营单位可以在不同的产品线上采取不同的竞争战略，如奔驰公司在轿车线上采取差异化战略，而在卡车线上采取成本领先战略。

（2）一个经营单位可以在价值链的不同活动上采取不同的竞争战略，如可以在生产环节上采取成本领先战略，而在销售和售后服务上采取差异化战略。

3. 从每一经营单位具体情况出发选择战略

（1）经营单位所面临的生产力与科技发展水平。在一个高度发达的经济系统里，一方面由于企业之间的激烈竞争，另一方面由于居民收入随生产力发展迅速提高，成本领先战略就在很大程度上失去了意义，此时差异化战略更有效。相反，在经济较落后的状况下，则应重视成本领先战略以刺激需求。

（2）经营单位自身的生产与营销能力。一般来说，规模较小的经营单位生产与营销能力比较薄弱，应选择集中化的竞争战略，以便集中经营单位的优势力量与某一特定用户、特定地区或特定的市场。如果经营单位的生产能力较强而营销能力较差，则可考虑运用成本领先战略；相反，如果经营单位的生产与营销能力强而生产能力相对较弱，则可考虑运用差异化战略；如果经营单位的生产与营销能力都很强，则可考虑在生产上采取成本领先战略，而在销售上采取差异化战略。

（3）经营单位产品的市场生命周期。通常在产品的投入期或成长期，为了抢占市场，防止潜在加入者的进入，经营单位可采用成本领先战略，以刺激需求，使经营单位处于低成本、高市场占有率、高收益和更新设备投资四者的良性循环中。而到了产品的成熟期与衰退期，其消费需求成多样化、复杂化与个性化，这时经营单位应采取差异化或集中化战略。

（4）经营单位的产品类别。不同产品的需求对价格、质量、服务等方面有着不同的敏感性。

第一，资本品和消费品。一般来说，资本品很多都是标准品，如钢材、标准机械等，在保证基本质量的前提下，价格将成为竞争中最重要的因素，因此经营单位应采取成本领先战略。但对资本品中的专用机械类，非常强调售后服务，所以，对此应采取差异化战略。消费品是非专家购买，绝大多数消费者都是依靠广告宣传、产品包装及价格来确定是否购买，所以对生产消费品的经营单位，应尽量使产品在服务和市场营销管理方面具有差异。

第二，日用品与耐用消费品。日用品由于人们几乎每天都消费，反复少量购买，因此，应采取成本领先战略。耐用消费品是一次购买、经久耐用的产品，这些产品的质量与售后服务非常重要，因此，经营单位应采取差异化战略。

四、企业竞争战略的三大创新方法

企业对竞争战略的创新，可以使企业在很大程度上加强自身的竞争力，主要有以下三大创新方法：

（一）产品创新

产品创新是技术创新的延续和深入。一个企业能否持续不断地进行产品创新，开发出适合市场需求的新产品，是决定企业能否实现持续稳定发展的重要问题。市场上没有永远畅销的产品，任何一种产品在市场上的存在都有时间长短之分，这是由产品的生命周期决定的。产品是为了满足市场上消费者的需求而产生的，不同时期的消费者存在不同的消费倾向，所以对产品也就提出了不同的要求。能够适应消费者需求的产品会在市场上存在；过时的，不能满足消费者需求的产品，会失去在市场上存在的理由而被市场所淘汰。不断变化的消费者需求，决定了企业必须不断创新产品。

（二）营销创新

企业拥有了新的技术、新的产品以后，如果仍沿用传统的方式去营销运作，那么创新的意义和作用就要大打折扣，甚至前功尽弃。企业还必须把生产的产品用创新营销方式推向市场，让市场和消费者更快地了解、接受，才能真正对企业的生存和发展起到有益的作用。而要使企业的新产品在市场上更容易被消费者接受，则必须依靠不断创新的运作手段，为企业的产品尽快打开市场。在新经济市场全球化的条件下，营销创新日益成为企业打开市场的关键。营销创新有很多种，如商品定价策略的选择、品牌运作方式的创新、商品流通渠道的创新等多个方面。

（三）技术创新

著名经济学家弗里曼认为，现代企业的一个显著特点就是技术创新主要由专门机构承担。统计资料显示企业规模与研究与开发项目的规模呈明显的正相关关系，技术创新成效显著的企业，其成长速度将大大超过一般的企业。事实上，人们在现实生活中也经常看到一些企业由于技术创新（包括产品创新）的成功，一下子超出竞争对手许多，从而拥有垄断的资本和技术，享有更多的市场份额和利润。技术创新从根本上来说是企业生存和发展的基础。

第四节 产业结构与竞争战略

一、分散型产业的竞争战略

所谓分散型产业，是指在产业环境中有许多企业在进行竞争，没有任何一个企业占有显著的市场份额，也没有任何一个企业能对整个产业的发展产生重大的影响，即不存在能左右整个产业的市场领袖。

一般来说，分散型产业由很多中小企业构成。分散型产业存在于许多经济领域中，其基本的存在领域包括服务业、零售业、批发业、木料加工和金属组装业、农产品、风险性企业等。

（一）造成分散型产业的经济原因

一般来说，造成一个产业分散的经济原因包括如下一些因素：

1. 产业进入壁垒较低或障碍不多，使许多小公司涌入该产业

产业进入壁垒较低有以下原因：不存在规模经济或经验能力效益；运输成本较高；库存成本较高；与顾客和供应商打交道时没有明显的讨价还价的能力。

2. 多样化的市场需求

在某些产业中，用户的偏好是分散的，每一个用户都希望产品有不同样式，不愿接受标准的产品。因此，市场对单一特殊产品样式的需求很小，这种数量不足以支持某种程度的生产、批发或市场策略。

3. 当服务成为经营关键时，小企业就会变得更有效

人员的服务质量和用户的感觉因人而异，一般来说，当企业规模达到某一界限时，所提供的服务质量就要下降。这一因素在某些产业如美容、理发和咨询等产业中造成产业的分散。

4. 产业运行的就近监督和控制是企业成功的基本条件

在某些产业中，特别是娱乐、饭店等，需要大量的就近监督，而小企业具有很大的优越性。

5. 高度的产品市场区分，特别是这种区分以形象为基础

如果产品为适应市场而进行区分程度很高且以形象为基础，就可造成对企业规模的限制，使小型低效的企业能够生存下去；大型企业可能不符合某种排他的形象，或不符合某种商标只为个人所有的愿望。例如，表演艺术家一般更愿意与小代理人或小制作人打交道，这种小代理人或制作人具有某些艺术家希望培养的形象。

（二）分散产业的竞争战略选择

在许多情况下，产业分散确实是由于产业不可克服的经济原因造成的。在分散产业中不仅由于存在许多竞争对手，企业也处于对供应商和销售商不利的地位。因为每一个产业存在差异，所以没有一种通用的最有效的方法在分散产业中进行竞争，但是存在数种可能的战略方法去对付分散结构，企业应视具体情况而采用。

1. 建立严格管理下的分权组织结构

分散型产业通常具有如下特点：如需要紧密合作、地方管理侧重于个人服务、近距离控制等。一种重要的竞争战略选择是严格管理下的分权体制，即与其在一个或几个地点增加经营规模，不如保持个别经营的小规模并尽可能地使它们保持自治，例如，对于食品零售行业，企业可以在不同地区建立许多连锁店，并保持它们的自治，同时通过报酬制度和利润分配制度保持集中的控制，并由企业加强相互间的协调。

2. 采用统一化的设备

这种战略选择是将高效率和低成本的设备分布在企业的多个地点，这样企业较竞争对手的投资低，并能就近供应用户，取得一定的竞争优势。

3. 增加附加价值

许多分散产业生产的产品或服务按市场进行区分是非常困难的，企业间的产品系列很接近。在这种情况下，一种有效的战略是给经营的产品或服务增加附加价值。如在营销中提供更多的服务，从事产品的最后加工，或在产品销售给顾客之前对零部件进行分装或装配等，以此增加产品或服务的针对性和实用性，使其产生更高的附加价值。

4. 产品类型或产品部分专门化

如果造成企业分散的原因是产品系列中存在多种不同产品，则集中力量专门生产其中少数有特色的产品是一种有效的战略选择。它类似于一般竞争战略中的集中化战略，可以令企业通过使其产品达到足够大的规模来增加对供应商的讨价还价的力量。

5. 用户类型专门化

如果因为分散结构而造成激烈竞争，企业可以从针对产业中一部分特殊用户服务的专门化中获益，可能这些用户因购买量小或规模小而具有很低的议价能力，或这些用户需要企业随基本产品或服务而提供的附加价值而对价格不敏感。

6. 订货类型专门化

在分散企业中，企业可集中于某一订货类型来应对竞争。一种办法是仅服务于用户要求立即交货并对价格不甚敏感的小订单；或企业仅接受习惯的订单，以获得用户对价格的不敏感性并建立起转换成本。

7. 集中于地理区域

在不存在全国性的规模经济的情况下，企业可以由于覆盖某一地区而得到非常高的市场占有率。其方法是集中设备、注重市场营销活动、使用唯一的批发商等。

8. 简朴实惠

在行业分散、竞争激烈、利润率不高的情况下，一种简单而有效的战略是提供廉价的简装商品、无牌号商品以及开包散装商品等。为此，企业应尽量降低管理费用，雇用技术熟练程度低的雇员，严格成本控制。这种战略使企业在价格竞争中处于最有利的地位，并能得到高于平均水平的利润。

二、新兴产业中的竞争战略

新兴产业是指新形成的或重新形成的产业，其形成的原因是技术的发明、相对成本关系的变化、新的消费需求的出现，或经济和社会的变化将某种新产品或新的服务提高到一种现实的发展机会。新兴产业在任何时候总是被不断地创造出来，如 21 世纪以来在世界范围内形成的信息技术、人工智能、大数据、生物制药、新材料、新能源等新兴产业。

（一）新兴产业中企业发展面临的问题

1. 缺乏获得原材料和零部件的能力

一个新兴产业的发展往往要求寻求新的原材料供应来源，或要求供应商更改原材料或零部件以满足产业的需求。在这一过程中，严重的原材料和零部件短缺在新兴产业中是很常见的，所以在新兴产业发展的早期阶段，重要原材料的价格会大幅度上涨。

2. 缺乏基础

新兴产业经常面临由于缺乏适当基础引发的问题，如批发渠道不畅、服务设施不配套、雇员训练机制不健全、互补产品不齐全等。

3. 缺乏产品或技术标准，产品质量不稳定

在新兴产业中由于产品和技术存在很大的不确定性，所以对产品和技术没有统一标准，这种情况加剧了原材料供应和互补产品的问题，并可能阻碍产品成本下降。由于存在缺乏标准和技术不确定等情况，新兴产业中的产品质量经常反复不定。即使仅仅在少数几个企业中出现这一问题，不稳定的产品质量也会给产业形象造成不利的影响。

4. 用户困惑

在新兴产业中经常遇到令用户困惑的问题，这种困惑来源于众多产品技术种类以及竞争者们相互冲突或相反的宣传，这些现象全部是技术不确定的象征，以及产业竞争缺乏在技术标准和意见等方面的一致性。这种混乱可能增加购买者的购买风险并限制产业的销售。此外，如果购买者发现第二代或第三代技术非常可能使现在的产品过时时，他们将会等待技术的进步和成本的下降，这样新兴产业的发展将会受到阻碍。这种情况曾在数字手表和电子计算机等产业中出现过。

5. 企业形象和信誉度不高

由于很大的不确定性、用户困惑和不稳定的质量等，新兴产业在金融界的形象和信誉可能较差。这种情况不仅影响企业获得低成本资金的能力，并且影响到购买者的贷款能力。

6. 相关政府部门的批准

新兴产业在获得相关管理部门承认和批准方面经常遇到困难，如果新兴产业的要求与现有规章制度规定大不相同时，情况更是如此。但换个角度来讲，政府政策可以使一个新兴产业几乎在一夜之间走上正轨。

（二）新兴产业中的竞争战略选择

在新兴产业中，就像存在产品和技术的不确定性一样，竞争活动的法则也是非常不确定的，这给新兴产业中的企业进行竞争提供了最大的战略自由度。一般来说，在新兴产业中竞争应考虑以下战略选择。

1. 尽快使产业结构成型

在新兴产业中压倒一切的战略问题是企业使产业结构成型的能力。通过这一选择，企业可以试图在生产方针、营销方法和价格策略等方面建立运行法则。在产业的内在经济性和资源的限制范围内，企业应以某种方式寻求确立产业法则，以使企业本身长期获得最有利的竞争地位。在产业新兴阶段，企业自身的成功在某种程度上依赖于产业中的其他企业。因此企业面对的首要问题是介绍代用物品和吸引第一批顾客。在这一阶段与企业自身利益一致的是帮助促进标准化，为在黑暗中摸索的其他产业和质量设置标准，以及与其他企业一道在用户、供应商、政府和金融机构面前结成统一战线，以对付产业的外来压力。

2. 进入新兴产业时间的选择

在新兴产业中进行竞争的一个重要战略选择是正确的进入时间。早期进入新兴产业涉及较高的风险，但可能进入壁垒较低，并可获得较大的收益。

（1）在下列情况下早期进入新兴产业是有利的：企业的形象和名望对用户至关重要，企业可因作为先驱者而提高声望；当经验曲线对一个产业至关重要时，早期进入可以使企业较早地开始学习过程；用户忠诚非常重要，所以那些首先对用户销售的企业将获益；通过早期进入投资与原材料供应、零配件供应和批发渠道等，可以取得成本优势。

（2）在下列情况下早期进入是非常危险的：产业早期竞争市场与产业发展后的市场有很大不同，早期进入企业以后会面临很高的转换成本；开辟市场代价高昂，其中包括对用户的宣传教育、法规批准、技术首创等；开辟市场的利益并不能为本企业所专有；早期与小的、新的企业竞争代价高昂，但以后这些小企业将被更难对付的竞争对手所取代；技术变化将使早期投资陈旧，并使晚期进入的企业获得新产品，得到生产过程的益处。

三、成熟产业中的竞争战略

作为产业生命周期的一个重要阶段，一个产业必然要经历从高速发展的成长期进入有节制发展的成熟期。在这个时期中，企业的竞争环境经常发生根本性的变化，要求企业在战略上做出相应的反应。

（一）成熟产业中的企业竞争战略选择

在成熟产业中进行竞争，企业除了考虑选择本章的三种一般竞争战略外，还应在下列方面做出战略选择：

1. 产品结构的调整

当产业处于增长时期，广泛的产品系列和经常开发新产品是可行的战略选择，但在成熟期，这种战略不再可行，成本竞争和为抢夺市场占有率进行的竞争最为激烈，为此就需要进行产品结构分析，从产品系列中淘汰那些无利的产品，将企业的注意力集中于那些利润较高的、用户急需的产品和项目。

2. 正确定价

在产业增长期，定价通常是以平均价格或以一个产品系列为基础的。但在产业成熟期，由于产品价格竞争的加剧，要求企业日益加强对单个产品成本进行衡量的能力并制定出相应的价格。那些缺乏复杂成本计算、不迅速对不合理的低价产品进行价格调整的企业，在成熟的产业中会成为失败者。

3. 改革工艺和革新制造方法

在产业成熟期，工艺革新的相对重要性得到提高，同样重要的是将资金投在设计制造和交货系统，以实现低成本制造和控制。

4. 选择适当的顾客

在成熟产业中，获得新顾客通常意味着为了市场份额而与其他企业进行激烈的竞争，最终的代价是昂贵的。企业扩大销售额比较容易的办法就是使现有用户增加使用量，可采取的办法包括提供边缘设备和服务、提高产品等级、扩展产品系列等。这种战略使企业迈出原产业而进入相关产业，并且与发现新用户相比，代价通常较低。

5. 购买廉价资产

当产业进入成熟期时，会出现一批经营不好或处境艰难的企业，此时如果本企业竞争地位较强，可以以很低的价格购买艰难企业的资产，并在技术变化幅度不大的情况下创造低成本的地位，进一步增强本企业的竞争力。

6. 开发国际市场

当国内市场趋于饱和时，企业可在目标国家开发国际市场进行竞争。因为该产业在国内进入成熟期，而在其他国家也可能刚刚进入新兴时期或增长期，竞争对手较少，企业可以获得比较优势。

（二）成熟产业中企业应注意的问题

1. 对企业自身的形象和产业状况存在错误的假设

处于成熟产业中的企业往往自我感觉良好，它们仍然陶醉于产业处于增长期时所取得的经营业绩中，甚至它们并未觉察到产业已经进入了成熟期，而此时在成熟产业中用户和竞争者的反应都发生了根本性的变化。仍以过去对产业、竞争对手、用户以及供应商的错误假设来开展经营，必然会使企业陷入困难的境地。

2. 防止盲目投资

企业在成熟产业中利润维持一定水平或上升需要很长时间，对于在成熟的市场上投入资金建立市场份额可能是极为不利的，因此成熟的产业可能是资金的陷阱，特别是当一个企业的市场地位不够强大，但企图在成熟的市场上争取很大的市场份额时更是如此。

3. 为了短期利益而轻易放弃市场份额

有些企业为了节省开支，企图轻易地放弃市场份额或放弃市场活动、研究开发活动和其他需要的投资，以保持目前利润。这种做法将严重地损伤企业将来的市场地位。

4. 对产业实践中的变化做出不合理的反应

在成熟产业中，市场技术、生产方法和批发商合同的性质等的变化是不可避免的，它们可能对产业长期潜力极端重要，但有些企业面对这种情况经常出现抵制行为。这种抵制行为可能使一个企业严重落后于向新竞争环境调整的步伐，企业处于被动的地位。

5. 坚持以"高质量"为借口，而不去适应竞争对手

进攻性的价格和高质量的产品可能是企业的重要竞争优势，但在一个成熟的产业中，质量差异有受侵蚀的趋势。即使质量差异还存在，用户也可能倾向于以更低的价格替换质量因素。因此企业必须意识到，在产业成熟期，它们不必拥有最高的产品质量或者说它们的质量不必要求过高。企业还应认识到，产业成熟期中价格竞争是不可避免的，一个企业采取进攻姿态制定价格政策有可能获得市场份额，这对其长期建立低成本地位是重要的。

6. 过于强调开发新产品，而不是改进和进取性地推销现存产品

虽然一个产业在早期和增长阶段的成功依赖于研究与开发新产品，但进入成熟期后便意味着开发产品越来越不容易。企业正确的策略是改变专注与开发新产品的做法，更多地注重在生产工艺上进行改革，以产品标准化代替求新。

7. 企业应避免过多地使用过剩生产能力

由于对生产能力超需求的投入，或成熟时期竞争引起的工厂现代化，相当多的企业可能拥有过剩的生产能力。这种过剩生产能力的存在给企业经营者造成压力，他们常会想到充分利用这些过剩的生产能力，但结果可能使企业陷入一个中等规模的中间境地，不自觉地采用了中庸战略。可行的做法是采取集中化战略，努力消减或出售过剩的生产能力，但很明显，过剩的生产能力不应售给任何可能应用于同一产业的经营者。

四、衰退产业中的竞争战略

从战略分析的角度讲，衰退产业是指在相当长的一段时间里，产业中产品的销售量持续下降的产业。这种不景气不是由于经营周期或者一些短期例外事件所造成的，而主要是由于

技术革新创造了替代产品或通过显著的成本与质量的变化而产生了替代产品；或者由于社会或其他原因改变了购买者的需求和偏好，使得用户对某种产品的需求下降。

（一）衰退产业中企业竞争战略选择

在衰退产业中，企业对战略的选择总是围绕着抽资转向、减少投资或终止投资等衰退战略来展开，因而存在着一个战略选择方案的范围。尽管并不是所有的战略选择方案对某一特定产业都适宜，但企业可以实行其中的某一个战略，或者在某些情况下连续地采用某几种战略。下面是企业可供选择的一些衰退战略。

1. 领先战略

领先战略是指利用一个衰退产业的优势，企业通过面对面地竞争，成为产业中保留下来的少数企业之一，甚至是保留下来的唯一企业。这样企业或剩余企业拥有达到平均水平以上的利润潜力，形成一个较优越的市场地位，以此来保持自己的地位或实行抽资转向战略。实行领先战略的一般措施是：在定价、进入市场以及其他为建立市场而采取的积极竞争行动上进行投资，并且使本产业的其他企业能迅速退出一部分生产能力；购买竞争对手的一部分生产能力，购买市场份额，降低竞争对手的退出障碍；采取其他方式降低竞争对手的退出障碍，如让它们为自己的产品生产零部件，接管长期合同，生产具有私人标记的产品等；为继续保留在衰退产业中，通过公开的声明和企业自己的行为，表明商业上的约定；通过竞争行动向竞争对手清楚地表明自己的雄厚实力，消除竞争对手试图将企业排挤出本产业的想法；搜寻和公布可降低今后衰退的不确定性的可靠信息，以减少竞争对手过高地估计产业的真实前景，以及它们想继续保留在衰退产业中的可能性；通过增加在新产品或改进生产工艺方面再投资的需要，提高对保留在衰退产业中的其他竞争对手的威胁。

2. 坚壁战略

这个战略的目的是鉴别出衰退产业中哪些能保持稳定的需求或者需求下降很慢，而且还具有获取高收益特点的某一部分。企业在这部分市场上进行投资，建立起自己的市场地位。为了降低竞争对手的退出障碍或降低这部分市场的不确定性，企业可以采取在领先战略中所列出的一些措施。最终企业或者转向执行收获战略，或者转向放弃战略。

3. 抽资转向战略

抽资转向战略的目的是减少或取消新的投资，减少设备维修，甚至削减广告和研究与开发费用，以及为提高价格或在今后销售中获利而最大限度地利用企业现存的一切实力。普通的抽资转向战略方法包括减少样品数量、减少使用的销售渠道、放弃小的用户、减少因销售而引起的各种服务等。

在衰退产业中企业要注意，并非所有的业务都是可抽资转向的，实施抽资转向战略有一些先决条件，这些条件包括企业具有能够生存的实力；在衰退阶段，一个产业不至于衰退到更加激烈的竞争中。若企业不拥有足够的实力，企业的产品价格将升高，产品质量将降低，广告宣传将停止，将会引起销售量大幅度下降。在衰退阶段，如果产业的结构导致竞争反复无常，竞争者就可能会利用企业投资不足的弱点夺取市场或迫使价格下降，由此消除企业通过抽资转向所拥有的低成本的优势。

同样，由于一些企业具有降低投资的选择，使企业不易抽资转向。抽资转向战略措施的基本特点包括：一些措施是用户可见的行动，如价格上涨、广告宣传减少等；而另一些措施是用户不可见的行动，如推迟设备维修、降低边际利润等。一项忠告是：不具有相当实力的企业对任何不可见的抽资转向行动都必须加以限制，这些不可见的行动是否可获得大幅度的现金回流依赖于这项业务本身的特性。

4. 快速放弃战略

这种战略的依据是，在衰退阶段的早期出售这项业务，企业能够从此业务中最大限度地得到最高卖价。这是因为出售这项业务越早，资产市场如国外市场，需求没有饱和的可能性就越大，企业能从这项业务的出售中实现最高的价值。

因此，在某些情况下，在衰退前或在成熟阶段即放弃一项业务可能是很吸引人的。一旦衰退期明朗，产业内部和外部的资产买主就将处于一个非常有利的讨价还价的地位，那时再卖掉资产为时已晚。当然，早期出售资产企业也要承担对今后需求预测不准确而造成的风险。

（二）选择衰退战略的条件

在产业衰退阶段中，企业选择衰退战略至少要考虑两个因素：一是衰退产业的结构，如需求或剩余需求的特征、退出障碍情况、竞争格局等；二是企业自身所具有的相对竞争实力。如图7-2所示，标明了一个企业在不同条件下的衰退战略选择方案。

	企业竞争实力强	企业竞争实力弱
有利的产业结构	领先或坚壁	抽资转向或快速放弃
不利的产业结构	坚壁或抽资转向	快速放弃

图7-2　企业选择衰退战略的方案

当一个产业的结构有益于一个适宜的衰退阶段时，如具有较低的需求不确定性、较低的退出障碍等，具有一定实力的企业应当选择领先战略，或者选择坚壁战略，使自己在市场中处于一个合适的位置。通过面对面的竞争，竞争失败者将退出产业，具有一定实力的企业会建立起自己的领先地位。一旦形成这种地位，产业的结构即产生对企业的报偿。当企业不具有某种实力，它就不可能获得领先地位或保护自己的合适位置，但企业可以利用有利的产业结构进行抽资转向。

在衰退产业中，企业及早选择一项衰退战略或及时选择其他战略有许多益处。及早置身于领先地位可以提供必要的市场信号来促使竞争者退出该产业，并且拥有时间优势来取得领先地位。及早放弃一项业务的益处也已经讨论过了。相反，拖延一项衰退战略的选择既不可能取得领先地位或坚壁一部分市场，也不可能抽资转向一个产业，最终的选择是被迫放弃。

在衰退产业中，战略选择的关键部分，特别是积极的战略选择是找到鼓励特殊竞争对手退出产业的方法。一些方法已经在领先战略中讨论过。有时在一个积极的衰退战略产生效果之前，一个市场占有率较高的竞争对手的退出是必要的。在这种情况下，企业可以通过抽资转向战略耐心等待，直到主要竞争对手决定退出。如果主要竞争对手决定退出，企业可进行投资，以取得领先地位或加强企业现在的市场地位；如果主要竞争对手继续保留在这一产业中，企业可继续抽资转向，或者采取迅速放弃的战略。

综合训练题

一、单项选择题

1. 企业通过有效途径降低成本，使企业的全部成本低于竞争对手的成本，甚至在同行业中是最低的成本，从而获取竞争优势的战略是（　　）。

  A. 成本领先战略   B. 营销战略

  C. 竞争优势战略   D. 差异化战略

2. 集中化战略一般有两种变化形势，一种是低成本集中化，另一种是（　　）。

  A. 差异的集中化   B. 产品线集中化   C. 顾客集中化   D. 地区集中化

3. 差异化战略的核心是取得某种对顾客有价值的（　　）。

  A. 可靠性   B. 信誉性   C. 实用性   D. 独特性

4. 所谓差异化战略，是指为使企业产品与（　　）有明显的区别，形成与众不同的特点而采取的一种战略。

  A. 原产品   B. 竞争对手产品   C. 本企业产品   D. 相关行业产品

5. 当行业进入衰退期，产品逐渐被新产品取代，竞争加剧使产品市场价格与成本接近时，最适宜选择的战略是（　　）。

  A. 成本领先战略   B. 差异化战略

  C. 集中化战略   D. 产品标准化战略

6. 当行业进入成长期阶段，市场需求上升，规模经济明显，产品性能和规格继续完善，最适宜采取的战略是（　　）。

  A. 成本领先战略   B. 差异化战略

  C. 集中化战略   D. 产品标准化战略

7. 行业进入投入期阶段，产品性能是关键，价格不是焦点和竞争因素，企业还没达到规模经济，最适宜采取的战略是（　　）。

  A. 成本领先战略   B. 差异化战略

  C. 集中化战略   D. 产品标准化战略

8. 当行业进入成熟期阶段，市场竞争激烈，产品性能、结构都已标准化，价格成本成为消费焦点，此时，最适宜采用的战略是（　　）。

  A. 成本领先战略   B. 差异化战略

  C. 集中化战略   D. 产品标准化战略

9. 一般来说，规模较小的经营单位生产与营销能力比较薄弱，应选择（　　）。

  A. 集中化战略   B. 成本领先战略

  C. 差异化战略   D. 产品标准化战略

10. 如果经营单位的生产能力较强而营销能力较差，则可考虑采用（　　）。

  A. 集中化战略   B. 成本领先战略

  C. 差异化战略   D. 产品标准化战略

11. 如果经营单位的营销能力强而生产能力相对较弱，则可考虑采用（　　）。

    A. 集中化战略　　　　　　　　　　　B. 成本领先战略

    C. 差异化战略　　　　　　　　　　　D. 产品标准化战略

12. 如果经营单位的生产能力与营销能力都很强，则可考虑（　　）。

    A. 生产上采取成本领先战略，销售上采取差异化战略

    B. 生产上采取差异化战略，销售上采取成本领先战略

    C. 生产上采取集中化战略，销售上采取标准化战略

    D. 生产上采取标准化战略，销售上采取集中化战略

13. 一般来说，资本品很多都是标准品，在保证基本质量的前提下，价格成为最重要的因素，因此应采用（　　）。

    A. 集中化战略　　　　　　　　　　　B. 成本领先战略

    C. 差异化战略　　　　　　　　　　　D. 产品标准化战略

14. 一般来说，消费品是非专家购买，绝大多数消费者都是依靠广告宣传、产品包装及价格来确定是否购买，最适宜采取的是（　　）。

    A. 集中化战略　　　　　　　　　　　B. 成本领先战略

    C. 差异化战略　　　　　　　　　　　D. 产品标准化战略

15. 日用品由于人们几乎每天都消费，反复少量购买，因此，应采用（　　）。

    A. 集中化战略　　　　　　　　　　　B. 成本领先战略

    C. 差异化战略　　　　　　　　　　　D. 产品标准化战略

16. 耐用消费品是一次购买、经久耐用的产品，这些产品的质量和售后非常重要，因此，最适宜采取（　　）。

    A. 集中化战略　　　　　　　　　　　B. 成本领先战略

    C. 差异化战略　　　　　　　　　　　D. 产品标准化战略

二、多项选择题

1. 迈克尔·波特提出的竞争战略包括（　　）。

    A. 成本领先战略　　　　　　　　　　B. 技术创新战略

    C. 差异化战略　　　　　　　　　　　D. 集中化战略

    E. 市场渗透战略

2. 如果经营单位的生产能力与营销能力都很强，则可考虑（　　）。

    A. 生产上采取成本领先战略　　　　　B. 销售上采取差异化战略

    C. 生产上采取差异化战略　　　　　　D. 销售上采取成本领先战略

    E. 服务上采取差异化战略

3. 企业竞争战略的创新方法包括（　　）。

    A. 产品创新　　　B. 管理创新　　　C. 营销创新　　　D. 业态创新

    E. 技术创新

三、名词解释

成本领先战略；差异化战略；集中化战略

四、简答与论述题

1. 成本领先战略的理论基础是什么？

2. 成本领先战略有哪些类型？

3. 简述成本领先战略实施的条件。

4. 简述成本领先战略的优势和风险。

5. 差异化战略有哪些类型？

6. 简述差异化战略实施的条件。

7. 简述差异化战略的优势和风险。

8. 集中化战略有哪些类型？

9. 简述集中化战略的使用条件、优势及风险。

10. 根据产品的不同生命周期，如何进行竞争战略选择？

11. 分散型产业形成的原因是什么？

12. 处在分散型产业中的企业如何进行战略选择？

13. 处在成熟型产业中的企业如何进行战略选择？

14. 处在衰退产业中的企业如何进行战略选择？

五、案例分析题

【案例1】"三只松鼠"的竞争战略

三只松鼠股份有限公司成立于 2012 年，是中国第一家定位于纯互联网食品品牌的企业，也是当前中国销售规模最大的食品电商企业，"三只松鼠"成立短短 5 年时间已一跃成为中国销量最大的食品电商企业，2016 年销售额超 55 亿元，拥有近 2 000 家线下门店——"来伊份"。"三只松鼠"主要通过以下两种方式来进行差异化：

第一，以互联网技术为依托，利用 B2C 平台实行线上销售。凭借这种销售模式，"三只松鼠"迅速开创了一个以食品产品的快速、新鲜为特征的新型食品零售模式。这种特有的商业模式缩短了商家与用户的距离，确保让用户享受新鲜、完美的食品，开创了中国食品利用互联网进行线上销售的先河。以其独特的销售模式，"三只松鼠"在 2012 年"双 11"当天的销售额在淘宝、天猫坚果行业跃居第一名，日销售近 800 万元。

第二，通过品牌差异化，"三只松鼠"成功在消费者心目中树立了互联网第一坚果品牌。"三只松鼠"的理念特点十分鲜明，其核心是"忠于信仰"，表现方式是"萌"。品牌标志（LOGO）是萌态十足的三只松鼠，并且有各自个性十足的名字：鼠小贱、鼠小酷、鼠小美；它的办公室被装修成森林中松鼠之家；产品包装、购物网站页面均以松鼠系呈现，甚至企业内每个人都有一个以鼠开头的花名，章燎原被称为"松鼠老爹"。在"三只松鼠"，员工就是"家人"，把用户叫作"主人"，当客服跟用户沟通的时候，会演化成宠物和主人的关系，以萌系沟通方式拉近与用户的距离。这种情景化的设定有效地增强了企业凝聚力和员工归属感，更为重要的是使得企业文化与品牌文化真正成为企业的基因。

根据案例回答以下问题：

三只松鼠采取了哪些差异化战略？采取这些战略的现实依据？

【案例2】轮胎召回事件

有一年，凡世通轮胎公司（Firestone Tire Company）决定召回它的部分轮胎，这些轮胎安装在福特汽车公司（Ford Motor Company）的某些体育赛车上。这一决定是在有关一些福特赛车在跑动时轮胎脱离、造成事故甚至翻车出现重大损害的报道后做出的。

一开始，凡世通轮胎公司否认它的轮胎有问题，但它迫于消费者团体和许多政府机构的压力做出了召回轮胎的决定。由于有问题的轮胎都是在同一家工厂生产的，人们要求关闭那家工厂。凡世通公司认为问题出在福特公司轮胎安装不当，其还认为福特赛车的减震器一直在摩擦轮胎，造成或者加重了事故的发生。

福特公司和凡世通公司均否认这一问题会持续存在下去。然而，当人们了解到凡世通公司先前已在南美洲召回了这些轮胎，但在其他国家并未通知政府时，凡世通公司遭到强烈抗议。另外，这两家公司几年前至少经历了一次因轮胎分离造成的诉讼案。

这一案例提出了许多问题，其中一些与造成事故的可能原因有关，也许还存在道德方面的问题。

根据案例回答下面各因素与事故发生的实际或可能的关系：

（1）产品设计。

（2）质量控制。

（3）道德。

第八章

职 能 战 略

教学目标

1. 了解各职能战略的概念及基本理论要点。
2. 了解生产战略的制定过程。
3. 掌握市场营销战略的内容。
4. 掌握研究与开发战略选择。
5. 掌握财务战略的类型。
6. 了解人力资源管理的活动过程。

引导案例

格兰仕的战略选择

格兰仕从新进入者到中国微波炉行业的领跑者，其发展与战略选择有着紧密的联系。

1. 营销战略

第一，培育市场：在导入期和成长期，通过赠送微波炉食谱、在报刊上开辟专栏等，以知识营销的方式打开了中国微波炉市场。第二，启动市场，通过与各地代理商合作，建立稳固的分销渠道，共同启动微波炉市场。第三，占领市场，在微波炉市场上打价格战，在电饭煲市场上，通过赠送活动来占领市场。第四，巩固市场，针对不同的市场不断推出新产品等。

2. 研究与开发战略

格兰仕在技术方面经历了以引进、消化吸收为重点（引进东芝的生产线和技术，以及全球最先进的微波炉生产设备和技术，并在消化吸收的基础上进行集成）；自行设立研究与开发部门；在美国设立技术开发机构，进行合作和自主开发等几个重要环节。

3. 财务策略

为适应国际化经营的战略需要，格兰仕集团聘请了世界著名的咨询公司 Accenture 为财务顾问，帮助其制定和实施格兰仕的财务战略。

4. 人才战略

从最初聘请上海微波炉专家组成格兰仕微波炉的核心团队，到聘请日本人从事生产管理，聘请韩国人才任国际营销主管，聘请美国人从事技术开发活动，都能看出格兰仕将人尽其才发挥到了极致。

讨论：（1）你怎么认识格兰仕的战略选择？

（2）谈谈企业处于不同发展阶段时的战略选择？

（3）你认为企业的职能战略与总体战略之间的关系如何？

职能战略又称职能支持战略，是指为贯彻实施和支持总体战略与经营战略而在企业特定的职能管理领域制定的战略。它的制定是将企业的总体战略转化为职能部门具体行动计划的过程，根据这些行动计划，各职能部门可以更清楚地认识到本部门在实施总体战略中的责任与要求。本章将对生产战略、市场营销战略、研究与开发战略、财务战略和人力资源战略展开介绍。

第一节　生　产　战　略

生产战略，也称生产运作战略，是指在企业总体战略和经营战略的指导下决定如何通过生产运作活动来实现企业的整体战略目标、获得竞争优势的一系列对策谋划。生产战略作为几大重要的职能战略之一，更强调对企业竞争优势的贡献，如通过对产品目标明细化，使生产系统功能具有优先级，从而为企业竞争提供坚实的基础和后援保障等。从企业的生产运作和整体发展方面来看，生产战略可以说是企业取得成功的关键因素，管理者势必要协调好生产战略与其他职能战略之间的关系，才能保证企业更好的发展。

一、生产战略的内容

生产管理的主要内容可以分为生产系统设计战略及生产系统运行战略。

（一）生产系统设计战略

生产系统设计分为生产系统功能设计和生产系统结构设计，主要包括产品或服务设计、生产能力计划、生产过程的选择设计、厂址选择、工作布置和工作设计。

1. 产品或服务设计

产品或服务设计用来决定经营单位的具体生产内容，这一工作主要受企业技术水平的影响，一般来说，产品或服务设计分为以下三个阶段：

（1）研究阶段。即产生关于新产品或服务的新思想、新思路。

（2）选择阶段。即从众多新想法中，选择在技术上可行、市场能被接受并且与企业整体战略相一致的产品或服务。

（3）设计阶段。即开发设计产品或服务的性能参数，要求最终产品的性能应达到最优。

2. 生产能力计划

生产能力计划用来决定经营单位生产产品的数量，这里的生产能力指的是理论上最大的产出率或转换能力。对生产能力的计划一般涉及下列几个步骤：

（1）预测未来需求，预测过程中要考虑到技术、竞争等因素对需求的影响；

（2）将需求转换成对生产能力的需要，即测定出所需要的实际生产能力；

（3）制订方案以满足对生产能力的要求，如通过加班、调整轮班安排、承包或动用库存来改变短期生产能力或通过增加（减少）物质设施等来改变长期生产能力；

（4）分析比较各种生产能力方案的成本、风险以及战略效果，从中选择最优的生产能力方案。

3. 生产过程的选择设计

生产过程的选择设计用来决定企业如何生产产品或服务，一般来说，生产过程选择涉及四种技术决策。

（1）主要技术的选择。选择主要技术时往往需要考虑是否存在生产该产品的技术，在所选择的技术中是否有互相竞争的技术，采用何种方式获取技术等。

（2）次要技术的选择。选择次要技术时要考虑到：采用何种转换过程，是连续生产过程、装配线过程，还是单件订货生产过程；且管理人员也应对各种方案的成本以及它与所期望的产品和生产能力计划的一致性进行评价。

（3）特定部分的选择。特定部分的选择要考虑到：采用何种类型的设备（通用型或是专用型）、自动化设备取代人工操作的程度问题等。

（4）过程流的选择。选择过程流主要是考虑产品如何流经作业系统的问题。总的选择原则是在过程流中所发生的储存和时间延误越少越好。

4. 厂址选择

厂址选择是决定在何处安置生产设施，工厂建设的地点不仅会影响投资和速度，还会影响厂区布置及后续生产费用、产品质量及成本。厂址选择一般要考虑地理因素、气候条件、交通运输条件、资源条件、能源供应条件、水源与排水条件等因素，还要满足防震、防火、防水等必要的安全要求，总的目标就是在保证安全便利的同时，使生产和运输分配产品的成本最小。

5. 工厂布置

工厂布置是对企业的实体设施及设备进行布置摆放，一个良好的厂区布置能减少物料的搬动，使工人及设备发挥最大的效能，一般来说，主要有以下三种布局方式：

（1）产品布局。即按生产产品或服务的先后顺序来加以布局，适合连续性或重复性的生产作业。

（2）过程布局。即按照生产任务布局。

（3）固定位置布局。即将产品固定在一个位置，人员、工具和生产材料等都移向产品的布局。

6. 工作设计

它是决定如何完成一项工作以及由谁来完成的问题，指明在作业系统中个人或群体所要执行的工作内容及采用的工作方法。一般来说，工作设计由以下三项活动组成：

（1）确定具体的工作任务；

（2）确定完成工作任务的方法；

（3）将各种工作任务组合成工作事项，指派给个人去完成。

（二）生产系统运行战略

生产系统运行战略，即从战略的角度对生产系统的正常运行进行计划、组织和控制，具体包括生产计划和作业计划、库存控制、质量控制等。

1. 生产计划和作业计划

生产计划规定着企业在一定时期内生产产品的品种、质量、数量和进度等指标，即对企业的生产任务做出的统筹安排。生产计划的编制必须建立在对产品需求预测的基础上。

作业计划是指将企业生产计划中的任务具体分配到各个车间、工段、小组或工作人员，规定他们在月、周、天及小时内的具体生产任务。

2. 库存控制

库存控制包括对原材料、半成品、产成品以及其他备品的控制，总原则是在减少库存成本的同时将库存维持在最理想的水平。为达到此目的，企业通常采用的库存控制方法如下：

（1）准时库存。准时库存即争取达到使生产量等于运送量的理想状况，使库存水平接近于零。使用该方法时，原材料必须频繁地、小批量地运进，准时地被利用；产成品也必须准时地产出并准时地被运送和销售。

（2）经济订货批量。经济订货批量是通过平衡采购进货成本和保管仓储成本核算，以实现总库存成本最低的最佳订货量。

3. 质量控制

质量控制是指企业为了保持某一产品、过程或服务的质量而采取的作业技术和有关活动。质量控制一般涉及以下两类问题的决策。

（1）战略性质的质量决策：主要涉及制定质量水平以及为改进质量、保持竞争地位而采取的步骤，它影响着产品设计、人员培训、设备选择以及维修计划等。

（2）战术性质的质量决策：是对质量控制的日常决策，涉及什么时候检查产品、应检查多少、采用什么标准否决产品，以及对生产过程采取什么样的矫正措施等。

二、生产战略的类型

从不同角度可以将生产战略分为以下三种类型。

（一）基于成本的战略

基于成本的战略是指通过发挥生产系统的规模经济优势，以及实行设计和生产的标准化，使得产品的成本大大低于竞争对手的同类产品以获取价格竞争优势的战略，其本质是不断追求生产系统的规模经济性。近年来，追求基于成本的战略，不断呈现出越来越多的缺陷。一方面，企业规模过大、机构设置复杂不仅不便于管理，且使企业运营成本大大增加；另一方面，容易造成企业生产系统僵化、缺乏灵活性而无法很好地满足消费者的需求。

（二）基于质量的战略

基于质量的战略是指企业把质的因素作为竞争优势的来源，即依靠用户感知到的产品或服务的相对质量的领先地位，赢得高市场占有率和稳定利润的战略。根据国外一项关于市场战略对利润影响的分析表明，产品的质量与其在市场中所占的份额是密切相关的，拥有高质量产品的公司往往拥有更大的市场份额，同时会从市场中获取更大的利益。在规模上处于劣势的企业应采用这种基于质量的生产战略，把质量作为赢得市场份额的出路。

（三）基于时间的战略

基于时间的战略是指企业把时间作为一种关键竞争优势的来源，通过缩短产品开发周期和制造周期以提高对市场需求的反应速度，使企业具备提供众多的产品种类和覆盖更多细分市场能力的战略。采用该类战略的企业往往能够减少各方面的业务时间消耗，不仅降低了成本，还提高了产品质量，更有利于与消费者保持密切的联系，吸引到最为有利可图的用户。

三、生产战略制定

（一）生产战略制定的步骤

在制定企业生产战略时，不仅要考虑自身内部生产条件，也要考虑到企业既定的整体战略及市场的实际需求，一般包括以下步骤：

（1）分析企业在市场竞争中所处的地位，了解竞争对手的产品情况及采用的战略。

（2）评估企业自身的技术水平、设备、人力、资源及当前实施的战略。

（3）制定企业市场营销的战略目标并制订销售计划。

（4）确定企业应发挥的生产功能，如生产能力、产品数量和质量、投资收益等。

（5）考虑企业的经济限制和技术限制，经济限制包括成本结构、产品组合、产业结构、产业政策及其未来发展趋势等；技术限制包括技术水平、技术开发、技术进步、机械化与自动化程度等，使企业了解自身的生产地位和技术突破的可能性。

（6）制定生产战略及相关的计划与制度，如品种策略、采购策略、存货策略、生产计划、设备计划、技术计划、生产控制制度等。

（7）执行生产战略，控制生产过程，衡量生产业绩和成效，并进行信息反馈、修改或调整生产战略内容。

（二）生产战略的决策构成

企业生产战略的决策构成如图 8-1 所示。

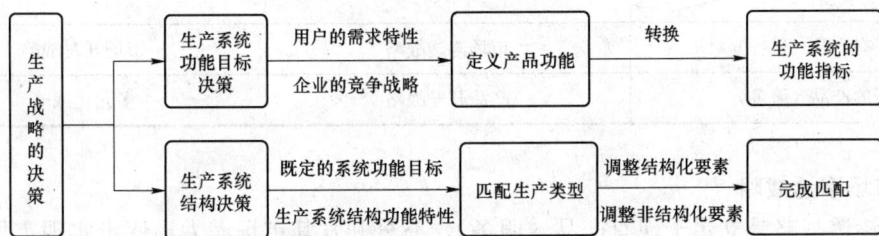

图 8-1　企业生产战略的决策构成

第二节　市场营销战略

市场营销战略是依据企业战略定位，在市场调研、预测及分析市场需求的基础上，决定企业将如何开展市场营销活动，从而使自己的产品和服务价值得以体现并获得竞争优势的重要职能战略。企业的市场营销战略决定着企业营销活动的方向，具有全局性、长远性、应变性等特点。

一、市场营销战略的内容

（一）市场细分战略

市场细分是企业通过了解消费者需求及其消费行为间的差异，将市场划分为不同消费群体的细分市场，并针对不同细分市场的特性采取不同的营销方式，以更有效地满足不同消费者群体需求的战略。企业进行市场细分时，往往需要考虑以下几个因素：

1. 地理因素

即主要依据消费者所处的地理位置、地形、气候条件、城市规模、人口密度等来细分市场。

2. 人口因素

即通过分析各种人口统计变量，如性别、年龄、教育程度、宗教信仰、收入水平、家庭组成等来细分市场。

3. 心理因素

即通过分析消费者个性、购买动机、生活方式等心理特征来细分市场。

4. 行为因素

即按照消费者的消费方式、消费频率、 品牌忠诚度、消费时间等行为特征来进行市场细分。

（二）市场战略

根据市场类型和产品（服务）类型可以将市场战略划分为四种类型，见表8-1。

表8-1　基于市场和产品（服务）的市场战略类型

产品（服务）类型＼市场类型	现有市场	新的市场
现有产品（服务）	市场渗透战略	市场开发战略
新的产品（服务）	产品开发战略	多元化战略

1. 市场渗透战略

市场渗透战略是立足于现有产品（服务），充分开发其市场潜力，逐步实现市场扩张的战略，其核心主要体现在两个方面，即将现有产品向新市场渗透，向现有市场提供新产品实现渗透。实施市场渗透战略主要通过以下三种方式完成：

（1）挖掘企业现有产品（服务）的潜在消费者；

（2）刺激现有顾客的潜在需求，使其更频繁地消费现有产品；

（3）根据消费者需求改进产品特性，如提高质量、改进样式等。

2. 市场开发战略

市场开发战略是指经营单位利用现有产品或服务开辟新的市场，从而扩大产品销售量的战略。实施这一战略可以选择以下几种途径：

（1）在销售区域内发掘潜在消费者，进入新的细分市场；

（2）在销售区域内寻找新的营销渠道；

（3）开拓原销售区域外部市场或国外市场。

3. 产品开发战略

产品开发战略是指经营单位在现有市场改进现有产品或开发新产品以满足消费者需求，从而扩大销售量的战略。常用的产品开发战略如下：

（1）领先型开发战略。企业追求产品技术水平和最终用途的新颖性以保持技术上的优势和市场竞争中的领先地位，要求企业有较强的研发能力和雄厚的资金支持。

（2）追随型开发战略。企业不抢先研发新产品，而是当市场上出现新产品时对其进行模仿并改进，迅速占领市场，这种战略则要求企业对市场有敏锐的观察力以及自身具有较强的吸收与创新能力，但使用不当则容易因专利问题引起冲突。

（3）替代型开发战略。企业有偿使用其他机构的研发成果来代替自己研发新产品，适用于自身资金、技术受限，研发能力不强的企业。

（4）混合型开发战略。企业以扩大市场占有率和经济效益为目标，依据自身的实际情况，混合使用上述几种产品开发战略。

4. 多元化战略

多元化战略是指经营单位为了更好地占领、开拓市场，为新的消费者提供新产品或服务的战略。运用这一战略需要注意以下几点：

（1）充分了解新用户的需求；

（2）尽可能地使自身产品满足新用户的需求；

（3）确保企业具有开拓新市场、研发新产品的资金、技术、人才等资源保障。

（三）市场营销组合战略

市场营销组合战略是指经营单位在确定了基本的市场战略后，根据内外环境的要求，为企业制定的专门的、具体化的、有营销组合的整体营销战略。

1. 市场营销组合的内容

（1）产品战略：确定提供产品（服务）的类型；

（2）价格战略：为产品或服务定价；

（3）渠道战略：选择产品或服务到达消费者的方法；

（4）促销战略：确定如何使消费者了解产品或服务。

上述市场营销组合的每个要素中都包含多个因素，因此在针对每个要素制订战略时，必须充分考虑这些因素，见表 8-2。

表 8-2　市场营销组合战略的要素影响因素

产品战略	价格战略	渠道战略	促销战略
质量 型号 样式 包装 尺寸 服务 退换货等	折扣 批发价 零售价 付款方式 基本价格 付款期限等	覆盖范围 库存水平 存储条件 中间商类型 运输方式等	广告 宣传 人员推销 营业推广 公共关系

2. 市场营销组合战略的种类

经营单位进行市场营销组合的目的是更好地服务于目标市场，因此，面对不同的目标市场，应当选择合适的目标市场营销组合战略，一般来说，有以下几种选择：

（1）市场无差别战略。市场无差别战略又称市场整体化战略，是指企业在细分市场之后，不考虑各个细分市场的特性，而是注重各个细分市场的共性，以统一的产品、统一的市场营销组合战略服务于所有的消费者。该战略建立在市场所有消费者对某种产品的需求都大致相同的基础上，无须在产品、价格、渠道、促销等方面采取特殊战略。

（2）市场差异化战略。市场差异化战略是指企业在进行市场细分之后，针对不同的细分市场设计不同的产品，并且在价格、渠道、促销方面都要做出相应的改变，以适应不同细分市场需求的战略。这种战略认为用户的需求是不同的，只有采取市场差异化战略，才能更好地满足不同用户的需求。

（3）市场集中化战略。市场集中化战略是指企业根据自身条件，以一个或几个性质相似的细分市场作为目标市场，对其采取统一的集中化的市场营销组合战略，试图在较少的子市场上实现较大的市场占有率。该战略基本思想是与其将有限的资源分散到不同的市场，不如集中力量服务于有限的市场。

二、市场营销战略的选择

按照企业在市场中所处的竞争地位，企业在目标市场上分别"扮演"着四种不同的角色，即市场领导者、市场挑战者、市场追随者和市场补缺者，下面将介绍处于不同地位的企业可选择的战略。

（一）市场领导者

市场领导者是指在市场上占有最大的市场份额，并且在价格变动、新产品开发、分销渠道和促销力度等方面均居领导地位的公司。要想继续保持领先地位，市场领导者必须在以下三个方面采取行动：

1. 扩大市场份额

具体可通过推出新产品、提高产品质量、增加市场开发预算等方式来扩大市场占有率。

2. 开发新市场

一般利用市场渗透战略和市场发展战略来寻找产品的新使用者、新用途和更多的使用量，做好市场调研，及时发现空白市场。

3. 保护现有市场份额

在扩大市场规模的同时，处于领导地位的企业还应该保护好自己现有业务不受到竞争对手的侵犯，企业可采取以下战略来保护市场占有率：

（1）创新战略。即拒绝满足现状，在产品、用户服务、生产技术等各个方面不断创新，为保持领导者地位创造条件。

（2）筑垒战略。即市场领导者可使用合理定价，使用同一个商标生产不同尺寸、型号和档次的产品，以满足市场上的不同需求；或通过供应链控制来提高对手的制造成本等战略，防止给主要市场上的竞争对手留下重要的可乘之机。

（3）正面对抗战略。即市场领导者受到攻击时应及时对挑战者做出反应，或发起推销战，以低价击败对手。

（二）市场挑战者

市场挑战者是指其市场地位仅次于领导者，为取得更大的市场份额而向领先者和其他竞争对手发起攻击和挑战的企业。市场挑战者要根据自身战略目标和选择的竞争对手来确定进攻策略。

1. 正面进攻

正面进攻即市场挑战者集中全部力量对竞争者的最强部分发动攻击。

2. 侧翼进攻

侧翼进攻即市场挑战者对竞争对手防守较为薄弱的方面发起进攻。

3. 包围进攻

包围进攻是对竞争对手的各个方面发动进攻，采取包围进攻策略的进攻者提供的每一项产品都要比竞争对手更多、更好，以使其提供的服务更受消费者的欢迎。

4. 迂回进攻

迂回进攻是一种间接的进攻策略，是指市场挑战者要迂回绕过竞争对手，并攻击较易占领的市场来扩展企业的资源基础，主要有三种途径：发展不相关产品的多元化、利用现有产品进入新的理性市场、开发新技术以取代现有产品。

5. 游击式进攻

游击进攻是通过选择性降价、加强促销活动等方法对竞争对手发动小型的、间歇性的攻击，对其进行干扰，通常是资金不足的小企业用来对抗大企业时采取的策略。

（三）市场追随者

市场追随者是指满足于现有的市场地位，只是跟随市场领导者的战略变化而做出相应的战略调整的企业。常用的追随策略分为紧密追随、有距离的追随、有选择的追随等。

1. 紧密追随

紧密追随者在尽可能多的细分市场和营销组合领域中模仿领导者，但不发动任何进攻，只期望能够分享市场领导者的投资，不会与其发生正面冲突。

2. 有距离的追随

有距离的追随者会模仿领导者的成功经验，但这种模仿往往会有所差异，比如在包装、广告、定价等方面有所不同。

3. 有选择的追随

有选择的追随者在生产与市场领导者相似的产品时也会对产品加以改良，通常也会选择不同的市场规划以避免与领导者发生直接冲突。这类企业往往有潜力成为未来的市场挑战者。

（四）市场补缺者

市场补缺者是指市场营销能力薄弱、为求得生存而拾遗补缺的企业。其竞争战略应以避实就虚、集中力量为原则，将目标市场指向竞争对手力量相对不足或未注意到的细分市场上，可以是单一补缺，也可以是多种补缺。

市场补缺者的关键在于专业化，即最好在产品的最终用途、质量与价格水平、特殊消费群体、地理区域产品及分销渠道等方面实现专业化，以保有自己在市场上的一席之地。

第三节　研究与开发战略

研究与开发战略是在企业经营理念和经营目标的指导下，为实现企业具体目标而选择的研究与开发方式，以及如何为企业的研发活动分配企业资源的一系列基本方针。企业选择合理的研究与开发战略，不仅有利于企业加快产品更新换代，保持企业竞争优势，也有利于企业降低成本，提高经济效益。

一、研究与开发战略的基本工作

（一）基础研究

基础研究是为了获取新知识、探索新事物、获得关于一些现象和可观察事实的基本原理而进行的实验性或理论性的研究，可以为企业开发新技术、研发新产品提供理论基础。基础研究既能拓宽相关领域的科学知识，也能为新技术、新发明提供理论前提，因此在研发工作中起着重要作用。

（二）应用研究

应用研究是通过应用科学理论，探索基础研究成果可能的用途及其应用于生产实践的可能性。在企业的研发工作中，应用研究致力于解决一些工业技术问题，而非产品的具体型号、规格等问题。

（三）开发研究

开发研究是利用基础研究和理论研究的成果去开发新技术、研究新方法、研发新产品，是一种以生产新产品或完成特定技术任务为目标进行的研究活动。在企业的实际开发研究工作中，主要是指针对具体产品的规格型号反复进行试制、实验，直到确定新产品可正式投入生产的一系列工作。

二、研究与开发战略的选择

企业在经营过程中应根据其总体战略和内外部环境来选择研究开发的方式，分配企业的资源，针对不同情况，企业可选择以下几种研究与开发战略：

（一）革新型战略

革新型战略是企业通过新产品的开发及技术的革新来抢占市场，力求在市场占有率上保持领先地位的战略。这一战略不仅需要企业投入大量资金，更要求企业具备高素质的研发团队，一般多应用于制药、电子计算机领域等资金实力雄厚，研发能力强的大型企业。

（二）保护型战略

保护型战略是指企业通过对市场上出现的新产品和新的生产技术进行改进来维持企业在市场竞争中地位的战略。该战略投资风险性低、见效快，并且改进后的新产品推入市场后更有可能受到消费者的欢迎，对企业的发展十分有利。一般适用于家电、数码产品等领域。

（三）追赶型战略

追赶型战略是指企业紧跟在革新型企业的后面，采用新技术，即借用别人的科研力量来开发新产品的战略。一般采用此战略的企业也具有一定的研发力量，但并不着眼于创新，而是期望借用他人的研发技术转化为本企业的商业收益，推出性价比更高的产品。这种战略的优点是成本低、见效快、风险小，许多大企业往往也会采用这一战略。

（四）混合型战略

混合型战略是指企业依据自身情况，综合应用上述三种战略以完成企业的研发任务，这种战略可以充分发挥前三种战略的优势，帮助企业发展经营发展。

理智的企业往往会依据其自身财力、人力、企业规模、技术水平、竞争对手的情况以及市场环境，在几种战略中寻求一种最佳组合，来增强企业的市场竞争能力，提高企业经济效益，进而推动企业快速发展。

三、研究与开发战略的实施

企业实施研究与开发战略主要涉及研发产品的技术选择及研发技术管理、研发组织管理、研发风险管理、研发质量管理、研发人员管理等几个方面。

（一）研发产品的技术选择

新产品要想迅速在市场中脱颖而出，获得消费者认可，就必须在技术上占优势。因此企业在选择产品技术时应处理好以下问题：

（1）树立正确的技术创新观，以增强企业的竞争力为目的；

（2）充分考虑创新成本和市场需求，重视技术积累；

（3）开发系列化、多规格的新产品；

（4）注意保护自身知识产权。

（二）研发技术管理

研发技术管理主要涉及研发整体规划、划分研发阶段和定义研发过程三个方面。

1. 研发整体规划

研发整体规划是新产品开发的重要保证，主要包括企业现有研发基础分析、项目研发人员的需求和配置、经费预算、研制周期估算、技术路线、设备环境需求和配置、结果状态确定、测试方法、验证状态等工作。

2. 划分研发阶段

产品的研发过程按照研发顺序可分为需求分析阶段，设计阶段，仿真验证阶段，试生产阶段，开发、调试阶段，测试验证阶段。在研发产品前，要对研发阶段进行明确划分，定义每个阶段的任务及进度安排等。

3. 定义研发过程

企业在对产品研发提出定性要求时，还应对研发的技术状态进行量化，对其中间状态进行定义，以实现对最终结果和研发过程的有效控制。

（三）研发组织管理

企业在研发组织管理过程中，要注意以下几点：

（1）灵活采用当前已成熟的技术，吸取他人经验；

（2）将人力资源、设备资源和资金放在关键技术的研发上；

（3）重视系统总体目标的实现和系统综合技术的提高；

（4）明确分工，责任到人，各尽其职；

（5）加强研发过程控制，把控研发进度。

（四）研发风险管理

研发的风险大致可分为以下四类：

1. 技术风险

包括新产品在技术上是否可行，新产品的性能是否能满足要求，是否有相应的技术来解决产品应达到的目标等。

2. 财务风险

包括企业是否具有承担该产品研发的能力，研发人员对财务预测的信心，新产品能否为企业带来经济效益，研发资金来源渠道等。

3. 市场风险

包括新产品能否吸引消费者，竞争对手能否更快、更好地研发出更新的产品等。

4. 信息风险

包括自身的研发团队是否有被竞争对手挖角、对外泄密或恶意破坏研发成果的可能。

研发风险管理主要涉及风险识别、风险量化、制订风险应对计划和风险控制等环节。企业只有做好风险管理，才能力求新产品研发风险最小，进而达到产品潜在收益的最大化。

（五）研发质量管理

企业在进行研发质量管理时，要做到以下几点：

1. 做好产品质量计划

包括确认与研发产品有关的质量标准及实现方式，明确产品的设计质量指标，明确产品设计质量的实现方式，允许产品升级并为升级计划合理的响应时间。

2. 加强产品测试

企业不只要对最终产品进行测试，还应在产品研发生命周期的几乎每个阶段都要进行产品测试。

3. 重视产品的安全性设计

产品的功能不仅可以在理想工作情况下实现，在恶劣的工作环境下也应该能实现。

（六）研发人员管理

企业在实施研究与开发战略时，必须充分认识到研发人员的选拔和激励的重要性，并根据自身实际情况，制定出合理的研发人员选拔和激励机制，制定研发人员考核方法，并组织研发团队做好研发过程中的保密工作。

第四节 财 务 战 略

财务战略，是根据企业总体战略、经营战略和其他职能战略的要求，对维持和扩大企业生产经营活动所需的资金进行筹集、分配与利用，以争取提高企业资本运营的质量和效率、力求企业经济效益最大化的一系列谋划方略。企业财务战略可以分为资本筹措、资金运用和收益分配三部分。其中，资本筹措是企业财务活动的起点，资金运用是财务活动的关键，而收益分配是企业财务活动的最终归宿。

一、财务战略的内容

（一）资本筹措战略

资本筹措战略也称融资战略，是企业结合当下经营发展需要以及现有的筹资渠道，并综合考虑筹资金额、期限、风险等因素，对企业资金筹集活动的总体谋划。企业的筹资活动基本遵循以下步骤：

（1）根据企业的发展战略，计算出资金需求总量；

（2）确定各类筹资来源的结构比例；

（3）确定筹资立项，包括流动资金需求量和固定项目需要的投资额度；

（4）进行筹资的可行性分析，可采用量本利分析法；

（5）综合考量自身情况，确定短期筹资额度与长期筹资额度；

（6）根据资金需求额度，制订出筹资计划与方案并分步实施；

（7）严格按照规范和原则运用与管理资金；

（8）及时偿还筹资本息。

（二）资金运用战略

资金运用战略，即决定企业资金投放方向、投放规模以及提高企业资金运用效果的战略，主要包括投资战略和资产管理战略。

1. 投资战略

企业的投资战略是指通过资金的组合及运用，确定企业最佳的投资方向和投资规模的战略性筹划。主要内容涉及投资目标和投资原则。

投资目标包括：

（1）收益性目标：企业生存的根本保证。

（2）发展性目标：可持续发展是企业投资战略的直接目标。

（3）公益性目标：利于企业长远发展的外部形象建设。

投资原则包括：

（1）集中性原则：将有限的资金集中投放，是资金投放的首要原则。

（2）准确性原则：投放资金要适时适量。

（3）权变性原则：投资要随环境的变化灵活地对投资战略进行相应的调整。

（4）协同性原则：按合理的比例将资金分配给不同的生产要素，以谋求整体收益。

2. 资产管理战略

资产管理战略，重点在于制订固定资产投资计划，保持生产能力的均衡、充分利用闲置的生产资源能力、防止资产发生意外损失等。

流动资产管理，重点在于节省不必要的开支，提高流动资金周转率，处理好保持流动性与现金持有成本、保证供货与降低存货成本、促进销售与减少应收账款等若干矛盾。

（三）收益分配战略

收益分配战略是以战略眼光确定企业净利润留存与分配的比例，以保证企业和股东长远利益的战略规划，遵循既有利于股东又利于企业的原则。收益分配战略的制定必须要以资本筹措战略和资金运用战略为依据，必须服务于企业整体战略，因此，制定收益分配战略应满足以下条件：

（1）满足产品质量发展与营销活动的需要，支持企业的发展战略。

（2）最大限度地满足企业提升核心竞争力对权益资本的需要，制定有利于人才的收益分配政策。

资本筹措、资金运用以及收益分配战略是相互依存、相互联系的，这三个既有区别又有联系的战略构成了企业完整的财务战略活动。

二、财务战略的类型

根据财务战略在竞争中所体现出的总体特征，往往将财务战略分为快速扩张型财务战略、稳健发展型财务战略、防御收缩型财务战略三种类型。

（一）快速扩张型财务战略

快速扩张型财务战略，即以实现企业资产规模的快速扩张为目的的一类财务战略。实施此战略时，企业需要在将绝大部分乃至全部利润留存的同时，进行大量的外部筹资，利用负债充分发挥财务杠杆效应。由于收益的增长相对于企业资产的增加具有一定的滞后性，因此该战略往往会导致企业的资产收益率在较长一段时期内表现为相对较低的水平，具有"高负债、低收益、少分配"的特征。

（二）稳健发展型财务战略

稳健发展型财务战略，是以实现企业财务绩效的稳定增长和资产规模的平稳扩张为目的的财务战略。选择此战略的企业，应尽可能地把优化现有资源配置和提高资源使用效率作为首要任务，把利润积累作为实现企业资产规模扩张的主要资金来源，实施稳健发展型财务战略的企业的一般特征是"低负债、高收益、中分配"。

（三）防御收缩型财务战略

防御收缩型财务战略，是指以预防企业财务危机和求得生存及新的发展为目的的财务战略。实施此战略的首要任务是尽可能减少现金流出和尽力增加现金流入，并通过精简机构等措施盘活存量资产，节约成本开支，集中一切力量增强企业主导业务的市场竞争能力，实施这种财务战略的企业的主要特征是"低负债、低收益、高分配"。

三、财务战略的实施

（一）编制财务预算

财务预算是集中反映未来一段时期的现金收支、经营成果和财务状况的预算，是企业经营预算的重要组成部分，一般包括"现金预算""预计损益表""预计资金平衡表"。从财务战略角度讲，财务预算是财务战略目标的具体化、系统化和定量化，是财务战略行动方案及相应措施的数量说明。

（二）确定工作程序

企业在确定财务战略实施的工作程序时要合理安排人力、财力、物力，使之与财务战略的目标要求相适应。可以借助计算机和计划评审法、关键线路法、线性规划、动态规划、目标规划等一系列科学工具和方法来制定最佳工作程序。

（三）完善财务管理信息系统

财务管理信息系统是企业重要的决策支持系统，企业内部的财务管理信息同样应当遵循对外报告的真实性、时效性、重要性和决策相关性等原则。以财务信息系统为核心建立"企业资源计划系统"（ERP）是推进财务战略实施的重大战略举措。

（四）建立长期有效的内部约束与激励机制

为了保证企业财务战略顺利实施，企业应当建立长期有效的内部约束和激励机制，包括领导者对财务战略实施的监督，财务部门对其他部门的监督，以及领导者、财务部门和其他部门间权责关系的确定。此外，企业还可利用各种方式激励员工，使他们乐于配合和推动财务战略的实施。

（五）建立高素质的财会人员队伍

财务战略的制定和实施都离不开高素质的财会人员，企业在财会人力资源的开发上要注意以下问题：

（1）为财会人员的任用和选拔创建一个公平、公正和公开的竞争环境；

（2）加快财务岗位之间的轮岗锻炼，以轮岗代培训；

（3）为财会人员在生产、基建等其他专业提供锻炼机会，培养复合型财会人员；

（4）鼓励财会人员不断提升专业水平，适应财会制度与国际接轨的迫切需要。

第五节　人力资源战略

人力资源战略是指企业在其总体战略和经营战略的指导下，为了实现整体目标，在人力资源的开发、利用、激励及管理等方面所做的一系列战略性规划。人力资源战略是企业战略与人力资源管理活动间的纽带，是企业战略能够实施的重要保障，正确地制定和选择人力资源战略并充分发挥其积极作用是企业良好发展的关键。

一、人力资源战略的主要内容

（一）人力资源开发战略

人力资源开发战略就是指有效发掘企业和社会上的人力资源，积极地提高员工的工作效率和工作能力所进行的长远性谋划和方略。在制订人力资源开发战略之前，企业需要树立正确的人力资源开发战略观。

可供选择的人力资源开发战略方案包括：（1）引进人才；（2）借用人才；（3）招聘人才；（4）自主培养人才；（5）定向培养人才；（6）鼓励自学成才。

（二）人力资源使用战略

人力资源使用是人力资源管理的一项重要任务，它是指企业根据工作任务需要，对企业现有各类人员的安排和使用。人力资源使用合理与否，直接关系到企业的兴衰成败。企业拥有所需人才，如何使人才价值最大化成为一个重大战略问题。

合理使用人力资源一般可选择以下方案：（1）任人唯贤；（2）岗位轮换；（3）台阶提升使用；（4）职务、资格双轨使用；（5）大胆授权使用；（6）破格提拔使用。

（三）人力资源优化配置战略

对于企业来说，人才不是只有数量多就足够了，各方面的人才还应当有一个恰当的比例，形成一个合理的结构，这就是人力资源结构优化配置问题。在人力资源优化配置时，应该确立"适用就是最好的"的观念，将人才安排在能发挥其最大价值的岗位上，避免人才浪费及人才岗位不协调。

可供选择的企业人才结构优化战略配置方案包括：（1）人才层次结构优化战略；（2）人才学科结构优化战略；（3）人才职能结构优化战略；（4）人才年龄结构优化战略。

二、人力资源管理的活动过程

一个完整的人力资源管理过程应当包括下列活动。

（一）人力资源规划

人力资源规划，也称人力资源计划，是指为了实现企业的发展目标，根据企业内部条件和外部环境的变化，确定人员需求及满足需求的途径和方法，使企业内部和外部人员的供应与特定时期企业内部预计空缺的职位达到平衡，即人力资源供给和需求之间达到平衡，从而实现人力资源的最佳配置，最大限度地发挥出人力资源的潜力。这是一个主动的、科学的过程，可以有效避免人员流动的盲目性，并减少浪费。

在进行人力资源规划时，通常要注意以下几个方面：

1. 充分考虑内外部环境的变化

人力资源规划只有充分考虑内外部环境变化，才能适应企业发展的需要，服务于企业的总体战略。在人力资源规划中，应该对各种可能发生的情况作出预测并准备风险应对策略。

2. 实现企业的人力资源保障

企业的人力资源保障问题是人力资源规划中应解决的核心问题，主要包括人员的流入预测、流出预测、内部流动预测、社会人力资源供给状况分析、人员流动的损益分析等。只有有效地保证对企业的人力资源供给，才可能进行更深层次的人力资源管理与开发。

3. 注重企业和员工的长期利益

人力资源规划不仅仅是面向企业的规划，同样也是面向员工的，企业的发展离不开员工，二者互相促进、互相依托。如果只考虑企业的发展需要而忽视员工的发展，必定会影响企业发展目标的实现。

（二）招聘与选拔

员工招聘与选拔是企业寻找、吸引一些有能力又有兴趣到企业任职的人员，从中选拔满足企业要求的竞聘者并予以录用的过程。当企业需要一批操作人员时，通常采用一般招聘；而当企业需要高级管理人员或专家时，则实行特殊招聘。在特殊招聘中，应聘人员会在相当长的一段时期内受到特殊的关注和审查。企业招聘与选拔通常按照以下程序进行：

1. 制订招聘计划

招聘计划的主要内容包括根据人力资源需求来确定招聘人员的类型及数量、时间，职位说明，招聘策略，预计招聘费用等。

2. 落实招聘组织

大规模招聘要有专门的团队，并且提前对招聘人员进行必要的培训，确保招聘人员充分了解招聘政策及必要的招聘技巧。

3. 寻找、吸引应聘者

根据招聘计划确定的策略，疏通招聘渠道。招聘可利用报纸广告、人才就业中心、高校招聘等方式。企业能否吸引众多的应聘者取决于劳动力市场中合适人员数量的多少、招聘职位的工作性质、企业声望、工作地点及提供的条件等。

4. 选拔和录用员工

一般需经过填写申请表、初选面试、背景情况调查、两轮面试、体检、聘用等几个步骤。

5. 检查、评估与反馈

完成招聘工作后，应对此次招聘过程进行检查评估，分析招聘过程中的成功与不足之处，以便在下一次的招聘活动中加以改进。

（三）培训

1. 团体化

团体化又称导向教育，是为了使新员工在企业中有效地发挥作用，在其刚入职时向其提供企业的相关信息。主要包括企业的日常工作程序、企业历史沿革、企业宗旨、企业运营性质、产品及服务、详细的企业政策、工作纪律、员工福利等。

2. 员工技能培训

员工技能培训是企业针对岗位的需求，对员工进行的岗位能力培训。

3. 员工素质培训

员工素质培训是企业对员工素质方面的要求，主要包括心理素质、个人工作态度、工作习惯等的素质培训。

（四）成绩评价

企业针对员工工作完成的情况，必须进行及时的成绩评价并予以反馈，以便让员工了解他们当前的工作业绩如何，并根据工作业绩及时对员工进行相应的奖惩措施。

一般的评价方式包括非正式评价和正式评价。非正式评价是指成绩评价不规律化，它在每天的基础上进行，是将下属工作业绩的信息反馈给本人的连续过程。由于在利用这种评价方式时，行为和对行为的反馈紧密相连，因此可以很快地鼓励所希望的行为而限制不希望的行为。正式评价是正规化、规律化的评价方式，每半年一次或一年一次。

三、人力资源战略实施中的关键问题

企业应把人力资源管理作为企业战略实施的保证、企业优势发挥的基础、企业文化建设的依托和企业适应性的来源，将人力资源管理职能看作战略性的经营单位，将其他部门作为人力资源管理部门的服务对象，建立以客户需求为导向的人力资源管理。在实施人力资源战略中应注意以下关键问题。

（一）树立人力资源观念

制定和实施人力资源战略的重点就是创造一个良好的环境，让每位员工充分发挥所长，取得更大的绩效。所以，企业必须树立双赢的理念，将企业与员工看作互利的共同体，在企业经营中必须以双赢的结果为追求目标。在观念上要彻底破除"资本家意识"和"官本位意识"，在整个企业营造一种浓厚的"尊重知识、尊重人才"的风气。

（二）开展科学的绩效考评

企业建立和实施绩效考评制度应注意以下问题：

（1）制定科学合理的考核标准。

（2）实现从"终点式考核模式"向"动态绩效管理模式"的转变，将考评不仅仅看作年终最后时点的一项工作，而且作为一个动态、持续、上下互动的绩效管理过程。

（3）重视员工个人绩效考评的同时也要重视团体绩效的考评，以通过考评提高员工的团队意识和合作精神。

（4）保证考核的公开公正、严肃合理。加强对考评者的职业操守教育，建立考评小组，防止将考评权力集中于个人。

（三）薪酬管理以人为本

要想真正留住企业需要的优秀人才，建立以人为本的薪酬管理观念和体系至关重要。首先，无论确定薪酬数量还是选择薪酬类型，都应遵循公平原则。其次，薪酬制度要有竞争力，只有有竞争力的薪酬才能够吸引和留住优秀员工并提高其工作满意度。

（四）提高人力资本投资效益

企业应最大限度地利用财务金融知识对人力资源价值进行计量和管理。如对人力资源投资进行立项，利用量本利、现金流量分析法等对人力资源投资经营决策进行规划和控制。通过人力资本的投资收益分析、员工激励机制的设计，把人力资本投入作为激励员工的重要措施并通过风险管理来实现组织绩效提升和员工福利改善的双赢局面。

本章主要讨论了生产运作、市场营销、研究与开发、人力资源、财务运营几个主要领域的职能战略。其中，生产战略是企业战略取得成功的关键因素；市场营销战略的选择取决于企业在目标市场中所处的地位；研究与开发策略是支持企业可持续发展、提高和保持竞争优势的重要因素；人力资源战略和财务战略的实施与其他各职能部门紧密相连，共同保证着企业战略目标的实现。

职能战略在企业中所处的地位和其自身特点决定了职能战略的制定必须要以企业总体战略和经营战略为前提，因此在制定企业职能战略时一定要明确企业总体战略的基本要求，对内外部环境加以分析，也要考虑到各职能领域间战略的协调性，最终制定出最合理的职能战略决策。

• 综合训练题 •

一、单项选择题

1. 下列不属于企业职能层战略的是（　　　）。
   A. 市场营销战略　　B. 研究与开发战略　　C. 成本领先战略　　D. 人力资源战略

2. 企业生产战略的类型不包括（　　　）。
   A. 基于时间的战略　　　　　　　　B. 基于人员的战略
   C. 基于成本的战略　　　　　　　　D. 基于质量的战略

3. 企业将自己现有产品或服务介绍给新的用户，这种市场战略称为（　　　）。
   A. 市场渗透战略　　B. 市场开发战略　　C. 产品开发战略　　D. 多样化市场战略

4. 企业为现有用户开发新的产品或服务，这种市场战略称为（　　　）。
   A. 市场渗透战略　　B. 市场开发战略　　C. 产品开发战略　　D. 多样化市场战略

5. 企业为新用户提供新的产品或服务，这种市场战略称为（　　　）。
   A. 市场渗透战略　　B. 市场开发战略　　C. 产品开发战略　　D. 多样化市场战略

6. 可口可乐最早推出的单一规格、单一口味的瓶装饮料属于（　　　）。
   A. 集中化营销　　B. 全面性营销　　C. 无差异性营销　　D. 差异性营销

7. 按照企业所处的竞争地位，企业在目标市场上分别扮演四种角色，即市场领导者、市场追随者、市场挑战者和（　　）。

    A. 市场领袖者   B. 市场补缺者   C. 市场捡漏者   D. 市场模仿者

8. 在科学技术领域，用以发现新知识或现象的理论性或实验性工作常被称为（　　）。

    A. 商业研究   B. 开发   C. 基础研究   D. 应用研究

9. 企业通过有偿使用其他机构的研发成果来代替自己研发新产品属于（　　）。

    A. 保护型战略   B. 革新型战略

    C. 混合型战略   D. 追赶型战略

10. 企业追求保持自身技术上优势和市场竞争中的领先地位时应采用（　　）。

    A. 保护型战略   B. 革新型战略

    C. 混合型战略   D. 追赶型战略

11. 企业开发新产品或新技术，通过技术的革新以谋求市场占有率上的领导地位属于（　　）。

    A. 保护型战略   B. 革新型战略   C. 追赶型战略   D. 混合型战略

12. 实施（　　）财务战略的企业的一般特征是"低负债、高收益、中分配"。

    A. 快速扩张型   B. 防御收缩型   C. 追赶型   D. 稳健发展型

13. 实施（　　）财务战略的企业的一般特征是"高负债、低收益、少分配"。

    A. 快速扩张型   B. 防御收缩型   C. 追赶型   D. 稳健发展型

14. 人力资源战略主要包括人力资源开发战略、人才使用战略以及（　　）。

    A. 人才招聘   B. 人才培养

    C. 人才资源优化配置   D. 人才引进

二、多项选择题

1. 一般来说，市场营销组合战略分为（　　）。

    A. 市场渗透战略   B. 市场无差别战略

    C. 市场集中化战略   D. 市场开发战略

    E. 市场差异化战略

2. 一个企业采用某种研究与开发战略要考虑（　　）。

    A. 财力   B. 规模   C. 市场环境   D. 竞争对手情况

    E. 技术水平

3. 下面属于企业研究与开发战略的是（　　）。

    A. 革新型战略   B. 保护型战略   C. 替代型战略   D. 领先型战略

    E. 混合型战略

4. 下列属于人力资源开发战略方案的是（　　）。

    A. 自主培养   B. 引进人才   C. 破格提拔   D. 定向培养

    E. 招聘人才

三、名词解释

职能战略；生产战略；市场营销战略；研究与发展战略；追赶型战略；财务战略；快速扩张型财务战略；人力资源战略

四、简答与论述

1. 实施职能战略的目的是什么？

2. 生产系统设计主要包括哪些工作？

3. 市场营销战略的基本选择有哪些？

4. 市场营销战略中有哪些常用的产品开发战略？

5. 研究与开发战略的基本选择有哪些？

6. 企业财务战略主要分为哪几种类型？分别具有什么特征？

7. 简述人力资源战略在实施时应注意的问题。

五、案例分析题

飞龙集团人才建设上的失误

飞龙集团初创时只是一个注册资金仅75万元、员工几十人的小企业，而短短一年的时间它就实现利润400万元，第二年实现利润6 000万元，第三、第四年的利润都超过了2亿元。只用了几年的时间，飞龙集团可谓飞黄腾达，"牛气"冲天。但就在飞龙集团风头正盛时，突然在报纸上登出一则广告——飞龙集团进入休整，然后便不见踪迹了。

两年以后，消失了两年的飞龙集团总裁姜伟突然从地下"钻"出来了，并坦率地承认飞龙的失败是人才管理的失误。飞龙集团除建设初期向社会严格招聘过营销人才外，从来没有对人才结构进行过认真的战略性设计。集团内部随机招收人员、凭人情招收人员，甚至出现亲情、家庭、联姻等不正常的招收人员的现象，而且持续3年之久。作为当时国内医药保健品排名前几的公司，外人或许难以想象这样一个大公司竟没有一个完整的人才结构，没有一个完整的选择和培养人才的规章。而且飞龙集团在无人才结构设计的前提下，还曾经大量招收中医药方向的专业人才，盲目地安插在企业所有部门和机构，造成企业高层、中层知识结构单一，导致企业人才结构不合理，严重地阻碍了一个大型企业的发展。随着飞龙集团一位高层领导的失误，造成营销中心主任离开公司，营销中心便陷入混乱，也使飞龙集团陷入了困境……

根据案例回答以下问题：

（1）你认为导致飞龙集团失败的主要原因有哪几点？

（2）结合案例，谈谈你认为企业应当如何建设自己的人才队伍，做好人力资源战略规划？

（3）通过案例，你有什么体会，谈谈人力资源战略对企业发展的重要性。

企业文化管理战略

教学目标

1. 了解企业文化的构成要素。
2. 理解企业文化的概念。
3. 理解企业文化的形成机制。
4. 熟悉企业文化对战略管理的作用。
5. 掌握如何实现企业文化与战略的匹配。

引导案例

海尔文化救活"休克鱼"

海尔集团从1991年开始实施资产扩张战略，先后兼并收购了原青岛空调器厂、冰柜厂、武汉希岛、红星电器公司等多家大中型企业，成为中国家电特大型企业。每当海尔集团对一家经营不善的企业进行收购以后，所要做的第一件事不是派财务专家进驻被收购企业进行清产核资，而是派企业文化专员首先进驻被收购企业，进行企业文化的调查和整改，这已经成为海尔并购战略实施中的一个成功经验。

以海尔并购红星电器公司的"文化先行"为例。1995年，青岛市政府决定将红星电器股份有限公司整体划归海尔集团。划归之初，张瑞敏便确定一个思路，海尔的最大优势是无形资产，注入海尔的企业文化，以此来统一企业思想，重铸企业灵魂，以无形资产去盘活有形资产。划归的第二天，时任海尔集团副总裁的杨绵绵首先率海尔企业文化、资产管理、规划发展、资金调度和咨询认证五大中心的人员，来到红星电器公司，开始贯彻和实施"企业文化先行"的战略。"敬业报国，追求卓越"的海尔精神，开始植入并同化着红星电器公司的员工们。

随后，张瑞敏又亲自到红星电器公司，向中层干部们讲述他的经营心得，解释"80/20管理原则"，灌输"关键的少数决定非关键的多数"这个"人和责任"的理念。"企业最活跃的因素就是人，而在人的因素中，中层以上管理干部虽是少数，却在企业发展中负有80%的责任。""80/20 原则"，以及张瑞敏引用的中华民族的古训："德，才之帅也；才，德之资也"，唤起了红星电器公司广大中层干部的进取心，鼓起了他们奋发向上争一流的风帆。张瑞敏进而从分析企业亏损引申出海尔 OEC 管理，要求"大家从我做起，从现在做起，从我出成果，从今天出成果，全方位地对每天、每人、每件事进行清理、控制，日事日毕，日清日高。"

思考：

1. 企业文化与企业战略存在怎样的关系？
2. 一家公司的企业文化是如何形成的？

第一节　企业文化的概念

每个企业都有自己独特的文化，即自己的价值观和原则、自己解决问题的方式方法和自己独特的个性。企业文化构成企业内部的软环境，对企业文化进行分析，不仅能为制定合适的战略提供必要的信息，同时也是推动战略实施的重要支柱。因此，企业文化分析是内部环境分析的重要内容。

一、企业文化的定义

文化通常是指人们在社会历史实践过程中创造的物质和精神财富的总和。它是一种历史现象。每一个社会都有与之相适应的文化，并随着社会物质生产的发展而发展。在英文中，文化一词的来源与农业耕作的观念密切相关，说明农业分工形成了人类的文明，产生了文化。

在管理领域里，企业文化主要是指企业的指导思想、经营理念及工作作风。它包括价值观念、信念、行为准则、道德规范、传统习惯、仪式、管理制度以及企业形象等要素。它的内涵不仅包括思想和精神方面的内容，也包括社会心理、技能、方法和企业自我成长的特殊方式等方面的内容。

二、企业文化的含义

对于企业文化的认识，有的学者认为企业文化是若干个基本假设的模式。这些假设是由特定的群体在学习处理自己外部适应性与内部一体化问题的过程中，创造、发现或开发出来的，并且已在群体内完善且有效地运行。

（一）基本假设

一般来讲，企业文化可分为三个层次，如图 9-1 所示。在分析企业文化的过程中，首先遇到的是文化的表层结构，即企业的建筑物、技术、办公室的布置等看得见的行为方式，以及一些公开的文件资料。在表层结构里，这些资料容易收集到，但往往难以解释。例如，我们可以描述一个群体"怎样"构造它的环境，分析企业群体成员的行为方式是什么，但常常解释不出行为的内在逻辑，即"为什么"该群体按照这种行为方式活动。

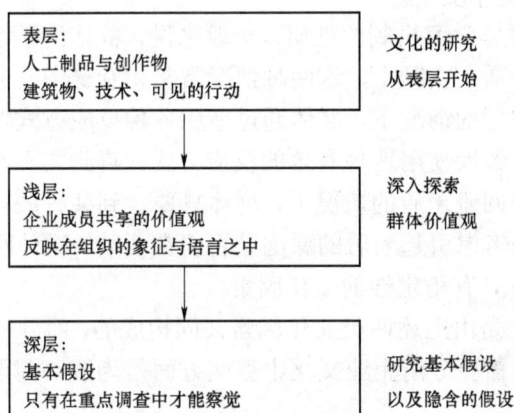

图 9-1 企业文化的层次

为了分析企业成员为什么采取某种行为，需要进入文化的第二个层次，即研究群体的价值观。这种价值观一般不能直接观察到，需要与企业中的主要成员交谈，或分析企业的文件资料和图表，才能得出结论。但是，价值观仍属于企业文化的浅层部分，只反映人们对自己行为的解释、思想中愿意承认的观念以及对自己行为的掩饰。群体成员行为的真正内在原因往往被掩盖，或者没有被人察觉。

为了真正理解企业文化，更全面地认识企业内群体的价值观和公开行为，有必要进一步研究群体的基本假设，即指人们在揭示文化的深层结构时，为了正确地认识文化的本质而提出关键性的假设，以便进一步验证。这种基本假设可能是无意识的，但实际上决定着企业群体成员的感觉、思考与理解的方式。这里的基本假设是无意识的，是指群体成员某些动机过程和认识过程由于不断地重复进行和持续发挥作用，因而被人们视为理所当然，也就成为无意识的观念了。研究企业文化，需要将这些无意识的基本假设带回意识之中，通过研究人员与群体内成员的共同努力，揭示这些假设。

（二）特定群体

一个特定的群体是由这样一群人组成的：

（1）他们在一起的时间较长，共同分担一些重要问题；

（2）他们有机会解决这些问题，并能观察问题解决后的效果；

（3）他们接受新的成员。

群体文化只有在这样的群体中才能确定，也就是说，一个群体如果在生存发展过程中具有许多成功的经验，其成员能够保持一定的稳定性，又能共同分享这些成果并向新成员传递，则该群体就拥有坚实而又极有特色的文化，即形成文化优势。如果一个群体的成员经常变换，又没有处理过任何困难的问题，则处于文化劣势。

关于文化优势与组织效率的关系，有的学者认为有一点可以假设：年轻的群体会努力争取文化优势，创造自己的特色；较年长的群体总体文化优势较弱，但各分系统或事业部的文化优势较强，能够及时、迅速地对环境的变化做出反应。这种文化结构对较年长的群体也许更有效。而对于大型联合企业，既需要强调总体文化的优势，还要研究各分系统的文化关系，以及分支文化与总体文化之间的关系，不可一概而论。

（三）创造、发现或开发

这方面的问题涉及群体学习机制的性质。一般来讲，群体的学习存在两种情况：一是积极解决问题，二是回避矛盾。实际上，这两种情况常常相互交织，但它们的结构不同，必须加以区分。在积极解决问题的情况下，群体通过适应各种反应方式，从中找到可以解决问题的方式。然后，群体就会继续使用这种有效的反应方式，直到它不起作用为止。因此，这类文化因素富有创新性。在回避矛盾的情况下，群体只要学到某种成功的反应方式，就可能无休止地使用下去，而不去考虑引起矛盾的原因是否仍在活动。这种回避矛盾的学习机制构成了另一类文化因素，即更具有稳定性的文化因素。

如果一个企业的文化是由上述两类文化因素共同构成的，而分析人员只想研究其中一种文化因素的变化情况，则需要分清企业文化中哪些方面是为解决问题而设计的，哪些方面是为回避矛盾而设计的。

（四）外部适应性与内部一体化

外部适应性问题是指那些最终决定群体在环境中生存的问题。在群体中，以往的文化经验为成员提供了理解环境的手段，甚至可以在一定程度上帮助成员控制环境。但是，总有一些环境因素是群体难以控制的，而且在一定程度上还能决定群体的命运，因而群体就要对其做出反应。这时，群体也会随着企业的发展积累新的经验，得到进一步的改进。例如，一个年轻的企业在开始经营时，将自己的目标定为"在所有的竞争领域中占领市场"，经过一段生产经营的实践，该企业会感到"要在市场中拥有自己的独特领地"，因此出现了企业自己解决问题的特殊能力的要求。这个例子说明，在解决问题的过程中，群体所表现出来的处理问题的风格是群体文化的主要组成部分。

内部一体化问题是指群体成员之间在语言、观念、权力、奖惩等方面是否有共同认识（达到一致性的程度），它涉及一个企业的成长和发展是否具有内在动力的重要问题。外部适应性与内部一体化实质上是一个事物的两个方面，任何文化都是围绕这个问题建立起来的。

（五）功能强大而有效的假设

群体内的某些基本假设在实际运行中处于良好的状态，并被证明是有效的，构成企业活动的一个稳定因素。有了这样一种认识，企业文化也就有了第二种功能，即保证企业内外条件的大体稳定，防御环境中不确定因素带来的威胁。一旦这些基本假设发挥作用，群体在处理外部适应性与内部一体化问题时，所产生的作用便是任何学习机制都难以替代和做到的。

（六）培育新成员

既然企业文化有保证企业内外部条件稳定的功能，那么当新成员进入企业时，老成员有责任向他们灌输本企业的文化，以改变新成员原有的文化，使其消失或被同化。当然，新成员也会带来新思想，影响企业文化。

（七）感觉、思维与理解

企业文化带有弥漫性和普遍性。群体中的成员在一种文化中生活的时间越长，这种文化越悠久，群体成员的感觉、思维和理解就更容易被基本假设所影响。这些范畴与群体成员的公开行为密切相关。企业文化是通过公开行为表现出来的，但它的理念却隐含在行为中。如果仅仅通过描述群体的行为去定义企业文化，那么，很难正确地解释企业或群体中发生的行为。因此，研究群体成员个人的感觉、思维和理解的方式，了解他们在环境作用中表现的文化特征，有助于揭示潜在的企业文化。

企业文化的这一定义强调企业存在于社会之中，企业文化的大部分内容源于社会文化，只不过不同的企业有时会夸大或误解社会文化中的某些因素。因此，仅仅把企业文化定义为企业员工的共同信念是不够的，还要透过现象揭示企业文化的核心，了解企业文化是被学习、传递和改变的动态规律。

第二节　企业文化的构成要素及形成机制

一、企业文化的构成要素

一个企业的文化由若干要素构成，并在不同程度上受到各个要素的影响。对企业文化影响较大的要素有共同价值观、行为规范、形象与形象性活动。

（一）共同价值观

共同价值观是指由企业成员或群体成员分享的共同价值观念。美国学者巴纳德是最早提出共同价值观的学者之一。1938 年，他在《经理的职能》一书中就曾论述过非正式组织的管理和组织中一般性目的的确定问题，指出这些目的渗透企业各个层面的重要性。后来，有学者在阐述企业特性时指出，当价值观念灌输到企业中时，企业就会存在独特的同一性。

美国学者彼德斯与沃特曼对美国成功企业进行了大量的研究后指出，这些企业基本上信奉这样一些价值观：（1）相信自己是"最佳"的经营者；（2）认识到战略实施中每个细节的重要性以及做好遇到困难与意外的准备；（3）认识到人的重要性；（4）认识到质量与服务的重要性；（5）认识到企业中的大部分成员应该是革新者；（6）认识到非正式沟通的重要性；（7）明确认识到经济增长与利润的重要性。这些价值观念贯穿整个企业之中，为企业成员所接受，并指导他们很好地从事生产经营活动。

（二）行为规范

行为规范是指企业群体所确立的行为标准。它们可以由企业正式规定，也可以是非正式形成的。企业为了形成特色，需要规范自己的行为，影响企业的决策与行动。为此，有的人认为企业文化是"一种非正式规则的系统，指示人们在大部分时间内应如何行动"，还有的人认为"企业文化是其成员共享的信念与期望的模式，从而有力地形成企业中个人与群体行为的规范"。由此可以看出行为规范的重要性。企业的高层管理者要开发与培育企业的文化，按照所期望的方式影响企业成员的行为。

（三）形象与形象性活动

形象是指可以表达某种含义的媒介的客体或事件。文化形象就是表达有关基本文化与哲理的含义。在企业中，形象也用来表示共同的信念、价值与理想。目前，企业常运用改变组织体系或组织结构等方式来影响企业的行为。但是，改变体系的方法容易使人们错误地估计经理人员达到目标的能力；改变结构的方法会形成更为复杂的组织结构，结果造成企业的行动僵硬，达不到预想的效果，甚至没有什么效果。与此相反，运用形象或形象性活动的方式去创造企业文化，企业的管理人员就需要考虑将处理体系和结构的能力与建立企业统一的目标结合起来，成为一个统一体，以减少行动的盲目性。

企业常采用的形象与形象性活动如下：

1. 企业的创始人与最初的企业使命

企业创始人的风格与经历可以奠定企业使命的基调。例如，联想公司的创始人在计算机的开发与应用上做出了很大的贡献，并且唤起整个企业群体满腔热忱地从事生产经营活动，奠定了该公司独特企业文化的基础。

2. 现代化的角色

利用现代化的角色，改变企业原有的形象。

3. 形象性活动

企业的管理人员利用大量的时间，从事某种可以影响企业文化的活动，改变或提高企业的形象。

4. 根据形象的要求，重新设计组织结构或部分组织结构

为了改变或加强企业成员的共同价值观，企业可以根据形象的需要，设立专门的销售服务或产品开发部门，或在特殊的市场上设置专门的机构，以扩大影响。

二、企业文化的形成机制

弄清企业文化的形成机制，明确主导企业文化变化的原因，有利于发挥企业文化的积极作用。企业文化的形成机制有以下几个方面的因素：

（一）历史

在一些企业中，强有力的创办人建立起来的价值观会持续地被强化，从而形成一种稳定的、不易改变的行为规范，并进一步升华为企业成员所共同遵守的文化。它带有连续性和继承性，包含着"我们公司就是这样做"的含义。

（二）环境

环境对于企业文化的形成起着重要的作用。例如，在计划经济环境下，国有企业的企业文化通常具有保守、陈旧的弊端。改革开放之后，在市场经济环境中，企业为了生存和发展，其文化就要受到较大的影响而必须改变。问题是企业能否及时地完成这一转变，以保证生存和继续发展。

（三）用人

企业在聘用、续聘、晋升人员时所持的标准往往倾向于选择与企业现有价值观相适合的人员，这种选用标准是企业文化能够得到形成和强化的有力保证。用人的标准越完善，持续的时间越长，对企业文化的强化作用也就越大。

（四）灌输

一般企业在对新来人员进行培训时，都要对他们进行企业文化的灌输。企业文化所涉及的价值观、信念、行为准则等很少是成文的，新来人员并不熟悉。因此，企业要帮助他们接受和适应企业文化，这就是一个灌输的过程。这种灌输不仅能帮助新来人员有效地减少可能遇到的麻烦，而且也指明了企业期望的行为。这种灌输越是在正规和严密的组织中发生，企业文化就越能被强化且不易改变，而且能长久地持续下去。

（五）奖惩

奖惩制度是引导企业人员行为趋于一致的重要的管理手段。它既是企业文化的体现，同时又对企业文化的形成起到强化和促进的作用。奖惩展示给人们的是应当做什么和不应当做什么，它的规定在一段时间内对企业文化的强化作用最明显。

第三节　企业文化对战略管理的作用

如果说战略领导者通过提出企业的发展愿景为全体员工展现出一幅美好蓝图的话，那么要实现这个愿景还必须通过全体员工的共同努力。战略领导者也可以通过联系群众和激励来调动员工共同参与的积极性，但是这还不够，因为这种做法更多地体现为领导意志，带有较强的阶段性特征。要使这种愿景真正成为每一位员工的理念，融化在每一位员工的血液里，使员工不仅能够变"要我干"为"我要干"，而且还能够知道和掌握"如何干"的方式和方法，就必须通过企业文化。概括地说，企业文化对战略管理有以下三个方面的重要作用。

一、企业文化引导战略定位

正如企业的组织结构对战略的形成具有一定的影响和制约作用一样，企业文化对战略的形成也具有一定的影响和制约作用。在一定意义上，有什么样的文化，就会形成什么样的战略。

整个 20 世纪 80 年代，人们都在谈论日本企业的战略。其中一个重要观点认为：日本的汽车企业能够获得成功，是因为日本人有先见之明。他们预计到可能会发生石油短缺，因此有目的地开发了强调节油的小型汽车，并利用世界石油危机的机会一举打入世界市场而大获全胜。正如索尼公司的前总裁盛田昭夫所说：日本文化就是袖珍文化、盆景文化。这种由文化而形成的战略在世界石油危机中正好迎合了世界市场的需要，使其大行其道。

二、企业文化是战略实施的关键

企业战略制定以后，需要全体组织成员积极有效地贯彻实施。长期以来形成的企业文化具有导向、约束、凝聚、激励、辐射等作用，是激发员工工作热情和积极性，统一员工意志和目标，使其为实现战略目标而协同努力的重要手段。战略领导者的愿景要化为企业全体员工的行动，不仅需要员工的理解和支持，更重要的，它还必须变为全体员工的信念、理想和追求。唯有如此，领导者的意愿、企业的意愿才能同员工的意愿融为一体，企业的事业、领导者的事业才能转化为员工自己的事业。只有当员工把企业的发展同自我发展联系起来的时候，企业文化才会在员工中产生巨大的凝聚力量和积极性。

一旦员工在理性上理解了并在情感上接受了企业的战略，就会形成一种强力的"磁场"，它接纳与战略和文化相一致的行为和个人，纠正或排斥与战略和文化相背离的行为或个人，它是企业战略得以顺利实施的保证。从此意义上讲，战略实施必须辅以文化建设。只有文化保障的战略才是可行的战略，没有文化支撑的战略必将半途而废。

三、企业文化与战略必须相互适应和协调

企业文化具有刚性和连续性的特点，一旦形成便很难变革。因此，它对企业战略的制定和实施具有引导和制约的作用；另外，企业战略也要求企业文化与之适应、相互协调。如果企业根据外部环境和内部条件的变化制定了新战略并要求新文化与之匹配，但原有的企业文

化的变革速度却非常慢，很难马上对新战略做出反应，那么原有的企业文化就可能成为实施新战略的阻碍力量。例如踏实严谨的作风在经营方向既定、环境比较稳定的情况下有利于企业将产品做得精益求精，但在外部环境剧烈动荡、产业结构发生重大变化的时期，任由这种埋头苦干的作风惯性发展，就有可能使企业迷失方向。因此，企业文化必须在继承的基础上不断创新。在战略管理过程中，企业内部新旧文化的协调和更替是战略实施获得成功的重要保证。注意到这个问题，对企业把握战略变革的时机、对处理好战略变革与文化变革的关系具有非常重要的意义。

实际上，目前的国有企业改革既有体制改革的问题，也有战略变革的问题，同时也伴随着企业文化的变革问题。虽然没有确切的实证研究可为之佐证，但已经有大量的事例足可说明旧的企业文化是国有企业改革过程中的一个难题。

第四节　企业文化与战略管理的匹配

在处理企业文化与战略的关系时，可以企业内部各种组织要素的变化（包括共同价值观、行为规范、形象与形象性活动等）与企业内部文化潜在的一致性作为分析的变量，制订出战略管理与企业文化关系的管理图，如图9-2所示，以便更好地使企业文化与战略相匹配。

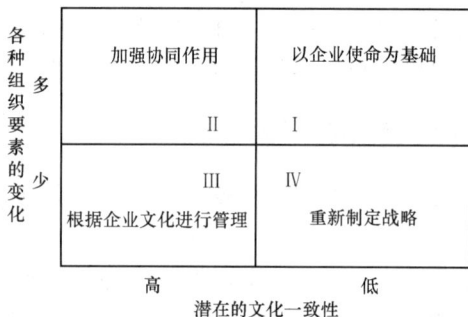

各种组织要素的变化	加强协同作用　　　Ⅱ	以企业使命为基础　　Ⅰ
	Ⅲ　　　根据企业文化进行管理	Ⅳ　　　重新制定战略
	高	低
	潜在的文化一致性	

图9-2　战略管理与企业文化关系的管理图

由图9-2可以看出，企业在实施战略时，会与企业目前的文化形成四种不同的关系和管理方式。

一、以企业使命为基础

在第Ⅰ象限里，企业在实施战略时，重要的组织要素会发生很大的变化，但这些变化与企业目前的文化有高度的潜在一致性。这时，企业一般处于非常有利的地位，可以在目前的企业文化的大力支持下实施新战略。这些企业通常经营状况良好，可以根据自己的实力去寻找重大机会，或者可以改变主要产品和市场。在这种情况下，企业处理战略与文化的关系的重点如下：

（1）在企业进行重大变革时，必须考虑该变革与企业使命的关系。在企业中，使命是企业文化的正式基础。因此，企业管理者在处理这一关系、促进两者匹配的过程中，一定要注意组织变革与企业使命保持不可分割的内在联系。

（2）要发挥企业现有人员的作用，让现有人员填充由于实施新战略而产生的职位空缺。这是因为，企业现有人员之间具有共同的价值观和行为准则，可以保证企业在文化一致的条件下实施变革。

（3）在必须调整企业的奖励制度时，应注意与企业目前的奖励措施保持一致。例如，当新的市场变化要求产品销售方式相应变化时，新的奖励制度仍需强调与过去相同的评价标准，以保证公司奖惩制度的连贯性。

（4）必须对那些与目前企业文化不相适应的变革予以特别关注，以保证现存的价值观念、行为规范的主导地位。

二、加强协同作用

在第Ⅱ象限里，企业实施新战略时，企业组织要素发生的变化较少，而且这些变化与现有企业文化又高度一致。因此，企业所处地位是相当有利的，在这种情况下，企业主要考虑以下两个问题：

（1）利用目前的有利条件和已有的优势，巩固和加强企业文化。

（2）利用文化相对稳定的时机，根据文化的需求，解决企业生产经验中的问题；或者利用战略的相对稳定，排除组织方面的障碍，转向所需要的企业文化。

三、根据企业文化进行管理

在第Ⅲ象限里，企业实施新战略时，主要的组织要素变化不大，但这些变化与目前的企业文化不一致。这时，企业最好根据企业文化的要求进行管理。其管理要点是：要实现企业所期望的某些战略变化，但不与现存的企业文化直接冲突。即在不影响企业总体文化一致性的前提下，根据具体需要对某种经营业务实行不同的文化管理。通常，每当企业文化所带来的阻力逐渐消失时，新战略所带来的某些变化就会渗透到企业的活动之中。

四、重新制定战略

在第Ⅳ象限里，在处理企业文化与战略的关系、促进两者的匹配时，企业遇到了很大困难。企业在实施新战略时，组织要素会发生重大变革，而且这些变革与目前的企业文化很不一致。在这种情况下，企业要考察是否有必要推行新战略。如果没有必要，则要考虑重新制定与目前文化相一致的战略；如果企业外部环境发生了重大变化，企业必须推行新战略，那么企业文化就必须发生变革。在企业必须作出变革的情况时，应从以下四个方面考虑：

（1）高层管理者要下定决心进行变革，并向全体组织成员阐明文化变革的意义；

（2）为形成新的企业文化，企业应招聘一批具有该类型文化意识的人才，或在内部提拔一批与该类型文化相符的人员；

（3）企业要把激励的重点放在具有新企业文化意识的群体和个人上，从而促进企业文化转变；

（4）设法让管理者和一般员工明确新企业文化所要求的行为，使之按照文化变革的要求进行工作。

企业的战略管理者应该充分认识到，改变企业的基本要素，一般是一个渐进的过程。企业应抓住每一个可以促成变革或有利于形成新文化的机会，同时，要不断地从心理上和态度上使员工理解新的战略，最终使新的战略使命与员工的价值观念达成一致。

综合训练题

一、单项选择题

1. 一个群体如果在生存发展过程中具有许多成功的经验，其成员能够保持一定的稳定性，又能共同分享这些成果并向新成员传递，则该群体就拥有坚实而又极有特色的文化，即形成（　　）。

A. 文化劣势　　　　B. 文化优势　　　　C. 优质文化　　　　D. 文化弱势

2. 如果一个群体的成员经常变换，又没有处理过任何困难的问题，则处于（　　）。

A. 优质文化　　　　B. 文化优势　　　　C. 总体文化　　　　D. 文化劣势

3. （　　）是引导企业人员行为趋于一致的重要管理手段。

A. 应聘条件　　　　B. 工作目标　　　　C. 奖惩制度　　　　D. 部门文化

4. 战略领导者可以通过联系群众和激励来调动员工共同参与企业战略管理的积极性，但这种做法带有较强的（　　）特征。

A. 强制性　　　　B. 目的性　　　　C. 规范性　　　　D. 阶段性

5. 企业在实施战略时，重要的组织要素与企业目前的文化有高度的潜在一致性，这时企业一般处于（　　）地位。

A. 有利　　　　B. 不利　　　　C. 劣势　　　　D. 垄断

二、多项选择题

1. 在管理领域里，企业文化主要是指企业的（　　）、（　　）及（　　）。

A. 指导思想　　　　B. 管理模式　　　　C. 经营理念　　　　D. 工作作风

2. 一般来讲，企业文化可分为三个层次，包括（　　）。

A. 内层　　　　B. 表层　　　　C. 浅层　　　　D. 深层

3. 企业文化带有（　　）和（　　）。

A. 弥漫性　　　　B. 代表性　　　　C. 普遍性　　　　D. 收缩性

4. 对企业文化影响较大的要素包括（　　）。

A. 共同价值观　　　　　　　　　　B. 行为规范
C. 企业制度　　　　　　　　　　　D. 形象与形象性活动

5. 奖惩制度对企业文化的形成起到（　　）和（　　）的作用。

A. 弱化　　　　B. 强化　　　　C. 促进　　　　D. 规范

6. 企业文化对战略的形成具有一定的（　　）和（　　）作用。

A. 影响　　　　B. 制约　　　　C. 规范　　　　D. 强调

7. 企业文化具有（　　）和（　　）的特点，一旦形成便很难变革。

A. 刚性　　　　B. 柔性　　　　C. 渐变　　　　D. 连续性

8. 企业在实施战略时，会与企业目前的文化形成不同的关系和管理方式，包括（　　）。

    A. 以企业使命为基础   B. 加强协同作用

    C. 根据企业文化进行管理   D. 重新制定战略

三、名词解释

企业文化；内部一体化；共同价值观；行为规范；形象；文化形象

四、简答与论述题

1. 群体的学习存在哪两种情况？

2. 拥有共同企业文化的特定群体是如何组成的？

3. 关于文化优势与组织效率的关系，可以作何种假设？

4. 企业常采用的形象与形象性活动有哪些？

5. 企业文化的形成机制有哪些因素？

6. 为何一般企业在对新来人员进行培训时都要对他们进行企业文化的灌输？

7. 为什么企业文化要与企业战略相互适应、相互协调？

8. 企业根据企业文化的要求进行战略管理，其管理要点是什么？

9. 如果企业外部环境发生了重大变化，企业必须推行新战略，应该从哪几方面考虑？

五、案例分析题

雷·克罗克如何建立麦当劳的文化

在餐饮业，保持产品品质是最重要的，因为食品、服务以及餐厅环境的质量会随着厨师、服务员的变化而变化。如果一位顾客吃到了不好的饭菜，接受了恶劣的服务，或者使用了肮脏的餐具，餐厅不仅会丢掉这位顾客，还可能因为他的负面评价而失去其他潜在的顾客。在这种情况下，雷·克罗克这位麦当劳成长神话的开拓者面临着巨大的挑战。当时美国全境有数以千计的麦当劳加盟店开张，为了创建企业文化，克罗克建立了一个复杂的控制系统，规定了每一家麦当劳餐厅营运和管理的每一个细节。

首先，克罗克制定了无所不包的规章制度和程序，每一家加盟店都必须遵守，包括做汉堡包和擦桌子最有效的方式，都在制度手册中有明确的规定，再通过严格的训练向每一位经理和员工传授。未来的加盟店所有者都必须到芝加哥的企业训练中心去上"汉堡大学"，在那里接受一个月的强化训练，学习麦当劳运营的所有知识。他们回去之后再训练各自的员工，以确保员工充分了解运营程序。克罗克建立规章制度的目的是建立共同的文化，保证所有的用户能够得到相同的食物和服务。如果用户始终能从餐厅得到他们期望的东西，餐厅就会具有卓越的用户响应。

随着企业的成长，克罗克还建立了麦当劳加盟店体系。他认为，一位经理如果同时又是加盟店的所有者（能够收获大部分盈利）比只是被雇用的职业经理更能接受企业文化。凭借这一制度，麦当劳在规模扩大之后仍然能牢牢地控制整个企业，不仅如此，麦当劳在吸收加盟店的时候还有苛刻的条件，经理必须具备必要的技能。

在每一家餐厅，加盟店的所有者都要培训他们的员工，向他们灌输麦当劳的效率、品质以及用户响应理念。共同的规范、价值观和企业文化促进了麦当劳员工行为的标准化，使用户了解他们在麦当劳餐厅会得到怎样的服务。并且，麦当劳把用户作为其文化的一部分：用户自己端盘子。麦当劳还充分显示了对用户的关注：为儿童建立游戏场、提供欢乐儿童餐、组织生日聚会等。麦当劳建立家庭导向文化是为了确保用户的忠诚度，心满意足的孩子很可能成为忠诚的成年用户。

资料来源：希尔，琼斯，周长辉. 战略管理：中国版[M]. 孙忠，译. 北京：中国市场出版社，2007.

根据案例回答以下问题：

（1）结合麦当劳企业文化的建立及企业发展的历程，分析企业文化对企业战略管理起到什么样的作用？

（2）以一个你所熟悉的企业为例，探讨其企业文化与战略的匹配性。

第十章

企业信息化战略

1. 通过本章学习，了解企业信息化的概念与现代应用。
2. 理解企业信息化、企业信息化战略的内涵。
3. 掌握企业信息化内容和作用。
4. 掌握企业信息化战略目标及其实现方法。
5. 掌握国内企业信息化现状、存在问题以及未来的发展趋势。
6. 学会用创新发散性思维研究企业信息化战略问题。

引导案例

请关注以下与企业信息化战略有关的现象。

2020年6月30日，中国商界上演了一出过山车般跌宕的剧情戏。事件开始，腾讯申请冻结了"老干妈"名下1624万元的财产，原因是"老干妈"这个年入50亿元的国民品牌企业，居然欠腾讯的广告费。到后来，"老干妈"发布声明，表示己方从未与腾讯公司进行过任何商业合作，那个市值近4.8万亿的互联网巨头可能是被骗了。7月1日贵阳公安通报，原来是3人伪造老干妈的公章，冒充公司经理与腾讯签了合作协议。老干妈真的没有打广告。7月2日，《IT时报》记者在天猫、京东、苏宁易购等电商平台发现，老干妈多款热销产品售罄。老干妈京东自营店铺的直播间里，也不断涌入吃瓜群众，"这是腾讯被骗的那款吗？""你们这几天的销量看涨啊，我都买不到常吃的那款了。"评论围绕着此次事件展开，直接结果就是老干妈产品销售额激增，曝光大涨。

腾讯发布视频自嘲是"憨憨企鹅"，腾讯的B站官方账号回应：今天中午的辣椒酱突然不香了。腾讯和老干妈之间的纷争占用了公共资源，但借此机遇腾讯的股价一再走高，7月8日腾讯股价突破5万亿港元，最高时市值突破5.3万亿港元，成为国内市值最高的公司。后续热度的抬升使得原本是受害方的老干妈，在电商平台的销量大涨，不仅没有受到影响，反而通过事件发酵赢得了源源不断的关注度。

作为老牌大厂，老干妈的早期发展迅速，与茅台齐名。贵州当地有个说法：贵州有两瓶，一瓶茅台酒、一瓶老干妈辣椒酱。到2014年，老干妈每天卖出200万瓶辣椒酱，销售收入

183

达到 40 亿元，实现利润 9 亿元。2010—2014 年，累计向国家上缴税款 22 亿元。因此，"老干妈"也获得政府奖励的连号车牌：7777、8888、9999。但是，这些年里我们从来没有看到过"老干妈"的广告，也未听到过授信贷款、融资上市的消息。

2018 年，宣称不打广告的老干妈，就跨度颇大地登上了纽约时装周。当时，老干妈和 Opening Ceremony 合作的卫衣登上纽约时装周，这件印有老干妈 Logo 和"国民女神"字样的卫衣被称为"土味时尚"代表作。国内市场，老干妈则在天猫旗舰店推出"99 瓶老干妈+定制卫衣""满 1999 元送卫衣"等活动，且很快就售罄。此外，老干妈还以"火辣教母"等噱头联手《男人装》推出定制礼盒；推出"鬼畜 MV"广告，并将老干妈的形象改为少女；与 QQ 飞车合作，首次植入电竞游戏——尽管这事儿被确认腾讯被骗了。

引入信息化管理制度、引入大数据运营体系、引入外界职业经理人、输出迎合时代的品牌态度……老干妈确实在变，但"变味"的老干妈是变得"好吃"还是"难吃"？业绩才是最佳评判标准。数据显示，2019 年老干妈营业收入突破 50 亿元，纳税 6.36 亿元。

第一节　企业与信息化

根据国家的信息化发展战略，通常将信息化定义为充分利用信息技术，开发利用信息资源，促进信息交流与资源共享，提高经济增长质量。信息化与工业化、现代化一样，是一个动态的发展过程。

一、企业信息化的概念

企业信息化概念的提出和普及、信息技术应用的发展和推广，使"信息化"研究在各个经济领域和行业都有了迅速发展，尤其是在企业信息化建设和实践方面。国内学术界和企业界对企业信息化理论进行了研究，存在许多不同的理解，其中主流观点如下：

1998 年，中国信息协会副会长乌家培在讲话中指出："企业信息化就是将企业管理与现代化的信息技术手段相融合，通过企业业务和管理数据的产生、汇总和分析，以达到企业生产管理模式改变的目标。有利于提高管理效率和效果，降低管理成本，从而提高企业的整体效益，使企业在市场竞争中取得优势。"

2010 年，中国工程院吴澄院士认为："企业信息化是把信息技术应用于产品的设计、制造、管理、营销、服务等的全过程。其目的是提高企业的竞争能力和市场应变能力。要强调管理的现代化，强调先进的理念和创新，并且要善于把两者进行结合，才能有望走跨越式发展之路。"他认为信息化应与管理和服务相联系，企业信息化的定义应能贴切地描述当前经济发展的需要。

通过对企业信息化的各种定义的总结，以及结合我国的经济发展和国际环境现状，本书认为的企业信息化是指"利用现代信息技术，通过信息资源的深入开发和广泛利用，实现企业生产过程的自动化、管理方式的网络化、决策支持的智能化和商务运营的电子化，不断提高生产、经营、管理、决策的效率和水平，进而提高企业经济效益和企业竞争力的过程"。其实质包括：① 利用信息化技术进行市场资源的整合和分析，增强企业对发展资源的利用率，并不断提高企业的生产效率，辅助企业的管理者完善现有的管理方式，让企业在面对时代变革的时候能够做出有效、可行的决策。这样，企业才可以在复杂的市场环境中占据有利的发展地位。② 利用先进的信息化技术可以为企业提供准确的数据信息，帮助企业动态监控市场的发展趋势，并据此制定可以促进企业发展的发展方略。这样，企业才能够适应环境变化，并将有限的企业资源进行合理的分配，强化企业的市场竞争力。

二、企业信息化的特征

企业信息化是一个动态变化的过程，根据不同的侧重点，可以归纳为以下七个方面的特征。

（一）本质特征

企业信息化的本质特征包括企业的核心业务、主导流程和人。核心业务是指一个多元化经营的企业或企业集团中具有竞争优势并能够带来利润收入的主营业务，其运作过程就是企业的主导流程，它们是企业信息化改造的重点对象。另外，信息化也是对人进行改造的过程，人具有主观能动性，在参与信息化的建设中，能够学习到新的知识、探索新的方法，提高素质并促进全面发展。

（二）形态特征

企业信息化的形态特征是指在企业生产、经营、管理和服务等各个层面上，通过对产品设计、工艺过程控制与设备的改造和更新、供应链管理、生产销售一体化和组织结构的优化等领域广泛运用信息技术，实现设计自动化、生产自动化、办公自动化、决策辅助自动化和电子商务等企业运行的全面自动化，最终达到设计信息化、生产过程信息化、产品信息化、营销及服务信息化、企业管理信息化和组织结构信息化。

（三）过程特征

企业信息化的发展过程是一个从初级向中级和高级不断提升的循序渐进的过程。其特征表现为单机商务运用、企业内部局域网的应用、互联网和电子商务的运用，逐级向上发展。在这个过程中，企业的信息化进程不断完善，计算机联网、部门联网、企业联网、产业链联网不断融合，具有可持续发展的特征。

（四）阶段特征

随着信息技术的快速发展和市场经济环境日益复杂，信息化的建设需要不断更新，企业信息化建设不是一个一劳永逸的项目，企业为了获得长远发展，必须跟上时代的步伐，实施全面的信息化管理，根据自身实力和企业组织的特点，针对性地制定战略，以适应迅速变化的市场经济。

（五）隐性特征

企业信息化带来的效益并不能单单通过其信息化建设本身获得，而是在运用这些信息过程中，通过成本的降低、效率的提高来创造价值。企业运作过程会产生许多成本，如通过办公自动化系统和虚拟制造、虚拟设计等，就可以降低办公成本、人力成本，以及产品研发成本。效率提高的直接体现就是完成同一工作的单位时间缩短，通过信息化使整个周期缩短，相关资金周转加快将会给企业带来更多的收入与竞争优势。企业会获得正向的社会效应，其中包括对企业形象的提升和对社会的价值增加，从长远上为企业带来不可估量的价值。

（六）内部关联特征

企业信息化建设，立足于信息技术的发展基础，在一定程度上取决于企业制度的创新。企业制度创新，就是指不断对企业制度进行变革，将企业的生产方式、经营方式、分配方式、经营观念等规范化设计与安排的创新活动。企业制度创新能够建立一种更优的制度安排，使企业具有更高的活动效率。企业只有在现代化的制度下，才能促进信息技术的发展和创新，从而推动企业信息化建设的发展。

（七）外部关联特征

企业信息资源的获得并不仅仅局限于企业内部，更大程度上来自互联网上的各种资源。良好的国民经济体制和开放的市场氛围，有利于社会信息化的形成；政府部门的支持，有利于社会信息化的发展和推广；社会信息网络的不断进步和企业所处产业链的上下游联系，有利于企业信息化的逐渐完善。

三、企业信息化的特点

企业信息化市场潜力巨大，同时企业信息化有其自身的特点，具体如下。

（一）资金投入压力大

由于企业之间竞争压力大，资金量的投入是有限的，生存和赢利是企业的第一选择，而信息化的建设还处于一种不被重视的条件之下；即使有信息化建设的想法，资金的来源和投入资金的数量也是企业的一个难题。一次性投入过多，可能会导致企业资金不能正常周转，从而影响企业的生产和经营。

（二）信息化产品需求多样

相对于大型企业，中小企业的信息化投入占企业运营成本的比重相对较大，厂商在购买信息化产品的过程中，要求在将来业务变动时，信息系统能够便捷、有效地匹配新的业务模式，能够在原有的基础上进行扩展。同时，由于不同的企业信息化建设的要求不尽相同，因此信息化的产品不能是单一的、不变的，应该对产品进行多样化、个性化生产，满足不同类型中小企业的需求。

（三）信息化产品的相关服务要求到位

在大多数企业中，没有专业的信息技术人员，一般由其中一些懂得简单计算机操作的员工兼任，这些员工没有受过系统的培训，很大程度上只会一些非常简单的操作，例如文档的输入和保存、简单图表的制作。因此，在购买了信息化的产品后，企业在使用过程中，一定有很多方面不会操作，这就要求无论是售后服务还是技术服务都应该周到，企业遇到问题，能够实时地得到解决。

（四）信息化建设能够获得短期回报

信息化建设能否在短期内获得收益，对企业的资金周转和企业的运营都是至关重要的。如果资金长时间被占用而没有收益，而企业资金流周转难、借贷成本高，就会导致企业的正常生产和运作都出现危机，因此企业在很大程度上更希望在投入的短时间内就取得效果，而且效果越明显越好。

四、企业信息化的建设

由于受到管理观念、经营条件等限制，大多数企业的信息化建设专业技术人员不足、购买能力有限以及市场上廉价的信息软件难以满足企业的特殊需求。目前我国大多数企业信息化水平还处在初级阶段，对企业信息化的积极性不够，对是否进行信息化建设举棋不定，或者在建设信息化的过程中举步维艰。然而，在现代社会中，企业的良性发展离不开信息化，为了顺利推进企业信息化建设，应该注意以下几点。

（一）制订规划

在中小企业信息化建设中应该坚持一切从实际出发，在整体规划的条件下，结合管理创新、技术创新和知识创新，确定信息化建设的阶段性目标，分步实施，确保每一个项目的实施都具有可行性和科学性，并且在成本效益测算的过程中，尽量做到成本最小化，效益最大化。在整个战略规划过程中，必须遵守适用性原则、经济性原则以及效益性原则。

（二）条理清晰，实施战略

企业应在整体规划的基础上，分步实施，不可操之过急，更不可以在短期内同时进行多个大的项目。坚持"降低成本、增加利润、开拓渠道、提高效率"的发展理念，从建立企业局域网出发，首先实现企业内部资源共享和企业资源的有效管理，然后逐步建立基于互联网的办公自动化系统、客户关系管理系统、网络营销和服务系统。在各系统逐个成功对接后，完整的企业信息化平台才能够得以实现。

（三）选择合适的服务商

企业在实施信息化建设过程中，应该选择对信息化过程非常了解且经验丰富的服务商，这样就可以减少在信息化建设中产生一些不必要的损失。服务商对行业基本情况的了解程度，在一定程度上决定了企业信息化的进程顺利与否。服务商的经验越丰富，对行业越熟悉，就越能够充分了解企业的具体需求，对实施过程中可能出现的各种问题考虑也较为周全。

（四）确保资金有效利用

资金问题是企业信息化建设能否顺利实施的又一关键所在。大部分企业信息化的目标主要是满足企业内部的信息传递、分析和处理的需要，数据量不太大，因此在选购服务器等设备时性价比是首要考虑因素，另外，在品牌的选择上，可以考虑偏重质量、服务有保证的国内知名品牌。资金短缺较为严重的中小企业，甚至可以在硬件设备投入上采取租用的方式，从而减少服务器维护与升级方面的投入，最大限度地降低初期硬件的一次性投入。

（五）灵活运用互联网信息平台

互联网信息平台作为现代企业信息化应用的一种主要工具，具有结构简单、运行高效、利于融合、便于管理与维护、成本低廉等诸多优势。第一，我们可以在产品的设计和生产、企业的管理和服务等方面充分运用互联网信息平台，实现生产的自动化和管理自动化。第二，此平台还能有效地解决信息传递不及时的问题，无论何时何地，企业员工都可以通过互联网登录企业信息平台，查看最新的内部通知和企业论坛的相关信息。第三，互联网信息平台的建立有利于提高企业的运营效率。

（六）重组企业流程

企业流程重组的本质就在于根据新技术条件信息处理的特点，以事物发生的自然过程寻找解决问题的途径。在管理信息系统建设中仅仅用计算机系统去模拟原手工管理系统，并不能从根本上提高企业的竞争能力。重要的是重组企业流程，按现代化信息处理的特点，对现有的企业流程进行重新设计，这是提高企业运行效率的重要途径。

企业流程不仅与企业的运行方式相关，而且与新技术的应用与融合等紧密相关。在传统的管理模式下，企业已经形成了一个比较成型的企业流程和管理方法。信息技术的应用有可能改变原有的信息采集、加工和使用方式，甚至使信息的质量、获取途径和传递手段等都发生根本性的变化。

五、企业信息化的意义

在如今的信息化社会，伴随着信息技术的不停发展和网络的深度普及，企业信息化也随之大幅度提升。在当代企业发展中，信息技术、信息程序以及信息数据已经成为一种资源并且不再只应用于维持企业的战略，同时有利于定位企业发展战略，信息化也变成当今企业发展规划中不可或缺的一部分。

（一）信息化是企业提高自身竞争力的需要

在激烈的竞争环境下，企业要获得生存和发展，必须不断提高自己的竞争力，充分利用自身竞争优势，企业将获得长期收益的信息技术加以发展和应用，帮助许多企业走出发展瓶颈，现在越来越多的企业，尤其是中小企业，逐渐认识到信息技术的重要性，纷纷加入信息化建设的大合唱，构建企业信息化战略。

（二）信息化是企业实现精细化管理的途径

从管理的角度来看，信息化管理是企业不断发展的过程中，其内外部业务集成的需求。企业内部员工的信息化技术水准、供货商和分销商的信息化水平，以及他们与企业的合作程度都对企业的自身发展产生着重要影响。企业除了管理内部的员工，还应该对客户、供货商等与之相联系的人进行管理。在信息化条件下，就可以通过互联网或者管理信息系统将供货商、用户等相关人员联结在同一个运营管理平台协同工作。这样的平台，为企业的管理提供了极大的便利，创新和优化了企业的管理模式，提高了企业的办事效率，为企业带来了良好的经济效益。

（三）信息化是企业满足用户个性化需求的保证

用户资源对于企业的发展越来越重要。用户关系管理系统（customer relationship management，CRM）作为一个有助于企业有组织性地管理用户关系的软件和互联网设施，在中小企业的应用上并不比大型企业逊色。CRM 是一项综合的 FT 技术，它源于"以用户为中心"的新型商业模式，通过对企业业务流程的重组来整合用户信息资源，以更有效的方法来管理用户关系，在企业内部实现信息和资源的共享，从而降低企业运营成本，为用户提供更经济、快捷、周到的服务和产品，以用户为中心，满足用户的个性化需求，保持和吸引更多的用户，以求最终达到企业利润最大化的目的。如果没有以互联网为核心的技术进步的推动，用户关系管理系统的实施会遇到特别大的阻力，也很难满足用户的个性化需求。

（四）信息化有助于企业适应国际化市场

在全球经济一体化的时代，作为一个坚持对外开放的国家，我国企业不仅要接受国内市场同行业的竞争，还要应对外来企业和外来产品的冲击。企业在各个国家的经济发展中都起着至关重要的作用，许多发达国家的政府部门给予了企业信息化诸多政策上和资金上的援助，许多企业实现了生产、经营和服务的自动化和一体化，从而在国际市场拥有很强的竞争力。现在企业信息化已经成为一种主流发展趋势，与发达国家相比，我国企业信息化建设的程度还存在很大的差距，只有通过信息化建设，才能适应国际化市场，才能在激烈的国际竞争中立于不败之地。

第二节　企业信息化的内容

"一带一路"倡议加速了世界经济一体化的进程，"人类命运共同体"使经济全球化进一步发展，科技技术也以前所未有的态势进行创新与积累。由于有信息网络系统的支持，全球的巨大资本和市场机会在国际范围内迅速流动，为国内企业展现出一幅广阔的市场发展前景；同时，大数据网络、人工智能技术，使企业拥有了快速捕捉市场机会和满足市场需要的产品和服务的能力，这一切，都离不开企业信息化的开发和推广。企业信息化的具体内容主要包括以下六个方面。

一、设计信息化

设计信息化是指产品设计、工艺设计方面的信息化。其中产品设计是一个创造性的综合信息处理过程，能够把产品通过线条、符号、数字、色彩等展现出来，通过具体的载体把一种计划和设想表达出来。而工艺设计是指工艺规程和工艺装备设计的总称，是企业进行加工生产的重要组成部分。由于产品设计主要运用于产品，而工艺设计其实就是对生产过程的一个设计。因此通过设计信息化，在产品设计方面，实现了产品设计工具的数字化和智能化；在工艺设计上，带来的是设计过程的数字化和智能化。

设计信息化的两个具体表现是产品设计数字化和过程设计数字化。目前，设计数字化在社会上的广泛应用，大幅度地简化了产品生产的流程，提高了产品的创新能力。设计数字化技术囊括了现代设计过程中的诸多先进技术，如智能设计、虚拟设计与制造技术、标准化技术、产品数据管理技术（PDM）和并行工程等一系列技术，是跨学科的综合技术。其技术特点大致可以概括为标准化、智慧化、虚拟化和集成化。

二、生产过程信息化

生产过程信息化，是指自动化技术在生产过程中的应用，即用自动化、智能化手段解决加工过程中的复杂问题，提高生产的质量、精度和规模制造水平。生产过程的信息化包括生产过程的智慧化和数字化。

生产过程的信息化包括三方面的内容：其一，利用计算机技术对老设备进行改造，使生产技术装备智慧化，这样能够提高设备的生产率，同时也减少了企业固定资本的投入。其二，采用智能仪表和电子计算机对生产过程进行检测、处理、控制，实现生产自动化，这是确保产品质量、增加产量、降低成本的关键环节，是企业获得高效益的技术途径。其三，产品设计的智能化。采用计算机辅助设计（CAD）、计算机辅助制造（CAM）等技术，实现产品设计自动化、智能化，缩短研究开发、试制周期，提高产品质量，增加产品品种。

三、产品信息化

产品信息化是信息化的基础，一方面是指产品所含各类信息比重日益增大、物质比重日益降低，产品日益由物质产品的特征向信息产品的特征迈进；另一方面，也表明越来越多的产品中嵌入了智能化元器件，使产品具有越来越强的信息处理功能。

要使产品实现信息化就必须运用好以下两项技术：第一，应用数字技术，增加传统产品的功能，提高产品的附加值。比如，以往的模拟手机同现在的数字手机在保密性和性能方面无法同日而语，数字控制技术对机床的数倍增值产生了影响。第二，应用网络技术。例如，智能冰箱通过网络管理中心进行控制，可以向使用者通报何时需要添置新的食品，从而产生了新的附加值。产品的质量改变不大，最大的差别在于通过服务提高产品的附加值。

四、营销和服务信息化

营销和服务信息化是指以新的方式、方法和理念，利用信息技术，开展网上营销和服务，更有效地促进个人和组织交易活动的实现。

营销和服务的最终目的是为企业占有市场份额。营销信息化主要是借助网络系统促进营销，简单地讲就是网络营销的建立。更多的互联网具有超越时间约束和空间限制进行信息交换的特点，使得脱离时空限制达成交易成为可能，企业能有更多的时间和更多的空间进行营销。同时，互联网络被设计成可以传输多种媒体的信息，如文字、声音、图像等，使得为达成交易而进行的信息交换可以多种形式进行，可以充分发挥营销人员的创造性和能动性。再者，互联网络上的营销和服务可从商品信息至收款、售后服务一气呵成，因此也是一种全程的营销渠道。另外，企业可以借助互联网络将不同的营销活动进行统一规划和协调实施，以统一的传播方式向消费者传达信息，避免不同传播渠道中的不一致性产生消极影响。

五、企业管理信息化

企业管理信息化，是指在企业管理的各个活动环节中，充分利用现代信息技术建立信息网络系统，使企业的信息流、资金流、物流、工作流集成和整合，不断提高企业管理的效率和水平，实现资源的优化配置，进而提高企业经济效益和竞争能力的过程。

企业管理信息系统应当以财务管理为核心，以企业物资流、作业流和资金流在信息流层面上的集成为重点，开发实施财务管理、生产制造管理、进销存管理、资产管理、成本管理、设备管理、质量管理、分销资源计划管理、人力资源管理（HR）、供应链管理（SCM）、用户关系管理（CRM）等综合性管理信息化系统，通过内部网络实现信息共享。企业领导层参考内部员工的回馈情况，并做出决策，通过这样的途径实现企业决策的信息化；同时，也能促进企业管理的高效化和民主化的发展。

总之，随着"互联网+"技术的发展，在管理工作中，企业将会实现管理手段的现代化和智慧化。通过各个管理系统的有效连接，企业高层管理人员能够通过网络系统迅速、及时地过滤各个基层机构形成的原始信息，提高办事效率，降低企业内部的管理成本。

六、组织结构信息化

信息技术使企业的业务流程发生根本性的变化，改善了企业经营所需的资源结构和人们之间劳动组合关系，信息资源的重要性大大提升。组织架构的设计应该从原来庞大、复杂、刚性的状态中解脱出来，这样的组织更有利于信息的流动并趋于简化。指挥链、职权等概念在今天就显得没那么重要了，因为遍布整个组织的员工可以在几秒钟内取得原来只有高层管理者才能获得的信息。另外，利用计算机，员工可以不通过正式的管道（也就是指挥链），而与组织中其他任何地方的人员进行沟通；而且，随着越来越多的组织使用自我管理团队和跨职能团队，以及"多头领导"的新型组织设计的实施，这些传统概念的重要性越来越低。

组织内不同部门的界限逐渐模糊，并向动态的网络结构过渡，这些必须通过建设企业内部的信息网络内联网和企业紧密层之间的外联网来实现。一般而言，企业先考虑局域网的建设和应用，逐步过渡到整个企业信息网络，即做好企业网络建设的总体规划，一步一步去实现整个信息网络的建设。当企业计算机应用达到一定水平，并且信息资源库已有较好的可用信息，同时信息共享的要求较高时，可考虑着手建设企业信息网络。信息资源库是用来保存和管理整个企业的信息资源，将其提供给企业内部和外部相关的各类人员使用，为领导提供可用于决策的完整的、系统的、最新的信息资源。除此之外，信息资源库还向外界提供本企业的公开信息，因此是企业信息化建设中很重要的一环。

第三节　企业信息化战略的制定

一、企业信息化战略规划模型

企业信息化建设能否成功，很大程度上取决于战略规划是否完善。一个系统的规划，能剖析企业外部环境，能使企业在信息化建设中拥有明确的目标及方向，能够很好地促进和监督整个信息化进程，同时，有利于企业对成果的检验，及时地发现和解决问题。企业信息化战略规划模型如图10-1所示。

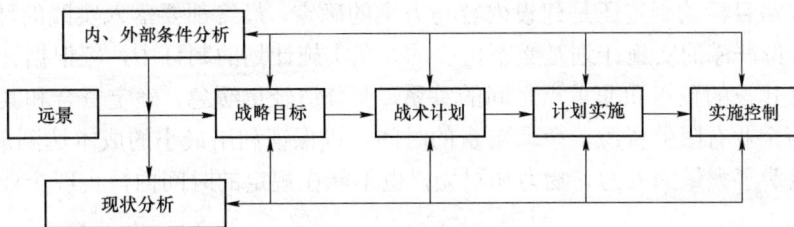

图10-1　企业信息化战略规划模型

二、企业信息化战略的制定步骤

虽然每个企业的信息化制定具体战略可能会不一样，但是完整的战略制定步骤基本是一致的。其制定和实施大致包括以下六个步骤。

（一）远景分析

远景分析是企业信息化规划的依据，从微观层次来说，先要分析一下企业的经营特征，企业具有的优势与劣势、面临的发展机遇与威胁等问题。除了对自身的情况进行分析之外，还要分析宏观环境。信息化不是一个孤立的过程，应该对国内外环境、行业环境等各个领域现在或将来可能发生的变化情况也要有所了解，在此基础上寻找最有利于企业自身发展的战略。只有做好了这些准备工作，才能够更好地进行战略规划的制订。

（二）目标确定

企业的信息化战略目标和内容是根据企业发展的远景和企业内外部条件确定的。提高企业的经济效益是企业信息化的根本目的，这不仅仅是指提高当前的经济效益，还包括长远的和潜在的经济效益。只有这样，企业才会在自身的经济发展前提下进行信息化的效益分析，才会为实现企业的经济效益推行信息化，而不会出现盲目甚至为图虚名而推行信息化这样有损企业发展的事。

对任何企业，正确确定其实施信息化要实现的目标和实施的内容，不仅有利于系统的推行，而且可以避免不必要的浪费。任何企业实施信息化都要避免想当然的行为，而要避免想当然，就要拥有明确的目标。

（三）确定方案

明确的战略目标是信息化建设的第一步，接下来就需要将这目标分解为真实有效的建设方案，并确定可行的信息化的内容与方案。

企业在确定具体的信息化内容时，应该从整体考虑，从需求切入，根据企业自身发展规划，在不同的时期、不同的阶段选择不同的信息化建设内容。

由于资金与人力资源缺乏，企业应该根据紧迫性和重要性原则将需要解决的问题排序后按照先后顺序实施，处理的思路就是首先解决企业管理中面临的关键问题，然后依次解决其他配套问题。这种思路不但确保了企业实现的每一个新功能都是最急需的，而且非常有利于阶段性成果的体现，增加开发者与使用者的信心，对于暂时不需要的功能，可以放到将来去实施。

（四）实施计划

无论是战略目标的制定还是建设内容与方案的确定，最终都要落入实践的环节，即怎样实施。因此一份严谨的实施计划是必不可少的。在实施计划的制订中，应根据计划建设的内容统筹安排好建设的重点和非重点之间的关系，要分清轻重缓急，确定资金和其他资源的分配方案，节约企业有限的资源，争取宝贵的时间，以保证利用最小的成本达到最好的效果；否则，即使耗费了大量的人力、物力和财力，也不能在规定的时间内，实现企业信息化建设目标。

（五）监督与维护

在项目实施阶段严格要求和监督系统，供货商按照实施方案推进工作是企业信息化建设能否取得成功的关键。在信息化项目的实施过程中，企业应该做好监督系统实施过程中的作用,同时在项目建设的各个阶段,都要进行严格的考核与评估。缺乏技术人员的企业,在项目实施过程中,应该注意培养企业的技术人员和维护人员,尤其可以派遣有潜力的员工参与信息化的建设,这种在实践中学习的做法,为企业节省了很多专门的培训费用,同时也为信息化系统将来在企业更好地使用奠定基础。至于一个系统的使用寿命,与其维护有着重要的关联,在系统使用之前,一定要对非技术人员实行先培训后使用,不要盲目地对系统进行调试。

（六）方案调整

在信息化时代,经济环境瞬息万变,只有适应变化的企业才能够得到长远的发展。所以,企业信息化战略的制定必须具有灵活性,能够根据不同的环境制定不同的企业信息化战略与方案。在企业的信息化建设这一项长期的工程中,要应对诸如外部环境、企业的内部因素等变化,企业必须一切从实际出发,根据具体情况调整企业的信息化战略、方案和实施计划,最大限度地达到企业信息化建设预定的目标。

与企业一样,企业的信息化系统也是具有生命的。随着企业的发展,我们应该对信息化系统不断加以维护和升级。同时,信息技术是有其时效性的,如硬件设备的使用寿命、软件系统标准的升级换代,这些都预示着短期内的信息化投资无法保证企业获得永久性使用。因此企业应该时刻注意新信息、技术的出现,在企业内部开发基于新的管理和业务需求的信息化应用,以充分保持企业内部信息化的持续建设和发展。

第四节　国内企业信息化战略模式

一、国内企业信息化战略模式的类型

国内企业信息化发展的战略模式主要分为市场型模式、效率型模式、服务型模式和关系型模式四种。

（一）市场型模式

以市场为导向的模式是通过各种有效途径,不断扩大企业的市场份额,增强企业的商品在市场上的地位,增强企业的市场调控能力。一般或多或少都有一些相对稳定的市场,也占据了一定的市场份额,但也面临着激烈的竞争。为了能够稳定现有的市场地位,或进一步扩大业务范围,建立信息化发展战略的市场模式,需要具体运用信息技术来提高质量。

建立市场型模式也存在风险。为了提高市场份额,企业就必须从用户的满意率入手做许多细致的工作,例如,开通 24 小时热线服务系统、用户交流平台等,这种投资由于花费大、时间长,且投资效果无法准确地测算。同时,高的市场份额,并不意味着高的利润,因此企业在决策时一定要根据自身的特点慎重地进行选择。

（二）效率型模式

效率型模式就是采取效率优先的策略。在信息化的过程中可以把效率模式具体化,例如,提高生产部门效率、市场部门效率、财务管理部门效率、售后服务部门效率等。但是无论提高单个部门还是多个部门的效率,都会给企业带来正的效应。例如,通过对生产过程进行信息化，实现生产的自动化和智能化，那么生产单位产品的时间就会大大减少，降低了生产成本，同时提高了产品的质量。企业选择效率型模式作为信息化战略，虽然能够给企业带来更高效的运作，但是要提高整个企业的效率，信息化的投资一般会很大。

（三）服务型模式

服务型模式是指开发和利用信息技术，以用户为基础，建立用户信息系统，对不同用户的需求进行登记，并且通过信息交流平台，进一步了解用户的习惯和偏好，联动整合用户的所有档案数据信息，提高企业的客服水平，增加用户的满意度。该模式主要是运用于服务业，或者企业的销售和营销等要迎合用户需求的部门。

同时，通过用户服务信息系统带来的大量信息，针对性、低成本地快速反馈，企业可以理解个性化的用户需求信息。由于信息的及时发布与回馈，整个行业的生产流程大大加快，从而节约资源提高整体效益。信息化加强了企业联系的深度和广度，分布在不同地区的人员可通过网络彼此协同共同研发一个开发项目。

（四）关系型模式

关系型模式是指通过运用信息技术，维持和巩固企业在整个产业链中的位置。企业的经营与其上下游企业的关系非常密切，为了能够与上下游的关系稳定发展，以及大规模地降低花费和减少跨企业之间的合作与商务活动的复杂性，中小企业可以引进"extranet"。"extranet"是一个使用"intemet/intranet"技术使企业与其用户和其他企业相连来完成其共同目标的合作网络，最早被许多大型企业运用于与其他企业进行商务活动，并且取得了很明显的成效，现在成为建立关系型模型的核心。

"extranet"可以给企业提供一个更有效的信息交换渠道，其传播机制可以为用户传递更多的信息。通过"extranet"进行的电子商务可以比传统的商业信息交换更有效和更经济地进行操作和管理，并能大规模地降低花费和减少跨企业之间的合作与商务活动的复杂性，从而增加上下游企业的满意度。

二、现代企业信息化战略模式

企业信息化战略模式跟随当今科学技术的日益不停发展也出现了显著飞速的变化。在企业对本身信息战略模式投入资金的环节中，包含了各个角度、多种方面的机制协调和管理流程的转换，而且涉及很多企业部门之间形成的利益关系。

（一）企业资源规划模式

ERP（企业资源规划）的主要观念是把企业流程当作一个链接密切的供应链，其中涉及供应商家、生产厂家、营销网络与顾客等，借助对供应链的高效管理来获得实时数据，迅速反映行业需求。ERP的研发最初是一个管理创新的环节。研发ERP，一定要做好企业的基本管理，切实设计与改进必要的制度准则以及标准规范，制定所有岗位的管理职责，在整个企业的领域内对部分重要管理目标，例如，员工、收益、产品、资源等进行统一标准化的管理，针对岗位、员工、产品、材料、设备等要开展统一规范编码，所有合同、账单、报表、数据等也要使用统一的格式。给予精准、具体、真实的信息流，是完成ERP的基本任务。另外，应达成公司业务流程EPR以及组织构成优化。信息技术的不断变化，从源头上转换了组织采集、解决、使用信息的形式，从而致使组织模式出现巨大的变革，促进了公司业务流程重组甚至组织机制的重建。

　　企业内部 ERP 主要涉及营销、制作、采购、财务等子程序。CRM（用户关系管理）把需求市场的单据数据传输过来，营销子程序在接到数据以后，联系公司自身的判断，得出具体判断销售数量，再借助外联网为供货商传输材料需求订单，继而能够监测供货商的制作情况。供应商同样能不等待制作商的订单通知，自己使用外联网访问制作商的线上看板程序，以此来推测什么时间要用什么种类的零部件，同时把发货单据输送给制作商。此种信息共享让购买方的工厂与零部件供货商像整体一样工作，缩减了两者的成本。此种物流和信息流以及成本流在具体的运作过程中十分顺利，在理论上能够及时把用户的需求与订单输送到整个供应链，两者可以共同完成。

（二）用户关系管理模式

　　CRM 涉及一个组织机制推测、挑选、争取、发展以及维持其用户所开展的全面商业环节。其不仅是一种管理观念，还是一种根据互联网的运用体系，利用对公司业务流程的重建来调整用户信息资源，用愈加高效的办法来整理用户资源。给用户供应更节约、简便、周全的产品与服务，维持以及吸引越来越多的用户，来完成公司收益最大化的任务。使用当代信息技术开展用户关系管理，最大限度充实用户个性化的需要，让用户从心里感到满意，从而挽留住老用户、开发新用户，变成公司制胜的手段。CRM 的效果，最初是全自动化服务同时完善和用户关系相关范围的商业流程，如营销管理、市场销售、用户服务与技术支撑等。CRM 优化并调整了这部分业务功效的环节，完成了全自动化管理，同时把关注度集中在充实用户的要求上，依照用户的喜好利用合理的途径与之开展沟通，获得更多的收集用户信息、用户需要和给予信息反馈的办法。另外，要在进行个性化服务的同时为用户提供决策帮助。公司借助用户信息库内的数据，探究用户的喜好，给其供应细致入微的人性化服务。再进一步，就是为用户提供具体的策略与信息。CRM 的系统构成，完成了以准确的信息给予、准确交易，到真实地给用户量身定做的人性化服务。

第五节　国内企业信息化现状和问题

　　在信息时代背景下，企业的发展宽度决定其信息处理、获取速度，对企业而言，能够第一时间掌握市场动态，及时做出应变对策至关重要。同时，企业实现信息化建设更有利于内部信息共享，提高企业内部运行速度，且更有利于企业管理。传统的管理模式在以数据信息化为特点的时代中，已不能满足企业发展需求，不能最大化内部资源、业务集成效率。国内企业信息化发展现状和问题如下所述。

一、国内企业信息化现状

（一）企业高层缺乏重视

　　信息化建设是现代企业一项长期、复杂的工作，企业高层的重视与支持是推行信息化建设的重要因素；企业领导必须对信息化建设予以高度重视，做好总体规划，根据企业发展情况制定一套可实施、科学的建设方针，确保有效推行信息化建设。但由于根深蒂固的传统管理思想，加之管理者缺乏长远目光，部分企业管理者对于信息化建设、创新管理重视不足。

（二）现代企业信息化建设普及程度低

随着经济形势转变，全国各地大小企业都积极进行企业管理创新，极大地推动了企业信息化建设；许多大型企业都逐步完成了现代化信息建设，但仍有部分企业处于建设发展阶段，信息化普及相对不足，一些小型企业管理创新不足，信息化建设薄弱。影响企业管理创新、信息化建设的因素众多，其中资金链是制约中小企业发展的主要因素。此外，中小企业自身技术能力、人力资源等有限，导致企业未能进行综合化信息管理，中小企业信息化建设进程缓慢。

（三）信息共享严重不足

部分企业存在信息共享不足等问题，企业内部各部门信息孤岛现象严重，甚至部分企业共同存在多个信息系统，不利于信息系统的管理，内部资源也无法实现共享，甚至严重影响企业内部环境。这种信息孤岛现象，不但增加了工作人员的维护成本，且不能发挥信息建设价值，增加企业成本负担。现代企业进行管理创新、信息化建设的初衷是为企业提供更方便、快速、及时的信息共享服务，加大企业内部凝聚力，信息无法及时共享将严重影响企业管理创新与现代化建设。

二、国内企业信息化存在的问题及成因

（一）信息化观念淡薄，缺乏合格人才

企业对于什么是信息化、实施信息化的重要性和意义，都缺乏真正的了解，大多数人重设备而轻信息，将信息化简单地理解为拥有计算机、建立财务管理系统或网站网页。调查反映出部分企业的信息化建设仅限于表面形式，项目建设仅仅是简单的跟风行为，并没有发挥其应有的效用。

国内企业行业分布领域多样广泛，中小企业内很难找到一批既懂信息技术又懂企业管理的复合型人才，而专业的信息技术类专业人才绝大多数聚集于 IT 类企业，业务需求和技术支持之间的沟通困境直接影响了国内企业的信息化进程。

（二）资金投入不足，方案价格昂贵

资金短缺是阻碍企业发展的一个普遍的瓶颈，有近 20% 的国内企业认为资金不足是信息化建设的主要障碍。企业对硬件的投资占到整个信息化建设投资的 80% 以上，而配套软件投入却相对落后。这样"重硬轻软"不仅占用了大量流动资金，也制约了硬件设备发挥效益。同时，信息化系统的管理和维护也是一项长期工程，需要人力、物力和资金的不断投入与支持。

目前市场上的企业信息化解决方案过于昂贵，尤其为中小企业量身定制的管理业论文和企业信息化战略框架及实施路径研究软件产品还不多，所以不能很好地满足企业的实际需求，软件企业对建设信息化企业的后续服务也没有跟上。国外企业管理软件又很难为国内企业所接受使用。在对国内企业关于信息化建设障碍的调查中，有 38% 的企业认为缺乏一种系统的信息化解决方案。

（三）管理基础薄弱，信息化成效一般

管理基础薄弱，影响了企业信息化的顺利进行。国内企业信息化涉及企业的业务与管理流程、组织结构、管理制度等一系列问题，需要企业建立一套与信息化相适应的经营管理体制。许多传统企业管理方法陈旧，管理思想落后，浑水摸鱼式的既得利益者和僵化守旧的心怀畏惧者构成了信息化建设中的最大阻力。

调查表明，有 54%的国内企业的信息化成效一般，也就是说大部分企业的信息化建设并没有发挥很大的效用。观念、资金、人才、市场、基础设施等方面的问题，严重阻碍了企业信息化建设的开展，严重影响了我国企业的持续、健康和顺利发展，这些问题的解决依赖于国家和企业两方面长期共同的努力。

第六节　国内企业信息化战略的发展趋势

各级政府逐渐成为推动国内企业信息化发展的新动力。为了加快当地社会经济的提档升级，各级行业主管部门制定了信息化发展纲要，通过政府统一规划采购和补贴运营方式，推动国内企业信息化进程。

一、互联网企业加快整合"云—网—端"一体化服务

随着云计算产业的兴起，传统的购买系统硬软件和集成服务的订单销售模式正面临挑战。阿里、腾讯、亚马逊等公司通过联合开发者提供 SAAS 级的云服务产品，正快速抢占中小企业市场，其特征是硬件终端通用化、功能标准化、价格透明化、销售线上化，实现服务和硬软件系统分离。中小企业可以低成本、以"随买随用"的方式在网站上选择和订购信息化应用，大大降低了信息化建设门槛，且不再考虑后续系统的维护和升级。近十年来，电子商务飞速发展，"双 11"销售额就达到了数万亿元，企业销售范围从区域市场逐渐走向全国市场。为了支撑国内企业在全国布局销售带来的信息处理速度快和时延低的需求，阿里、腾讯等互联网公司也在各区域建设 IDC、CDN 等区域中心设施，开始涉足网络提供商市场，提供"云—网—端"一体化服务。

二、通信行业运营商逐步转型云网融合

国内三大通信运营商（中国移动、中国联通、中国电信）过去主要以网络提供、IT 项目集成和少量标准化产品销售为主，在当前转型和高质量发展战略的指引下，以网络为基础，建设云服务平台，实现云网融合，为中小企业提供"智慧网络"是将来的发展方向。中国电信云网一体化战略起步较早，在 10 年前就提出了"商务领航"品牌和系列产品。中国联通借助混改引入了互联网等行业合作伙伴，大大增强了市场竞争力。中国移动过去集中在 C 端市场（消费者主导市场），已确立政企市场发展的新战略，通过搭建国内企业信息化服务云平台，B 端市场（企业主导市场）的发展将是未来收入增长的主要来源之一。

随着信息化成为国家战略，云计算、大数据、智能化新技术发展迅速，国内企业信息化市场将迎来新的发展机遇，互联网头部公司和三大运营商立足自身优势，正在通过创新和转型手段加强其在产业链上的领导作用，通过云网融合，整合网络、硬件、应用三大核心能力，让企业信息化应用选择更简单、使用更便捷、服务更省心。

综合训练题

一、单项选择题

1. 企业信息化的本质特征是指（　　）。
    A. 主营业务、主导流程、人　　　　　　B. 核心业务、主导流程、人
    C. 主营业务、虚拟流程、人　　　　　　D. 核心业务、虚拟流程、人

2. 下列选项中不属于企业信息化具体内容的是（　　）。
    A. 企业管理信息化　　　　　　　　　　B. 组织结构信息化
    C. 生产过程信息化　　　　　　　　　　D. 市场营销信息化

3. 下列选项中不属于国内企业信息化特点的是（　　）。
    A. 信息化产品需求单一　　　　　　　　B. 资金来源和投入压力大
    C. 信息化建设能够获得短期回报　　　　D. 信息化产品的相关服务要求到位

4. 以新的方式和理念，利用信息技术，开展网上营销和服务，更有效地促成个人和组织交易活动的实现，是指（　　）。
    A. 设计信息化　　　　　　　　　　　　B. 产品信息化
    C. 生产过程信息化　　　　　　　　　　D. 营销和服务信息化

5. 下列选项中不属于国内企业信息化战略模式类型的是（　　）。
    A. 市场型模式　　　B. 服务型模式　　　C. 品质型模式　　　D. 效率型模式

6. 企业信息化的根本目的是（　　）。
    A. 提高社会的经济效益　　　　　　　　B. 提高企业的经济效益
    C. 提高组织的经济效益　　　　　　　　D. 提高部门的经济效益

7. 通过各种有效途径，不断扩大企业市场份额，提高企业的产品在市场上所处的地位，加强企业对市场的控制能力，是指（　　）。
    A. 关系型模式　　　B. 市场型模式　　　C. 效率型模式　　　D. 服务型模式

8. 运用于服务业，或者企业的销售和营销等要迎合用户需求的部门，是指（　　）。
    A. 关系型模式　　　B. 市场型模式　　　C. 效率型模式　　　D. 服务型模式

9. 通过运用信息技术，维持和巩固企业在整个产业链中的位置，是指（　　）。
    A. 关系型模式　　　B. 市场型模式　　　C. 效率型模式　　　D. 服务型模式

二、多项选择题

1. 企业信息化的特征包括（　　）。
    A. 形态特征　　　　　　　　　　　　　B. 阶段特征
    C. 效益隐性特征　　　　　　　　　　　D. 内部关联性特征
    E. 外部关联性特征

2. 企业信息化的具体内容包括（　　）。
    A. 产品信息化　　　　　　　　　　　　B. 设计信息化
    C. 企业管理信息化　　　　　　　　　　D. 生产过程信息化
    E. 组织结构信息化

3. 企业信息化的过程特征表现为（　　）。
    A. 单机商务运用　　　　　　　　　　　B. 系统软件的设计与开发

C. 企业内部局域网的应用 　　　　D. 互联网运用逐级向上发展

E. 电子商务运用逐级向上发展

4. 国内企业信息化的特点包括（　　　）。

A. 资金来源和投入压力大 　　　　B. 信息化产品具有单一性

C. 信息化建设能够获得短期回报 　　D. 信息化建设能够获得长期回报

E. 信息化产品的相关服务要求要到位

5. 远景分析包括（　　　）。

A. 行业环境分析 　　　　　　　　B. 国内外环境分析

C. 信息系统维护分析 　　　　　　D. 企业优势与劣势分析

E. 发展机遇与威胁分析

6. 国内企业信息化发展的战略模式可分为（　　　）。

A. 关系型模式　　　B. 服务型模式　　C. 效率型模式　　D. 市场型模式

E. 品质型模式

7. 服务型模式主要运用于（　　　）。

A. 服务业　　　　　B. 企业销售部门　　C. 企业生产部门　　D. 制造业

E. 企业营销部门

8. 国内企业信息化战略制订步骤包括（　　　）。

A. 信息化战略环境的远景分析 　　　B. 信息化战略目标的确定

C. 信息化建设内容与方案的确定 　　D. 信息化战略计划的实施

E. 信息化项目的监督和维护

9. 企业信息化的本质特征不包括（　　　）。

A. 核心业务　　　　B. 主营业务　　　C. 主导流程　　　D. 网络

E. 人

10. 设计数字化技术的特点包括（　　　）。

A. 标准化　　　　　B. 智慧化　　　　C. 集成化　　　　D. 虚拟化

E. 简约化

11. 国内企业信息化现状问题的成因包括（　　　）。

A. 信息化观念淡薄 　　　　　　　B. 缺乏合格人才

C. 资金投入不足 　　　　　　　　D. 方案价格昂贵

E. 管理基础薄弱

三、名词解释

企业信息化；产品信息化；营销和服务信息化；生产过程信息化；效率型模式；服务型模式

四、简答题

1. 简述企业信息化的特点。

2. 简述国内企业信息化建设的意义。

3. 简述企业信息化的具体内容。

4. 简述生产过程信息化的主要内容。

5. 简述国内企业信息化战略模式的类型

6. 简述国内企业信息化现状形成的原因。

7. 试论述未来国内企业信息化战略发展趋势。

五、案例分析题

天眼查助力企业家创业

对现在的天眼查来说，其不仅是一个查公司信息的工具，而且是一站式企业综合服务平台。

作为国家中小企业发展基金旗下、素来与广大企业主关联密切的天眼查，用短短半年时间，在"查公司"之外提供了"开公司"全套服务，能够陪伴中小企业成长的全生命周期，满足多元化企业服务需求，赋能传统行业升级。天眼查可以满足创业者不同的创业需求，以往创业者若想寻求这些企业服务，可能要辗转多个平台或商家，原始资料要多平台流转，麻烦费时。现如今，天眼查可一站式综合服务，服务质保，办理高效，无隐形消费。另外，从公司注册、社保人事、公司变更、公司异常，到公司注销，天眼查工商注册服务覆盖了整个企业生命周期，使用场景广泛。

通过天眼查，创业者能够快捷而全面地掌握合作的中小微企业客户的基本工商信息、企业风险信息等多维度数据，实现对合作企业的有效内控管理及风险识别，从而优化业务运营管理，向广大用户提供更优质的服务。

长期以来，企业服务存在供需分散、非标准化、隐性收费、专业化水平不高、无售后服务等弊病，用户往往在经过一段时间后才发现服务质量不符合预期但无法获得合理支持，为企业发展带来隐患。如今，天眼查发挥平台优势，一方面对业务执行团队进行严选资质、监督质量等，为用户提供保障；另一方面，为用户提供一对一专属顾问咨询，量身定制解决方案，极大降低了用户的决策成本和时间成本。

可以说，从"查公司"到"开公司"，天眼查围绕公开数据和商业安全深挖企业经营需求，构建"天眼查生态"，不仅为自身生存和发展打造了极高的竞争壁垒，也为犹如"毛细血管"一样对国家经济具有重大意义的小微企业提供有力保障。

根据案例回答以下问题：

（1）什么是企业信息化战略？

（2）天眼查是如何提供信息化服务的？

第十一章

战略制定与选择

教学目标

1. 了解战略评价的主要方法。
2. 理解企业战略制定的基本原则。
3. 理解企业战略分析的相关理论。
4. 熟悉影响战略选择的因素。
5. 掌握企业战略制定的程序与方法。

引导案例

不同的战略，两种命运

2020年3月17日晚，万科集团披露了其2019年业绩报告，实现营业收入3678.9亿元，同比增长23.6%。万科的知名度很高，但是有几人依然记得万科当年的小伙伴？

1990年，万科和金田两家公司的股票几乎同时在深圳交易所上市，股票代码分别为0002和0003。当时这两家公司都主营房地产，同样走的是贸易商社多元化的战略，同样在上市头两年取得了飞速的发展。1992年，万科和金田的利润总额分别为77 639万元和77 358万元。然而，到了2000年，万科已经发展成为中国房地产业的一面旗帜，实现净利润30 123万元。而金田继1998年、1999年连续两年亏损后，2000年继续亏损，亏损额达60 527万元。2001年5月9日，因最近三年连续亏损，金田股票被暂停上市。2001年5月11日，金田被取消ST（境内上市公司连续两年亏损，被进行特别处理的股票），实施特别转让（PT）。2002年6月14日，金田的恢复上市申请未被深交所接受，股票退市转入三板。

两家企业呈现出极大的反差，与它们实施不同的经营战略有直接的关系。

1993年，万科从B股市场上筹集了4.5亿元，资金多了之后其就开展跨地区、跨行业经营，地产项目遍及全国12个城市，涉足商贸、工业、地产、证券、文化五大行业。截至1994年年底，万科拥有的子公司有24家，具体包括房地产开发、物业管理、商业贸易、咨询服务、影视文化、饮料及食品生产、广告经营、印刷设计、电分制版等若干行业。

金田是在1993年28个子公司的基础上增加到33个子公司，横跨房地产、纺织、磁盘生产、零售、外贸、汽车出租、印刷和酒店等行业。

但是,从 1994 年起,两家企业的战略思想出现了分化的迹象。由于 1993 年年底国家开始进行宏观调控,实行紧缩银根、控制信贷规模等抑制经济过热的政策。原来能轻易取得高额利润的房地产业受到了剧烈的冲击。为了应对这种情况,金田和万科采取了不同的发展战略:金田提出"继续朝着多元化、集团化、现代化的跨国公司迈进",希望利用多元化分散经营风险。在这种战略思想的指导下,金田不断拉长战线,追加在房地产主业以外的各项投资,在纺织、磁盘生产、零售业、能源和运输等多条战线上疲于奔命,子公司数量由 1993 年的 28 家,一直增长到 1996 年的 47 家,每年以 20%的速度递增,然而,子公司的营业收入和利润却以更大的速度下降,1996 年出现亏损。

与此相反,万科却以"本集团以房地产为核心业务,重点发展城市居民住宅……对发展潜力较小的工业项目进行重组或转让,以集中资源"的专业化经营战略。该战略具体包括三个方面:一是从多元化经营向专业化经营集中;二是从多品种经营向住宅集中;三是调整投放的资源,由原来的 12 个城市向北京、深圳、上海和天津集中。结果,万科的业绩和主营房地产业务不断发展,到 2000 年实现净利润 30 123 万元。万科自 2013 年开始进行海外投资,开拓海外市场。2016 年公司首次跻身《财富》"世界 500 强",位列榜单第 356 位,2017 年、2018 年、2019 年接连上榜,分别位列榜单第 307 位、第 332 位、第 254 位。2019 年 12 月 18 日,人民日报"中国品牌发展指数 100"榜单排名第 34 位。2020 年 1 月 4 日,获得 2020《财经》长青奖"可持续发展创新奖"。

思考:

1. 你认为战略如何影响企业命运?
2. 如何才能更好地选择合适的战略?

第一节 战略制定

企业战略管理是根据企业外部环境和内部条件的分析,确定企业的战略目标并制定有效的企业战略方案,在实施过程中进行控制的一系列管理决策与行动。企业战略管理作为一种创新性的、高级的动态管理过程,具体可划分为企业战略分析、企业战略制定、企业战略选择与实施以及企业战略评价与控制四个阶段。每个阶段又包括若干不同的步骤。其中,管理活动的重点是制定和实施战略。制定和实施战略的关键在于企业外部环境、内部条件和企业目标三者的动态平衡,以保证实现企业的战略目标。

一、战略制定的基本原则

制定一个能带动企业走向胜利的战略是每一个企业的高层管理团队最优先的管理任务。如果没有战略或者战略不够清晰,那么企业的经营运作就没有一个明确的指导,就难以形成满足市场需求、获取竞争优势、达成企业目标的具体策略。如果没有战略,就会缺乏一种整体性的策略原则将不同部门的运作塑造成一种统一的团队力量,企业的管理者将难以协调各部门的分散决策和行动,无法形成合力,从而使企业的各种努力有可能互相抵消。

企业在实际运营中必须积极应对现实的、眼前的、影响企业生存和发展的环境与竞争压力，同时也要对未来不可准确预期的环境及竞争状况有积极反应。因此，企业战略也应对现实和未来的外部环境与企业经营有积极而明确的反应。战略应该既是适应性的又是前瞻性的，战略管理实际上就是企业的管理者在环境不断变化的各种情况下持续规划和再规划的演进过程。

好的战略应符合以下几个基本原则。

（一）长远性和一致性原则

保持企业的长远盈利能力的最好办法是加强企业的长远竞争力。对于那些能够提高企业长远竞争地位的战略行动要优先予以制定和执行。如果管理者为了短期的财务目标而将那些能够巩固企业的长远地位和强势战略的行动排除在外的话，就不可能很好地保持企业未来的可持续发展。

（二）目的性原则

战略制定的目的性原则，就是要求企业的各级管理者明确自己每一项活动所要达到的目标及其对实现战略总目标的意义。目的性原则是企业战略管理活动总的指导原则，企业的一切经济活动都应服从、服务于企业发展总目标的要求，各项业务活动都应围绕总目标展开。坚持目的性原则，企业经营既可以立足于现实，又可以着眼于未来。

（三）独特性原则

强调特色是企业确定自己竞争优势的关键，中庸式的战略几乎不会产生持久的竞争优势或者特殊的竞争地位。一般情况下，企业如果执行折中式战略或者中庸式战略，其最后的结果就会是：成本一般、特色一般、质量一般、吸引力一般、形象和声誉一般，行业排名居于中间，很难进入行业领导者的行列。追求差别化战略是企业突出自己独特竞争优势所采用的主要手段，所以企业应尽力在质量、性能、特色、服务上同竞争对手拉开距离，使自己拥有与众不同的独特形象、独特业务以及独特的发展道路，从而使用户更容易识别和记忆。

（四）灵活性原则

长期的战略一致性是一种优点，但是对战略进行一些调整以适应变化的环境还是很正常的，也是很有必要的。战略管理是一个不断循环、永远没有终点的过程，而不是一个既有起点又有终点的简单事件。无论是企业的远景规划、业务使命、目标体系、具体战略，还是战略实施的过程，在外部环境或内部运作发生变化时，都应根据实际需要对其本身进行适应性的调整。

企业领导者和战略管理者的重要责任之一就是跟踪战略执行进度、评估企业业绩、监测环境变化，根据需要采取调整性措施。这种调整可能会涉及战略管理的各个方面，可能需要调整企业的长远发展方向；可能需要重新界定企业的业务内容；可能需要提高或者降低企业的总体目标；可能需要对企业的战略及实施策略和行动进行修改与调整。

（五）可操作性原则

所谓可操作性，是指构成战略规划的各种要素应是具体的、可操作的、实实在在的。如果可操作性不强，战略规划建设就很有可能成为空谈。坚持可操作性原则，除了要制定宏观的发展战略之外，还要制定一系列与之相配套的实施细则。同时，还要对实施细则中的内容进行量化、程式化、规范化，而且要环环相扣、紧密相连、互相配套、共同促进。为此，企业可以从以下两方面入手提高战略规划的可操作性。

1. 战略规划要针对企业的实际状况

企业在进行战略分析的时候，要在获得信息的基础上，得出切合自己特点的分析模型。可操作性最主要的是指决策要可行，决策的内容可以接受。决策执行的效果取决于两个因素：一是决策自身的质量，二是执行者对决策内容接受的程度，二者相互制约。制定决策的人认为决策可行是不够的，还需要执行决策的人认为决策可行。决策的可操作性要求决策的内容既要符合主观愿望，更要符合客观规律和客观条件，否则再好的决策执行的效果也等于零。

2. 年度计划和战略规划相结合

既然企业要求战略规划具有可操作性，而年度计划是当期的计划，具有很强的操作性，因此年度计划和战略规划的结合就显得尤为重要，企业在制定 3~5 年战略规划的时候，要包括最近一年的年度计划。该年度计划要根据战略规划第 1 年的分目标来制定，要说明具体的完成时间和主要的责任人。

二、战略制定的程序与方法

战略的制定是企业的决策机构组织各方面的力量，按照一定的程序和方法，为企业选择适宜的经营战略的过程。制定企业战略是企业战略管理过程中的核心部分，也是一个复杂的系统分析过程。

（一）战略制定的程序

1. 识别和鉴定企业现行的战略

在企业的运营过程中，随着外部环境的变化和企业自身的发展，企业的战略也应相应调整和转换。要制定新的战略，首先应识别和鉴定企业现行的战略。当现行战略已不适用时，就应及时制定新战略。同时，也只有在认清现行战略缺陷的基础上，才能制定出较为适宜的新战略。

2. 分析企业环境条件

企业经营战略的制定，不是依靠主观臆想，而是建立在大量有价值的信息资料的基础上。因此，分析企业外部环境和内部条件，为制定企业战略提供科学的依据，是战略制定过程中必不可少的准备工作。

企业应通过对目标市场、市场需求状况、市场竞争状况等外部环境及企业人、财、物等资源状况等内部条件的调查分析，认清自身的优势与劣势，发现存在的经营问题。

3. 确定战略目标

战略目标是企业制定战略的基本依据和出发点。战略目标的确定就是在分析经营问题的基础上，确定能解决经营问题的目标。拟定战略目标一般要经过两个环节：拟定目标方向和目标水平。首先，要在既定的战略经营领域内，依据对外部环境、需要和资源的综合考虑，确定目标方向；其次，要通过对现有能力与手段等诸多条件的全面估量，对沿着战略方向展开的活动所要达到的结果进行初步规定，从而形成可供选择的目标方案。

4. 形成战略方案

企业战略方案是企业战略的核心部分，是把战略目标、战略重点和实现目标的主要对策、战略阶段等加以综合，通过协调平衡而形成的。企业应根据发展要求和经营目标，依据所面临的机遇和挑战，列出所有可能达到经营目标的战略方案。企业战略方案一般包括战略思想、战略目标、战略方向、战略重点、战略对策、战略阶段等。

5. 评价和比较战略方案

企业根据股东、管理人员以及其他相关利益团体的价值观和期望目标，确定战略方案的评价标准，并依照标准对各项备选方案加以评价和比较。方案的产生与评价过程，往往是相互交叉的，通过这个过程把可能解决问题的方案逐渐集中到可选方案上。

6. 确定战略方案

在评价和比较战略方案的基础上，企业选择一个最满意的战略方案作为正式的战略方案。有时，为了增强战略的适应性，企业往往还要选择一个或多个方案作为备选的战略方案。

（二）战略制定的方法

不同类型与规模的企业以及不同层次的管理人员，在战略制定过程中会采取不同的方法。在小规模的企业，所有者兼任管理人员，其战略一般都是非正式制定的，主要存在于管理人员的头脑之中，或者只存在于与主要下级达成的口头协议之中。在规模较大的企业，战略是通过各层管理人员广泛参与，经过详细繁杂的研究和讨论，有秩序、有规律地制定的。根据不同层次管理人员介入战略分析、制定工作的程度，可以将战略制定的方法分为以下四种形式。

1. 自上而下的方法

这种方法是先由企业最高管理层制定企业的总体战略，然后由下属各部门根据自身的实际情况将企业的总体战略具体化，形成系统的战略方案。

这一方法最大的优点是领导层高度重视战略，能够牢牢地把握住整个企业的经营方向，同时也便于集中领导。其不足之处是如果高层没有深思熟虑或不了解实情，对下层就不能提出详尽的指导。同时，该方法也束缚了各部门的手脚，难以充分发挥中下层管理人员的积极性和创造性。

2. 自下而上的方法

这是一种先民主后集中的方法。制定战略时，上级对各下属部门不进行硬性规定，只要求积极提交战略方案，之后由企业最高管理层对各部门提交的战略方案加以协调和平衡，经过必要的修改后加以确认。这种方法的优点是能充分发挥各个部门和各级管理人员的积极性与创造性，集思广益，同时由于战略方案有着广泛的群众基础，在实施过程中易于贯彻和落实。该方法的不足之处在于，各部门的战略方案较难协调，会影响企业整个战略计划的系统性和完整性。

3. 上下结合的方法

这种方法是在战略制定过程中，企业最高管理层和下属各部门的管理人员共向参与，通过相互沟通和磋商，制定出适宜的战略，这种方法的主要优点是可以产生较好的协调效果，制定出的战略具有更强的操作性。

4. 组成战略小组的方法

这种方法是指企业的负责人与其他的高层管理人员组成一个战略制定小组，共向处理企业所面临的问题。在战略制定小组中，一般是由总经理任组长，而其他人员的构成则有很大的灵活性，视小组的工作内容而定，通常是吸收与所要解决的问题关系最密切的人员参加。这种方法的目的性强、效率高，特别适宜制定产品开发战略、市场营销战略等特殊战略和处理紧急事件。

第二节　战略选择的过程及影响因素

一、战略方案的评价及选择过程

企业经营战略方案评价的目的在于确定各个战略方案的有效性。要分析由战略研究设计人员提出的若干战略方案对企业及所属事业部的未来经营将会造成什么影响，比较各方案优缺点、风险及效果，其评价及选择过程可分为以下几个阶段。

（1）分析各战略方案是否与国际环境、宏观环境及行业环境未来发展趋势相适应。

（2）各种经营战略方案的有效性如何，能否达到企业战略的目标，差距何在。

（3）各种经营战略方案对企业资源的要求。分析现有企业资源能否满足各战略方案的需要，即企业资源现状分析、资源结构分析、资金利用情况分析（按人员结构、资金结构、技术装备结构、劳动生产率、资金周转率、资金利润率、设备利用率等方面进行分析）。

（4）各种经营战略方案对企业组织与管理等方面的要求。分析企业现在的组织效能与管理现状（即对企业管理体制、管理方式、经营机制、领导体制、决策方式、职能部门设置与工作方式、总公司与分公司及子公司的关系等问题进行分析），企业现有组织与管理现状能否满足各战略方案的要求，从组织与管理上应作哪些调整才能保证战略的实施。

（5）各种经营战略方案内部一致性分析。即分析每个经营战略方案对企业内部的研究开发、生产发展、市场营销、人力资源、财务资金等各方面要求是否协调一致，有无相互矛盾。

（6）每种经营战略方案中各战略阶段划分是否恰当，企业在各阶段中的承受能力如何。

（7）比较各种战略方案的优缺点、风险及效果，提出战略性的补充措施。

（8）预估在企业战略实施中将会遇到的困难和阻力，以及克服困难的可能性。

二、影响战略选择的因素

战略选择不是凭空想象或凭决策者个人的好恶和情感而生成的，它受到许多因素的制约，其中影响战略选择的关键性因素包括公司过往的战略、高层管理者对风险的态度、企业内部的人事和权力因素、公司文化、企业对外部环境的依赖程度、时间因素、竞争对手的反应等。

（一）公司过往的战略

无论公司是否自觉地制定和实施发展战略，公司战略都客观存在并起着指导实践的作用。对大多数公司而言，公司过往的战略通常都是新战略选择的主要影响因素，过往的战略是新战略的起点，新战略是过往战略的延续。在特殊环境中，只有极少数公司否定原有战略（其原因是原有战略选择是错误的、不合时宜的）而选择一种全新的战略。

新战略的实施必须满足两个基本前提：一是要有较充足数量和较高质量的资源支持（物质、技术、人才、管理和信息）新战略的实施；二是组织结构调整和人事变动必须符合新战略的要求。只有这样，新的管理层才能减少过往战略的限制，真正排除原有战略的影响，推进新战略的实施。

（二）高层管理者对风险的态度

战略选择的风险来自诸多方面，如技术领先与产品创新、产品系列化、多元化经营、收购与兼并、进入国际市场、生产能力扩张、组织结构调整等。没有一种战略选择可以消除战略实施过程中固有的风险。

战略选择中的风险因素不可避免，关键在于决策者对风险所持的态度。一般情况下，面对风险大体有两类态度：一类是乐于承担风险，他们往往在更多的、更广泛的战略方案中做出选择，表现出更强劲的进取精神；另一类是尽可能回避风险，他们往往倚重过去成功的战略，不到万不得已的情况下很难做出创新性的选择，这种稳健性的态度往往将战略选择局限在较狭窄的空间内。

（三）企业内部的人事和权力因素

权力是存在于企业内部人士之间的一种相互关系，凭借这种关系，某一类人可以对另一类人施加影响，使之做一些没有这种关系就无法做到的事情。许多事例说明，企业的战略选择更多的是由权力来决定，而非由理性分析决定。最高管理阶层的权力及地位，使其成为影响公司文化和战略选择的强有力因素。在许多企业，权力主要掌握在最高负责人手里，在战略选择中常常是他们说了算。当企业拥有最高权威力量的领导人赞成某种战略方案时，这一战略方案一般会成为该企业的最终选择。

还有另一种权力来源，人们称之为联盟，在大型组织中，下属单位和个人（特别是主要管理人员）往往因利益关系而结成联盟，以加强他们在主要战略问题上的决策地位，往往是企业中最有力的联盟对战略选择起决定性的作用。在决策的各个阶段都有相应的政治行为在施加影响，不同的联盟有其不同的利益和目标，不应简单地把它看成坏事。政治行为在组织决策中是不可避免的，应将其纳入战略管理之中，个人、下属和联盟之间的正式和非正式谈判和讨价还价，是组织协调的必要机制。确认和接受这一点，在选择未来战略中就能强化向心力，选择出更切实际的战略。因此，战略的选择往往是一个协商的过程，是企业内部各方面人事关系及权力平衡的结果，而并不是一个系统分析的过程。

（四）公司文化

公司文化作为公司的价值、经营宗旨和行为准则，在很大程度上决定了公司运行模式，也决定着公司运行是否成功。战略选择一般要适应公司文化。如果选择的战略方案与公司文化格格不入，除非管理者有能力变革公司文化，缩小战略方案与公司文化之间的差距，否则，一定会导致失败。

（五）企业对外部环境的依赖程度

全局性战略意味着企业在更大的外部环境中的行为，公司必然要面对所有者、供应商、用户、政府、竞争者及其联盟等外部因素，这些环境因素从外部制约着企业的战略选择。如果企业高度依赖于其中一个或多个因素，其战略方案的选择就不能不迁就这些因素。企业对外部环境的依赖性越大，其战略选择余地及灵活性就越小。例如一家企业的主要生产内容是为另一家企业配套零部件，则其经营战略就不得不适应该协作单位的要求。

（六）时间因素

时间因素主要从以下几个方面影响战略的选择：第一，有些战略决策必须在某个时限前作出，在时间紧迫、来不及作全面仔细的评价分析的情况下，决策者往往着重考虑采用这种战略方案产生的后果，而较少考虑接受这种战略方案的效益，这时不得已而往往选择防御性战略；第二，战略选择也有一个时机问题，一个很好的战略如果出台时机不当也会给企业带来麻烦，甚至是灾难性后果；第三，不同的战略产生的效果所需时间是不同的，如果经理人员关心的是最近两三年内的企业经营问题，他们通常不会选择五年以后才产生效果的经营战略，即战略所需的时间长度同管理部门考虑的前景时间是关联的，企业管理者着眼于长远前景，则他们就会选择较长时间跨度的战略。

（七）竞争对手的反应

企业高层领导在作出战略选择时要全面考虑竞争对手将会对不同的战略做出哪些不同的反应，如果选择的是一种进攻型战略，对竞争对手形成挑战的态度，则很可能会引起竞争对手的强烈反击，企业领导必须考虑这种反应，估计竞争对手的反击能量，以及对战略能否取得成功的可能影响。

除上述七项因素外，企业在最后作出战略选择时，应采取权变的态度。如果企业战略的基本假设条件发生变化，企业就要调整或修改已选定的战略。因此对于企业没有选择的战略方案不应废弃而应当存档，在今后的战略调整或修改过程中其或许具有一定的参考价值和选择余地。

第三节 企业战略的选择

在战略管理中，战略选择与实施是战略制定的继续。当一个企业的经营战略制定之后，企业战略管理的工作重点就开始转移到战略的选择与实施上。有效的战略选择与实施可以使适当的战略走向成功，弥补不恰当战略的不足；反之，则会使一个适当的战略面临困境。

企业总体战略是指为实现企业总体目标，对企业未来基本发展方向所进行的长期性、总体性的谋划。企业总体战略决定了企业各项业务在战略谋划期间的资源分配和发展方向。

一、成长型战略

成长型战略是以发展壮大企业为基本导向，致力于使企业在产销规模、资产、利润或新产品开发等某一方面或几方面获得增长的战略。成长型战略是最普遍被采用的企业战略。成长型战略主要包括三种基本类型：一体化战略、密集型战略和多元化战略。

（一）一体化战略

一体化战略是指企业对具有优势和增长潜力的产品或业务，沿其经营链条的纵向或横向扩大业务的深度和广度，以扩大经营规模，实现企业增长。一体化战略按照业务拓展的方向可以分为纵向一体化战略和横向一体化战略。

纵向一体化战略是指企业沿着产品或业务链向前或向后，延伸和扩展企业现有业务的战略。从理论上分析，企业采用纵向一体化战略有利于节约与上、下游企业在市场上进行购买或销售的交易成本，控制稀缺资源，保证关键投入的质量或者获得新客户。不过纵向一体化也会增加企业的内部管理成本。纵向一体化战略可以分为前向一体化战略和后向一体化战略。前向一体化战略是指获得分销商或零售商的所有权或加强对其控制权的战略。前向一体化战略通过控制销售过程和渠道，有利于企业控制和掌握市场，增强对消费者需求变化的敏感性，提高企业产品的市场适应性和竞争力。后向一体化战略是指获得供应商的所有权或加强对其的控制权。后向一体化有利于企业有效控制关键原材料等投入的成本，保证质量及供应可靠性，确保企业生产经营活动稳步进行。后向一体化战略在汽车、钢铁等行业应用较多。

横向一体化战略是指企业收购、兼并或联合竞争企业的战略。企业采用横向一体化战略的主要目的是减少竞争压力、实现规模经济和增强自身实力以获取竞争优势。

横向一体化战略主要可以通过以下几种途径实现：第一，购买，即一家实力占据优势的企业购买与之竞争的另一家企业；第二，合并，即两家相互竞争而实力和规模较为接近的企业合并为一个新的企业；第三，联合，即两个或两个以上相互竞争的企业在某一业务领域进行联合投资、开发和经营。

下列情形比较适宜采用横向一体化战略：

（1）企业所在产业竞争较为激烈。

（2）企业所在产业的规模经济较为显著。

（3）企业的横向一体化符合反垄断法律法规，能够在局部地区获得一定的垄断地位。

（4）企业所在产业的增长潜力较大。

（5）企业具备横向一体化所需的资金、人力资源等。

（二）密集型战略

密集型战略也称加强型成长战略，是指企业充分利用现有产品或服务的潜力，强化现有产品或服务竞争地位的战略。密集型战略主要包括市场渗透战略、市场开发战略和产品开发战略三种类型。

1. 市场渗透战略——现有产品和市场

市场渗透战略的基础是增加现有产品或服务的市场份额，或增加正在现有市场中经营的业务。它的目标是通过各种方法来增加产品的使用频率。其方法有以下几种：

第一，扩大市场份额。这个方法特别适用于整体正在成长的市场。企业可以通过提供折扣或增加广告来提高企业在现有市场中的销售额；改进销售和分销方式来提高所提供的服务水平；改进产品或包装来提高和加强其对消费者的吸引力并降低成本。

第二，开发小众市场。其目标是在行业中的一系列目标小众市场中获得份额，从而扩大总的市场份额。如果与竞争对手相比企业的规模较小，那么这种方法尤为适用。

第三，保持市场份额。特别是当市场发生衰退时，保持市场份额具有重要意义。企业运用市场渗透政策的难易程度取决于市场的性质及竞争对手的市场地位。当整个市场正在增长时，拥有少量市场份额的企业提高质量和生产力并增加市场活动可能比较容易，而当市场处于停滞状态时，则比较困难。

2. 市场开发战略——现有产品和新市场

市场开发战略是指将现有产品或服务打入新市场的战略。市场的战略成本和风险也相对较低。实施市场开发战略的主要途径包括开辟其他区域市场和细分市场。采用市场开发战略可能有几个原因：第一，企业发现现有产品的生产过程较难转而生产全新的产品，因此希望能开发其他市场。第二，市场开发往往与产品开发结合在一起，例如，将工业用的地板或地毯清洁设备做得更小、更轻，这样可以将其引入民用市场。第三，现有市场或细分市场已经饱和，这可能会导致竞争对手去寻找新的市场。

市场开发战略主要适用于以下几种情况：

（1）存在未开发或未饱和的市场。

（2）可得到新的、可靠的、经济的和高质量的销售渠道。

（3）企业在现有经营领域十分成功。

（4）企业拥有扩大经营所需的资金和人力资源。

（5）企业存在过剩的生产能力。

（6）企业的主业属于正在迅速全球化的产业。

3. 产品开发战略——新产品和现有市场

拥有特定细分市场、综合性不强的产品或服务范围小的企业可能会采用这一战略。产品开发战略是通过改进、改变产品或服务以增加产品销售量的战略。产品开发战略有利于企业利用现有产品的声誉和商标，吸引用户购买新产品。另外，产品开发战略是对现有产品进行改进，对现有市场较为了解，产品开发的针对性较强，因而较易取得成功。企业可采用多种方法来实现这个战略。消费者对供应商会施加潜在的压力，要求企业在正常经营范围内提供丰富多样的产品或服务，这样便会促使企业去开发新的产品。由于消费者有许多选择空间，企业通常很难抵抗这种压力。

开发新产品可能会极具风险，特别是当新产品投放到新市场中时，这一点也会导致该战略实施起来有难度。尽管该战略明显带有风险，但是企业仍然有以下合理的原因来用战略：第一，充分利用企业对市场的了解；第二，保持相对于竞争对手的领先地位；第三，从现有产品组合的不足中寻求新的机会；第四，使企业能继续在现有市场中保持地位。

产品开发战略适用于以下几种情况：

（1）企业产品具有较高的市场信誉度和顾客满意度。

（2）企业所在产业属于适宜创新的高速发展的高新技术产业。

（3）企业所在产业正处于高速增长阶段。

（4）企业具有较强的研究和开发能力。

（5）主要竞争对手以类似价格提供更高质量的产品。

新产品开发能有效地帮助企业发展，这是因为在大多数情况下，营销成功来源于对市场进行预测而不是仅仅对消费者的变化做出反应。真正的企业家会促使变化发生，创造需求。但是，其不一定仅仅是对全新产品的开发，还包括对现有产品进行小小的改变和升级等技巧。

（三）多元化战略

多元化指企业进入与现有产品和市场不同的领域。企业从擅长的领域退出可能需要进行激烈的思想斗争。由于战略变化是如此迅速，企业必须持续地调查市场环境寻找多元化的机会。

当现有产品或市场不存在期望的增长空间时（例如受到地理条件限制、市场规模有限或竞争太过激烈），企业经常会考虑多元化战略。但是，有些人认为多元化从本质上来说是一个消极的战略，多元化总是在逃避某些问题，它表明只是对整个企业所发生的不良事件做出反应。不管怎样，多元化已经成为日益常见的经营战略。

企业集团多元化是一个重要的手段，或者说是多元化和一体化的高级表现。企业决定采用多元化战略可能有以下几个原因：① 企业希望寻找高利润的市场机会；② 现有产品和市场存在缺陷；③ 企业的某个部门能力过于薄弱，必须进行企业集团多元化；④ 从增加产品市场广度和灵活性中获得好处；⑤ 可避免与垄断有关的限制，这些限制使企业不能从现有产品和市场以外获得发展；⑥ 能更容易地获得资金，部分原因是可以从更广泛的活动组合中获得资金；⑦ 管理层的偏好和所受培训可能会使他们倾向于选择企业集团多元化。

二、稳定型战略

稳定型战略，又称防御型战略、维持型战略，即企业在战略方向上没有重大改变，在业务领域、市场地位和产销规模等方面基本保持现有状况，以安全经营为宗旨的战略。稳定型战略有利于降低企业实施新战略的经营风险，减少资本重新配置的成本，为企业创造一个加强内部管理和调整生产经营秩序的修整期，并有助于防止企业过快发展。应用较为广泛的稳定型战略主要包括暂停战略、无变战略和维持利润战略三种。

（一）暂停战略是指在一段时期内降低成长速度、巩固现有资源的临时战略

暂停战略主要适用于在未来不确定性产业中迅速成长的企业，目的是避免出现继续实施原有战略导致企业管理失控和资源紧张的局面。

（二）无变战略是指不实行任何新举动的战略

无变战略适用于外部环境没有任何重大变化、本身具有合理盈利和稳定市场地位的企业。

（三）维持利润战略是指为了维持目前的利润水平而牺牲企业未来成长的战略

很多情况下，当企业面临不利的外部环境时，管理人员会采用减少投资、削减一些可控费用（如研发费用、广告费和维修费）等方式维持现有利润水平。维持利润战略只是一种摆脱困境的临时战略，对企业持久竞争优势会产生不利影响。

总的来说，稳定型战略较适宜在短期内运用，长期实施则存在较大风险。这些风险主要包括：① 稳定型战略的成功实施要求战略期内外部环境不发生重大变化，竞争格局和市场需求都基本保持稳定；② 稳定型战略的长期实施容易导致企业缺乏应对挑战风险的能力。

三、收缩型战略

收缩型战略也称撤退型战略，是指企业因经营状况恶化而采取的缩小生产规模或放开某些业务的战略。采取收缩型战略一般是因为企业的部分产品或所有产品处于竞争劣势，以至于销售额下降、出现亏损等，从而采取的收缩或撤退措施，用以抵御外部环境压力，保存企业实力，等待有利时机。收缩型战略的目标侧重于改善企业的现金流量，因此企业一般都采用严格控制各项费用等方式摆脱危机。收缩型战略也是一种带有过渡性质的临时战略。按照实现收缩目标的途径，可将收缩型战略划分为扭转战略、剥离战略和清算战略三种类型。

（1）扭转战略是指企业采取缩小产销规模、削减成本费用、重组等方式来扭转销售和盈利下降趋势的战略。实施扭转战略，对企业进行"瘦身"，有利于企业整合资源，改进内部工作效率，加强独特竞争能力，是一种"以退为进"的战略。

（2）剥离战略是指企业出售或停止经营下属经营单位（如部分企业或子企业）的战略。实施剥离战略的目的是使企业摆脱那些缺乏竞争优势、失去吸引力、不盈利、占用过多资金

或与企业主要活动不相适应的业务，以此来优化资源配置，使企业将精力集中于优势领域。在某些情况下，企业也通过实施剥离战略，为战略性收购或投资筹集资金。剥离战略适用于以下一些情形：① 企业已经采取了扭转战略而未见成效；② 某下属经营单位维持现有竞争地位所需投入的资源超出了企业现有能力；③ 某下属经营单位经营失败，从而影响了整个企业的业绩；④ 企业急需资金；⑤ 该业务在管理、市场、客户、价值观等方面与企业其他业务难以融合。

（3）清算战略是指将企业的全部资产出售，从而停止经营的战略。清算战略是承认经营失败的战略，通常是在实行其他战略全部不成功时的被迫选择。尽管所有管理者都不希望进行清算，但及时清算可能是比继续经营，以致巨额亏损更为有利的一种选择。清算能够有序地将企业资产最大限度地变现，并且股东能够主动参与决策，因而较破产更为有利。

成长型战略、稳定型战略和收缩型战略是最基本的企业总体战略。这些战略不仅可以单独使用，而且可以组合使用。对于很多大型企业来说，一般都拥有多个业务单位，这些业务单位面临的外部环境和所需的内部条件都不尽相同，完全可以因地制宜、因时制宜地采用不同的总体战略。

第四节　战略评价与选择的方法

一个企业可供选择的战略方案可能有若干个，那么，在这些方案中究竟选择哪一种战略或战略组合呢？这就需要进行战略的评价与选择。企业在进行战略评价时，可采取波士顿矩阵（BCG 矩阵）分析法、GE 矩阵分析法、生命周期分析法等。

一、波士顿矩阵分析法

波士顿矩阵是在 20 世纪 60 年代后期由美国波士顿咨询公司（Boston Consulting Group，BCG）提出的进行战略评价的方法，也称 BCG 矩阵，主要用于对各经营业务单位的战略方案进行分析、选择。

（一）波士顿矩阵的基本结构

该方法把一个公司各种战略业务单元所处的地位，画在一张具有四个区域的坐标图上，如图 11-1 所示。图中横坐标表示某项业务的相对市场占有率，代表公司在该项业务上拥有的实力；纵坐标表示该项业务的市场增长率，代表该项业务的市场吸引力；每个圆圈面积的大小表明了该项业务销售收入的多少。其中的市场增长率是根据历史资料计算的，即

$$市场增长率（当期）=\frac{当期总销售额-上期总销售额}{上期总销售额}×100\%$$

上期总销售额在比较前后两期的销售额时，应消除价格变动因素。高增长和低增长的分界线，可根据具体情况进行选择。如果公司所经营的多种业务属于同一行业，则可以把行业的平均增长率作为分界线；如果说公司经营的各种业务很分散，缺乏共性，则可以把国民生产总值（或全国、全省、市的工业总产值）的增长率作为分界线；也可以把各项业务的加权

平均增长率作为分界线；也有的公司把目标增长率作为分界线，以此来区别那些拉高或拉低了全公司增长率的业务。图 11-1 中的分界线定为 10% 的增长率。

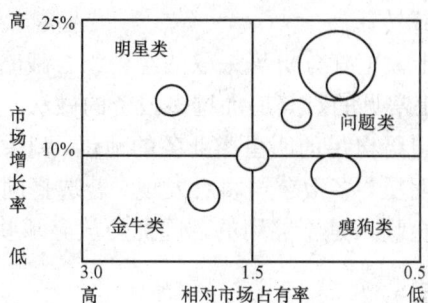

图 11-1　波士顿矩阵

相对市场占有率代表了企业某项业务的实力，是以倍数而不是以百分数表示的。之所以不用市场占有率来表示，是由于各行业的集中程度不同，直接以市场占有率表示企业某项业务在同行业中的地位是不确切的。例如，10% 的市场占有率在一个高度集中的行业中可能是处于一个相当强的地位。相对市场占有率的计算公式为

$$相对市场占有率 = \frac{本公司某项业务本期销售额}{最强的竞争对手该业务本期销售额} \times 100\%$$

相对的市场占有率等于 2，意味着本企业某项业务的销售额是最强的竞争对手的两倍；而等于 0.5，则表示只有竞争对手的一半。图 11-1 中的分界线定为 1.5 倍。

在波士顿矩阵中的第三个参数是各项业务的销售收入。它以圆圈的面积来表示，说明该业务在公司所有业务中的相对地位和对公司的贡献，可以用来说明各项业务对公司贡献的指标不只是销售额，其他指标如利润额等也可以起类似的作用。之所以采用销售额指标，是因为它容易取得而且很少有差错。本公司和竞争对手的准确销售额数据往往是现成的，而要取得竞争对手真实的利润资料却是相当困难的，即使本公司的利润中也往往包含一些在各经营业务间费用分摊的合理性问题，从而容易导致偏差。

（二）波士顿矩阵在企业战略分析中的运用

1. 问题类

位于矩阵右上角的业务，具有较高的市场增长率和较低的相对市场占有率。这类业务由于市场增长迅速而具有吸引力，但在市场上的地位还比较低，因而是一项待开发的业务。

2. 明星类

处于矩阵左上角的业务，具有较高的市场增长率和较高的相对市场占有率。由于它们所处的优越地位，能回收大量资金。但企业如果要在迅速增长的市场中保持其优势，也需对其投入大量资金。

3. 金牛类

处于矩阵左下角的业务，具有较低的市场增长率和较高的相对市场占有率。因此，这类业务能回收的资金大于再投资的需要，是企业资金的主要来源。

4. 瘦狗类

位于矩阵右下角的业务，具有较低的市场增长率和较低的相对市场占有率。它们既没有吸引力又处于软弱的市场地位。所以，如果没有短期内发生转机的迹象，合乎逻辑的决策是尽量利用，只回收而不投资或转让。

对于企业来说，通过波士顿矩阵分析可采取的经营组合战略可概括如下：首要目标是维护"金牛"的地位，但要防止常见的对其追加过多投资的做法。金牛类业务所得的资金应优先用于维护或改进那些无法自给自足的明星类业务的地位，剩余的资金可用于扶持一部分筛选的问题类业务使之转变为明星。多数公司将会发现，若选择同时扩大全部问题类业务的市场占有率的战略，它们的现金收入是不够用的，因此应放弃那些不予投资的问题类业务。

二、GE 矩阵分析法

早在 20 世纪 70 年代初期，美国通用电气公司（GE）在应用波士顿矩阵分析公司的业务结构时就发现，除市场增长率和相对市场占有率以外，还有许多在分析中不容忽视的重要因素。因此，它提出了另一种现今得到广泛应用的业务结构分析方法，即行业吸引力—竞争能力矩阵，也称为 GE 矩阵。

（一）GE 矩阵的基本结构

GE 矩阵实质上就是把外部环境因素和企业内部实力归结在一个矩阵内，并以此进行经营战略的评价分析，如图 11-2 所示。

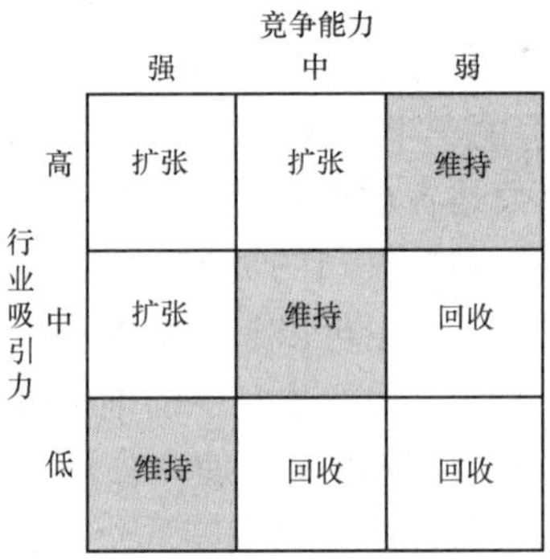

图 11-2　GE 矩阵

其中，行业吸引力取决于外部环境因素，也就是与各项业务有关的不可控的外部因素，如市场容量、市场增长率、行业竞争结构、进入壁垒、行业盈利能力等。它通常分为高、中、低三个档次。由于外部环境因素众多，企业往往需要识别哪些是关键因素，并以此来评价行业吸引力。

竞争能力取决于企业内部的各项可控因素，如市场占有率、制造和营销力量、研究与开发力量、财力、质量和管理素质等。它通常分为强、中、弱三个档次。由于内部环境因素众多，企业同样需要识别哪些是关键因素，并以此与主要竞争对手相比较，以评价企业的实力。

行业吸引力的三个等级与竞争能力的三个等级构成一个具有九个象限的矩阵，企业中的每一经营单位都可放置于矩阵中的每一位置。但总体而言，企业内所有经营单位可归结为三类，而对不同类型的经营单位应采取不同的战略。

1. 扩张类

这类经营单位具有较强的竞争地位，同时这类行业也很有发展前途，因此，对于这一类经营单位，企业应采取扩张战略，即通过多投资以促进其快速发展，从而巩固经营单位在行业中的地位。

2. 维持类

这类经营单位的竞争地位和行业前景都处于中间状态，企业应采取维持战略，即通过市场细分、选择性投资、纵向一体化等努力维护现有市场地位。

3. 回收类

这类经营单位的行业吸引力和竞争能力都很低，应采取回收战略，即有计划地降低市场占有率，以回收资金，如提高产品价格、降低库存水平、减少营销费用、减少研究开发费用等。对一些目前还有利润的经营单位，采取逐步回收资金的抽资转向战略；对一些不赢利而又占用资金的经营单位则采取放弃战略。

（二）GE 矩阵在企业战略分析中的应用

在使用 GE 矩阵时，要确定出每个经营单位在矩阵中的位置，必须将行业吸引力和竞争力中的每个因素进行定量化。

1. 确定对每个因素的度量方法

一般来说，在对影响行业吸引力和竞争能力的每个因素进行度量时，可选择具有 5 等级的利克特（Likert）等级度量法，见表 11–1。然后对每一等级赋予一定的分值。如果某一因素很不吸引人，可以给予 1 分的值；而对很吸引人的因素赋值 5 分。

表 11–1　利克特等级及赋值

等级	很不吸引人	有些不吸引人	一般	有些吸引人	很吸引人
赋值	1	2	3	4	5

2. 计算行业吸引力与竞争能力的等级值

首先从影响行业吸引力与经营单位竞争能力的众多因素中找出一些关键环境因素，然后根据每个关键因素的相对重要程度给出各自的权数，各个权数之和等于 1，再对每个因素按第一步确定的度量方法，即利克特等级度量法予以分别评分，最后用权数乘以等级值就得出每个因素的加权值，把所有关键因素的加权值加总，即可得到各个因素的总加权值。各个因素的总加权值即代表了行业吸引力与经营单位竞争能力的等级值。表 11–2 和表 11–3 分别为两个具体的例子。

表 11–2　行业吸引力的等级值

评价因素	权数	评分	加权值
税收	0.05	4	0.20
汇率	0.08	2	0.16
零件供应	0.10	5	0.50

评价因素	权数	评分	加权值
工资水平	0.10	1	0.10
技术	0.10	5	0.50
人员来源	0.10	4	0.40
市场容量	0.15	4	0.60
市场增长率	0.12	4	0.48
行业盈利能力	0.20	3	0.60
合计	1.00		3.54

表 11-3 竞争能力的等级值

评价因素	权数	评分	加权值
研究与开发	0.10	1	0.10
生产	0.05	3	0.15
营销	0.30	3	0.90
财务	0.10	4	0.40
分配	0.05	2	0.10
管理能力	0.15	5	0.75
利润率	0.25	4	1.00
合计	1.00		3.40

3. 确定各个经营单位的位置

为了方便起见，这里假定行业吸引力或竞争能力的强、中、弱三个等级的分界点为 3.0 和 1.5，即分值在 1.5 以下者为弱，处于 3.0～1.5 者为中，高于 3.0 者为强。以上述例子来说明，行业吸引力总分为 3.54，竞争能力总分为 3.40，则经营单位处于矩阵图的左上方，是一个比较理想的企业，如图 11-3 所示。

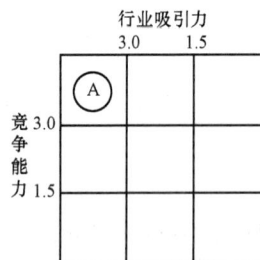

图 11-3 经营单位所处位置

如果企业有多个经营单位，则分别对各个经营单位的行业吸引力和竞争能力进行评分，见表 11-4。

表 11-4　多个经营单位的总分值

经营单位	行业吸引力	竞争能力
A	3.38	3.40
B	1.05	2.50
C	2.45	0.75
D	3.50	2.20
E	2.35	3.60
F	1.10	0.75

然后根据各经营单位对应的分值确定出每个经营单位在矩阵图中的位置，如图 11-4 所示。

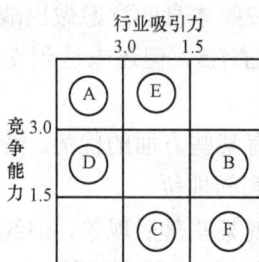

图 11-4　经营单位所处位置

4. 确定各个经营单位的战略

根据不同经营单位在矩阵中所处的位置，应用 GE 矩阵的战略建议，对不同位置上的经营单位采取不同的战略。

三、生命周期分析法

（一）行业生命周期-企业竞争地位矩阵

生命周期分析法由亚瑟·科特尔咨询公司提出，并被战略管理学界所接受。该方法以行业生命周期和企业竞争地位两个参数来确定公司中各个经营单位所处的位置，如图 11-5 所示。

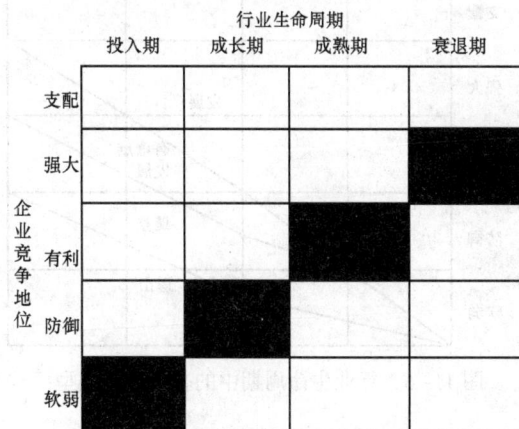

图 11-5　行业生命周期-企业竞争地位矩阵

1. 行业生命周期

行业生命周期是指任何行业的发展都要经历投入、成长、成熟、衰退四个阶段。识别某项业务在生命周期中所处阶段的主要标志有市场增长率、需求增长潜力、产品品种数量、竞争对手数量、市场占有率状况、进入壁垒、技术变革和用户购买行为等。

2. 企业竞争地位

确定企业的竞争地位往往是根据下列指标综合考虑定性判断的，如该经营单位的市场占有率、资金利润率、投资、销售利润率、成本领先地位、技术领先地位、附加价值率等。一般来说，企业在一个行业中的竞争地位有以下五种：

（1）支配地位，指的是企业享有独占的或受到保护的领先地位。在一个行业中享有支配地位的企业至多只有一个，或者没有。

（2）强大地位，指的是企业能按照本身的意愿做出战略选择，不需考虑同行业其他企业将如何反应，其相对市场占有率超过 1.5，但还未达到支配地位。并非所有的行业都有占有强大地位的企业。

（3）有利地位，指的是企业享有某些方面的优势。特别在一个较分散的行业中，企业因具有某些方面的优势而处于相对有利的地位。

（4）防御地位，指的是企业出现某些落后现象，但经过努力可以克服，把力量集中使用（如集中于某种产品或某个市场层面）仍可保护盈利。

（5）软弱地位，指的是企业或是由于太弱小，难以持久地生存和盈利；或者是由于经营失误导致地位严重削弱。它具有过渡性质，或是得到改善，或是无法生存。

（二）生命周期分析法的战略建议

以行业生命周期为横坐标、企业竞争地位为纵坐标，这样就组成一个具有 20 个单元的生命周期矩阵。按照亚瑟·科特尔咨询公司的建议，有四种战略选择，即发展战略、有重点发展战略、调整战略与退出战略，如图 11-6 所示。企业可以根据具体情况予以选择。

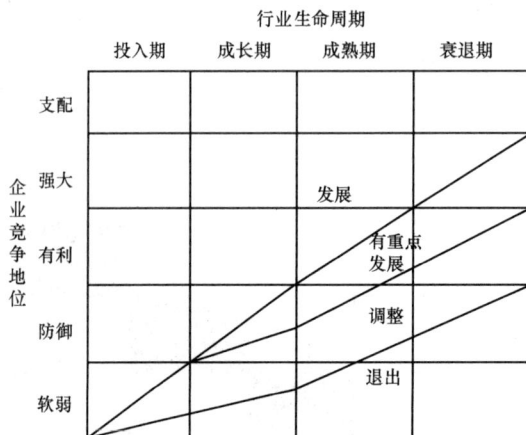

图 11-6　行业生命周期中的基本战略类型

四、战略选择的其他方法

战略选择常用的其他方法包括 SWOT 模型分析、战略选择矩阵、战略聚类模型等。这些分析方法的基本思路是比较企业经营的内外部因素,确定企业的优势和劣势、机会和威胁,从而根据具体情况选择战略。

（一）SWOT 模型分析

SWOT 模型分析的做法是依据企业的方针列出对企业发展有重大影响的内部和外部环境因素,继而确定标准,对这些因素进行评价,判定优劣势的大小和外部环境的好坏,最终形成一个 SWOT 分析表。在此基础上,可以根据企业的得分来判定企业属于何种类型,如图 11-7 所示。

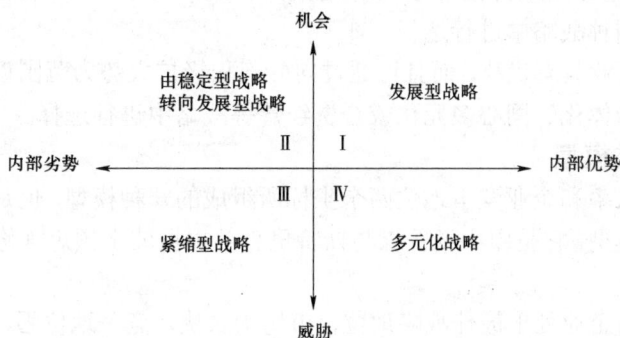

图 11-7　SWOT 模型分析

（1）若企业处于第 I 象限,外部有众多机会,又具有强大的内部优势,宜采用发展型战略。

（2）若企业处于第 II 象限,外部有机会,但内部条件不佳,宜采取措施扭转内部劣势,可采用先稳定型战略后发展型战略。

（3）若企业处于第 III 象限,外部有威胁,内部状况又不佳,应设法避开威胁,消除劣势,可采用紧缩型战略。

（4）若企业处于第 IV 象限,拥有内部优势,但外部存在威胁,宜采用多元化战略分散风险,寻求新的机会。

（二）战略选择矩阵

这也是一种战略选择模型,该模型结合企业自身优劣势和内外部资源运用两方面的情况,回答企业适合于何种战略的问题,如图 11-8 所示。

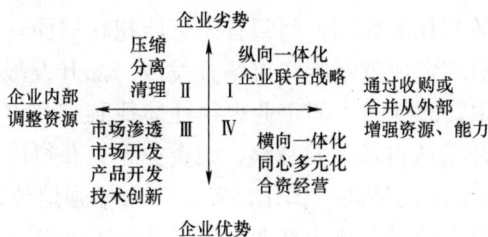

图 11-8　战略选择矩阵

（1）象限Ⅰ中的企业往往认为自己当前全力经营的业务增长机会有限或风险太大，它们可采用纵向一体化战略来减少原材料供应或向产品下游延伸的不确定性带来的风险，或采用企业联合战略，这样既能获利，管理部门又不用转移其对原有经营业务的注意力。但从外部来增强资源能力耗费的时间和资金量都很大，战略管理人员须注意防止在克服劣势中又造成另一些劣势的情况。

（2）象限Ⅱ中是较保守的克服企业劣势的办法。企业采用压缩、精简的办法，将资源集中于有竞争优势的业务。如某种业务劣势已构成重大障碍或克服劣势将耗费甚大或成本效益太低，就必须考虑采用分离战略，把这种业务分离出去，同时获得补偿。当该项业务已经白白耗费组织资源并有可能导致破产危险时，可考虑采取放弃战略。

（3）象限Ⅲ是企业具有优势，例如企业产品的市场占有率要求企业扩大生产达到规模经济，而且企业认为能从内部增加投入资源来达到此目的的，则可从市场渗透、市场开发、产品开发及技术创新这四种战略中进行选择。

（4）象限Ⅳ是企业具有优势，而且可通过向外部积极扩大势力范围以进一步增强企业优势，则可以从横向一体化、同心多元化或合资经营等战略中进行选择。

（三）战略聚类模型

这是由市场增长率和企业竞争地位两个坐标所组成的一种模型，也是可供企业选择战略使用的一种指导性模型。它是由小汤普森与斯特里克兰根据波士顿矩阵修改而成，如图11-9所示。

（1）象限Ⅰ中的企业处于最佳战略地位，市场增长快，竞争地位强，宜继续集中力量经营现有的业务，不宜轻易转移其既有的竞争优势，即采用集中化战略，但如果说企业资源有余力，可考虑纵向一体化，也可采用同心多元化战略。

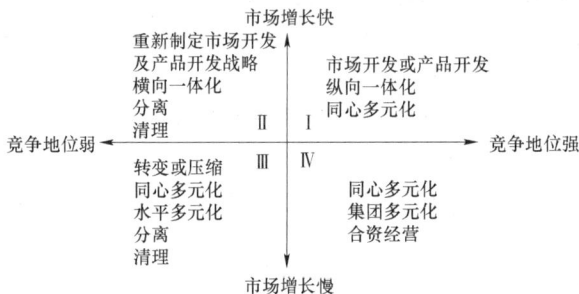

图11-9 战略聚类模型

（2）象限Ⅱ中的企业所面临的市场增长快，而自身的竞争地位较弱，这时必须认真审查评估其现有战略，找出绩效不佳的原因，判断有无可能扭转局面，使竞争地位转弱为强。有四种战略方案可供选择，即制定或重新制定市场开发或产品开发战略、横向一体化、分离和清理。在迅速增长的市场中，即使弱小的企业也往往能找到有利可图的位置，因此，应首先考虑制定或重新制定产品开发或市场开发战略。如企业无力获得成本效率（或因缺乏必要条件，或因无规模经济），则可考虑横向一体化，若再无力增强地位，可考虑退出该市场或产品领域的竞争，多种产品的企业可分离出耗费大、低效益的业务，如经营失败，最后还可以清理，以避免拖延造成更大的损害。企业领导人一般不愿采用分离战略，因为那样可能会损害其对企业的控制，甚至危及其职位，等到被迫不得不承认需要分离时，经营已恶化到找不到买主的程度，这种误会给企业所有者带来巨大损失。

（3）象限Ⅲ中的企业所面临的市场增长缓慢，并且自身的竞争地位也较弱，通常是要减少其对原有业务的资源收入，压缩战略撤出的资源最少，既能得到转移投资所需资金，又能促使职工提高工作效率。同心或水平多元化经营战略比一体化经营战略更便于进入有前途的竞争领域。如能找到持乐观态度的买主，可以采取分离或清理战略。

（4）象限Ⅳ中的企业产品面临的市场增长缓慢，而自身的竞争地位较强，有通过各种经营转向增长形势看好的领域的实力。这些企业的特点是资金多而企业内部增长需要有限，可进行同心或水平多元化战略，以利用原有经营优势，分散投资风险。合营对跨国企业尤其有吸引力，与国内企业合营，可开拓有前途的新领域，获得竞争优势。

综合训练题

一、单项选择题

1. （　　）是企业战略管理活动总的指导原则。
　　A. 独特性原则　　　B. 目的性原则　　　C. 灵活性原则　　　D. 可操作性原则

2. （　　）是企业战略管理过程中的核心部分，也是一个复杂的系统分析过程。
　　A. 制定企业战略　　B. 实施企业战略　　C. 制定年度目标　　D. 确立企业文化

3. 在战略制定过程中，企业最高管理层和下属各部门的管理人员共向参与，通过相互沟通和磋商，制定出适宜的战略属于（　　）的方法。
　　A. 自上而下　　　　B. 自下而上　　　　C. 上下结合　　　　D. 组成战略小组

4. 目的性强、效率高，特别适宜制定产品开发战略、市场营销战略等特殊战略和处理紧急事件的战略制定方法是（　　）。
　　A. 自上而下的方法　　　　　　　　　　B. 自下而上的方法
　　C. 上下结合的方法　　　　　　　　　　D. 组成战略小组的方法

5. 有些战略决策必须在某个时限前作出，在时间紧迫、来不及作全面仔细的评价分析的情况下，决策者往往选择（　　）。
　　A. 成长型战略　　　B. 一体化战略　　　C. 防御型战略　　　D. 过往战略

6. 最普遍被采用的企业战略是（　　）。
　　A. 防御型战略　　　B. 成长型战略　　　C. 收缩型战略　　　D. 稳定型战略

7. 纵向一体化战略的缺点是（　　）。
　　A. 增加资金风险　　　　　　　　　　　B. 增加战略执行困难
　　C. 难以保证产品质量　　　　　　　　　D. 增加企业的内部管理成本

8. 适用于企业外部环境没有任何重大变化、本身具有合理盈利和稳定市场地位的战略是（　　）。
　　A. 暂停战略　　　　　　　　　　　　　B. 无变战略
　　C. 维持利润战略　　　　　　　　　　　D. 成长型战略

9. 位于波士顿矩阵右上角，具有较高的市场增长率和较低的相对市场占有率的业务是

（　　　）。

    A. 问题类   B. 明星类   C. 金牛类   D. 瘦狗类

10. 位于波士顿矩阵左上角，具有较高的市场增长率和较高的相对市场占有率的业务是（　　　）。

    A. 问题类   B. 明星类   C. 金牛类   D. 瘦狗类

11. 位于波士顿矩阵左下角，具有较低的市场增长率和较高的相对市场占有率的业务是（　　　）。

    A. 问题类   B. 明星类   C. 金牛类   D. 瘦狗类

12. 位于波士顿右下角，具有较低的市场增长率和较低的相对市场占有率的业务是（　　　）。

    A. 问题类   B. 明星类   C. 金牛类   D. 瘦狗类

二、多项选择题

1. 战略制定的方法包括（　　　）。

    A. 自上而下的方法   B. 自下而上的方法

    C. 上下结合的方法   D. 组成战略小组的方法

2. 总体战略决定了企业各项业务在战略谋划期间的（　　　）和（　　　）。

    A. 资源分配   B. 人力资源   C. 政策支持   D. 发展方向

3. 企业总体战略可以划分为三种类型，分别是（　　　）。

    A. 积极型战略   B. 成长型战略   C. 稳定型战略   D. 收缩型战略

4. 成长型战略主要包括（　　　）。

    A. 一体化战略   B. 稳定型战略   C. 密集型战略   D. 多元化战略

5. 一体化战略按照业务拓展的方向可以分为（　　　）。

    A. 内部一体化战略   B. 纵向一体化战略

    C. 横向一体化战略   D. 外部一体化战略

6. 密集型战略主要包括（　　　）。

    A. 人才开发战略   B. 市场渗透战略   C. 市场开发战略   D. 产品开发战略

7. 应用较为广泛的稳定型战略主要包括（　　　）。

    A. 暂停战略   B. 无变战略   C. 维持利润战略   D. 多元化战略

8. 收缩型战略可划分为（　　　）。

    A. 扭转战略   B. 无变战略   C. 剥离战略   D. 清算战略

9. 根据 GE 矩阵分析法，企业内所有经营单位可归结为（　　　）。

    A. 成长类   B. 扩张类   C. 维持类   D. 回收类

10. 生命周期分析法以（　　　）和（　　　）两个参数来确定公司中各个经营单位所处的位置。

    A. 企业发展战略   B. 行业生命周期   C. 企业竞争地位   D. 企业资金状况

11. 行业生命周期是指任何行业的发展都要经历以下几个阶段（　　　）。

    A. 投入   B. 成长   C. 成熟   D. 衰退

12. 按照亚瑟·科特尔咨询公司的建议，战略选择包括（　　　）。

    A. 发展战略   B. 有重点发展战略   C. 调整战略   D. 退出战略

三、名词解释

企业总体战略；成长型战略；一体化战略；纵向一体化战略；横向一体化战略；密集型战略；市场开发战略；产品开发战略；稳定型战略；暂停战略；无变战略；维持利润战略；收缩型战略；扭转战略；剥离战略；清算战略

四、简答与论述题

1. 纵向一体化战略有哪些优势？

2. 横向一体化战略主要可以通过哪些途径实现？

3. 哪些情形比较适宜采用横向一体化战略？

4. 市场渗透战略有哪些推进方法？

5. 采用市场开发战略的原因有哪些？

6. 市场开发战略主要适用于哪些情况？

7. 产品开发战略主要适用于哪些情况？

8. 企业采用多元化战略可能有哪些原因？

9. 稳定型战略的优势有哪些？

10. 长期实施稳定型战略存在哪些风险？

11. 企业在行业中的竞争地位一般包括哪几种？

五、案例分析题

阿里巴巴的战略选择

1. 满足消费者需求的淘宝网

淘宝网建立于 2003 年 5 月，由阿里巴巴集团创立，是国人非常喜爱的网络零售交易平台，淘宝网的注册会员将近 5 亿人，每天网站的固定浏览量超过 6000 万人次，同时网站上平均每天的商品数量约达 8 亿件，平均每分钟售出商品数量约为 4.9 万件。在 C2C 市场中，淘宝网占据 95.1% 的市场份额。淘宝网 2003 年建立并成功推出后，凭借 3 年"免费"的政策短时间内打开中国 C2C 市场，并且利用短暂的 3 年时间，取代了易趣的位置，登上中国 C2C 的头把交椅。

2016 年 3 月 29 日，在杭州召开 2016 年度卖家大会，阿里巴巴集团 CEO 在会上对淘宝未来的发展计划进行战略部署：将向社区化、内容化和本地生活化的三大方向发展。淘宝网充分利用大数据、粉丝社区、视频互动等工具，为各类卖家打造发展商机的平台。利用优酷、微博、阿里妈妈、阿里影业等交流平台，全新打造了从内容生产到传播再到消费的一体化模式。通过对用户需求进行分析，确定不但要进行集中化服务和需求匹配，还要形成内容自行生产进而不断传播，同时根据地理位置的差异，使用户对商品的需求和产品服务得到更加完美的匹配。

2. 第三方在线支付的支付宝平台

为了解决 C2C 网站支付的难题，淘宝网于 2003 年 10 月 18 日，首次推出第三方支付工具"支付宝"，以"担保交易模式"使消费者对淘宝网上的交易产生信任，2003 年全年成交总额达 3400 万元。2004 年，支付宝脱离淘宝网独立运营，扩大合作范围进而提供全面的支付服务，逐渐发展成为中国最大的第三方支付平台。支付宝是以每个人为中心，拥有超 4.5 亿人实名用户的生活服务平台。支付宝已发展成为融合了支付、生活服务、社区交流、个人理财、保险金融、公益活动等多个行业与功能的开放性平台。

3. 为企业提供的管理与服务软件

阿里巴巴软件有限公司成立于2007年1月，是阿里巴巴集团建立的第5家子公司，主要经营业务是为中国中小企业提供价格便宜、用途广、使用便捷的在线软件服务。阿里巴巴软件有限公司与微软公司建立合作关系后，全面整合互联网资源、通信技术和软件技术等优势，将电子商务与在线软件服务融为一体，从根本上转变了中国传统软件以销售产品为核心的经营模式，为中小企业提供"最便捷、最实用、最简洁和最便宜"的系统化在线软件工具，包括中小企业电子商务工具、运营管理工具、通信工具和办公自动化工具。

4. 提供中文网络广告交易的阿里妈妈

阿里妈妈隶属于阿里巴巴集团，是国内领先大数据营销平台，拥有阿里巴巴集团的核心商业数据。在这里，每天有超过50亿兆的推广流量完成超过3亿件商品的推广展现，覆盖高达98%的网民。目前，阿里妈妈拥有超过100万户的用户量，超过4000万家的合作媒体，同时与10万家App建立密切的合作关系，包含了中国98%以上的消费群体。未来阿里妈妈将结合大数据、智能云等信息技术，不断推出新型营销策略，打造高质量的交流社区，为用户提供更加优质的服务。

5. 满足终端消费者生活服务需求的口碑网

口碑网成立于2005年6月，整合了阿里巴巴集团与蚂蚁金服集团双方的资源，共同建立了以本地生活服务为主的互联网平台。阿里巴巴集团将为口碑平台提供云计算、平台建设等基础技术支持，而口碑网的移动支付、信贷服务、信用机制、消费服务等金融服务则由蚂蚁金服集团提供。2015年11月17日，口碑网正式发布开放平台，向线下商家开放平台流量、会员营销、支付体系和大数据运营，帮助商家更简单、更高效地做生意。口碑网业务涵盖覆盖餐饮、超市、便利店、外卖、商圈、机场、美容美发、电影院八大线下场景，推出搜索、买单、点评、优惠等产品应用，引入系统商、服务商共同为线下商家和消费者提供服务。支付宝将是用户使用"口碑"的主要入口。除了餐饮等服务之外，蚂蚁金服集团将整合商业、医疗、社区等行业资源并成立发展团队，推出更新、更全的口碑服务平台。

6. 满足旅游出行的飞猪网

2016年10月27日，阿里巴巴集团宣布将旗下旅行应用"阿里旅行"正式更名为"飞猪旅行"并进行产品升级，飞猪旅行将主要定位于为年轻人提供旅行和出境服务的市场。飞猪旅行整合了数千家机票代理商、航空公司、旅行社、旅行代理商资源，直签酒店、客栈卖家等，为广大旅游者提供特价机票、酒店预订、客栈查询、国内外度假信息、门票购买、签证代理、旅游卡券、租车、邮轮等旅游产品的信息搜索、购买及售后服务。飞猪旅行是阿里巴巴集团旗下全球领先的综合旅行服务平台，意在为消费者提供高质量、更便捷、全方位的出游服务。

资料来源：陈璐. 阿里巴巴多元化战略分析[J]. 商业经济，2017（4）.

问题：结合案例，试分析阿里巴巴集团的战略选择。

战略实施与控制

1. 了解战略实施过程中如何优化资源配置。
2. 理解战略实施的作用与原则。
3. 理解战略控制的特征与原则。
4. 熟悉战略控制的过程与方法。
5. 掌握战略实施的基本模式。

好战略，执行起来为什么这样难？

2004 年 3 月，张剑峰放弃了知名外企中国区电子事业部总经理的职位，接受万奇电子董事长刘亚洲的邀请出任万奇总经理。万奇 2003 年已在国内数码宝行业排名第五。2004 年正逢数码宝更新换代的关键时刻，万奇希望抓住机会，一举进入行业前三。

在刘亚洲为张剑峰举行的欢迎宴上，志在必得的刘亚洲仍然不忘谈及公司的完美战略："在今年的年度计划中，采购部已经决定改变去年那种大批量采购的方式，只要小批量采购的元器件能够保证到位，上半年研发部推出 7 个新品应该没什么问题，这样公司冲进前三自然也不在话下。"一想到这里，张剑峰也是踌躇满志：当初在外企自己就是执行战略的一把好手，现在万奇的策略计划可谓十全十美，就等待着自己一展身手了。但是，一切并不如张剑峰想象的那么顺利，问题很快浮现了出来。研发部的员工满肚子意见，他们反映采购部买的元器件技术参数不符合要求，质量不过关，技术支持也跟不上。研发部老总郑书同抱怨说："照这样下去，我们根本不可能在 6 月以前推出 7 个新品。"研发部提出的问题引起了张剑峰的重视，他立即召集郑书同和采购部的老总何永强开了一个会，原来，为了达到董事长降低库存量的要求，采购部今年的采购计划是下小订单。不过今年元器件的供求市场发生了变化，对万奇下的小订单，国外供应商根本不予理睬。由于采购部没有及时跟进，所以延误了元器件的购买，以致最后不得不转向国内供应商。但正如郑书同所反映的，国产元器件技术参数不符合要求，质量不过关，技术支持也跟不上。

为了解决问题，张剑峰要求采购部的老总何永强与国产供应商协调，增强技术支持的力度，同时，张剑峰要求何永强确认，国外供应商需要多大的订单才肯供货。经过这次冲突，张剑峰发现，万奇的战略虽然很美，但执行起来却很吃力。张剑峰觉得这是因为万奇各个部门的沟通不是很顺畅，公司内部也缺少一种团队合作精神。为此，张剑峰组织公司中层参加了一个旨在增强协作的拓展培训。但培训的成功并没有带来销售业绩的增长。直到4月，研发部只推出了1种新品，销售部的许傲也给张剑峰打来了告急电话，上半年连1/5的销售任务都没有完成。接完了许傲的电话，张剑峰打电话给何永强，想了解一下上次会议说的事落实得怎么样了。但何永强居然一问三不知，只回答说这些事都让手下人干了，具体结果还没过问。想到远远没有完成的销售计划，张剑峰的火气嗖嗖地往上蹿。何永强去年的业绩就很一般，公司积压的库存有一多半是他的"功劳"。他虽然是万奇的老将，但随着公司的发展壮大，他已经没有能力应对瞬息万变的市场了。想到这里，张剑峰决定在当晚就跟董事长刘亚洲打个招呼，把何永强从采购部老总的位置上换下来，毕竟，采购部是公司的核心部门。但是，张剑峰没有想到的是，刘亚洲坚持认为何永强的能力是差了一点，但人老实，又是万奇的老将，不同意换掉他。当晚走出刘总家门的时候，一阵晚风吹过，张剑峰蓦地感到了一丝凉意。仰头望了望群星闪耀的天空，他觉得自己的脑子就像满天繁星一样纷繁杂乱：以前在外企，就是全球的战略也是说动就动，现在到了万奇，好好的战略目标怎么硬是越走越远呢？

思考：

1. 为什么在万奇公司，"好战略"会难以实施？
2. 根据本案例中，你认为战略实施过程中的核心问题是什么？

第一节　战略实施的作用、原则与过程

一、战略实施的作用

在越来越动态和复杂的环境下实施企业战略，企业战略管理者需要根据环境市场和竞争对手的变化对事先制定的企业战略做出必要和不同程度的调整，因此企业战略实施与战略制定的边界已经模糊，企业战略实施相对于战略制定的重要性上升，企业战略实施的管理面临更多新的挑战。

战略实施是指将组织战略从计划转变为行动，最终实现战略目标的过程。进入战略实施阶段以后，企业战略管理者首先必须清楚企业战略实施是不同于战略制定的另一种活动。弗雷德·戴维描述了战略制定和战略实施两种活动的区别，见表12-1。其次，企业战略管理者必须清楚战略实施的重要性甚至超过企业战略制定。亨利·明茨伯格认为战略管理者应该将更多的时间花在实施战略而非制定战略上，因为战略实施是战略管理过程中最具挑战性的阶段。

表 12-1　战略制定与战略实施的区别

战略制定	战略实施
行动前安排	行动中控制
侧重效果	侧重效率
主要是思维过程	主要是行动过程
需要具备良好的直觉与分析技能	需要具备特别的激励与领导才能
对少数人进行协调	对许多人进行协调

　　制定了好的、合适的战略并不一定意味着成功，只有将合适的战略正确地付诸行动，企业战略才能真正获得成功。企业外部环境越是动态和复杂，企业战略实施的重要性就越突出。美国管理学者托马斯·波奈玛说："一个合适的战略如果缺乏有效的实施会导致整个战略失败。然而，有效的战略实施不仅可以保证一个合适的战略成功，还可以挽救一个不合适的战略或者减少它对企业造成的损害。"以联想收购 IBM 的 PC 业务和 TCL 对阿尔卡特的收购为例，从战略制定的角度来说，选择国际化战略对两个企业来说都是合适的，但是战略实施过程的差异导致最后的结果可能有天壤之别。联想通过并购后的有效整合实现了预期目标，奠定了其在全球 PC 市场的领先地位，而 TCL 在实施并购后面临诸多整合困难以及市场环境的突变，在相当长的时间内陷入难以自拔的困境。值得指出的是，在遭遇挫折之后，TCL 随即开始了异常漫长和艰难的转型过程，最终实现了董事长李东生所期望的"鹰的重生"，表 12-2 反映了战略制定和战略实施的关系。

表 12-2　战略制定与战略实施的关系

		战略制定	
		合适	不合适
战略实施	有效	成功	挽救或及时放弃
	无效	困难	失败

　　正是因为环境动态化和复杂化提升了战略实施的复杂性和重要性，所以汤普森等学者认为，有效的战略实施是一种综合能力，可以成为竞争优势直接和稳定的来源。在速度和创新越来越重要的情况下，有效的战略实施能力为企业应对环境动态化提供了有效和持续的保证。许多管理者都曾提到类似的观点："让我们决定去什么地方也许并不难，难就难在如何让整个组织都有效执行这个决定。"因此，管理者首先需要了解战略实施的基本过程。

二、战略实施的原则

　　企业在战略的实施过程中，常常会遇到许多在制定战略时未估计到或者不可能完全估计到的问题。为此，以下五个基本原则可以作为企业实施战略的基本依据。

（一）统一领导，统一指挥原则
　　在战略的实施过程中，其资源的调配、组织机构的调整、企业文化的建设、人员的重组、信息的沟通及控制、激励制度的建立等，都将涉及企业内部利益格局的调整，如果不能做到统一领导，统一指挥，就不可实现企业内部各方面的相互协调与平衡，那么也就无法使企业为实现战略目标而卓有成效地运行。

（二）适度合理性原则

由于战略目标和战略的制定过程中，受到信息、决策时限以及认识能力等因素的限制，对未来的预测不可能很准确，所制定的战略也不是最优的，而且在战略实施的过程中由于企业外部环境及内部条件的变化很大，情况比较复杂，因此只要在主要战略目标上基本达到了战略的预定目标，就应当认为这一战略的制定与实施是成功的。这是由于：一是受到企业自身资源和能力的限制；二是受各方利益平衡要求的制约；三是受外部环境的约束，从而使得在客观现实生活中，不可能完全按照原先制订的战略计划行事。

（三）阶段目标原则

阶段目标就是把企业的总体战略目标分解为一个个具体而明确的短期目标，并明确这些目标应该完成的时间与标准，以便于评估、检查和纠正。但在对目标进行分解时，必须特别注意阶段目标之间的相互协调、配合与衔接，否则就可能导致出现偏离总体目标的结果。

（四）坚韧不拔原则

在战略的实施过程中，肯定会遇到这样或那样的问题，特别是在随着战略的深度推进，企业的各种问题，尤其是那些潜在性问题也可能会表面化、公开化、尖锐化。在这种情况下，战略实施者最重要的是思考如何在目前条件下解决问题，而不是放弃既定战略。只有那些不怕困难、不惧失败、百折不挠、坚韧不拔、具有良好心理素质和锲而不舍精神的战略实施者，才能最终实现既定的战略目标。

（五）权变性原则

战略的制定是建立在一定的环境条件基础之上的。在战略实施过程中，事情的发展与原先的预测有所偏离是不可避免的。其实，战略实施本身就是不断验证猜想和顺势调整的过程。但如果企业内、外部环境发生重大的变化，以致原定的战略实施不可行，就需要对原定战略进行调整，这就是战略实施的权变问题。战略权变贯穿整个战略实施的全过程，不仅是战略目标可以进行权变调整，实施的方式、时间、人员、资源配置，也需要视情况的变化进行权衡变通。在实际工作中，既需要识别战略实施中的关键变量，也需要明确关键变量的允许值范围，只有这样才能做到当执行出现偏差时，能灵敏地察觉并迅速地做出反应。

三、战略实施的过程

战略实施的过程包括目标分解、资源配置、政策支持、战略评价与控制等步骤，如图12-1所示。

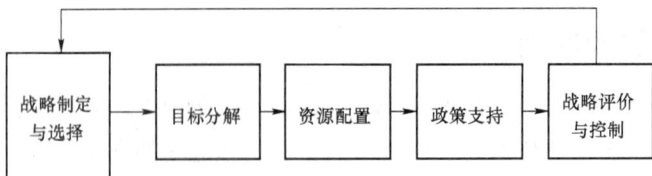

图12-1　战略实施过程示意图

（一）目标分解

《孙子兵法》提道："凡治众如治寡，分数是也。"战略实施的第一个步骤就是目标分解，目标分解是指企业战略管理者在新的企业战略获得董事会批准后，把企业战略目标细化，分解和转化为易于操作和控制的经营目标，建立企业的经营目标体系。在建立企业经营目标体系的过程中，企业战略管理者需要综合考虑财务、客户、研发、管理各方面的协调发展，对企业战略目标进行分解，包括将企业的战略目标细化，分解和转化为各个业务单位和职能部门，各个阶段或者年度经营目标，明确企业高层管理者的职责；各个业务单位和职能部门再将自己的年度经营目标做进一步的细化、分解和转化，明确企业中低层管理者的职责，直至企业战略目标完全落实为止。

（二）资源配置

资源配置是指企业在目标体系建立之后，将现有的有限资源在特定时间内分配到关键的领域，以有效实现企业的战略目标。因此战略实施的过程其实就是有效配置资源的过程，理查德·林奇认为，资源配置至少要遵循以下三个准则才可以获得成功：① 进行配置的资源必须弥补企业行动与远景的差距，在配置资源的过程中，企业必须引导资源远离那些无法实现企业战略目标的地方，趋向有利于组织目标实现的领域。② 进行配置的资源必须对关键战略形成支持。由于资源总是稀缺的，企业必须在落实企业行动与远景的领域中做出进一步的选择，即把资源分配到最关键、最能实现战略价值的地方，尤其是对企业核心能力的支持与价值链的增加两方面。③ 需要考虑与特定资源配置相关的风险程度。在资源配置的效果相同的情况下，企业需要考虑自己的风险接受程度。例如，为了发展成为小家电出口加工领域的世界级企业，新宝电器的资源配置重点始终在制造和研发两大领域之间转换，这是新宝电器实现企业战略承诺、提升价值创造能力最重要且风险相对可以控制的两大关键领域。为成为中国自主品牌中高端汽车的领导者，广汽集团在 2010 年以后将资源配置的重点放在研发与品牌建设领域，其中研发经费占总销售额的 7%～8%，累计投入超过 106 亿元，汽车技术研究院的员工超过 3 000 人。2017 年，广汽集团的自主品牌汽车销量超过 50 万辆，成为中国自主品牌盈利能力最强的企业。

（三）政策支持

为了保证企业战略实施的有效性和效率，企业战略管理者需要为战略实施制定相关的企业政策。企业政策是战略实施的一种工具，是企业战略管理者为保证实现既定目标的各项工作顺利完成而制定的基本方针、行为规范与决策程序的总称。提供战略实施政策支持的主要目的是：第一，通过制定和执行相关政策规定，规范和协调企业为实施战略而采取的各种具体决策和行动，避免失去控制，保证企业战略实施具有严格性；第二，通过制定和执行相关政策规定，避免过度控制，为企业实施战略的各种具体决策和行动提供空间，保证企业战略实施具有恰当性。合格的企业政策应该是一套完整的政策体系，包括支持企业整体战略的公司政策以及适用于具体职能部门的部门政策。例如海尔提出的"日事日清，日清日高"，从最初的工作方法上升到企业的工作准则和行为规范，乃至企业文化。需要注意的是，政策应当形成文字，以具象的形式进行表达，这样可以加强企业执行政策的决心与力度。

（四）战略评价与控制

战略评价与控制是指企业战略管理者根据外部和内部环境的变化，及时和正确地评价战略实施的效果，判断战略实施过程中出现的问题，并且对战略实施的行为、决策甚至战略的内容做出相应的调整。战略评价与控制一般包括三项基本活动，分别是检查战略基础、衡量企业绩效和采取纠正措施。

1. 检查战略基础

在企业战略实施的过程中，企业战略管理者需要动态监控和分析企业外部和内部环境的变化，判断上述变化是否动摇了实施企业现行战略的基础条件，决定是否需要对现行战略做出相应的调整。

2. 衡量企业绩效

在战略实施的过程中，企业战略管理者需要动态对比实际的战略实施效果与所制定的战略目标之间的偏差，对战略实施的效果进行评价，找出产生偏差的原因。企业绩效通常从定量与定性两个方面进行衡量。

3. 采取纠正措施

根据企业战略基础条件变化的大小与企业绩效产生偏差的原因，战略管理者可以依次决定是否需要采取以下三种纠正措施：修订战略实施的保证措施；修订战略实施的目标与计划体系；修订原来的企业战略。鲁梅尔特提出了战略评价的四个标准，见表 12-3。需要强调的是，没有十全十美的战略评价系统，企业的每个特征，包括其规模、管理风格、目标、问题和优势，都有可能决定战略评价系统和控制系统的最终设计。

表 12-3　鲁梅尔特提出的战略评价标准

外部评价		内部评价	
一致性	协调性	可行性	优越性
战略中不应存在不一致的目标与政策	既要考察个体事项的发展趋势，又要综合考察总体发展趋势	战略必须做到既不过度耗费可用资源，又不造成无法解决的难题	战略必须能够在特定业务领域给企业带来和保持竞争优势。竞争优势来自企业三方面的优越性：资源、技能和位置

第二节　战略实施的模式及推进策略

一、战略实施的模式

由于战略实施的模式通常与管理者的领导风格密切相关，所以对企业高层管理者来说，选择好战略实施的模式是实施战略的重要工作。一般来说，战略实施有以下五种模式。

（一）指挥型模式

在指挥型模式中，企业的战略决策者考虑的是如何制定一个最佳的战略，让下层管理人员去执行，而自己并不介入战略实施问题。在实施中，计划人员要向战略决策者提交企业战略报告，根据该报告，战略决策者将运用严密的逻辑分析完成战略的制定。一旦战略制定好了，战略决策者就会依靠发布各种命令指挥下层管理人员执行。

指挥型模式的运用要有以下约束条件：

（1）战略决策者要有较高的权威，靠其权威通过发布各种命令来推动战略实施。

（2）指挥型模式只能在战略比较容易实施的条件下运用。这就要求战略制定者与战略执行者的目标比较一致，战略对企业现行运作系统不会构成威胁；企业组织结构一般都是高度集权式的体制；企业环境稳定，能够集中大量的信息，多种经营程度较低；企业处于强有力的竞争地位，资源较为宽松。

（3）指挥型模式要求能够准确有效地收集信息并及时地汇总到战略决策者手中。因此，它对信息条件要求较高，不适应高速变化的环境。

（4）指挥型模式要有较为客观的规划人员。因为在权力分散的企业中，各事业部常常因强调自身的利益而影响了企业总体战略的合理性。因此，企业需要配备一定数量的有全局性眼光的规划人员来协调各事业部的计划，使其更加符合企业的总体要求。

指挥型模式的缺点：把战略制定者与执行者分开，即高层管理者制定战略，强制下层管理者执行战略。因此，下层管理者缺少执行战略的动力和创造精神，甚至会拒绝执行战略。

（二）变革型模式

在变革型模式中，企业的战略决策者考虑的是如何实施战略。此时，通常一个好的战略已经建立。在实施中，战略决策者需要对企业进行一系列的变革，如改变组织结构、变更人事、改变计划和控制系统，甚至兼并或合并经营范围等，以促进战略的实施。为进一步增强战略成功的机会，战略决策者往往采用以下三种方法：

（1）利用新的组织机构和参谋人员，向全体员工传递新战略优先考虑的战略重点是什么，把企业的注意力集中于战略重点所涉及的领域中。

（2）建立战略规划系统、效益评价及控制系统，采用各项激励政策以支持战略的实施。

（3）充分调动企业内部人员的积极性，争取各部门人员对战略的支持，以此来保证企业战略的实施。

变革型模式存在以下缺点：

（1）没有解决指挥型模式存在的如何获得准确信息的问题、各事业部及个人利益对战略计划的影响问题以及战略实施的动力问题。

（2）缺乏战略的灵活性，在外界环境快速变化时使战略的变化更为困难。从长远观点来看，在环境不确定的企业，应该避免采用不利于战略灵活性的措施。

（三）合作型模式

在合作型模式中，企业的战略决策者考虑的是如何让其他高层管理人员从战略实施之初就承担相关的战略责任。

合作型模式的应用需要以下条件或途径：

（1）战略决策者要和企业其他高层管理人员一起对企业战略问题进行充分的讨论，形成较为一致的意见，制定出战略。

（2）战略决策者的任务是组织好一支管理人员队伍，能够很好地制定及实施战略，并使他们能够很好地合作。

（3）协调高层管理人员。协调的形式可多种多样，如可成立由各职能部门管理者参加的"战略研究小组"，专门收集在企业战略问题上的不同观点，并进行研究分析，在统一认识的基础上制定出战略实施的具体措施等。目的就是使每位高层管理者都能够在战略制定与实施的过程中做出各自的贡献。

合作型模式克服了指挥型模式及变革型模式存在的两大局限性，使战略决策者接近一线管理人员，获得比较准确的信息。同时，由于战略制定者是建立在集体考虑的基础上的，从而提高了战略实施成功的可能性。

合作型模式存在以下缺点：

（1）战略是不同观点、不同目的参与者相互协商折中的产物，有可能使战略的经济合理性降低。

（2）存在战略制定者与执行者的区别，仍未能充分调动全体管理人员的智慧和积极性。

（四）文化型模式

在文化型模式中，企业的战略决策者考虑的是如何动员全体员工都参与战略实施活动，即战略决策者运用企业文化的手段，不断向全体员工灌输这一战略思想，以建立共同的价值观为准则，使所有员工在共同的文化基础上参与战略的实施活动。一旦战略已经制定，战略决策者就作为一个教练，帮助和鼓励不同的职能部门和工作区对实现战略目标的具体细节作出决策，由于这种模式打破了战略制定者与执行者的界限，力图使每位员工都参与制定和实施企业战略，因此使企业全体员工都在共同的战略目标下工作，使企业战略实施迅速，风险小，企业发展较快。

文化型模式的局限性具体表现在以下三个方面：

（1）文化型模式是建立在企业员工都是有学识的假设的基础上的，而在实际中企业员工很难达到这种学识程度，受文化程度及素质的限制，一般员工（尤其是劳动密集型企业中的员工）对企业战略制定的参与程度有限。

（2）极为强烈的企业文化可能会掩饰企业中存在的某些问题，也可能使企业失去了战略的灵活性。

（3）采用文化型模式要耗费较多的人力和时间，而且还可能因为企业的高层管理者不愿意放弃控制权，从而使员工参与战略制定及实施流于形式。

（五）增长型模式

在增长型模式中，企业的战略决策者考虑的是如何激发出下层管理人员制定和实施战略的积极性和主动性，为企业效益的增长而奋斗。战略决策者要认真对待下层管理人员提出的一切有利于企业发展的方案，只要方案基本可行，符合企业战略发展方向，在与下层管理人员探讨了解决方案中具体问题的措施以后，就应及时批准这些方案，以鼓励员工的首创精神。

采用增长型模式，企业战略不是自上而下地推行，而是自下而上地产生，因此，战略决策者应具有以下四个认识。

（1）战略决策者不可能控制所有的重大机会和威胁，有必要给下层管理人员以宽松的环境，激励他们帮助自己从事有利于企业发展的经营决策。

（2）战略决策者的权力是有限的，不可能在任何方面都把自己的愿望强加于组织成员。

（3）战略决策者只有在充分调动并发挥下层管理人员积极性的情况下，才能正确地制定和实施战略。一个稍微逊色但能够得到员工广泛支持的战略，要比那种"最佳"的却根本得不到员工热心支持的战略有价值得多。

（4）企业战略是集体智慧的结晶，靠一个人很难做出正确的战略，因此，战略决策者应该坚持发挥集体智慧的作用，并努力减少集体决策的各种不利因素。

在 20 世纪 60 年代以前，企业界认为管理需要绝对的权威，在这种情况下，指挥型模式是必要的。20 世纪 60 年代，钱德勒的研究结果指出，为了有效地实施战略，需要调整企业组织结构，这样就出现了变革型模式。合作型、文化型和增长型三种模式出现较晚，但从这三种模式中可以看出，战略的实施充满了矛盾和问题，在战略实施过程中只有调动各种积极性因素才能使战略获得成功。

指挥型、变革型、合作型、文化型和增长型五种战略实施模式，在制定和实施战略上的侧重点不同，指挥型及合作型更侧重于战略的制定，而把战略的实施作为事后行为；变革型、文化型和增长型则更多地考虑战略实施问题。实际上，在企业中这五种战略实施模式往往是交叉或交错使用的。

二、战略实施的推进策略

面对不同的内外部环境，企业在确定基本的战略实施类型后，下一步的关键决策是确定如何推进既定的各项战略举措以更有效和高效地实现战略目标。战略实施的推进策略主要表现在三个方面，分别是系统性、时间和方向。表 12-4 简单罗列了战略实施推进策略的主要特点。

表 12-4 战略实施推进策略的主要特点

推进策略	系统性		时间		方向	
	系统性推进	非系统性推进	快速推进	慢速推进	自上而下	自下而上
可能的好处	统筹全局/整合效应	灵活/降低风险	先动优势/创新优势	稳扎稳打/内部合法性更高	贯彻领导意图/控制力更强	内部积极性高/有利于应付问题
潜在的局限	难度较大/复杂性高	时间和效益的一定损失	内部阻碍/灵活度不够	可能丧失市场机会	内部冲突/执行不力	效率相对降低/可能出现预期偏差

（一）战略实施的系统性

1. 系统性推进

战略实施是一项系统性工程，要求企业的各方面活动，包括各个业务单元、区域单元等，以及生产、研发、销售、采购、物流、财务、人力资源等各个职能部门能够相互匹配、协同联动。因此，一般情况下，战略实施从一开始就是一个基于"顶层设计"的全面系统开展活动的过程。汤普森等人提出战略实施过程中至少需要对如下十个方面精心考虑并有效推进：① 为组织雇用能够很好执行战略的管理者和员工；② 构建成功执行战略所需的组织能力；③ 构建一个支持战略的组织结构；④ 为战略执行配置充足的资源；⑤ 制定促进战略执行的政策和程序；⑥ 采用最好的实践和业务流程，驱动战略执行活动的持续改进；⑦ 使用信息和操作系统，使员工能够高效地执行战略；⑧ 奖励和激励直接与战略目标和财务目标挂钩；⑨ 塑造促进战略执行的企业文化；⑩ 发挥内部领导职能以推动战略顺利执行。系统性战略推进的好处突出表现在对全局的掌控能力上，它有利于最大限度地发挥协同效应和整合效应，扬长补短。有效的系统性战略实施对外部环境的可预测性和企业内部资源及能力具有相当高的要求。在新旧战略的变化大（包括行业和区域两个方面）、实施新战略可能面临的困难或者阻力较小的情况下，选择系统性推进方式会更有效。

2. 非系统性推进

战略实施的非系统性推进并不是指不需要系统性思维，而是强调战略实施过程不需要按照严格的时间、步骤和程序推进，可以表现出一定的灵活性、动态性甚至是探索性。由于战略实施过程复杂，在企业能力有限、环境预测不足的情况下，"摸石头过河"就成为一种可能的选择。中国共产党第十八届三中全会提出全面深化改革，加强顶层设计和摸着石头过河相结合。同样，企业在战略实施过程中，尤其是新战略实施过程中，允许在某些活动中、某些环节上、某些范围内先行先试，总结经验，逐步推广。在非系统性推进的过程中，要注意抓主要矛盾。弗雷德·戴维就专门强调，战略实施过程中如果企业的营销、财务、研发和管理信息系统这几个方面出现问题，战略实施就很难顺利推进并取得效果。例如。新宝电器的战略转型并没有追求面面俱到，而是首先从研发和生产等活动重点突破，从而更有效率地获得了新战略带来的好处。有效的非系统性战略实施对外部环境的可预测性和企业内部资源、能力的要求相对较低。如果企业新旧战略的变化大（包括行业和区域两个方面）、实施新战略可能面临的困难与阻力大，那么选择非系统性推进方式的效果会更好。

（二）战略实施的推进速度

1. 快速推进

"兵贵胜，不贵久"，时间是战略成败的关键，速度则是竞争优势的重要来源。当环境变化迅速时，快速推进战略实施过程有助于企业及时进行战略调整以应对环境变化，获得先动者优势，从而更快地进入、占据或者扩大市场，巩固或提升市场地位。但是，快速推进战略实施过程对企业能力的要求更高，特别是企业各职能部门、各业务单位的执行能力以及企业管理者的控制能力，需要注意的是，快速推进时很容易出现内部阻碍，包括中低层管理者和员工的执行不力甚至抵触，此时，内部沟通和协调尤为重要。需要提醒的是，萨尔等学者的大范围调研发现，沟通并不一定意味着理解，快速推进战略实施过程需要先取得内部共识，其重要性体现在如下四个方面：① 保证每个人都已经了解；② 使得任何困惑或者不明确的问题能够被解决；③ 清楚地传达在战略决策阶段制定的意见、假设、意外事件和可能的选择；④ 保证组织能够适当地进行协调。

2. 慢速推进

如果企业判断其既定战略所需的环境条件在一定时期内不会发生快速或剧烈变化，或者管理者判断环境的预期变化是企业足以应对的，那么此时对战略实施过程的速度要求可以相对较低，通过慢速推进战略实施过程，一方面，有可能获得后来者优势，了解竞争对手的优缺点，了解市场特点和顾客需求变化的趋势，从而更好地实现战略；另一方面，大多数管理者明白"心急吃不了热豆腐"，不急不躁，稳扎稳打，这有利于充分的内部沟通。增强企业战略实施的内部合法性，慢速推进最大的风险是环境变化导致外部市场机会丢失。由于战略实施的推进速度不快，随时面临环境发生变化的可能性，因此战略目标或任务随时需要调整。慢速推进对企业的灵活性要求更高，强调企业在长期过程中的动态适应和调整。例如，IBM战略转型的掌舵者郭士纳就意识到 IBM 战略转型的实施是一个长期的动态过程，可能长达十年或更长时间，因此郭士纳在将近十年的任期内一直致力于 IBM 的战略转型工作，终于使 IBM 起死回生。

（三）战略实施的推进方向

1. 自上而下

自上而下进行战略推进，是指管理者制定战略实施的过程并发出强制执行的各种指令。其优点是能更好地贯彻企业战略制定者的意志，推进速度更快，有利于控制；但缺点也较为明显，即内部可能遇到更大的阻力，员工无责任心，实施新的战略会产生较大变革时，这种缺点会更明显，因为变革会使人产生忧虑，担心变革会导致经济损失，工作不确定性、不方便等。由于员工不理解正在发生什么以及为什么要进行变革，因此常常会产生抵触心理。成功的战略实施取决于管理者能否通过提供正确有效的信息，创建有助于变革的组织氛围，让管理者和员工视变革为机会而不是威胁，因此，自上而下推进战略实施时，内部阻力的应对与克服是关键战略。1995 年科特曾在《哈佛商业评论》上发表文章指出，自上而下的推进方式非常依靠强有力的领导，一旦领导人出现变动，原有执行过程可能会出现重大变化。在集权式企业如传统的家族企业中，自上而下的战略推进可能具有更高的效率。萨尔等学者历经五年对 250 多家公司 8 000 多名经理人员进行调研后发现，战略实施过程中，自上而下的任务机制并不是一个严重问题，反而组织内部的协调是一个突出的问题。

2. 自下而上

所谓"自下而上"并不是指由基层管理者或员工完全自发自主地制定战略，而是强调战略实施过程中，以基层为战略实施的主要力量，将权力下放，员工参与战略实施的全过程，包括目标的分解、资源的配置、政策的制定以及评价、控制和调整。企业在进行战略变革的时候，员工参与的重要性更为突出。为了顺利推进新的战略，杰克·邓肯曾提出四个注意事项：① 邀请员工参与变革过程和具体的转变环节；② 改革需要激励，自我利益就是最重要的一种激励；③ 为了使人们了解变革的目的，沟通是十分必要的；④ 发出和接受反馈，因为每个人都乐于知道事情的进展以及取得了多大进步。从企业特征来讲，在小企业或初创企业，或具有民主型企业文化的企业中，自下而上战略的实施过程可能会有更佳的效果。

值得强调的是，无论是在自上而下战略还是自下而上战略的实施过程中，中层管理者都具有重要作用。在多地区多业务的企业中，战略实施过程尤其需要中层管理者依靠其业务知识和当地网络发挥桥梁作用，处理与各类利益相关者尤其是政治因素的关系。

企业外部环境的动态化不仅改变了企业战略的性质与特点，也改变了企业战略实施的性质和特点。企业战略管理者在推进战略实施的过程中最重要的任务是根据战略实施的环境特征，判断战略实施的类型，从而选择有效实施战略的推进策略。

第三节　战略控制的类型与原则

一、战略失效与战略控制

经验表明，在战略实施过程中常常出现战略失效。所谓战略失效，是指企业战略实施的结果偏离了预定的战略目标或战略管理的理想状态。

（一）战略失效的原因

造成战略失效的原因有很多，主要有以下几点：

（1）战略实施所需的资源条件与现实存在的资源之间出现较大缺口。

（2）企业内部缺乏沟通，企业战略未能成为全体员工的共同行动目标，企业成员之间缺乏协作共事的愿望。

（3）用人不当，主管人员或作业人员不称职或玩忽职守。

（4）战略实施过程中各种信息的传递反馈受阻。

（5）企业管理者决策错误，使战略目标本身存在严重缺陷或错误。

（6）企业外部环境出现了较大变化，而现有战略一时难以适应等。

（二）战略失效的类型

按在战略实施过程中出现的时间顺序，战略失效可分为早期失效、偶然失效和晚期失效三种类型。在战略实施初期，由于新战略还没有被员工理解和接受，或者实施者对新的环境、新的工作还不适应，就有可能导致较高的早期失效率。此后，战略实施就像一叶扁舟驶入了水势平缓的平湖，处于平稳发展阶段，但即使在平湖上，也会因为一些意想不到的因素，使战略出现"偶然失效"，当战略推进一段时间之后，原先对战略环境条件的预测与现实的变化发展情况之间的差距会随着时间的推移变得越来越大，战略所依赖的基础就显得越来越高。把失效率在战略实施不同阶段上所表现出来的上述特征画成曲线，就形成了形似"浴盆"的"浴盆曲线"，如图12-2所示。

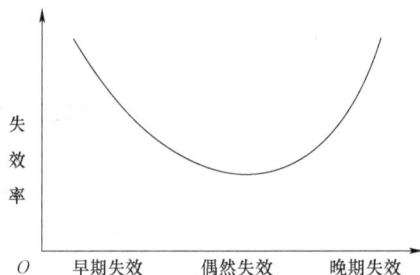

图12-2　战略失效的"浴盆曲线"

由此可见，战略是一个方向，其形成绝不是线性的。一个原始战略是否有效，并不在于它是否能被原封不动地运用到底，也不在于它的每个细小目标和环节是否都在实际执行中得以实现，而在于它能否成功地适应不可知的现实，在于能否根据实际情况做出相应的调整和修正，并最终能有效地运用多种资源实现既定的整体目标，这就需要进行战略控制。

（三）战略控制的概念

所谓战略控制，是指将预定的战略目标与实际效果进行比较，检测偏差程度，评价其是否符合预期目标要求，发现问题并及时采取措施，借以实现企业战略目标的动态调节过程。战略控制的目的主要确保战略目标的有效实现，具体体现在以下两个方面：一是保证战略方案的正确实施；二是检验、修订、优化原定战略方案。但是，战略控制并不仅仅是具体地进行计划执行情况的检查与控制，而是主要关心如下一些问题：

（1）现行战略实施的有效性问题。

（2）制定战略方案的前提，如战略环境及预测等问题的可靠性问题。

（3）早期发现战略方案修正的必要性问题和优化的可能性问题。

（4）有无引起对战略方案与战略规划总体进行重新评价的问题。

二、战略控制的层次与类型

如同战略管理层次中有公司战略、竞争战略与职能战略一样，企业对战略的控制也存在层次。战略的控制分为战略控制、战术控制与作业控制三个层次。战略控制是指涉及企业同外部环境关系的基本战略方向的控制，它从企业总体考虑，着重于长期（1年以上）业绩；战术控制主要处理战略规划实施过程中的局部、短期性问题，着重于短期（1年以下）业绩；作业控制则是处理近期活动，考虑近期（如月度、季度）业绩，如日常的产品质量控制。显而易见，三种控制方式具有不同的特点与要求，分别适应于企业的"高层""中层""基层"三个层次的管理者。每种控制方式又有不同的具体类型，下面着重介绍战略控制和作业控制的类型。

（一）战略控制

战略控制着眼于企业发展与内外环境条件的适应性，通常有避免型控制、跟踪型控制、开关型控制和后馈型控制四种类型。

1. 避免型控制

避免型控制是指采用适当的手段消除不适当行为产生的条件和机会，从而达到不需要控制就能避免不适当行为发生的目的。

2. 跟踪型控制

跟踪型控制又称事前控制，是指在战略行动成果尚未实现之前，对战略行动的结果趋势进行预测，并将预测结果与预期结果进行比较和评价，如果发现可能出现战略偏差，则提前采取预防性的纠偏措施，使战略实施始终沿着正确的轨道推进，从而保证战略目标的实现。

3. 开关型控制

开关型控制又称事中控制，是指在战略实施控制中，要对战略进行检查，对照既定的标准判断是否适宜，如果发现不符合标准的行动，就随时采取措施进行纠偏。这种方式类似于开关的通与止控制，因而称为开关型控制，一般适用于实施过程标准化、规范化的战略项目。

4. 后馈型控制

后馈型控制又称事后控制，是指在战略结果形成后，将战略行动的结果与预期结果进行比较与评价，然后根据战略偏差情况及其具体原因，对后续战略行动进行调整修正。后馈型控制方式主要有联系行为和目标导向等具体操作形式。联系行为形式是指把对员工战略行动的评价同他们的工作行为和绩效评价联系起来；目标导向形式是指让员工参与战略行为目标的制定和工作业绩的评价。

（二）作业控制

作业控制是对企业内部各项业务进展情况的控制，通常有财务控制、生产控制、销售规模控制、质量控制和成本控制等方式。

1. 财务控制

这种控制方式覆盖面广，是用途极广的非常重要的控制方式，包括预算控制及比率控制。

2. 生产控制

生产控制即对产品品种、数量、质量、成本、交货期及服务等方面的控制，可分为产前控制、过程控制及产后控制等。

3. 销售规模控制

销售规模太小会影响经济效益，销售规模太大则占用资金太多，也影响经济效益，为此要对销售规模进行控制。

4. 质量控制

质量控制包括对企业工作质量和产品质量的控制。工作质量不仅包括生产工作的质量，还包括领导工作、设计工作、信息工作等一系列非生产工作的质量。因此质量控制范围包括生产过程和非生产过程的控制。控制是动态的，着眼于事前和未来的质量控制，其重点在于全员质量意识的形成。

5. 成本控制

通过成本控制使各项费用降低到最低水平，以达到提高经济效益的目的。成本控制不仅包括对生产、销售、设计、储备等有形费用的控制，而且还包括对会议、领导、时间等无形费用的控制。在成本控制中要建立各种费用的开支范围、开支标准，并严格执行，要事先进行成本预算等工作。成本控制的难点在于企业中大多数部门和单位是非独立核算的，因此缺乏成本意识。

（三）战略控制与作业控制的区别

由上可见，战略控制与作业控制有很大的不同，具体来说，两者的区别体现在以下几方面：

1. 执行主体不同

战略控制主要由高层管理者执行，作业控制主要由中层管理者执行。

2. 战略控制具有开放性，作业控制具有封闭性

战略控制既要考虑外部环境因素，又要考虑企业内部因素，而作业控制主要考虑企业内部因素。

3. 控制目标不同

战略控制的目标比较定性，不确定、不具体；作业控制的目标比较定量，确定、具体。

4. 控制目的不同

战略控制主要解决企业的效能问题，作业控制主要解决企业的效率问题。

三、战略控制的原则

（一）确保目标原则

战略控制必须在达到目标过程中，通过执行战略计划，以确保战略目标的实现。战略控制既要控制短期性经营活动，也要控制长期性战略活动。

（二）适度控制原则

战略控制要严格但不乏弹性，有时严格认真，有时要有弹性。战略控制切忌过度频繁，只要能保持与战略目标的一致性，保持战略实施的正确方向，就应尽可能地少干预实施过程中发生的问题，否则，控制过多可能会引起混乱和目标移位。

（三）适时控制原则

战略控制要掌握时机，选择适当的时候进行战略修正，要尽可能避免在不该修正时采取行动或者在需要时却没有及时采取行动。

（四）优先控制原则

战略控制应优先控制那些对战略实施有重要意义的活动和成果。

（五）例外控制原则

战略控制应关注例外事件的发生，注意针对超出预先确定的容许范围的那些活动或成果采取控制行动。

（六）适应性原则

战略控制应能反映不同经营业务的性质与需要。由于经营业务有大有小，对战略成功的影响力有轻有重，因此，应视各部门的业务范围、工作性质、对企业未来成长的贡献来制定不同的控制标准和方式，才能更好地适应不同业务的需要。

（七）激励性原则

控制要与激励相结合，要将控制的标准与员工的行为考核标准相结合，使员工的行为期望与战略目标之间相互衔接，从而使员工能够在发现偏差时及时地进行自我控制。

（八）信息反馈原则

战略控制应充分发挥战略管理中的信息反馈作用，不仅要反馈对实施战略有重要作用的信息，而且要反馈对最初战略的形成有重要作用的信息。

四、战略控制的条件

（一）完整的企业经营战略规划

战略控制是以企业经营战略规划为依据的，战略规划越是明确、全面和完整，其控制的效果就有可能越好。

（二）健全的组织机构

组织机构是战略实施的载体，它具有具体执行战略、衡量绩效、评估及纠正偏差、监测外部环境的变化等职能，因此组织机构越是合理、完善，控制的效果可能就会越好。

（三）得力的领导者

高层领导者是执行战略控制的主体，又是战略控制的对象，因此要选择和培训能够胜任新战略实施的得力的企业领导人。

（四）优良的企业文化

企业文化的影响根深蒂固，如果有优良企业文化能加以利用和诱导，这对于战略实施的控制是最为理想的，当然这也是战略控制的一个难点。

第四节　战略控制的过程

战略控制的目标就是使企业战略的实际实施效果尽量符合战略的预期目标。为了达到这一目标，战略控制过程可以分为四个步骤，即确定评价指标、评价环境变化、评价实际效果以及战略调整或变革。

一、确定评价指标

战略控制过程的第一步就是根据企业战略目标确定战略实施效果的评价指标。这些指标既可以是定性的，也可以是定量的，但对不同的组织单位和不同的目标应采取不同的评价指标。某些指标，比如投资收益率，非常适用于评估企业或事业部实现利润目标的能力。然而，这些目标对于评估企业要完成的其他目标，如社会责任、职工培训等，则是不适用的。因此，不同的目标要求有不同的评价指标。

（一）公司经营业绩的评价指标

1. 投资收益率

投资收益率等于税前收入除以总资产，常用来测定企业综合效益，是衡量企业经营业绩的一般标准。其作用主要如下：

（1）它是能够全面反映企业经营活动状况的综合性指标。

（2）它鼓励企业有效地使用现有资产，而不是扩大投资。

（3）它是企业之间进行比较的常用标准。

（4）它可说明企业投资决策是否正确及企业利用其资产获得利润的程度。

（5）它使企业确信获得新的资产会增加利润时，才会作出增加投资的决策。

2. 附加价值指标

附加价值指标是近年来一些西方企业开始采用的评价企业经营成果的新指标，是以附加价值为基础来考核企业经营业绩，并直接衡量企业对社会作出贡献的高低。它由以下两部分组成：

（1）附加价值，是指企业产品的新增价值，公式为

$$附加价值=销售收入-原材料成本-外购零部件成本$$

（2）附加价值收益率，等于税前净利除以附加价值。

美国学者霍弗的初步研究表明，对于市场处于成熟或饱和阶段的多数产业来说，附加价值收益率趋向于稳定在 12%～18%。

3. 股东价值

股东价值是一定时期内分红和股份升值部分的总和，是股东财富。它可评价一个企业是否以超过股东要求的利润率增长。目前不少企业（主要是股份制企业）陆续使用该指标。

4. 高层管理人员的评价指标

高层管理人员的评价指标一般有投资利润率、资本收益率、每股盈利和股东价值等，用以评价整个企业的获利情况。但是，在具体操作中，不应仅仅考虑利润方面的情况，还要考虑战略管理实践中其他方面的经营业绩。主要包括以下几个方面：

（1）高层管理人员是否建立了合理的长期目标和短期目标？

（2）高层管理人员是否制定出富有创新精神的战略？

（3）高层管理人员是否与业务经理人员密切合作，制定出切合实际的战略实施计划、程序和预算？

（4）为进行反馈和控制，是否制定和采用了评价企业表现的衡量指标？

（5）在作出重大决策之前，是否向董事会提供了公司经营方面的信息？

5. 关键表现域指标

关键表现域是指对企业战略的成功具有举足轻重作用的那些方面。它反映了企业的主要战略目标，是建立行之有效的、合理的控制系统的前提条件之一。

（二）事业部和职能单位经营业绩的评价指标

企业可以运用各种技术评估和控制事业部、战略经营单位和职能单位的经营业绩。如果企业由多个战略经营单位或事业部组成，可以使用多种与评估整个企业经营业绩一样的指标，如投资收益率、附加价值、股东价值等。但对于独立而特殊的职能部门，如研究开发部

门，企业可以建立责任中心，以便对其进行专门的评价。责任中心有成本中心、标准成本中心、收入中心、费用中心、利润中心和投资中心六种类型。

二、评价环境变化

由于环境的变化，今天成功的战略并不意味着明天也一定成功，也正是由于环境的变化，使得战略实施的控制系统必不可少。当今评价环境变化的方法主要是因素评价法。该方法根据企业内外部环境因素列出评价表，然后将战略实施之前的评价表与实施过程中的评价表进行比较，如果内容不变，则企业战略管理者就不必采取调整措施；如果两个评价表的评价不同，则要按照战略制定的过程重新考虑。

为了评价环境的变化状况，企业战略管理者应经常注意和回答以下问题：

（1）企业内部的优势是否依然是优势？

（2）企业是否有新的优势？如果有，有哪些？

（3）企业内部的劣势是否依然是劣势？

（4）企业是否有新的劣势？如果有，有哪些？

（5）企业外部的机会是否依然是机会？

（6）企业是否有新的机会？如果有，有哪些？

（7）企业外部的威胁是否依然是威胁？

（8）企业是否有新的威胁？如果有，有哪些？

三、评价实际效果

通过上述工作，基本上可以将企业战略实施的业绩实况和环境变化状况评价出来，接着将企业战略实施的实况与战略实施计划进行比较，确定两者之间的差距及形成差距的原因。一般来说，形成差距的原因主要包括以下三个方面：

（一）环境变化

这是一个非常直接且影响力极大的原因。

（二）短期化行为

它是指企业高层管理者仅以利润或投资收益率指标考核企业及下层单位，造成企业单纯追求短期效益，忽视长期使命，短期增加了利润，但却丧失了长期发展的潜力，使企业长远战略目标难以实现。美国曾有学者对 112 家大企业做过研究，79%的企业重奖有短期业绩的高层管理人员，只有 44%的企业对于位居要职的经理对企业长远战略发展做出的贡献加以奖励。

（三）目标移位

所谓目标移位，是指将帮助战略目标实现的经营活动本身变为目的，或者经营活动未能实现自己所要达到的目的，从而混淆了企业战略的目的和手段，导致整个企业经营业绩下降。目标移位有行为替代和次优化两种类型。所谓行为替代，是指用某种行为替代另一种行为，而不考虑这种行为对达到目标的作用。次优化则是指在实行独立的责任中心、分权事业部的大型企业中，有的事业部将自己视为独立存在的实体，强调本部门、本单位的局部利益，忽视企业整体利益，致使企业整体经营业绩不能达到最优化。

四、战略调整或变革

为了纠正战略实施过程中出现的偏差，使实际效果与预期目标趋向吻合，对企业战略进行适时调整或变革便十分必要。大量的实践表明，企业的成功或失败常常取决于管理者是否能够及时认识到需要进行战略调整。一般来说，常见的战略调整有如下几种方法。

（一）常规战略变化

常规战略变化是指企业为了吸引顾客，为自己的产品确定位置，而在战略上采取的正常变化。企业可以在正常的生产经营活动中改变自己的广告、包装形式，使用不同的定价策略，甚至改变销售分配的方式来进行常规的战略变化。例如，企业根据不同的季节需求，通过广告宣传自己产品可以满足不同需求的特性，并且制定出适宜的价格，鼓励消费者购买。在这种情况下，企业要协调好生产经营活动，保证有足够的产品供应市场。

（二）有限的战略变化

有限的战略变化是指企业在原有的产品系列基础上向新的市场推出新的产品时所需要做出的局部变化。由于产品更新的方式较多，这种变化的形式也较多。一般来讲，如果只是改进产品的形式，则不需要在生产和市场营销上作出很大的动作，但如果产品中附有高新技术，则会对战略实施带来新的复杂问题。

（三）彻底的战略变化

彻底的战略变化是指企业的组织结构和战略发生重新组合等重大变化。这种变化有两种主要形式：一种是在同一行业里的企业之间形成联合或兼并时会出现这种变化，作为一个新的联合体，不仅要求获得新的产品和市场，而且会遇到如何制定新的组织结构、形成统一的企业文化等问题，这些都使战略变化复杂化。另一种形式是企业自身发生重大的变化，特别是在多种经营企业中，企业管理高层如果对下属的经营单位采取大出大进的方式推进联合或出售时，这种变化便格外明显。

（四）企业转向

企业转向是指企业改变自己的经营方向。这种变化主要是不同行业之间的企业进行联合和兼并时所发生的变化，其程度完全取决于行业之间彼此不同的程度，以及新企业实行集中管理的程度。

第五节　战略控制的方法

要对整个组织的活动进行全面控制，必须借助于各种不同的控制方式，而根据控制的对象、内容和条件的不同，又可有多种不同的控制方法。充分了解并有效地运用这些控制方式和方法，是现代组织进行成功控制的一个重要方面。

一、预算控制

（一）预算

预算是一种计划，是用数字编制的反映组织在未来某一时期的综合计划。预算通过财务形式把计划数字化，并把这些计划分解落实到组织的各层次和各部门中去，这样，预算和计划相联系，且与组织系统相适应，就能达到实施管理控制的目的。预算就是把计划紧缩成一些数字以实现条理化、明确资金的使用以及用实物计量投入量和产出量等。主管人员明确了这些，就可以进行人员和任务的委派、协调和组织等活动，并在适当的时间将组织活动的结果和预算进行比较，发现偏差及时采取措施纠正，以保证组织在预算的限度内完成任务。

（二）几种常用的预算编制方法

1. 固定预算与弹性预算

在传统预算过程中，某些预算期成本费用和利润都只是在一个预定的产销业务量水平的基础上编制的，这种百分之百地依赖一种业务量编制预算的方法称固定预算。显然，一旦这种预算赖以存在的前提预算业务量与实际水平相去甚远（这种情况在当今复杂的市场环境中屡屡发生），必然导致有关成本费用及利润的实际水平与预算水平因基础不同而失去可比性，不利于开展控制与考核。譬如预计业务量为生产能量的100%，实际为120%时，那么在成本方面实际脱离预算的差异就会包括本不该在成本分析范畴内出现的非主观因素业务量增长造成的差异（对成本来说，只要分析单位用量差异和单位差异就够了，业务量差异根本无法控制，分析也没有意义）。

弹性预算正是为了克服固定预算的缺点而设计的，它是在成本性态分析的基础上，按一系列可能达到的预计业务量水平（如按一定百分比间隔）编制能适应多种情况预算的方法。由于它能规定不同业务量条件下的预算收支，适用面宽、机动性强、具有弹性，故称为弹性预算，也有人称其为变动预算或滑动预算。

2. 增量预算与零基预算

所谓增量预算，一般是以现有成本费用水平为出发点，结合预算期业务量水平及有关降低成本的措施，调整有关费用项目而编制预算的方法。这种预算往往不加分析地保留或接受原有成本项目，或按主观臆断平均削减，或只增不减，容易造成浪费，并使不必要的开支合理化。零基预算不是以现有费用为前提，而是一切从零做起，从实际需要和可能出发，像对待决策项目一样逐项审议各种费用开支是否必要合理，进行综合平衡，从而确定预算成本的一种方法。该方法自20世纪60年代由美国人提出之后，已被西方发达国家制造企业广泛采用，作为间接费用预算的编制方法。

二、作业控制

当作业系统设计完成、作业计划制定并实施之后，作业控制工作就成了作业管理工作的重点。如果没有有效的作业控制工作，再完美的作业系统也可能由于一些意想不到的事情而无法达到预期的目标。一般制造业的作业控制工作主要包括采购控制、库存控制、成本控制和质量控制等。以下主要介绍采购控制和库存控制。

（一）采购控制

对于制造企业来说，它需要输入大量的物料，然后通过转换变成各种产品。物料构成了产品成本的重要部分，在部分行业，物料成本会高达70%，因此，有效地控制物料成本自然就成为企业降低成本和增加利润的重要渠道。企业物料的获取是通过采购职能实现的，所以控制物料成本很大程度上依靠采购控制。

（二）库存控制

与企业物料采购相关的另外一项需要控制的是库存，对库存的控制不仅仅可以提供准确的关于采购数量和采购时间等信息，更重要的是通过对库存的控制，可以减少库存，降低各种占用，提高经济效益。进行库存控制可以首先借助 ABC 分类法确定不同库存物资控制的重要程度。事实证明，大多数组织的库存中约 10%的物品占年度库存总价值的 50%；20%的物资占了总价值的 30%；70%的物资只占 20%的总价值。ABC 分类法正是通过对企业所有库存物资进行分析、计算，把物资分成 A、B、C 三类，然后实施不同的管理：A 类物资应受到最严格的控制，因为 A 类物资的数量非常少，却占用了大量的资金；B 类物资进行一般的控制；C 类物资进行最少的控制，因为它们占用的资金很少，可以通过简单设置订货点的方式进行控制。

三、审计控制

审计是由审计部门和人员根据有关的法律、法规制度对管理活动进行监督、审核的过程。按照审计对象的不同，可把审计分为财务审计和管理审计；根据审计主体的不同，可把审计分为外部审计和内部审计。

（一）财务审计

财务审计是以财务活动为中心内容，以检查和核实账目、凭证、财物、债务以及结算关系等为主要手段，以判断财务报表中各项记录正确无误、合理合法为目的的控制方法。因此，财务审计在控制支出的合理性、保证本单位财产、严格管理会计工作、改进本单位财务状况等方面具有积极作用。财务审计的主要方法有以下几种：

1. 审计检查方法

这是指在审计项目实施过程中所采用的各种检验、查证方法。按检查的对象不同，又分为资料检查法和实物检查法。资料检查法亦称查账法，它是对会计凭证、账簿、报表以及其他有关资料进行检查的方法。实物检查法是指收集书面以外的信息及其载体以证实书面资料及其反映的经济活动的真实性、合法性的一种方法。

2. 审计调查法

这是指审计人员通过调查，对被审计单位的会计资料和有关事实进行查证的一种方法。运用这种方法，针对一些重大问题，采用多种多样的具体方法，透过经济现象，发现带有倾向性的问题，有针对性地提出建议和措施，为各级领导进行决策提供依据。其具体方法包括审计查询法、观察法和专题调查法等。

3. 审计分析法

这是指审计人员利用各种分析技术对审计对象进行比较、分析和评价的一种方法。这种方法主要用来查找可疑事项的线索，验证和评价各种经济资料所反映经济活动的真实性、合法性和效益性。常用的审计分析方法包括账户分析法、账龄分析法、逻辑推理分析法、经济活动分析法、经济技术分析法和数学分析法等。

4. 抽样审计法

抽样审计法，亦称抽查或试查法。它是先从被查总体中抽取一部分资料作为样本进行审查，然后根据审查结果来推断被查总体正确性和合法性的一种方法。常用的抽样审计方法包括任意抽样审计法、判断抽样审计法和统计抽样审计法。

（二）管理审计

管理审计是一个工作过程，它以管理原理作为评价准则，系统地考察、分析和评价一个组织的管理水平和管理成效，进而采取措施克服存在的缺点或问题。管理审计目标不是评价个别主管人员的工作质量和管理水平，而是从系统的观点出发去评价一个组织整个管理系统的管理质量。值得注意的是，要把管理审计和经营审计区别开来，两者的差别类似于评价主管人员的管理能力及评价主管人员在制定和实现目标方面的能力。

（三）内部审计

内部审计简称内审，是由单位内部审计部门或人员进行审计的过程。内部审计由于审计人员对单位情况较熟悉，一方面能针对本单位情况加强监督、审核；另一方面还能提出有关建议以利于加强控制。内部审计应加强制度化、经常化建设，以充分发挥审计部门和专职人员的作用。内部审计虽局限于对会计账户的审核，但就其最有用的方式而言，内部审计包括对经营活动的全面评价，即按预计的成果来衡量实际的成果。因此，内部审计人员除了使本身确实弄清会计账户是否反映实际之外，还要对政策、程序、职权行使、管理质量、管理方法的效果、专门问题以及经营的其他各个方面作出评价。

（四）外部审计

外部审计简称外审，是由外单位的审计机构（如会计师事务所）和专业人员对本单位的财务和管理进行审计的过程。外部审计的特点是审计人员在行政隶属上与本单位没有依附关系，因此可以更公正地对待审计对象，按章办事。但是，由于时间和其他因素的限制，外部审计可能会由于情况不熟悉、人员不熟悉等而遇到一些困难，达不到预期的控制效果。

综合训练题

一、单项选择题

1. 战略实施指将组织战略从计划转变为行动，最终实现（　　）的过程。

　　A. 战略控制　　　　B. 经营目标　　　　C. 战略制定　　　　D. 战略目标

2. 战略实施的第一个步骤是（　　）。

　　A. 资源配置　　　　B. 目标分解　　　　C. 政策支持　　　　D. 战略评价与控制

3. 在合作型模式中，企业的战略决策者考虑的是如何让其他高层管理人员在（　　）开始承担相关的战略责任。

　　A. 战略制定阶段　　B. 战略实施之初　　C. 战略实施过程中　D. 战略修订阶段

4. 采用增长型模式，企业战略的产生方式是（　　）。

　　A. 自上而下　　　　B. 自下而上　　　　C. 由内而外　　　　D. 由外而内

5. 在新旧战略的变化大（包括行业和区域两个方面）、实施新战略可能面临的困难或者阻力较小的情况下，更有效的推进策略是（　　）。

　　A. 快速推进　　　　B. 自下而上　　　　C. 系统性推进　　　D. 非系统性推进

6. 如果企业新旧战略的变化大（包括行业和区域两个方面），实施新战略可能面临的困难与阻力大，更有效的推进策略是（　　）。

　　A. 自上而下　　　　B. 快速推进　　　　C. 系统性推进　　　D. 非系统性推进

7. 在集权式企业如传统的家族企业中，（　　）的战略推进可能具有更高的效率。

　　A. 自上而下　　　　B. 自下而上　　　　C. 由内而外　　　　D. 由外而内

8. 从企业特征来讲，在小企业或初创企业，或具有民主型企业文化的企业中，（　　）

的战略实施过程可能会有更佳的效果。

    A. 自上而下   B. 自下而上   C. 由内而外   D. 由外而内

9. 无论是在自上而下还是自下而上的实施过程中，（   ）都具有重要作用。

    A. 相关利益者   B. 行业工作者   C. 中层管理者   D. 外部竞争者

10. 战略控制是指涉及企业同外部环境关系的基本战略方向的控制，它从企业总体考虑，着重于（   ）业绩。

    A. 中期   B. 长期   C. 短期   D. 近期

二、多项选择题

1. 在战略实施的过程中，可以进行权变调整的内容包括（   ）。

    A. 战略目标   B. 实施人员   C. 实施时间   D. 资源配置

2. 战略实施的过程包括（   ）。

    A. 目标分解   B. 资源配置   C. 政策支持   D. 战略评价与控制

3. 战略评价与控制一般包括的基本活动有（   ）。

    A. 检查战略基础   B. 优化资源配置   C. 衡量企业绩效   D. 采取纠正措施

4. 鲁梅尔特提出的战略评价标准主要包括（   ）。

    A. 外部评价   B. 自身评价   C. 内部评价   D. 上级评价

5. 在本书五种战略实施的模式中，出现相对较晚的有（   ）。

    A. 合作型   B. 文化型   C. 增长型   D. 指挥型

6. 战略实施的推进策略主要表现在（   ）。

    A. 系统性   B. 有效性   C. 时间   D. 方向

7. 战略实施的非系统性推进可以表现出一定的（   ）。

    A. 灵活性   B. 稳定性   C. 动态性   D. 探索性

8. 战略失效可分为（   ）。

    A. 完全失效   B. 早期失效   C. 偶然失效   D. 晚期失效

9. 战略控制分为（   ）三个层次。

    A. 战略控制   B. 战术控制   C. 作业控制   D. 效率控制

10. 质量控制包括对（   ）的控制。

    A. 工作效率   B. 工作质量   C. 产品质量   D. 销售规模

11. 战略控制过程可以概括为（   ）。

    A. 确定评价指标   B. 评价环境变化

    C. 评价实际效果   D. 战略调整或变革

12. 按照审计对象的不同，可把审计分为（   ）。

    A. 财务审计   B. 外部审计   C. 管理审计   D. 内部审计

13. 根据审计主体的不同，可把审计分为（   ）。

    A. 财务审计   B. 外部审计   C. 管理审计   D. 内部审计

三、名词解释

战略实施；目标分解；资源配置；战略评价与控制；战略失效；战略控制；避免型控制；投资收益率；目标移位；固定预算；零基预算；外部审计

四、简答与论述题

1. 战略制定与战略实施的区别是什么？

2. 战略制定与战略实施的关系是什么？

3. 战略实施的原则有哪些？

4. 战略实施过程中如何进行目标分解？

5. 提供战略实施政策支持的主要目的是什么？

6. 指挥型模式的运用要有哪些约束条件？

7. 变革型模式存在哪些缺点？

8. 合作型模式存在哪些缺点？

9. 文化型模式的局限性具体表现在哪些方面？

10. 简述战略实施推进策略的主要特点。

11. 企业战略管理者在推进战略实施的过程中最重要的任务是什么？

12. 造成战略失效的原因主要包括哪些？

13. 为什么要进行战略控制？

14. 战略控制与作业控制的区别有哪些？

15. 战略控制的原则有哪些？

16. 常见的战略调整有哪些方法？

17. 战略控制方法有哪些？

五、案例分析题

格雷格厂长的目标与控制

格雷格担任工厂厂长已一年多了。他刚看了工厂有关今年实现目标情况的统计资料。厂里各方面的工作进展得很不理想，他为此气得说不出一句话来。记得他任厂长后的第一件事是亲自制定工厂一系列工作的计划目标。具体来说，他要解决工厂的浪费问题，要解决职工超时工作的问题，要减少废料的运输费用问题。他具体规定：在一年内要把购买原材料的费用降低 10%～15%；把用于支付工人超时的费用从原来的 11 万美元减少到 6 万美元；要把废料运输费用降低 3%。他把这些具体目标告诉了下属有关方面的负责人。

然而，年终统计资料却出乎意料：原材料的浪费竟占总额的 16%，比去年更严重；职工超时费用亦只降到 9 万美元，远没有达到原定的目标；运输费用也根本没有降低。

他把这些情况告诉负责生产的副厂长，并严肃批评了这位副厂长。副厂长则争辩说："我曾对工人强调过要注意减少浪费的问题，我原以为工人也会按我的要求去做的。"人事部门的负责人也附和着说："我已经为削减超时的费用作了很大的努力，只对那些必须支付的款项才支付。"负责运输方面的负责人则说："我对未能把运输费用减下来并不感到意外，我已经想尽了一切办法。我预测，明年的运输费用可能要上升 3%～4%。"

在分别与有关方面的负责人交谈之后，格雷格又把他们召集起来布置新的要求，他说："生产部门一定要把原材料的费用降低 10%，人事部门一定要把职工超时费用降到 7 万美元，即使是运输费用要提高，但也决不能超过今年的标准。这就是我们明年的目标，我到明年再看你们的结果。"

问题：格雷格厂长的控制管理工作做得恰当吗？你认为这个厂明年的目标能实现吗？

第十三章

企业战略变革与创新

教学目标

1. 了解企业战略变革的必要性。
2. 理解企业战略变革的构成要素及影响因素。
3. 掌握企业战略变革的实施过程。
4. 理解企业战略变革的时机选择与遇到的阻力。
5. 掌握企业变革的基本方式与一般框架。
6. 了解企业战略创新的内涵及决定因素。

引导案例

海尔的战略变革

海尔是全球领先的整套家电解决方案提供商和虚实融合通路商，1984 年创立于中国青岛。创业以来，海尔坚持以用户需求为中心的创新体系驱动企业持续健康发展，从一家资不抵债、濒临倒闭的集体小厂发展成为全球最大的家用电器制造之一、世界白色家电第一品牌。在 30 多年的发展历程中，海尔集团的发展战略经历了多次大的变革。到目前为止，海尔的战略变革历经名牌战略（1984—1991 年）、多元化战略（1991—1998 年）、国际化战略（1998—2005 年）、全球化品牌战略（2005—2012 年）和网络化战略（2012—2019 年）五个发展阶段。从每个战略发展阶段来看，创造用户需求是海尔制定战略的核心方向：海尔认为"没有成功的企业，只有时代的企业"，为了踏准时代的节拍，海尔不断探索并持续变革，发展出符合时代要求的战略。

海尔在其成长的三十余年历程中，经历了无数次大大小小的变革才发展成为今天家电行业领先的供应商。进入 21 世纪以来，尤其是最近十几年全球竞争日益激烈，云计算和大数据技术的发展和运用正在快速改变行业竞争的性质。越来越多的实践表明，如果不持续关注战略变革，企业多年积累起来的竞争优势可能会在短时间内迅速消解，甚至会导致严重的生存危机。

第一节 企业战略变革的概述

在当今世界上、唯一不变的就是变化，而变化必然引发新的问题，特别是在当今科技日新月异、竞争日益激烈的环境中，企业唯有保持高度弹性、充满创新与活力，才能在市场上持续生存。从这个意义上说，企业最大的问题不在于外部环境发生变化，而在于企业自身能否根据这种变化采取相应的变革行动。

随着经济的发展、社会环境的变化，以及企业自身的发展，原有的战略可能不适应新的环境，甚至会制约企业的发展，企业必须通过战略变革来适应新的环境，从而实现企业的长期发展。企业变化的动因是多种多样的，大多数情况下为以下五种动因：

（1）环境的变化。竞争者业务的变化、消费者消费目标和方式的变化、法律的变化社会行为和态度的变化、经济的变化等。

（2）在技术和工作方法方面的变化。这些变化也可能是环境变化所引起的，如新技术的出现和关于工作安全的新法律的出现。

（3）产品和服务方面变化。这是由于消费者需求、竞争者行为、新技术的出现等所引起的变化。

（4）管理及工作关系的变化。例如领导风格与员工工作方式的改变，以及教育培训方面的改变。

（5）组织结构和规模的变化。其包括设立新的部门、更多的授权或集权、计划方式的改变、管理信息的提供和控制的执行等。

一、企业战略变革的基本含义

一般来讲，战略变革包含两种形式的变革：一是企业组织的重大结构性变革；二是企业战略的变革。前者是构成西方战略变革管理理论的主要内容，英国曼彻斯特管理学院教授伯恩斯认为，组织理论也就是变革理论，在大量关于组织变革的研究文献中，也有涉及企业战略变革的内容，但它处于从属地位，这与战略管理的产生时期较晚有关。随着人们对战略管理的逐步重视，以及企业所处的外部环境的不确定性、不连续性和难以预测性，西方管理学界对企业战略变革的关注与日俱增，关于这方面的研究文献也于近些年开始逐渐出现。目前，此理论正在深入发展，而国内管理学界对它却较少关注，大多聚集于企业组织变革。

近年来，权变理论的运用范围逐渐扩大到组织理论。权变理论的组织设计观念认为，不可能建立一种万能的管理模式，也没有一种"最好"的管理模式，只有"最适宜"的管理模式，企业组织需要根据不同条件来选择和设计不同的组织模式。

权变理论认为，权变的最基本缘由是变化的环境，企业组织变革的根本原因在于企业内外部环境的变化，权变理论称之为权变变量。选择新的组织或改革旧的组织时，必须对这些权变变量予以充分的考虑，然后才能依据权变变量的变化设计不同的组织模式。

美国现代管理学之父德鲁克认为：世上没有放之四海而皆准的设计，每一个企业机构的设计，都必须以配合其使命和策略的主要业务为中心。随着权变理论被越来越多的管理者接受，其理论的核心思想也被越来越多地用于企业的战略管理之中，这就是战略变革。因此可以说，战略变革的理论基础就是权变理论。

所谓企业战略变革，是指企业为了获得可持续竞争优势，根据所处的外部环境或内部情况已经发生或预测会发生或想要使其发生的变化，结合环境、战略、组织三者之间的动态协调性原则，并涉及企业组织各要素同步支持性变化，改变企业战略内容的发起、实施、可持续化的系统性过程。

二、企业战略变革的种类

戴富特在 1992 年对企业为了适应环境和在市场条件下生存而推行的战略变革进行了分类，共有以下四种类型。

（一）技术变革

技术变革往往涉及企业的生产过程，包括使之有能力与竞争对手相抗衡的知识和技能。这些变革旨在使企业的生产更有效率或增加产量。技术变革涉及工作方法、设备和工作流程等方面。

（二）产品和服务变革

产品和服务变革是指企业产出的变化，包括开发新产品或改进现有产品，这在很大程度上影响着市场机会。

（三）结构和体系变革

结构和体系变革是指企业运作的管理方法的变化，包括结构变化、政策变化和控制系统变化。

（四）人员变革

人员变革是指企业员工价值观、工作态度、技能和行为方式的转变，目的是确保职工努力工作，完成企业目标。

三、企业战略变革的必要性

（一）政治法律环境变化的需要

首先，政府职能的转变为企业战略变革提供了制度性基础。以我国为例，在政企职责分开后，联结企业与政府的隶属关系被切断，企业进入法人治理结构阶段，政府对企业的管理也从部门管理转为行业管理。其次，政府为保证宏观调控目标的实现，一个重要手段就是加强各种立法和执法力度，以完善的法制体系规范企业行为。法律环境的变化也会影响企业战略的变化，如《反不正当竞争法》的施行等。最后，一些新的制约因素不断出现。例如，环境保护的强化和社会伦理标准的重构对机构既是一种潜在的制约，又孕育着新的机会，对环境有害的或被认为不公平的或非伦理的行业，受到更多的限制。

（二）企业自身发展的需要

组织本身的因素也是战略变革的内在推动力量，如企业前期业绩、战略、高层管理团队特点等方面的变化都将成为战略变革的诱发因素。

毫无疑问，企业的前期业绩是战略变革的重要内在因素。一般而言，业绩不佳更容易引发战略变革。当企业面临业绩不佳或业绩下滑时，更可能从战略内容或战略实施甚至战略决策的过程中寻找问题的根源。企业内部应变管理能力弱，是许多已破产的企业和濒临破产企业的通病。应该说，管理变革为战略变革创造了基础条件、增加了动力；

同时，战略变革为企业的管理变革提供了政策依据和发展方向上的指导。所以，企业在不断通过管理变革来完善自身发展的同时，一定还要充分关注企业战略变革，否则，将很容易迷失正确的发展方向。目前，我国很多企业正处于重要的转型期和战略变革期。要成功而快速地实现企业的发展目标，很重要的一点就取决于战略变革和管理变革上的密切配合与快速跟进。

（三）经济全球化的需要

21世纪以来，以信息技术为中心的高新技术迅猛发展不仅冲破了国界，而且缩小了各国和各地之间的距离，使世界经济越来越融为整体。目前，经济全球化已显示出强大的生命力，并对世界各国经济、政治、军事、社会、文化等方面，甚至包括思维方式等都造成了巨大的冲击。这是一场深刻的革命，任何国家都无法回避，唯一的办法是去适应它，积极参与经济全球化，在历史大潮中接受检验。经济全球化是一把"双刃剑"。与此同时，它也加剧了国际竞争，增多了国际投机行为，增加了国际风险。企业面临的经营风险是不可避免的，因此企业必须及时调整自己的经营战略。

（四）市场变化的需要

目前，我国乃至全球的市场都出现以下主要特征：买方市场的形成、市场微型化；市场竞争程度加剧；市场的全球化。

消费偏好的快速变化导致产品生命周期日益缩短，使得建立在大规模生产基础上的传统竞争战略面临新的挑战。企业需要寻求既能够制定接近大规模生产的价格，又能满足个性化需要的生产方式。在国外，许多行业的生产企业正在从传统的大规模生产方式向大规模订制生产方式转变，相应地，战略也需要从基于大规模生产的理念向大规模订制理念转变。然而，大规模订制战略是对传统战略的巨大挑战。

企业保持生存和继续发展的前提，就是它所提供的产品或服务要满足市场需要。企业不仅要满足当前经营和管理的需要，也要满足当前经济显示出来的一些变化的需要，以提高企业管理效能，增强企业发展后劲，战略变革就是企业保持竞争优势必不可少的一个环节。

（五）科学技术发展的需要

管理创新和技术创新一同被称为企业竞争中起决定性作用的两个车轮，科技往往在社会发展中起到先导的作用。科学技术的迅速发展，促进了企业管理模式的发展与变化。例如，科技进步要求企业改变传统的粗放型管理方式和经济增长方式，大力发展循环经济，推行清洁生产，建立资源节约型和环保型企业，变高投入、高消耗、低产出、低效能的发展方式为节约资源、质量效益优先的发展方式。因此，企业的发展战略也应紧紧围绕着科学技术的发展，进行及时调整，以科技创新促进管理创新。

第二节　企业战略变革的要素与一般阶段

一、企业战略变革的要素

对成功的变革来说，有以下三个必需的基本要素。

（一）战略

对要达到的目标富有激情并且要坚定信念。战略必须明确合理，所做的承诺必须兑现。越是描述清楚的战略越容易让人理解，也就越能转化成行动。

（二）执行

一项成功的变革，要求公司有良好的管理实践，这种基础管理实践要求在稳定和"正常"的程序中能有效率地让公司运行。当一个公司正经历重大的变革时，良好的基础管理是绝对不可少的。

（三）应对变革中的各种困难的能力

这要求提高领导者对人的内在情感以及行为的敏感度，并了解他们的愿望。

二、企业战略变革的一般阶段

在一个新的世界里，旅行是对战略变革经历的一个很好的比喻。不管你做了多少准备、也不管你是多么有经验的旅行者，你都将陷入一系列意想不到、令人捉摸不透的情形和事件中。战略变革通常经历以下五个阶段。

（一）停滞阶段

停滞的因素很多，如战略规划的不合理、领导能力的缺乏、市场的变换等。这些导致停滞的因素可能会给企业带来内部和外部的停滞信号，如销售额下降和市场占有率减少等。一些科技公司和刚开办的企业可能会完全陷入停滞而没有任何上面提到的信号出现，这些企业停滞的表现是，在新闻界没了新闻报道或没有能力吸引新的资金和急需的人才。

结束停滞阶段只能由拥有强烈变革愿望的、有权威领导层来实现，如首席执行官、董事会、大股东或是内部的一个执行委员会。有两大类行为能够结束停滞：外部行为和内部行为。外部行为包括接管、合并和收购、杠杆收购、解除管制或私有化导致的重组；内部行为包括财产强制处理、业务转型、调整结构、削减成本、工艺调整和首次发行股票等。

（二）准备阶段

准备阶段会持续几个月，遇政府审查批准时还要更长的时间。具体可操作性工作包括设计新的组织结构、明确职位和责任、确定产品和服务以及如何进一步挖掘潜力、合理布置设施等。领导者们必须充实并完善变革计划，好让经理们和员工们对将要执行计划所需的细节进行补充。准备阶段介于充满渴望和充满不确定性之间，喜欢实践的执行官们倾向于略过这个阶段，那样容易使变革表面看似大家认同，而实际朝不同方向盲目行动。

（三）实施阶段

此时变革的旅程开始了。在准备阶段出现的威胁感、恐惧感、疲惫感以及不确定感，现在又会夹杂着困惑感、冷漠感、怨恨感、不能胜任感和情绪的变化无常。与此同时，这些感觉中也伴随着信任感、兴奋感以及希望被人重新认识的愿望。人们仍然在多方面下注、以备万一。

变革不仅要描绘一个新结构的蓝图，更要去改变人们的思想观念、精神状态和工作内容。在实施阶段，交流和沟通非常重要，尤其是你试图让人们去做跟以前不同的事情时。分派任务提出要求，倒不如回答他的问题或向他解释这项决定是怎样作出的。人们需要知道作出这些决定的初衷和想法，这个阶段需要全体参与。

（四）巩固阶段

这个是最容易失败的危险阶段。此时要明确所有努力的结果到底会怎样，企业由此也就进入一个疲劳期。如果能够始终保持对变革的高度关注，能够真心诚意地去解决问题，那么即使在需要特别下功夫的情形下，变革也会充满活力地持续向前推进。但是如果管理层没有关注变革的进程，也没有理会一些问题，那么即使取得了某些成功，整体的感觉也将是"一些事情出了严重的错误"。如果真是这样，也就离变革失败不远了。

要想在巩固阶段成功地领导变革，领导者必须能够设法调整好人们的预期能力和经验。消极的事件毫无疑问地会发生，但是承认和正确处理挫折，会为增强变革的可信度和鼓舞员工的士气带来意想不到的效果。

（五）收获阶段

至此，可以宣布战略变革结束。只有极少数的领导者能够认识到，对一个企业最重要的遗产不仅是赢得一场成功的变革，而是要教会企业如何进行持续的变革和增强适应性，并通过激发人们的愿望来完成它。当一个企业发现自己的成员成为全身心对付怪兽的一群高手时，变革就会变成他们准备要迎接的挑战，而不是要撤退的危险信号。

第三节 企业战略变革的影响因素分析

近年来，企业之间的竞争非常激烈，已进入白热化阶段。同时，企业所处的行业与环境都趋向复杂、动态与不确定的发展过程中。企业发展的过程就是一个不断适应外部环境变化和积累自身内部能力的动态过程。为了保证企业可持续发展，基于环境的变迁和自身资源与能力的变化，企业有必要对原有战略进行重大调整。

一、影响企业战略变革的因素

（一）企业领导

高层管理团队对战略变革的影响主要表现在：当高层管理者不是企业的所有者时，根据委托代理理论，高层管理者将按他们个人的利益最大化目标作出实际决策，如盲目扩大企业规模。作为企业所有者的管理者，与那些不是所有者的管理者相比，可能更不愿意偏离组织的先前战略。

企业在战略变革过程中会遇到无数的阻力，因此企业需要有一批人尤其是高层管理者坚定地拥护变革。支持变革的管理者权力越大，变革成功的可能性也就越大。这是因为只有企业的高层领导才能最清楚地告诉员工战略变革的重要性和必要性。企业的最高领导层不能仅仅确定战略变革将要达到的目标，为了实现战略变革的目标，他们还应该规划并积极参与战略变革的过程。只有这样，才能向全企业表明变革的重要性，也有助于变革目标和变革过程的协调统一。

当然，除了高层领导要全身心投入变革中去，各部门管理者也必须理解他们在企业变革中的角色，以及他们在变革中起管理和激励变革的作用。为了确保各级管理者理解自己在变革中的领导角色，企业应该提供一些针对性的培训课程。所有成功实现企业变革的企业都表明，在企业变革的过程中，正规的教育与培训是相当重要的因素。

（二）企业文化

在战略变革不可避免时，及时创建一种支持战略变革的组织文化是变革能否最终获胜的根本因素。

战略和文化之间的关系，就好像是人的行为与精神的关系。人先有了精神，然后才有在精神支撑下的行为，而行为又影响人的精神。中国加入世界贸易组织之后，企业面临着国际市场竞争，企业的战略都存在变革问题，而战略变革首先涉及的是组织中的人和文化。组织文化主要是组织的非正式制度在发挥作用，战略变革会影响到组织中某些群体的利益，如果对他们而言是有利的，这种组织文化便会支持战略变革，而一旦这些群体不喜欢战略变革所带来的结果时，组织文化便会成为问题之源。对于大部分中国企业而言，如何变革既有战略以适应国际市场竞争，是未来几年或者是相当长时期内都要认真思考的问题，因此，如何创建适合战略变革的企业文化也就成为必选之题。

（三）员工参与变革的积极性

在战略变革中如果得不到企业员工的支持和积极参与，变革是不可能成功的。为促进员工积极参与变革、企业应该做到以下几点：

1. 赋予员工更多权力和责任

例如，在业务流程再造中，只有在流程专家的指导下，员工参与改造流程，方能获得成功。因此，应赋予员工改变流程的责任和权力，流程改造如果失败，他们应该负相应的责任；如果改造成功，员工也应得到相应的奖励。

2. 应注重对员工的培训

通过培训，可达到两个目的：其一，加深员工对企业业务的理解，以帮助他们理解为什么要进行变革，在哪些方面应该变革；其二，培训可以帮助员工掌握战略变革所需的技能。如果授予员工更多的权力和责任，但却没有教会他们实施变革的技能，最终可能会导致南辕北辙。培训包括针对新上任管理者的领导技巧和员工胜任新工作所需的技术等。

3. 经常调查员工的态度和行为，将调查结果反馈给员工

这有助于员工清楚变革的过程，并帮助管理者了解企业文化变革达到何种程度，还有哪些地方没做到位。

（四）变革过程中的沟通和评估

在战略变革过程中，沟通是相当重要的，具有以下几方面的作用。

（1）企业的高层领导需要通过沟通将企业的愿景和战略传达给各级员工。

（2）沟通有助于管理层和员工了解战略变革的进展，以及还有哪些地方没做到位。

（3）利用多种沟通途径，管理层将重要的信息传达给员工，员工也可向其他员工提供帮助或者寻求帮助。

管理层和员工之间注重沟通，会让员工感受到领导层的关注，一起克服变革中遇到的种种困难。为了促进良好的沟通，掌握一定的沟通技巧是相当重要的，交互作用分析是提高各级员工沟通技巧的非常好的培训课程。

评估对战略变革的成功也至关重要。在变革过程中，企业应当及时评估变革的进展和当前的状态。评估的指标包括两类：一类是一些传统的企业绩效指标和财务指标；另一类是软性指标，如大股东、客户、中高层管理者的意见等。这些信息有助于确定变革是否合适，促进大家对变革过程的理解。通常，评估结果应该及时反馈给所有的员工。

只有大部分企业成员理解、接受新的企业战略，企业战略变革才拥有成功的群众基础。因此，要有机结合人力资源管理和企业战略变革。由于管理者和普通员工在新战略执行中角色和职能的不同，人力资源管理措施的侧重点也有所差异。针对高层管理者，注重沟通、合作、补偿和控制，减少权力性阻力；针对中层管理者，着重于培养和选拔，发挥其在组织中承上启下的特殊作用；针对低层管理者和普通员工，侧重于沟通、培训和教育，加强企业战略变革的基础动力。

（五）人力资源管理制度是否与企业战略变革的目标保持一致

人力资源管理制度和政策是与企业的愿景、战略相一致的。对多数企业而言，经过多年的积累，已经形成一套相对稳定的人力资源管理体系。然而，在战略变革中，企业有新的愿景、战略，这时旧有的人力资源管理制度（如薪酬、绩效考核、员工发展等）可能不能满足战略变革的需求，因而需要适当的改变，以配合战略变革的开展。例如，绩效考核制度和所使用的绩效考核方法应更关注有利于促进文化变革的要素及其他促进变革的要素。同样，绩效管理和薪酬制度也要进行相应的调整。

成功管理企业战略变革的企业，在人力资源管理方面，往往会把握两点：一是使员工的态度和行为适应新战略的要求；二是充分重视中层管理者的独特作用。法国飞乐有限公司总经理赋予运作部经理在战略形成方面比较充分的选择权；美国国家半导体公司通过举办研讨组、训练领导变革项目等措施来培养中层管理人员。

二、企业战略变革失败的原因

约翰·科特《哈佛管理评论》期刊发表的有关变革失败原因的论述，认为造成变革失败的主要原因如下：在公司各层管理人员还没有形成危机感、紧迫感的时候，就开始实施变革；未能建立起强有力的联合指导委员会；低估了设想、目标的作用；设想、目标的宣传效果不佳；对阻挠新设想实施的障碍听之任之；未能创造短期效益；过早宣布获得成功；不重视使改革意识扎根于企业文化中。

为此，企业要实现有效的战略变革，应当提前在组织中形成紧迫感、危机感；建立联合指导委员会；努力构思新设想，制定相应战略，并将其细化；雇用、提拔和培养能实施改革设想的人；在战略实施前传播改革设想；战略实施中授权各级员工采取行动；最好能够在变革中创造短期效益，使变革得到广泛支持；在变革成功后，必须巩固成果，深化改革，使新结构、新系统在组织文化中制度化。

战略实施或战略变革后，企业往往需要进一步进行评估，吸取经验，决定下一步工作。

每一个企业都应当警惕成为自己战略的奴隶，因为即使是最好的战略也迟早会变得过时，定期地评价战略会防止管理者自满。

第四节 企业战略变革的实施过程

一个完整的企业战略变革实施过程，包括变革前的准备、变革的实施、变革的跟踪与持续改进三个阶段。

一、变革前的准备

（一）摸清企业现状

明确企业现状是实施企业战略变革的第一步，也是非常重要的一步。作为企业，首先要清楚自己的现状，也只有清楚自己是真的生病了还是处在亚健康状态之后，才会采取相关措施。毕竟业不是为了管理而管理，企业任何管理的变革都必须有充分的内部数据和事实作为依据，抛弃了这些数据和事实，企业战略变革实现的可能性非常小。企业经常采用的问卷调查，面对面的交流沟通，收集文件及记录、笔录、会议、座谈等活动都是为了摸清企业现状、找出自身的优势与不足。

（二）确定战略变革目标

企业的任何行为都必须具有一定的目标，没有目标的计划或任务是没有任何意义的。通过对企业现状的调查与摸底，通过 SWOT 分析等方法来分析我们所收集到的这些数据，对影响企业运作或产生瓶颈的因素作阐述与分析，明确企业变革的目标，以及通过实现这个目标而解决的企业问题都必须翔实。当然，这个过程多数采用的是座谈、会议和面对面沟通等方法。这个阶段的主要任务就是实现企业内部多数员工对目标的认可。

（三）目标分解及项目计划确定

企业变革只有大的目标是不现实的，是没有可操作性的。要使企业的目标可以实际操作，就必须采用结构分解的方式对企业战略变革的大目标进行层层分解，也只有将所有的子目标或子任务都分解到相关岗位，这个目标才有意义。其实在战略变革过程中，多数员工是不可能非常清楚所有目标的，但是多数岗位上的员工都想知道自己到底要干些什么，所以积极的沟通和协调，明确相关岗位的任务，然后让员工自己理解并完成任务，是企业战略变革倡导的重要方法之一。企业战略变革负责人必须将员工个人承诺的内容与其绩效挂钩，也只有这样操作，才会使员工在战略变革中既有压力也有动力。

（四）战略变革内容的模拟、讲解及发布

战略变革是个复杂的过程，它应该属于一种系统的社会工程，在这个工程里面所有的人际关系都是我们要积极面对的。因此，在企业准备实施战略变革的阶段完成以后，就需要对这个阶段定性、定量的内容进行模拟现场操作、讲解和座谈，让员工明白企业要提倡什么和反对什么。通过模拟，使员工清楚企业要求的内容；通过讲解，让员工清楚模糊的地方；通过发布，让员工清楚战略到底在什么时间进行切换。

（五）战略变革内容的培训、宣传及试运行

战略变革实际上是一种思想上的斗争。既然是斗争，就肯定要有牺牲，企业要做的就是把这种牺牲降到最低限度，降到企业可以接受的范围。因此，战略变革内容的发布是一个里程碑，也是长远规划的第一步，要使长远规划能顺利地完成，就需要对这些变革的内容进行

阶段性、计划性培训、宣传和试运行，通过试运行，找出模拟中没有发现的问题或不足，并及时改进。

二、变革的实施

（一）战略变革管理团队的建立

在第二阶段开始时，企业应该建立一个由高、中、低层管理者和关键员工组成的战略管理团队，对战略变革实施综合、系统管理，尤其要注重中层管理者和关键员工的角色和作用。中层管理者承上启下的有机联动性和关键员工对战略执行绩效的第一线真实感受和认识，是正确发起和实施战略变革不可或缺的要素。

（二）培育战略学习机制，提高企业战略的转换能力

企业战略作为连接企业组织和环境的纽带，通过环境、组织和战略三者间的反馈式互动成为企业获取可持续竞争优势的重要途径和前进方向。战略学习机制在其中起着基础性作用。组织学习是以组织为基本单位的知识创新过程，所以要充分重视各种形式的企业知识创新活动，使企业在实施战略变革时能充分保证变革按照既定时间进行，并提高战略变革质量。

（三）合理、谨慎地设计企业战略的变革过程

企业战略的变革要经历发起、制订方案、贯彻执行三个阶段。其间伴随着绩效评估阶段。是一个长期复杂的系统过程，需要深入调研、认真制定和扎实推行，应做到循序渐进、步步为营，不能凭借"长官意志"而武断拍板。

（四）改变企业文化

无论战略还是文化都需要变革。战略的变革会带来不确定性和风险。尽管战略必须做好各种资源的评估，但由于企业文化的存在，不同个体对战略变革结果的接纳程度及风险意识都不同，对战略变革的态度就自然不同。战略变革甚至会激起反抗，从而导致失败。

如何让变革深入人心，让创新价值观成为坚定不移的价值取向，是这场战略变革成功的关键。变革是需要付出成本的，坚决清除变革途中的障碍本身就是一种价值观取向的标杆，形成主流文化是向企业成员宣示这场变革的决心的最好途径。

可以说，企业的变革就是战略与文化如何协同的问题。在战略变革不可避免时，及时创建一种支持战略变革的企业文化，是变革最终获胜的根本因素，否则，企业文化便会成为问题之源。

（五）构筑共同愿景

战略变革成功的关键在于发挥组织能量从而取得成功，这需要从说服那些参与变革人员接纳新的战略开始，也取决于企业成员能否在企业的前景问题上达成一致。解决这一问题最好的方式就是规划共同愿景。

愿景告诉人们"我们企业将成为什么"，它不同于战略目标——明确告诉成员什么时间能达成什么具体目标。一个明晰的愿景，应该是对企业内外的一种宏伟的承诺，使人们可以想象达成愿景后的收益，它应该具备以下特征：能够让人们激情澎湃，调动他们的积极性，让人们觉得有点高远但又愿意全力为之奋斗。

所以，战略变革要提出共同愿景，给员工一个足以让他们兴奋不已的蓝图，让员工和利益相关者提供帮助，甚至于牺牲短期利益，用愿景激发员工变革的欲望，是战略管理必不可少的一环，也是现在的热门学科，五项修炼和学习型组织建设的核心要素之一。

（六）塑造核心价值观

价值观是指导人的行为的一系列基本准则和信条。它们回答以下问题："什么事至关重要？""什么事很重要？""我们信奉什么？""我们该怎样行动？"一个企业的价值观是该企业对于内部和外部各种事物与资源的价值取向，是企业所有成员在长期的经营哲学指导下形成的共同价值观。价值观是我们进行决策，确定政策、策略和方法，以及选择行为方式的指导方针。因此，建设战略支持型企业文化，要把着力点放在塑造企业核心价值观上、在企业内部确立人的价值高于资产的价值、共同价值高于个人价值、团队价值高于单体价值、社会价值高于经济价值的价值观。

一个与企业发展战略相适应、相匹配的企业核心理念体系的创建和完善，为企业发展战略的推进提供着生生不息的价值导向、智力支持、精神动力、舆论引导和文化支撑，促进企业中的人拥护变革的观念，对既有的价值观进行创新，使之匹配新的战略实施框架，是战略管理实施的价值基础。

（七）让战略变革在组织文化中根深蒂固

经过共同愿景的规划、既有价值观的创新，一种支持战略变革的组织文化就初步建立起来了。这种组织文化仅仅是开始，组织成员对于新的文化价值观只是停留在了解阶段，此时如果过早放松对新的组织文化的培育，战略变革的努力就会面临因缺乏动力而停滞不前的风险。因此，短期的变革成功并不意味着长期的胜利，只有当新的战略变革深入组织文化的根源中，变革的果实才会巩固。要使战略变革在文化中根深蒂固，有几个要素要关注。

1. 领导团队身体力行

要使组织中的每一个人相信愿景并愿意去实践共同的价值观，领导团队的身体力行最为重要。如果共同的价值观只是停留在口头、文字、会议等形式上，领导团队也高高在上，这样的价值观是不可能被员工接受的。价值观不应该只是每天不断地说教，而应该每时每刻体现在行动上，因此，领导团队的行动更为重要。

2. 让价值观体现在工作绩效上

任何精神层面的东西，如果不体现在物质层面上，是不可能让人们折服的。要员工信奉共同价值观，就必然要让他们相信这样的价值观是能够给他们带来绩效的，无论是在薪酬上或者是个人发展空间上，它必须有一个体现的载体。所以，要有意识地向员工表明新的战略变革将如何帮助他们提高工作绩效，从而使他们将战略变革的作用与价值观联系起来，从而愿意去坚持这种价值观。

3. 清除变革中的障碍

战略变革开始往往让组织成员在观念上无所适从，文化惯性使他们怀疑变革的真实性，既有利益者更会在非正式场合散播不利因素。

三、战略变革的跟踪与持续改进

当战略变革完成以后，所有变革的内容就成为企业的"内部法律"，任何员工必须无条件地去执行。让员工改变一种习惯需要不断进行培养和奖惩，所以在这个阶段，公正、公开、透明是企业必须坚持的，是在正式运作前期坚决不可以打破的；否则，企业战略变革很容易走入歧途。同时，在这个过程中，企业的管理部门必须跟踪和检查，并进行阶段性质询、然后根据发生的问题进入新一轮的企业战略变革。这样，一个企业战略变革的循环系统就完成了。

需要注意的是，该循环系统的完成，应在一个保持动态变化的环境中进行。企业的动态能力主要强调基于环境快速变动的特征。战略管理的作用在于适应、整合和重组企业内外的技能、资源和功能，使之适应环境的变化。在动态环境中，为了获得持久的竞争优势，企业需要的是创新能力。企业只有通过其动态能力的不断创新，使企业的资源和能力随时间的变化而改变，从而利用新的市场机会来创造竞争优势新源泉。所以，在一个动态的环境中，企业的动态能力是其战略变革的基础。

第五节　企业战略变革的时机选择与阻力分析

一、把握企业战略变革的时机

企业战略变革的时机与企业面临的危机紧密相连。根据企业面临危机的阶段，战略变革可以分为提前性战略变革、适应性战略变革和危机性战略变革。提前性战略变革是指企业预测到未来将会发生的危机，提前进行的战略变革；适应性战略变革是指企业已经存在有形的、可感觉到的危机，并且已经为变革滞后付出了一定代价的情况下进行的战略变革；危机性战略变革是指企业已经存在严重的危机，如果不进行战略变革，企业将面临倒闭和破产情况下进行的战略变革。企业要把握好战略变革的时机，就要及时预测到企业将会遇到的危机，进行提前性变革。

（一）外部环境分析

把握企业战略变革的时机，首先需要及时分析企业外部环境的变化，包括宏观环境、竞争环境和微观环境。外部环境每一个构成要素的变化都可能给企业带来战略变革的机会，同时为企业进行商业模式创新提供了机会。例如，互联网金融技术的发展就为企业创新商业模式、进行战略变革提供了有效的条件。2015 年移动互联网的微信钱包不仅具备发放红包功能，而且具备付款、转款支付功能；京东等推出自己的客户端，实现在线订单、在线支付、在线客服、实时服务等，使得企业能够通过改变和创新融资模式、实现战略变革。

战略性转折点是外部环境变化为企业孕育的一个重要的战略变革时机。战略性转折点就是企业的根基所在，即将发生变化的那一时刻，这个变化意味着企业有机会上升到新的高度，但它也同样标示企业走向没落的可能。战略性转折点出现时，企业微观环境各种因素的平衡无论在结构、竞争方式还是企业经营模式上，都会被重新打破而实现新的组合。如图 13-1 所示，战略性站着点出现前后，曲线发生了微妙而又深刻的变化，再也不可能回到原来的状态。

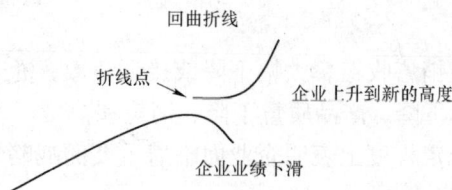

图 13-1　战略性转折点曲线

战略性转折点不是企业战略的转折点，而是行业变化的一个关键点，企业抓住了这个关键点，及时进行变革，就会把企业引向新的高度，实现战略转折。国内的说法是"拐点"。柳传志认为，战略性转折点是企业面临存亡危急之际，前进一步可能上升到新的高度，后退一步可能就从此走向衰落。这时，需要有"非常之人"（更多时候是一个团队），行"非常之事"（战略调整），建"非常之功"（局面为之一新）。

战略性转折点虽说是一个点，但是这个点的出现往往要经过几年的时间，一般在企业经过创业期的无序和混乱后，进入相对稳定的"大治"时期不期而至。任何一个企业在行业达到高峰的时候、就要考虑战略转折；不考虑战略转折，高峰过后，必定是低谷。很多时候，公司的风光和花团锦簇背后，已经面临着巨大的风险和危机。诺基亚、柯达、摩托罗拉等都是曾经诠释伟大、闪耀着光辉的品牌，但因为没有及时发现战略性转折点并进行战略变革，而永远地湮灭在了浩荡的商业历史长河中。

战略性转折点常常由技术的发展引起，但又不仅局限于技术的范围；竞争对手也可能导致战略性转折点的出现，但也不仅仅取决于竞争的反应。自动取款机的发明已经使银行业务发生了巨大变化。在线支付更从根本上动摇着传统银行业的业务根基。如果说"医疗+互联网"使得越来越多患者通过互联网挂号、交费、咨询、查看报告，从而提高了效率，那么，"好大夫在线""腾爱医疗"、新加坡百汇医疗集团（PPL）的"Medical Mall"等"互联网+医疗"模式正在从根本上改变着全球医护事业。

战略性转折点对企业来讲就像一把双刃剑，既会把一些企业拖入沉重的深渊，也能给那些善于变革的企业创造一个腾飞的平台。例如，20 世纪 70 年代，中东石油涨价引发西方世界经济危机，人们对汽车的消费倾向由宽敞高能耗转向经济型。日本汽车制造企业正是捕捉到消费者态度转变这一战略性转折点，大量生产经济型、低能耗汽车，迅速打入美国市场，从而确立了日本汽车制造企业在全球的地位。反观美国汽车制造企业，依然沿用原有战略，忽视了战略性转折点的到来，最后将自己的市场份额拱手让给了日本汽车企业。战略性转折点来临时。如果企业积极应对，精密运筹，那么旧的战略被新的战略代替，战略性转折点就会成为企业腾飞的机遇，企业有机会上升到一个新高度；如果对它放任自流或逆流而上，那么战略性转折点就会置企业于死地。正如安迪·格鲁夫所说："穿越战略性转折点为我们设下的死亡之谷。是一个企业组织必须历经的最大磨难。"走过死亡之谷，我们获得的是一片美好的天地，没有人会事先为企业敲响警钟，提醒企业已站在转变的边缘。如果仅仅知道有变，却不知道什么在变，继续因循守旧，延续原来的方式，企业必将逐步陷入困境。

（二）内部状况分析

企业外部环境的变化不仅给企业战略变革创造了机会，而且往往会在企业内部有所反映。企业内部的经营状况以及战略、文化、组织等状况，都可能预示着战略变革时机的到来，企业应当高度关注。

1. 经营业绩不断下降

如果企业出现诸如企业销售收益率大幅下降或接近负数、资产负债率大幅上升、自有资本率大幅下降、市场占有率下降、产品质量下降、消耗和浪费严重、企业资金周转不灵、拖欠员工工资等情况，则在一定程度上表明企业面临着重要的战略性转折点。

2. 企业战略具有了刚性

伴随着企业组织结构的稳固、企业战略资源配置方式的僵化、企业核心能力的凸显，企业的战略刚性逐渐形成并强化。战略刚性一旦形成，对企业的成长将产生一定的负面影响，限定企业战略选择空间和业务活动范围，导致企业缺乏应变能力，创新动力不足，缺乏对外部环境的适应能力，影响企业竞争优势的提升。例如，一件资本设备或一套专门知识一旦投入到某个领域，就会被锁定在某种特定形态上，若改为他用，其价值就会损失。再如 2014 年餐饮行业湘粤情巨亏，俏江南易主，小南国盈利大幅下降，均与企业"低头不看路"、忽视了环境的变化有千丝万缕的联系。

3. 组织文化保守且高度一致

组织具有强大的标识和历史事迹以及保守性。在组织内，企业的行为与已经建立的日常惯例没有什么偏差。企业内没有关于未来战略假设和企业地位的不同观点。尤其是如果组织中的人们不愿意接受挑战或者被提出疑问，就会借口"我们以前已经试过。这种方法不行"来丢掉新的观点和方法。

4. 组织机构病症显露

当企业面对一种不断恶化的市场环境，管理层和员工对已有战略反应平淡，内部矛盾冲突频繁时，表明企业战略变革滞后的问题已经十分突出，如决策迟缓、信息交流不畅、机构臃肿、职责重叠、管理幅度过大、管理效率下降等。

当企业内部出现以上征兆时，往往预示着企业外部出现了行业性的新动向，战略性转折点即将到来，企业进行战略变革正当其时。

（三）战略变革时机的及时察觉

把握战略变革的时机，除了分析企业外部环境和内部状况，还需要采取一些组织和管理的措施，主要包括以下几点。

1. 在企业预警系统中设置战略变革预警分系统

设立监控指标时，可根据 20/80 原理将发生概率大和影响程度深的内外部少数因素作为重点监控的对象。在各种内外部环境因素中，并非都是整齐划一的，有的变化速度快，有的则较慢；有的发生变化的概率高，有的则很低；有的将给企业带来威胁，甚至是沉重打击；有的则可能给企业带来机会。它们对战略实施所造成的冲击或影响不能等量齐观。在资源有限的情况下，企业只能选择那些发生概率高、对企业影响大的因素作为监控对象。例如，在用友财务软件一统天下之时、金蝶财务软件借软件操作系统由 DOS 平台向 Windows 平台转变之机，迅速后来居上、跃居国内财务软件市场第二，而很多没有及时转变的财务软件公司却在市场上销声匿迹。

2. 构建基于情景规划的行动方案

情景规划是理清扑朔迷离的未来的一种重要方法，它要求企业先设计几种未来可能发生的情形，接着再去想象和讨论会有哪些出人意料的事情发生。这种分析方法可以对企业战略变革开展充分的讨论，从而使战略更具弹性。情景规划能提供预防机制，让管理者处变不惊，及时地进行战略变革。该方法类似于一种虚拟性身临其境的博弈游戏，在战略性转折点出现之前，想象性地进入可能的情景中预演，当想象过的情景真正出现时，企业战略变革就已经有序展开了。

3. 完善企业内部信息系统和沟通渠道

高层领导有时直到很晚才明白，周围世界已经发生了改变——老板是最后一个知道真相的人！为什么会这样？这往往与等级森严的官僚体制形成的"大企业病"有关，高管位居"金字塔"的顶端，靠听汇报做决策，中层和基层管理人员可能报喜不报忧，致使公司高层收到的往往是经过粉饰加工的不实信息，拖延了战略变革决策的最佳时期。因此企业内部建立健全的信息系统和良好的沟通渠道至关重要，一方面通过信息系统自动抓取企业业务单位和职能领域的实时信息，并进行有效的信息加工和处理，满足企业高层决策的需要；另一方面通过沟通渠道让关系企业发展的合理化建议都能传达到管理层。曾任英特尔公司总裁的格鲁夫每天不管多忙，总要打开电子信箱，亲自查收来自世界各地一线员工的心声，"他们的看法的出发点与我不同，使我获得了从平时交谈中得不到的洞察力"。

二、企业战略变革的阻力分析

要进行企业战略变革必然会经受到各种各样的阻力，从阻力的性质划分，战略变革的阻力可分为影响战略变革的惯性力量和对变革有意识的阻力。

（一）影响战略变革的惯性力量

影响战略变革的惯性力量，可以从管理部门的偏好、管理风格和企业文化三个方面来进行深入分析，见表 13-1。

表 13-1　影响战略变革的惯性力量

	来源	结果
管理部门的偏好	受制于已有的战略和组织结构	对变革的必要性和迫切性缺乏明确的认识
管理风格	受制于已有管理风格，重视现有的任务和关系	抵制、扭曲一些有利于变革的信息，对变革犹豫不决，以及变革动力转移
企业变化	迷恋于已有的价值观和信念，重视现有的任务和关系	忽视正在变化的环境形势，抵制、扭曲一些有利于战略变革的信息，避免或扭曲变革的最初动力

从管理部门的偏好来看，已有的战略和组织结构会造成一种惯性力量，从而使职工对变革的必要性和迫切性缺乏明确的认识。

从管理者的管理风格来看，已有的管理风格及建立起来的关系方面的成果，也会造成一种惯性力量，从而使职工抵制、扭曲一些有利于战略变革的信息，造成职工对变革犹豫不决及变革动力的转移。

从企业文化角度分析，迷恋于已有的价值观和信念，重视现有的任务和关系，也会造成一种惯性力量，从而使职工忽视正在变化的环境形势，抵制或扭曲有利于战略变革的信息，避免或扭曲变革最初的动力。

（二）对变革有意识的阻力

对变革有意识的阻力主要来自以下三个方面：

1. 有些人反对战略变革的必要性及性质

这些人往往采用到处游说的方法来阻止最初的变革，从而使变革夭折于萌芽状态。

2. 有些人对变革缺乏承受能力

这些人往往通过制造推迟变革的理由或转变变革的方向，给变革制造人为阻力。

3. 有些人出于个人利益或集团利益，也会人为地制造阻力

除了上述几种办法外，还常常会采用攻击变革行动者的办法，使变革无法顺利实施。

第六节　企业战略变革的基本方式与框架

一、企业战略变革的方式

企业进行战略变革，需要从变革性质和程度两个维度上做出抉择。从变革性质看，是渐进式的逐步递进变革，还是采取爆炸式的激进变革？从变革程度看，是在企业现有的框架内进行调整，还是涉及企业商业模式和文化的转型？

依据企业战略变革的性质和程度，可以将企业战略变革划分为适应性战略变革、进化性战略变革、重组性战略变革和革命性战略变革，如图13-2所示。

变革程度

	调整式	传统式
渐进式	适应性战略变革	进化性战略变革
激进式	重组性战略变革	革命性战略变革

图13-2　战略变革的方式

（一）适应性战略变革

适应性战略变革指企业在组织的现有范围内，小幅度、循序渐进地实施战略变革。这种变革是逐步推进、计划式的变革，变革程序多采用自下而上的方式，主要通过沟通、合作与连续性学习执行，因此进度容易控制，前景也更容易预测，一般而言不会遇到太大阻力，比较容易施行。例如，格力通过渐进式的渠道变革，不仅避免了渠道的剧烈动荡，而且实现了业绩高速增长。

传统的企业管理方式往往是渐进的思路，管理者在放弃原来的战略、转换新战略时，都是比较缓慢、尝试性的，因此，这是一种最常见的变革形式。但是，应性变革由于渐进的变化与速度都不明显，难以引起领导者的重视，结果往往会"雷声大，雨点小"。为了保证适应性变革的成功，企业往往尽可能多地收集信息，有时会拖延变革行动，使企业陷入一种错误的平静之中，使那些已经做好准备接受变革的员工失望，结果延误变革的最佳时机；此外，采用这种变革方式，企业容易产生惰性，即使外部要求进行重大、快速的战略变革时，也是一味求稳，一步一步地实施变革。

（二）进化性战略变革

进化性战略变革认为企业在相当长时期内，以大小不等的规模、幅度和频率，采用连续的实验、试错和调适，快速进行战略变革。进化性变革认为，在不确定的环境中，企业的战略变革不应该是僵化、刚性的，而应该是基于企业的资源能力优势以及企业的动态能动性，挑战不确定的环境。

这种变革常常围绕着产品服务和战略核心，涉及的范围有大有小，有时是业务层，有时是公司层，变革的程序是上下结合、互动互调的方式，新的变革方向能够随着各个层次的不断反应而不断扩展和演化，因此，变革的阻力比较小，变革过程介于适应性变革与重组性变革之间。采取这种变革方式有助于企业保持当前与未来的战略方案的持续性，确保企业能够有效率地持续发展。

（三）重组性战略变革

重组性战略变革是一种企业在短期内迅速、大幅地推进战略变革的方式，但并未从根本上改变组织范式。例如，一个组织可能推行一个大型的削减成本的项目，以应对艰难的或不断变化的市场环境。重组性战略变革有时并不是以理性的方式来进行的，变革领导者往往怀有 "不成功，便成仁"的思想。这种变革大多采用自上而下的方式进行，涉及的范围很广，是从业务层到公司层的总体战略变革，因此，具有相当大的风险和机会。例如，实达电脑不恰当的组织与战略变革成为公司在大好市场形势下连续两年亏损的主要原因，但是实达在后几年采用重组式战略与组织变革，强调突出主业、巩固传统产品的领先地位，进行结构与经营范式的变革，制订了"重新塑造新实达"计划，取得了预期的效果。美国大都会公司也是一个重组式变革获得成功的例子，公司以旅馆业起家，先后经历了以地产为主的集中化、多元化战略和以食品饮料为核心的发展战略，成为目前世界上最大的餐饮公司之一。

重组性战略变革也存在明显的负面作用。大幅精简机构和裁员会严重挫伤员工的积极性和士气，短期成本的降低可能会不利于企业的长期利益。例如，阿尔伯特·邓莱普在对斯科特纸业进行变革时，在上任第三天就解雇了 11 位高级管理人员中的 9 位，随后削减了全球 25 900 个职位中的 11 000 个。这种激进式的变革受到大众批评，认为他在去除企业坏死细胞的同时，也可能伤及了筋骨。不过，由于重组性变革在改善企业短期效益上往往效果显著，并且有助于显示企业变革的决心从而有利于变革的推行，因此在欧美大企业，管理者似乎更偏好激进式变革。安迪·格鲁夫认为：当企业必须进行战略调整的时候，不能是渐进式和尝试性的。唯一的办法，就是果断、坚决地放弃原来已经习惯的模式，迅速根据新的环境变化做出战略调整。

（四）革命性战略变革

革命性战略变革一般是企业内在的深层结构与环境严重不匹配所致，并由一些内外动因或事件所触发。因此，革命性战略变革是一种非常规的、不连续的战略变革方式。企业在长期的均衡时期以适应性变革求得稳定发展，而在短期中又有节奏地通过重组性变革实现改变。这种变革方式意味着，当企业处于稳定平衡发展时期，组织内部非常凝聚，产生了惰性，因此，要进行一次革命性的变革，克服企业惰性，才能使企业走上重新发展的道路。

这种变革模式主要是让企业的管理层和员工有种危机意识，从而有助于建立一种对战略适应性追踪的机制，不断测试企业战略导向与环境所需要的战略相匹配的功能适应性，也有助于在动荡的环境下避免损坏企业竞争力。例如，IBM 的战略变革（见表 13-2），革命性战略变革与进化性战略变革一样，都采用上下结合和互动互调的方式，变革程度大小不一。

表 13-2　IBM 的战略变革历程

时期	战略举措
1914—1924 年	CTR 公司成立，是一家计算—制表—记录公司，1924 年改名为 IBM
20 世纪 40 年代初	通过与美国政府的研发合作，在电子计算机业务方面积累了丰富的知识。随着计算机走向商业用途、IBM 从一家打孔机、刻度尺、奶酪机制造商完全转型为计算机制造商

续表

时期	战略举措
1939—1945 年	在第二次世界大战期间作为军火物资供应商为盟军提供 IBM 的设备做军事计算，后勤和其他军需之用
20 世纪 50 年代	一方面作为美国空军自动防御系统的电脑发展的主要承包商研制军事软件系统；另一方面成功研制出了小型数据处理计算机
20 世纪 60—80 年代	IBM 的战略定位于大型主机生产商，并为主机提供应用软件和技术服务
20 世纪 80 年代末	IBM 的战略是成为一家专业的个人电脑生产商，建立个人电脑的通用标准、将软件、配件，外围设备外包
1993—2001 年	经历了 20 世纪 90 年代初期连续 3 年亏损的困境，IBM 将其发展战略进行了重大调整和转向。重点从硬件转向软件和服务，削减开支，整合组织形象，完成了内部的组织架构调整和业务整合，明确了公司从技术型制造公司向整合性服务公司的战略转型
2002—2006 年	提出了 "e-Business on Demand"（电子商务，随需应变）的服务战略，剥离和出售了诸如个人电脑、芯片生产等非核心业务，收购和整合了普华永道会计师事务所等咨询部门，提升了其业务能力
2008 年	提出 "智慧的地球" 的概念。作为未来 10 年 IBM 战略发展的核心。60 亿美元的研发投资中一半用于 "智慧的地球" 项目
2009—2014 年	把握 "感知化、互联化、智能化" 的科技大势，提出了 "智慧地球""智慧城市" 的愿景。在智慧能源、智慧交通、智慧医疗、智慧零售、智慧能源和智慧水资源等重要领域通过植入实体的感应器与超级计算机、云计算整合、实现社会与物理世界融合
2014 年	制定了三个战略转型方向：一是借助数据协助行业转型、开辟新市场；二是面向云计算，重塑企业 IT 基础架构；三是通过移动社交构建互动参与体系。

资料来源：根据 IBM 公司网站（http://www.ibm.com/us/en）相关资料整理。

二、企业战略变革的一般框架

公司成功地实现变革的基本特征是什么？曾经为许多公司提供急进式变革咨询服务的迈尔斯提出了一个一般框架：具有强大的变革动力，勾画有吸引力的未来愿景加以引导，以公司组织的改制作基础，形成变革的程序与结构，以及一位强有力的变革领导人。公司变革的一般框架如图 13-3 所示。

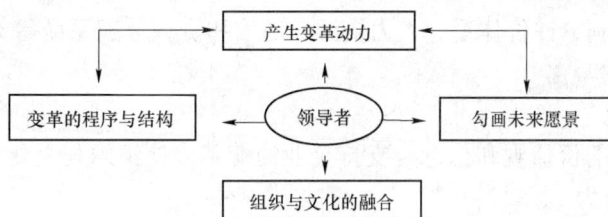

图 13-3　公司变革的一般框架

（一）产生变革动力

变革需要动力，使组织中所有人，上至最高领导，下至一般员工都能全身心地投入变革之中，并争取达到预期的目标。产生变革动力的方式有如下几种。

1. 面对现实

企业通过分析外部环境和内部条件，对照标杆企业，产生对现状的不满了解即将到来的变革的方向和程序。

2. 开发和分配资源

企业利用一切可以利用的资源支持变革，同时通过资源的开发与分配也可显示企业变革的决心，从而树立员工信心。

3. 提高绩效标准

其作为变革的目标，激发员工以创新的方式改变工作方式，推动变革的实施。

4. 建立理想行为模式

这种行为模式必须是明确的、可观察的，以规范变革的行为，让全体员工都按新的、期望的、理想的行为模式行事。

（二）勾画未来愿景

1. 勾画愿景

描绘企业未来的发展蓝图，指明企业尚未达到甚至许多人还无法理解的目标，广泛地引起员工的共鸣，将员工的努力统一起来，共同实现愿景。

2. 建立商业模式

指明企业在实现未来愿景的过程中，应该在哪些方面变革，以及可行的变革轨迹。

3. 整体分析

着眼于变革的整体，将愿景状态转换成支持企业变革的独特的组织设计，包括正式的与非正式的要素，保证各部分变革的协调和同步。

4. 确定变革的切入点

通过比较企业现状与未来愿景的差距，选定每个阶段变革的突破口，采取必要措施和建立评价指标，并随着变革进程的推移，确定下一阶段的变革项目。

（三）组织与文化的融合

1. 组织重构

企业通过权力结构的重组和人力资源、财力资源的再分配，建立新的组织体系，保证变革的顺利进行。

2. 调整基础要素

如调整计划、控制、评价体系、人力资源、通信和资源分配系统等柔性要素，配合组织重构。

3. 重塑组织文化

在员工中建立新的价值观和信念，支持企业的变革，使组织与文化很好地融合在一起。

4. 培养核心竞争力

只有培育出与企业愿景相适应的新的核心竞争力，企业才能获得真正的竞争优势。

（四）变革的程序与结构

1. 重建教育和参与机制

帮助员工理解并参与变革，调整其观念行为，提高变革能力。

2. 建立协调机制

建立各种机构以协调分散在各部门进行的变革行动，消除部门之间的脱节与冲突。

3. 建立沟通和反馈机制

保证信息畅通无阻，以便及时发现变革中出现的问题，并能及时做出反应。

4. 建立顾问支持

从企业外部获得新知识、新观念和具体的指导，弥补组织内部能力与技巧的不足，避免走弯路。

（五）领导者

所有成功地实现变革的企业都有一个强有力的领导者，他克服种种阻力，发动并领导变革，走向成功。领导者是变革最重要的核心，上述四个要素的建立都依靠领导者的决策。

许多企业家和学者对成功领导变革的领导者提出了评价标准，这些标准具有惊人的相似之处。归纳起来，有效的领导者应该具有三个基本特征：① 有变革的坚定信念，坚信变革对企业获得竞争优势是必不可少的，而且主张彻底变革，从根本上改变企业现状。② 够清楚地以令人置信的愿景表达这种信念。③ 通过关注、协调、鼓励等形式发动全体员工，将组织的软件和硬件资源融合在一起，实现变革，并将变革的成果制度化。

如果领导层有人反对变革的实施或不愿意适应新制度，必须坚决地把他们替换掉；否则，容忍抵制变革的行为将使企业付出沉重的代价。

第七节　企业战略创新

企业战略创新是企业高效发展的一个极其重要的问题，企业战略创新直接涉及企业成败，是决定企业兴衰的一个关键性因素。因此，无论是研究企业的人，还是经营企业甚至是那些想了解企业问题的人，都应该对企业战略创新有全面深刻的把握。

一、企业战略创新的含义

企业战略创新，一方面，在企业层次上就是寻找新的战略方式。伴随着适应环境的要求，战略的形成思维走过了战略计划、产业竞争力分析、战略冲突分析、基于资源观点、基于动态能力观点等一系列方式，而每一次的变化与发展都可以说是一次战略的创新。从企业创造价值的角度看，企业战略创新是通过为顾客创造新的价值、使竞争者步调不合、为所有利益相关者生产财富的方法而重新构思已存在的产业模式的能力。

另一方面，企业战略创新也是指在现有的格局下改变业务层次的游戏规则。一些成功的企业并非单纯依靠根本性的技术创新，向在该行业内已经建立起行业领先地位的企业发起进攻的。也就是说，成功的进攻者不是因为他们试图比竞争者更好地参与游戏，而是因为他们改变了游戏规则或者他们打破产业的游戏规则，即战略创新。

二、企业战略创新的决定因素

（一）管理者创新

作为企业战略的关心者和制定者，管理者是战略创新的灵魂。管理者的职能便是创新、创新是由管理者发动并完成的。管理者的战略创新主要是指企业家在企业战略方面的创新性行为。对应于管理者的一般创新行为，管理者的战略创新包括战略创新的动机、战略创新的能力、战略创新的空间。管理者战略创新的动机，即激励或刺激管理者进行战略创新活动的物质与精神因素；管理者的战略创新能力即在战略创新活动过程中所体现出来的管理者素质，包括思想意识、个人能力和特征等；管理者的战略创新空间指从事创新活动的空间独立性及其范围大小，或者说企业和社会对管理者战略创新所加的各种限制。

一个企业的发展不能超过管理者的视野，因为企业竞争优势、战略能力与管理者（企业经营者）战略创新息息相关，尤其是管理者对企业内外部环境的直觉与感知能力和对企业内外部资源的培育、提升与整合能力。管理者的战略创新本身并不产生资源，但它却传递了新的资产整合中最基本的两个因素：价值和稀缺性。一个企业拥有特定的技能、资产和能力，但这些因素本身并不能给企业带来经济利润，管理者的战略创新将这些因素整合在一起，才能形成原来从未存在的稀缺性资源。这些资源可以是有形的，也可以是无形的。新的资源整合通过提供企业独有的能力或降低成本以及有利于企业的其他一些资源、战略获得增值，关键是企业价值和附加利润。所以说管理者是战略创新的灵魂。管理者的职能便是创新。

（二）积极的企业文化

要发现新的战略地位，管理人员应创造创新型企业文化，形成员工积极探索的态度。企业的内部环境会极大地影响员工的行为方式。内部环境是由企业文化、奖励机制、组织结构、员工等四类因素决定的。要增强员工的创新精神，企业的内部环境必须能够激励员工创新；要激励员工保持探索的态度，管理人员应首先明确本企业需要哪一类企业文化、奖励机制、组织结构和员工。

成功的战略创新者会设计适当的企业内部环境，鼓励、支持员工保持探索的态度，通过不断试验，改变企业的现状。这些企业的管理人员会虚心听取员工的意见，鼓励员工提出新设想，支持试验，允许失误，奖励创新的员工，鼓励员工承担风险。成功的战略创新者不仅会采取一系列有效的措施，激励员工保持探索的态度，而且会每隔几年就设法对企业进行一次改组。要保持创新精神，高层管理人员必须首先戒骄，保持清醒的头脑。然而，高层管理人员往往不易改变原先的思维方法而不断地进行创新。

积极的企业文化影响着企业员工，特别是影响着企业高层管理者的战略选择，从而影响着企业战略性资源的选择、企业能力的培养与各种资产、技能、资源与能力的整合。正是由于这种影响，与企业战略创新或资源的整合、能力的培养过程中需要采用的其他工具相比，文化上述作用的实现不仅是高效率的，而且可能是成本最低、持续效果最长的。从这个意义上说，积极的企业文化是企业战略创新最为经济的有效手段。

（三）持续更新的动力

知识管理获取持续竞争优势。能力最终被腐蚀、被其他更高的知识代替和学习创新，所以理想的知识管理必须持续地拥有一种更新的动力，包括组织学习与组织革新，即通过企业内部员工之间及其与其他利益相关者之间所进行的交流、沟通以及对各种经营活动。

进行创新、变革以提高企业的效率。近几年，人们把注意力转移到了在培育和维持竞争优势过程中知识的作用上。事实上，在动态的环境中，企业拥有的知识和价值仅仅能提供暂时的竞争优势。要维持持续竞争优势需要依靠组织比竞争对手更快地创造、传播和使用新知识，从而获得战略创新的能力。企业利用知识创造持续竞争优势的途径有以下两个方面。

1. 难以模仿的隐性知识为核心能力

各企业所面对的外部环境从客观上说都完全是相同的，但由于企业的知识结构和认知能力不尽一致，所以它们所能发现的市场机会也不相同。因此，企业核心能力理论的核心概念应是知识。知识从广义上可划分为显性和隐性两类，前者是有形的、可以识别的，可以用语言、文字、数字等表达、传递。隐性知识来源于个体对外部世界的判断和感知，这种判断和感知具有极强的个体性，难以用语言清晰地表达出来，难以识别，常以人知识的形式保留在个人的头脑中，是个人技能的基础。两类知识互为补充。隐性知识有四类，即难以约束的技能知识、心智模式、解决问题的方法、组织惯例。在企业中，经验、技能和心智模式是企业重要的财富，是隐性知识的具体形式，是企业最为核心的能力，而且由于这种知识往往是隐含性的、未编码，因此也是不易被模仿的，是企业最为持久的竞争能力所在。所以说，隐性知识是企业竞争优势的根源，隐性知识的能力成为开发持续竞争优势的关键。

2. 组织学习

获取竞争优势的动力。核心能力的形成要经历企业内部独特资源、知识和技术的积累与整合的过程。通过这一系列有效积累与整合，使企业具备了独特的、持久的竞争力。企业核心能力表现为知识和经验，这些知识和经验是通过不断的组织学习而得到和更新的。如果把组织中的个人通过学习获得的知识和经验称为能力基因，那么整个组织的学习则形成了企业整体核心能力。也就是说，学习是使企业的个体能力向组织能力转化、最终形成核心能力的必要手段。知识的共享、经验技能和失败教训的共享，是企业组织学习的主要内容，通过知识共享可以使个人的能力、知识转化为企业集体的组织能力和知识。

企业战略创新的一个突出表现是企业的学习能力，学习能力是开拓新的竞争优势的根本，是企业战略创新的基础。这些知识和技能只有通过不断的组织学习才能得到更新，因此核心能力的培育和组织学习是不可分割的。与企业知识密切相关的个人和组织的学习能力决定了企业的知识积累，从而决定了企业战略创新。组织学习是一个企业获取、创造和传播知识的过程，是对存在于组织内外的知识加以收集、存储、传播、运用并融合的一系列活动。企业竞争的基础是企业获取、传播、共享知识的能力，而获取知识和能力的基本途径是学习。所以企业战略创新中的知识管理，首先必须学习企业生存所必需的外部知识；其次还要学习和积累经营活动中的经验和知识。

综合训练题

一、单项选择题

1. 实施企业战略变革第一步是（　　　）。

    A. 摸清企业现状   B. 确定战略变革目标

    C. 宣传战略变革内容   D. 分解目标

2. （　　　）阶段的主要任务是实现企业内部多数员工对目标的认可。

    A. 确定战略变革目标   B. 目标分解及项目计划确定

    C. 战略变革内容的模拟、讲解及发布   D. 战略变革内容的培训、宣传及试运行

3. 在变革的实施阶段，企业应该建立一个由高、中、低层管理者和关键员工组成的战略变革管理团队，对战略变革实施综合、系统管理，尤其要注重（　　　）的角色与作用。

    A. 高层领导者   B. 关键员工

    C. 中层管理者和关键员工   D. 中层管理者

4. 在一个动态的环境中,(　　　)是企业战略变革的基础。

    A. 企业的动态能力　　　　　　　　　B. 企业实力

    C. 领导决策　　　　　　　　　　　　D. 目标分解

5. 战略变革的理论基础是(　　　)。

    A. 权变理论　　　　B. 企业变革　　　　C. 企业分析　　　　D. 企业规划

6. 权变理论认为企业组织变革的根本原因是(　　　)。

    A. 企业内部环境的变化　　　　　　　B. 企业外部环境的变化

    C. 企业内外环境的变化　　　　　　　D. 不确定

7. 权变理论中自然环境因素影响企业的(　　　)。

    A. 地域分布和授权管理　　　　　　　B. 发展目标和经营理念

    C. 组织的稳定性　　　　　　　　　　D. 企业组织的结构和规模

8. 权变理论中经济因素影响企业的(　　　)。

    A. 地域分布和授权管理　　　　　　　B. 发展目标和经营理念

    C. 组织的稳定性　　　　　　　　　　D. 企业组织的结构和规模

9. 权变理论中社会因素影响企业的(　　　)。

    A. 地域分布和授权管理　　　　　　　B. 发展目标和经营理念

    C. 组织的稳定性　　　　　　　　　　D. 企业组织的结构和规模

10. 权变理论中技术因素影响企业的(　　　)。

    A. 地域分布和授权管理　　　　　　　B. 发展目标和经营理念

    C. 组织的选择　　　　　　　　　　　D. 企业组织的结构和规模

二、多项选择题

1. 一个完整的企业战略变革实施过程,包括的三个阶段分别是(　　　)。

    A. 变革前的准备　　　　　　　　　　B. 变革的实施

    C. 战略变革的跟踪与持续改进　　　　D. 变革的组织

2. 依据战略变革的性质和程度,可以将战略变革划分为(　　　)。

    A. 适应性战略变革　　　　　　　　　B. 进化性战略变革

    C. 重组性战略变革　　　　　　　　　D. 革命性战略变革

3. 产生变革动力的方式包括(　　　)。

    A. 面对现实　　　　　　　　　　　　B. 开发和分配资源

    C. 提高绩效标准　　　　　　　　　　D. 建立理想行为模式

4. 企业战略创新的决定因素包括(　　　)。

    A. 管理者创新　　　　　　　　　　　B. 积极的企业文化

    C. 持续更新的动力　　　　　　　　　D. 企业规模

5. 以下不属于企业变革要素的是(　　　)。

    A. 战略　　　　　B. 执行　　　　　C. 控制　　　　　D. 指挥

6. 以下属于战略变革经历阶段的是(　　　)。

    A. 停滞阶段　　　　B. 准备阶段　　　　C. 实施阶段　　　　D. 巩固阶段

    E. 收获阶段

7. 以下不属于战略变革一般框架的是(　　　)。

A. 产生变革动力　　B. 企业文化　　　C. 勾画未来愿景　D. 组织变革

8. 企业利用知识创造持续竞争优势的途径有（　　　）。

A. 难以模仿的隐性知识为核心能力　　B. 组织学习

C. 摸清企业现状　　　　　　　　　　D. 分解目标

9. 要进行战略变革必然会经受到各种各样的阻力，从阻力的性质分，战略变革的阻力可分为（　　　）。

A. 影响战略变革的惯性力量　　　　　B. 战略变革的惯性阻力

C. 对变革有意识的阻力　　　　　　　D. 对变革无意识的阻力

三、名词解释

企业战略变革；适应性战略变革；进化性战略变革；重组性战略变革；革命性战略变革；企业战略创新

四、简答与论述题

1. 简述企业变革的必要性。

2. 在战略变革过程中，沟通是相当重要的，简述其具体作用。

3. 影响企业变革的因素有哪些？

4. 企业战略变革前的准备有哪些？

5. 企业战略变革在实施阶段具体有哪些步骤？

6. 对于战略变革时机的把握，除了分析企业外部环境和内部状况，还需要采取一些组织和管理的措施，主要包括哪些措施？

7. 对变革有意识的阻力主要来自哪些方面？

8. 企业变化的动因是多种多样的，大多数情况下，可能有哪几种动因？

9. 简述变革的程序与结构。

10. 简述影响战略变革的惯性力量。

参考文献

[1] 徐大勇. 企业战略管理[M]. 2 版. 北京：清华大学出版社，2019.

[2] 李沛强. 企业战略管理[M]. 上海：上海交通大学出版社，2019.

[3] 赵越春. 企业战略管理[M]. 3 版. 北京：中国人民大学出版社，2019.

[4] 肖智润. 企业战略管理：方法、案例与实践[M]. 北京：机械工业出版社，2018.

[5] 贾旭东. 现代企业战略管理思想、方法与实务[M]. 北京：清华大学出版社，2018.

[6] 蓝海林. 企业战略管理[M]. 2 版. 北京：中国人民大学出版社，2018.

[7] 赫连志巍，张敬伟，苏艳林. 企业战略管理[M]. 3 版. 北京：机械工业出版社，2017.

[8] 杨锡怀，王江. 企业战略管理：理论与案例[M]. 4 版. 北京：高等教育出版社，2016.

[9] 龚荒. 战略管理：理论、方法与案例[M]. 北京：人民邮电出版社，2016.

[10] 陈志军，张雷. 企业战略管理[M]. 北京：人民大学出版社，2016.

[11] 舒辉. 企业战略管理[M]. 2 版. 北京：人民邮电出版社，2016.

[12] 刘辉. 企业战略管理理论与实务[M]. 北京：北京理工大学出版社，2016.

[13] 王方华. 企业战略管理[M]. 武汉：武汉大学出版社，2015.

[14] 徐飞，黄丹. 企业战略管理[M]. 北京：北京大学出版社，2014.

[15] 王玉. 企业战略管理教程[M]. 上海：上海财经大学出版社，2014.

[16] 徐君. 企业战略管理[M]. 北京：清华大学出版社，2013.

[17] 蒋贵凰. 战略管理与组织行为学案例教程[M]. 北京：清华大学出版社，2013.

[18] 宋云，陈超. 企业战略管理[M]. 5 版. 北京：首都经济贸易大学出版社，2013.

[19] 佟国光，李树超. 管理学原理[M]. 北京：中国农业出版社，2013.

[20] 张东升，李艳双. 企业战略管理[M]. 2 版. 北京：机械工业出版社，2011.

[21] 姚莉. 企业战略管理[M]. 武汉：武汉大学出版社，2010.

[22] 李维刚. 企业战略管理[M]. 北京：科学出版社，2010.

[23] 崔颖. 战略管理[M]. 北京：北京大学出版社，2017.

[24] 余沛. 企业战略管理[M]. 北京：电子工业出版社，2017.

[25] 秦远建. 企业战略管理[M]. 北京：清华大学出版社，2013.

[26] 杨增雄. 战略管理：理论与方法[M]. 北京：科学出版社，2018.

[27] 谭开明，魏世红. 企业战略管理[M]. 大连：东北财经大学出版社，2010.

[28] 陈英梅，尹少华. 企业战略管理[M]. 北京：北京大学出版社，中国农业大学出版社，2009.

[29] 肖海林. 企业战略管理：理论、要径和工具[M]. 北京：中国人民大学出版社，2008.

[30] 孙锐. 企业战略管理[M]. 北京：机械工业出版社，2008.

[31] 刘冀生. 企业战略管理[M]. 2 版. 北京：清华大学出版社，2004.

[32] 蔡树堂. 企业战略管理 MBA[M]. 北京：石油工业出版社，2002.

[33] 张辽，王俊杰. 信息化密度、信息技术能力与制造业全球价值链攀升[J]. 国际贸易问题，

2020（6）.

[34] 陈雄，王志超. 系统思维在信息化顶层设计中的应用[J]. 系统科学学报，2020，28（1）.

[35] 王可，周亚拿. 信息化建设、供应链信息分享与企业绩效：基于中国制造业企业的实证研究[J]. 中国管理科学，2019，27（10）.

[36] 詹新. 企业信息化投资价值和绩效关联性实证研究[J]. 统计与决策，2019，35（6）：185−188.

[37] 谭章禄，袁慧. 信息化标准策略的系统动力学仿真分析[J]. 科技管理研究，2019，39（18）.

[38] 任晓明. 目标管理在现代企业管理中的作用[J]. 智库时代，2020（11）：44−45.

[39] 刘军. 出口强度、产品价值链与企业信息化水平：学习效应还是规模经济效应?[J]. 产业经济研究，2019（2）.

[40] 王凡林，张继德. 信息化战略、IT治理与企业绩效[J]. 财政研究，2018（12）.

[41] 吴萍，贾镜渝. 企业信息化的语言服务能力评价指标体系构建[J]. 统计与决策，2018，34（24）.

[42] 白君贵，王丹. 大数据视角下企业信息资源整合与价值提升研究[J]. 情报科学，2018，36（9）.

[43] 王改性. 河南省中小企业信息化战略管理研究：基于企业信息孤岛化视角[J]. 吉首大学学报（社会科学版），2016，37（S2）.